北京市住房和城乡建设委员会 编

2013 北京市房地产年鉴

BEIJING REAL ESTATE YEARBOOK

中国质检出版社
中国标准出版社
北 京

图书在版编目（ＣＩＰ）数据

2013年北京市房地产年鉴 / 北京市住房和城乡建设委员会编. — 北京 : 中国质检出版社， 2013.9
ISBN 978-7-5026-3879-5

Ⅰ. ①2… Ⅱ. ①北… Ⅲ. ①房地产业—北京市—2013—年鉴 Ⅳ. ①F299.233-54

中国版本图书馆CIP数据核字（2013）第200081号

中国质检出版社
中国标准出版社 出版发行
北京市朝阳区和平里西街甲2号（100013）
北京市西城区三里河北街16号（100045）
网址： www.spc.net.cn
总编室：（010）64275323 发行中心：（010）51780235
读者服务部：（010）68523946
北京华睿林彩色印刷有限公司
各地新华书店经销
*
开本 880×1230mm 1/16 印张 22.5 字数 570千字
2013年9月第1版 2013年9月第1次印刷
*
定价：298.00元

《2013年北京市房地产年鉴》编委会

《2013年北京市房地产年鉴》编辑部

目 录

附图表目录

第一章 特稿

关于北京市贯彻落实房地产市场调控政策措施有关工作情况的报告

北京市政府副市长 陈 刚

2012 年 7 月 30 日

尊敬的胡存智主长，督查组各位领导：

大家上午好!

首先，对国务院督查组各位领导莅临我市检查指导工作表示热烈地欢迎！下面，我代表市政府汇报我市贯彻落实国务院房地产市场调控政策的工作情况。

一、坚定不移地抓中央调控政策的落实，取得积极成效

北京市委、市政府高度重视住房保障和房地产市场调控工作，中共中央政治局委员、原市委书记刘淇同志，市委书记郭金龙同志多次专题研究，强调全市上下要统一思想，提高认识，坚决贯彻党中央、国务院决策部署，利用房地产市场调控契机，形成倒逼机制，加快转变经济发展方式。针对房价上涨过快，人口、资源、环境矛盾突出的问题，2011 年 2 月 15 日，我市从快、从严出台了京政办发［2011］8 号文件，提出十五条具体调控措施，3 月 29 日，率先提出新建普通住房价格“稳中有降”的房价控制目标，全面落实国办发［2011］1 号文件精神。各部门研究制定十几个配套文件,确保调控政策落到实处。

随着各项政策措施的逐步落实，我市房地产市场出现了积极变化,调控工作取得明显成效。房价总体“稳中有降”，投资投机性需求基本挤出。2011 全市新建普通住房成交均价比 2010 年下降了 11.3%，今年上半年较去年同期下降 1.7%，继续保持下降态势；去年以来，累计有八成在售项目积极顺应调控形势下调价格。购房家庭中首次购房占 90.2%，较 2010 年 5 月限购前提高约 15 个百分点；非本市户籍占 14.6%，下降 34 个百分点，刚性自住需求得到有效满足，投资投机性需求得到有效遏制。与此同时，房地产开发投资结构优化，经济发展“转方式、调结构”成效初显。保障房投资占住宅投资比重不断提高，去年为 33.1%，比前年提高 11.1 个百分点，今年上半年进一步提高至 41.9%；商业、办公等非住宅投资占房地产开发投资比重去年为 41.4%，今年上半年提高至 48.6%，为现代服务业等第三产业发展提供了有效载体。去年房地产开发投资占固定资产投资比重为 51.4%,比前年降低 1.4 个百分点，今年上半年进一步下降至 49.5%，本市经济发展对房地产业的依赖度有所降低。

二、落实房地产调控政策措施的主要工作

（一）强化住房保障、调整结构，全力改善民生。

一是加快推进保障性住房建设。坚持规划选址、土地供应、资金保障、手续办理四个优先，加快保障性住房开工建设，重点推进已开工项目竣工和市政配套，加强工程质量管理。去年实现新开工建设各类保障性住房 23 万套，竣工 10 万套;今年计划新开工建设收购 16 万套、竣工 7 万套，截至 6 月底，已分别完成 7.2 万套、5.6 万套，占全年任务的 45%、80%。2011 年保障性住房新开工面积占全市住房的 53.5%，今年上半年增至 62.4%。二是加强配租配售管理。坚持“三级审核、两级公示”准入制度，确保分配管理公平、公正。全市累计备案家庭 28.8 万户，累计配租配售 14.9 万户。三是大力发展公共租赁住房。十二五期间计划每年建设、收购公租房 6 万套，占公开配租配售保障性住房的 60%，租售并举向以租为主转变，去年以来完成 7.2 万套。四是创新保障房融资机制。市财政一次性注资 100 亿元，成立北京市保障性住房建设投资中心，发挥财政资金撬动和放大作用。经批准试点的 150 亿元公积金贷款已全部发放。通过强化住房保障，既改善了民生，优化了住房供应结构，也对商品住房价格起到一定的平抑作用。

（二）从严制定和执行住房限购措施，坚决遏制投机投资性需求。

结合北京投资性购房比例高，资源、环境承载力有限的现实情况，我市将限购作为房地产调控的重点，坚决遏制投机投资性需求，本市户籍家庭限购 2 套住房，非本市户籍家庭限购 1 套、限购年限为 5 年。为确保限购政策落实到位，我市建立了严格的住房资格审核机制，研发购房资格自动核验系统，实现了对购房家庭房产、纳税、社保等信息自动审核，以及从认购、签约到权属登记全过程，新房、存量房全覆盖的限购监管体系。同时，提交申请、信息比对与审核结果反馈等全部手续均在网上进行，最大限度方便购房人。今年上半年进一步完善核验系统，实现了对工作居住证的网上联动审核，并初步建立了对身份户籍信息的自动审核机制，坚决堵塞漏洞。

具体流程：一是要求购房家庭如实申报，并签署购房承诺书。购房家庭在购房前如实申报家庭情况，签署《购房承诺书》，承诺知晓并遵守各项限购政策，承担因虚假申报而导致不能办理网上签约、房屋登记等手续所造成的一切法律责任。二是网签机构对购房家庭提交的材料进行初审。房地产开发企业、经纪机构和区县网签服务窗口按照规定收取相关资料；经初步核验符合条件的，在购房资格核验系统中填报信息，提交市住房城乡建设委进行复核。三是各职能部门信息共享，联合审查。在签约之前，各相关部门对购房家庭的纳税、社保、工作居住证、房产等情况进行联网自动审核。审核未通过的，不能进行网上签约。四是房屋产权登记之前再次核验相关材料。购房家庭在房屋产权登记时，各区县房屋登记部门再次核验购房资格。对不符合购房资格的申请家庭，不予办理房屋转移登记手续。

自去年 2 月以来，累计接收申请 33.9 万户，审核通过 31.9 万户，全市共约 2 万户申请家庭未通过资格审核。

（三）强化差别化住房信贷政策，调整完善相关税收政策,加强税收征管。

信贷政策方面，市住房城乡建设、金融、银监、央行营管部等部门出台《关于落实商业性

个人住房贷款中第二套住房认定标准有关问题的通知》（京建发［2010］406 号），各银行均严格要求以借款人家庭为单位，分别查询市住房城乡建设委城镇个人住房信息系统和人民银行个人征信系统相关记录，严格“认房又认贷”。对首套住房按揭贷款的，均要求首付款比例不低于 30%，贷款利率最低下浮至基准利率的 85%；部分银行对个别风险较高客户执行基准利率上浮 5%-20%。对二套住房按揭贷款的，首付款比例不低于 60%，贷款利率不低于基准利率 1.1 倍。对三次及以上住房按揭贷款的,停止发放按揭贷款。对于非本地户籍居民，各行均要求借款人提供连续三年以上在本市缴纳社会保险或个人所得税的证明材料。自“认房又认贷”实施后，辖区内各银行累计查询家庭住房情况 37.9 万笔。

税收政策方面，一是严格贯彻执行个人转让住房的营业税、个人所得税征收政策。对个人购买住房不足 5 年转手交易的，由过去的普通住房按差额、非普通住房按全额征收营业税，统一调整为按全额征税；对个人转让自用 5 年以上、并且是家庭唯一生活用房的所得，继续免征个人所得税。关于售房家庭唯一住房的认定，是在填报住房承诺表的基础上由地税部门通过市房屋交易权属系统对售房家庭名下住房情况进行查询。去年以来，个人销售已购住房项目减免营业税 27.5 亿元；征收房屋转让个人所得税 7.4 亿元。二是完善土地增值税预征办法，引导开发企业合理定价。将土地增值税 2%的预征率上调为 2%-5%，对预计增值率大于 50%的开发项目，最低按照销售收入的 3%预征土地增值税，对预计增值率超过 200%的开发项目，一律按照 5%的高限预征土地增值税。去年全年累计清算开发项目 279 个，净入库税款 27.65 亿元，同比增长 12.71%；今年上半年累计清算开发项目 84 个，净入库税款 37.39 亿元，同比增长 84.33%。三是运用房地产评估技术，调整原有计税价格标准。建立覆盖全市的存量房交易计税价格体系和动态更新机制，政策调整以来调增税款 1.74 亿元，有效堵塞“阴阳合同”产生的税收漏洞。四是联动调整普通住房标准，支持居民合理住房消费。为避免最低计税价格调整造成普通住房税收优惠覆盖面减小，同时考虑到限购以来全市商品住房购买对象中九成以上为首次购房的客观情况，联动调整了普通住房标准。

（四）增加普通住房用地有效供应，完善出让方式，强化供后监管。

一是以解决居民自住型住房需求为核心，坚定不移地抓好土地供应结构调整。2011 年我市计划安排住宅用地 2550 公顷，实际供应 1936 公顷，完成 75.9%；2012 年计划 1700 公顷，截至 6 月底实际供应 507.7 公顷，完成 29.9%。同时，要求“各类保障性住房及 90 平方米以下的中小套型商品房用地供应量不低于住宅用地供应总量的 70%”并优先保证供应。2011 年保障性安居工程用地供应 1338 公顷，完成 100.6%，商品住宅用地 598 公顷，完成 49%；2012 年上半年，分别完成 429 公顷和 78.7 公顷，分别完成计划的 50%和 9.3%。去年以来推出的“限房价、竞地价”和“限地价、竞房价”地块共向首次置业家庭提供 5400 多套中小套型住房，价格低于周边项目均价 25%-30%。二是创新和完善土地出让方式。对可能出现的高价地及时调整竞价方式，转变单纯“价高者得”为“综合条件最优者得”以及“限房价、竞地价”、“限地价、竞房价”等出让方式；对配建公租房的地块，试行“限地价，竞公租房面积”，严防高价地扰乱市场预期。三是强化用地供后监管。充分发挥现代科技的监管服务作用，建立遥感技术辅助地面调查的土地出让批后监管工作模式，逐步实现以季度为周期的出让项目开发建设核查，对其中构成土地闲置的项目纳入批后监管的重点跟踪范围。四是加强房地产开发企业市场准入和合同履约监管。向社会公示成交土地的宗地位置、面积、用途、容积率、地价款金额、竞得单位及约定的出让合同签订时间、地价款缴纳时间、开竣工时间等信息,对逾期不签订出让合同、欠缴土地出让价款、闲置土地、不履行土地出让合同、不执行开竣工申报制度的土地竞得者和受让人采取禁止或限制该公司及其关联公司参与土地竞买、解除合同收回国有土地使用权等措施，定期公布违约企业名单。

（五）加大市场监管力度，持续保持执法高压态势，确保调控政策顺利实施。

一是加强限购监管，严肃处理违反限购政策的企业和人员。去年以来对限购政策落实情况进行全面检查，集中约谈 138 家开发企业，对 21 个问题项目实施行政记分和限制网签；对 12 家经纪机构暂停网签；对造伪骗购住房的个人，责令解除购房合同；对个别违反政策并涉嫌犯罪的工作人员，主动移送检察机关处理。二是加强预售项目监管执法。全面实施商品房预售资金监管，2011 年以来 461 个预售项目全部纳入监管，并组织执行情况专项检查，约谈及责令整改 48 家。加强预售项目价格监测，结合预售许可工作，引导开发企业合理定价，使 272 个拟售价格过高的项目价格下调 5%-30%,对 29 个项目的开发企业进行约谈告诫。强化部门联动，完善监管链条，加强非住宅项目用途监管，防止企业将商业、办公和工业研发类项目以住宅名义销售，扰乱市场秩序。三是加强存量房市场和经纪行业管理。成功试点存量房交易服务平台，推行房源核验等综合服务。规范中介服务标准和收费，加大对经纪机构及门店的执法检查力度，去年以来检查 8063 次，行政处理 216 家，处罚 79 家。四是加大对房地产相关企业的税务稽查力度。去年以来，对 353 家房地产开发企业和 368 家建筑安装企业进行执法检查，现已查结 200 家，发现问题的有 178 家，查补税款 1.34 亿元、加收滞纳金 1560.85 万元、处以罚款 131.23 万元。五是加强土地市场监管。先后印发了加强闲置土地清理处置、加强土地出让合同批后监管等通知，建立了用地供后巡查监管制度。六是加强差别化信贷政策执行情况检查。银监部门通过现场检查、专题调研、窗口指导等方式监管放贷新政落实情况，对部分商业银行开展个人住房贷款的情况进行了检查。

（六）强化对市场预期、政策预期的双向引导，营造良好的调控舆论环境。

把有效管理社会预期作为调控工作的重要环节来抓，大胆创新舆论引导，实现舆情监测制度化、市场信息公开化、市场解读规范化、政策宣传长效化。一是通过行业协会定期公布市场交易量价信息，组织业内专家主动发声，解读市场形势和调控成效，引导市场预期。二是加强舆情监控，针对“北京放开高端项目调控”、“限购年限五年缩至三年”等不实报道和炒作，及时、准确释放我市坚决贯彻落实中央房地产调控政策的信号，稳定政策预期。三是组织企业分析市场形势，强化市场走势的引导，帮助企业主动适应调控形势“降价换量”。社会预期明显改善，调控赢得了广泛的社会支持。

三、去年以来房地产市场运行情况

（一）市场运行总体情况

随着各项政策措施的逐步落实，我市房地产市场出现了积极变化，投资投机需求得到有效抑制，房价稳中有降，调控工作取得明显成效。2011 年全市商品住房成交 16.8 万套，同比减少 36.2%，其中新建商品住房 5.9 万套、减少 33%，二手住房 10.9 万套、减少 37.8%；今年上半年成交 8.8 万套，同比减少 3.9%，其中新建商品住房 3.5 万套、增加 13.7%，二手住房 5.3 万套、减少 12.7%。从成交价格看，今年以来全市有 117 个项目降价，加上去年下调售价的 176 个项目，去年新政以来累计有八成在售项目积极顺应调控形势对价格进行了调整。

（二）近期面临的新情况新问题

在继续坚持严格落实房地产调控和住房限购各项政策，确保房价总体稳中有降、首次购房占九成以上的基调下，近期我市房地产市场出现了一些新情况、新问题。一是市场各方预期发生变化，市场涨价声渐强，量升价涨压力有所显现。近期尤其是 6 月份，受个别城市试探性放松调控、一些企业和个人对银行降息货币政策的误读等因素的综合影响，市场各方对房价预期发生了变化，出现一些旺销楼盘涨价、二手住房挂牌价格上涨和议价空间缩小的现象，购房人在买涨不买跌的心理影响下，加快入市步伐。二是先行指标下滑加大了稳定房价的压力。受企业前期普遍采取“少拿地、缓开工、去库存”策略影响，商品住房供应先行指标下滑，可能影响市场后续稳定供应，上半年商品住宅用地成交面积同比减少 64.8%，投资和新开工面积同比分别下降了 16.8%、27.4%。

（三）走势判断

近阶段房价依然面临较大的上涨压力，但是不具大幅反弹的可能性。主要考虑，一是政策层面，我市按照中央统一部署，坚持房地产调控限购政策不动摇，并已作为一项长期政策坚决落实，绝不允许任何松动和反复。二是需求层面，限购政策下购房主体绝大多数为刚性需求，对房价较为敏感，房价大幅上涨将直接导致刚性需求退出市场。目前涨价项目主要是前期大幅降价或低价入市项目，换量效果明显后试探性涨价；二手住房价格上涨主要集中在城区，四环外区域特别是通州、大兴等郊区新房供应充足，房价总体平稳。三是供应层面，近期市场成交回升加上预期改变，以及我市多措并举促开工、稳供应，开发企业开工和推盘热情提高，先行指标下滑速度放缓，6 月份商品住房新增供应套数环比 5 月增加了 84%。目前我市商品住房库存为 5.7 万套，总体可以满足市场需求。

四、下一步工作安排

房地产调控，是贯彻落实中央统一部署的要求，更是本市破解人口资源环境矛盾的自身需求，是本市转方式、调结构、惠民生的一项长期政策和工作任务。我市将继续坚持调控不放松，深入做好有关工作，不断巩固调控成果，坚决防止房价反弹：

一是，进一步严格执行住房限购政策。在强化部门信息联动，及时完善审核机制、堵塞漏洞的同时，进一步加大对违反限购政策行为的执法力度，严厉查处和震慑违法违规骗购行为，确保限购政策得到切实执行。

二是，加大保障房、普通商品住宅供应。切实把握好土地出让节奏、时序，加强项目调度，稳定市场后续供应；加快推进保障性住房建设，加快配租配售；适时加快供地，特别是增加中低价位、中小套型普通商品住房土地供应，促进普通商品住房项目开工和上市。

三是，强化监测分析和新闻宣传，积极引导市场。继续引导商品房开发企业合理定价，鼓励企业降价换量；进一步提高敏锐性，密切关注市场动向，及时采取措施应对新情况新问题；加大主动宣传力度，及时回应人民群众关心关注的热点难点问题，全面客观地向社会公布各类监测信息，努力引导和稳定市场预期。

市住房和城乡建设委领导在2013年住房城乡建设系统工作会上的报告

党组书记、主任　杨斌

2013年1月

同志们：

为落实中央和市委市政府改进作风要求，这次会议以视频会议形式召开。下面，我简要回顾2012年工作，部署2013年工作。

一、2012年主要工作情况

2012年，全系统广大干部职工坚决落实中央和市委市政府各项决策部署，求真务实、埋头苦干，圆满完成了年初确定的各项目标任务。全年房屋施工面积超过2亿平方米，建筑业完成总产值65[illegible]亿元，保持平稳较快发展；房地产开发投资完成3153.4亿元，占全社会固定资产投资的48.8%，投资结构进一步优化。

（一）主要经济任务全面超额完成

针对全市经济下行压力较大的局面，超强度、快节奏地开展协调服务工作，行业经济呈现触底企稳、稳中有进的态势，完成固定资产投资任务的114.1%。各区县落实属地责任，解决征地难题，全力支持重点工程建设，完成投资计划的110.2%。加强政策性住房统筹调度，市区住保部门定期调度在施项目，完成投资857.5亿元，同比增加14.9%。依托房地产开发项目监管平台，加强开发项目调度，商品房开发面积和投资实现双增长。同时完成了33个公益性征收拆迁项目，为全市经济社会发展提供了重要用地保障。

（二）房地产市场调控取得明显成效

严格执行住房限购等调控政策，完善执行机制，强化房价监控与管理，大力开展市场秩序专项整顿，居民首次购房比重稳定在90%左右，在新建商品住房销售面积大幅增加的情况下，成交均价同比下降7.6%。完善房地产市场管理长效机制，全面实施预售资金监管，积极推进存量房交易服务平台扩大试点。出台14条措施稳定租金和规范租赁市场秩序，租金涨幅逐步回落。

（三）住房保障工作取得积极进展

一是在保障房建设融资难、供地难的情况下，各区县主动早拿地、拿好地、拿熟地用于保障房建设。全力以赴抓竣工交用和分配，实现新开工18万套，建成各类保障房10万套，公开配租配售 4.9 万套。二是建立起比较完备的公租房建设、分配体系，专家和民众总体反映良好，也对全国有了很好的借鉴。三是健全保障房后期管理体制机制，出台了专门指导意见，保障房小区逐步走向专业化管理、社会化服务的路子。

（四）行业保持安全稳定

市区两级部门做了大量艰苦细致的工作，圆满完成了十八大各项服务保障任务。一是坚决防止发生重特大人员伤亡事故，加强质量安全精细化管理，实施轨道交通和保障房建设、老旧小区综合整治等民生工程专项监督，全市发生施工事故起数和死亡人数在基数连年降低的情况下同比分别下降 39.3%和 32.4%。二是坚决防止发生重大群体性事件。市区切实将其作为重要的“一把手”工程，反复排查各类矛盾纠纷，化解信访积案，信访形势稳定可控，得到了中央信访督导组的高度肯定。切实做好行政复议诉讼工作，案件数量出现大幅度下降。三是坚决防止发生重大舆论危机，传递和增加社会正能量，掌握了舆情话语权和主动权。

（五）监管服务体系建设深入推进

在建筑市场管理上，重点把好“四关”：把好资质资格审查关，资质审核与业绩挂钩，实施动态核查；把好招投标评审关，把信用评价作为评标的重要内容，促进了施工现场与交易市场“两场联动”；把好生产要素准入关，加强建筑材料设备和人员管理；把好合同履约关，对施工合同、劳务合同履行情况全程监测，防止出现拖欠工程款和农民工工资纠纷。同时深入研究监理行业改革、作业人员队伍建设、治理转包和违法分包等深层次问题，取得初步成果。在房屋管理上，重点做到便民、利民。全面开展“物业服务质量年”活动，大力推行专业化、社会化物业服务，对重大节点问题深入调研，做好了改革政策储备。完善征收拆迁政策体系，所有配套实施细则全部落地。全面实施房屋登记官制度，共办理房屋登记 68 万件、1.7 亿平方米。开展房屋出租和普通地下室安全隐患摸排，有效维护了市场秩序和租房人合法权益。研究推进房改房和商品房物业管理体制并轨，为公房管理社会化进行了有益尝试。

（六）绿色生态建设取得积极成效

一是超额完成老旧小区和新农宅改造任务。各区县克服困难，深入细致做好协调调度和群众工作，完成了 1564.5 万平方米老旧小区抗震加固和综合节能改造，全面启动 882 栋简易楼改造，惠及 21 万户居民。超额完成 10 万户新农宅建设和改造任务，实现 20 万户农宅改造目标。二是率先在全国发布实施 75%节能设计标准，有 29 个项目获批国家级可再生能源建筑应用示范项目。三是大力推进住宅产业化和发展绿色建筑。全面完成政策标准体系建设，落实了 240 万平方米保障房项目产业化试点。有 400 多万平方米绿色建筑通过国家认证。

（七）防汛救灾工作取得重大胜利

在“7.21”特大自然灾害面前，未雨绸缪，妥善应对，反复排查，全市 400 多个深基坑、7400 平方米危房，没有发生一起人员伤亡事故。在善后和灾后重建阶段，各区县昼夜备勤，组织抢险抢修，我委临危受命，圆满完成京港澳高速公路筑堤抢险任务，组织开展危房鉴定、材料供应保障和物业抢险，完成了房山 10.8 万、丰台 2.3 万平方米过渡安置房建设任务，打了一场漂亮仗。

（八）机关建设取得丰硕成果

一是加强基础建设。着眼于长治久安，积极推动工程质量、住房保障、物业管理等行业立法。强化执法，实施行政处罚处理 1.1 万人次，罚款 4515 万元。扎实推进信息化建设，拓展深化工程管理和房屋全周期管理平台，有效支撑了管理需求。加大调研工作力度，稳步推进修志编鉴工作，2011 年卷获本市质量评比一等奖。二是加强队伍建设。深化干部人事制度改革，做到选人用人公道正派；推进管理体制改革，调整了建筑市场综合执法职能，充实了财务审计、政策规划、信访接待力量。三是加强内部建设。认真学习贯彻落实党的十八大精神，在全市委办局中首个举行处级领导干部学习班。深入开展创先争优活动，"三进两促"工作结出丰硕成果，机关党委荣获"全国创先争优先进基层党组织"称号。加强廉政建设，构建廉政风险防控"三个体系"，探索建立电子监察平台，提升防控科学化水平。严格执行财政预算，控制"三公"经费支出。实行行政审批板块化平行式办公和业务分级管理，改进服务，强化监督，北京日报对此专门进行了报道。同时，我们援建干部在援藏、援疆、援青、援蒙等各条战线上也勇创佳绩，赢得了当地政府和群众的赞誉，展示了首都城市建设者的风采。

上述成绩的取得来之不易。我代表住房城乡建设委党组和领导班子对全系统干部职工的辛勤付出表示崇高的敬意，对各区县对于我委工作的大力支持表示衷心的感谢！

二、全力做好 2013 年各项工作

2013 年，要深入贯彻落实党的十八大、中央经济工作会和市十一次党代会精神，稳中求进，求真务实，以创新精神破解难题，以优良作风服务工作，推动住房城乡建设事业持续健康发展。

（一）拉动投资与促进消费相结合，服务首都经济持续健康发展要有新作为。

一是发挥投资拉动作用。加快重点工程建设，初步安排 5 大类、240 项，年度计划投资 2270 亿元。加快保障房建设，进一步推动土地、金融创新，保障建设投入。加强商品房项目全过程监管和综合调度，计划完成投资 1150 亿元。二是落实扩大内需战略。重点抓好保障房配租配售，对具备配售条件的保障房项目，做到成熟一个，分配一个。三是解决征收拆迁难题。落实房屋征收条例，指导服务国有土地房屋征收，有序规范集体土地房屋拆迁，保障城市建设发展，保护群众合法权益。

（二）市场配置与政府保障相结合，实现"住有所居"目标要有新进展。

一是保持房地产市场总体平稳、房价基本稳定。考虑到首都特殊地位和当前形势，今年调控难度和压力更大。要坚持限购、限贷等各项调控政策不动摇，严厉查处骗购、捂盘惜售等违法违规行为，坚决抑制投机投资性购房需求。要协同发展一、二、三级市场，稳定增量，增加中低价位、中小套型普通商品房供应，优先满足本市居民家庭首次置业的住房需求；挖掘存量，推广使用二手房交易平台，鼓励存量住房资源进入市场流通；规范租赁行为，稳定租金水平，保护租权关系，鼓励先租后买。同时要从持有和交易等各环节入手，探索利用经济、市场化手段，完善房地产调控政策机制和长效管理体系。二是创新住房保障实施体系。鼓励通过新建、改建、收购、趸租、租金补贴等多种方式筹集房源，积极盘活社会存量房源增加供应；实行保障性住房按照公租房准入标准统一申请审核，引导先租后买。适度扩大公租房补贴范围，允许

到市场承租房屋家庭领取租金补贴；创新出售型保障房运行机制，完善限价房定价机制，理顺产权关系。三是抓好保障房建设和后期管理。全年建设筹集各类保障性住房 16 万套，力争三季度全部开工；竣工交用各类保障性住房 7 万套，力争完成 10 万套。今年要坚持全市统筹，加强分类指导，支持各区发展适合区域特点的保障房品种，实现总量平衡，动态调整。要切实加强保障房后期管理，严肃查处保障房出租、出借、闲置等违法违规行为。四是加快旧城区人口疏解步伐。进一步完善政策，创新模式，丰富房源筹集方式，力争旧城人口疏解和房屋保护性修缮有实质性推进。

（三）精细化管理与长效机制建设相结合，提升行业管理水平要有新起色。

一是坚持以法制保障为基础。大力推动行业立法，重点推进质量条例、建筑市场管理条例、物业管理条例等立法工作，力争实现地方性法规“零突破”。二是坚持以质量安全为核心。实施质量安全精细化管理，抓好轨道工程和重大民生工程专项监督，组织开展各类专项整治和执法检查，严格落实建材采购备案和责任可追溯制度，牢牢守住杜绝重大质量安全事故、预防和减少一般性事故的底线。三是坚持以重点领域改革为突破口。推动监理行业改革，进一步明确监理定位，落实监理责任，提高监理企业施工现场管控能力。推动建筑市场管理制度改革，力争全市所有项目全程实现电子化评标，实施和完善信用评标制度，真正实现“两场”联动。推动建筑用工制度改革，完善社会化培训体系，逐步建立政府引导、市场主导、企业主体的技能人才培养与使用工作机制。深化物业管理体制机制改革，破解制约行业发展的 8 个难题，推动监管重心下移，分区域建立全市应急服务中心，逐步实现房改房、商品房并轨管理。加强房屋登记管理体制建设，强化房屋登记规范化管理和测绘市场监管，解决好配套设施转移，建筑物区分所有权登记等疑难问题。

（四）生态优先与城乡统筹相结合，促进城乡建设模式转型升级要有新成效。

全面实施和落实节能 75%的居住建筑节能设计标准，实施 1000 万平方米既有非节能建筑供热计量及节能改造，实施 200 万平方米抗震加固综合改造。全面推进住宅产业化，落实住宅产业化项目 300 万平方米，建立健全绿色建筑发展体制机制，建设绿色建筑 800 万平方米。进一步统筹城乡发展，完成 5 万户抗震节能型农宅新建、翻建和抗震加固综合改造，探索建立村镇工程城乡一体化管理模式，严厉打击违法违规建设行为。

（五）业务能力建设与思想作风建设相结合，机关工作面貌要有新气象。

一是要大兴求真务实之风。要牢固树立“空谈误国、实干兴邦”的观念，切实把主要精力用到解决深层次矛盾和问题上来，不畏任何艰难险阻，创造性地推动工作。二是要大兴勤俭节约之风。严格遵守厉行节约的有关规定，控制“三公经费”支出，反对奢靡浪费，集中有限财力谋发展、解民忧。三是要改进文风、会风、学风。改进调查研究，深入基层，增强调研针对性和实效性，简化陪同接待工作；精简会议活动，控制会议活动时间，改进会议形式；精简文件简报，严格行文规范；规范和简化新闻报道。四是加强机关党的建设和党风廉政建设。深入学习贯彻党的十八大精神，加强创先争优组织品牌建设。深化干部人事制度改革，坚持公道正派的用人取向，加强与区县干部的交流，加强直属单位领导班子建设。加强反腐倡廉建设，深化廉政风险防控管理，建立健全“331 廉政体系”，完善电子监察网络监控体系，加强对权力运行的制约和监督，做到干部清正、政府清廉、政治清明。

同志们，2013 年是全面落实党的十八大精神的第一年，做好全年工作意义重大。全系统干部职工要认真贯彻落实市委市政府工作部署，解放思想、开拓创新、求真务实、扎实开局，在新的起点上奋力开创住房城乡建设新局面。

新春佳节就要到了，给大家拜个早年，祝大家工作顺利，家庭幸福。

谢谢大家！

第二章
北京社会经济发展概况

第一节　自然环境

北京市位于北纬39° 56′，东经116° 20′；西北毗邻山西、内蒙古高原，南与华北大平原相接，东近渤海；市中心海拔43.71米。西、北、东三面环山，主要河流有永定河、潮白河、北运河等。北京市属暖温带半湿润季风型大陆性气候，四季分明，春季干燥多风，秋季清爽，是一年中最好的季节，冬季寒冷、少雪。2012年平均气温12.9℃。年极端最高气温为38.0℃，出现在6月17日，年极端最低气温-13.7℃，出现在12月24日。

全年降水量733.2毫米，比上年增长1.7%。

第二节　行政区划

截止到2012年，北京市共辖14个区、2个县。按功能区划分为首都功能核心区：东城区、西城区；城市功能拓展区：朝阳区、丰台区、石景山区、海淀区；城市发展新区：房山区、通州区、顺义区、昌平区、大兴区；生态涵养发展区：门头沟区、怀柔区、平谷区、密云县、延庆县。

全市共辖街道办事处143个、建制镇144个、建制乡38个、有社区居委会2816个、村民委员会3940个。

表2-1　2012年北京市行政区划表

单位：个

地区	街道办事处	建制镇	建制乡	社区居委会	村民委员会
全市	143	144	38	2816	3940

第三节　经济发展

一、经济增长

初步核算，2012年全年实现地区生产总值17801亿元，比上年增长7.7%。按常住人口计算，全市人均地区生产总值达到87091元。

表 2-2　2008—2012 年北京市地区生产总值

年份	地区生产总值（亿元）	人均地区生产总值（元）
2008 年	11115.0	66797
2009 年	12153.0	70452
2010 年	14113.6	75957
2011 年	16251.9	81658
2012 年	17801.0	87091

二、产业结构

2012 年，第一产业增加值 150.3 亿元，比上年增长 3.2%；第二产业增加值 4058.3 亿元，增长 7.5%；第三产业增加值 13592.4 亿元，增长 7.8%。第三产业中，金融业实现增加值 2592.5 亿元，增长 14.4%，房地产业增长 13.7%，租赁和商务服务业增长 7.2%，信息传输、计算机服务和软件业增长 6.2%。三次产业结构由上年的 0.8:23.1:76.1 变化为 2012 年的 0.8:22.8:76.4。

表 2-3　2012 年地区生产总值

指　　标	2012 年（亿元）	比上年增长（%）
地区生产总值	17801	7.7
第一产业	150.3	3.2
第二产业	4058.3	7.5
工业	3294.3	7
建筑业	764	9.7
第三产业	13592.4	7.8
交通运输、仓储和邮政业	778.5	4.9
信息传输、计算机服务和软件业	1610.8	6.2
批发和零售业	2279.4	5.9
住宿和餐饮业	373	-0.3
金融业	2592.5	14.4
房地产业	1244.2	13.7
租赁和商务服务业	1311.2	7.2
科学研究、技术服务和地质勘查业	1240.5	5.8
水利、环境和公共设施管理业	92.6	3.9
居民服务和其他服务业	120	2
教育	653.8	4.5
卫生、社会保障和社会福利业	346	7.6
文化、体育和娱乐业	384.7	6
公共管理和社会组织	565.2	3.4

三、固定资产投资

2012年是我市投资领域主动调控力度持续加大的一年。一方面，我市不断加大对投资的调控力度，"促项目落地、促项目开工"，特别是加快对已供地未开工项目的落地协调调度，为投资平稳增长提供动力支撑；另一方面，坚决贯彻中央关于房地产调控措施不动摇，持续加大政策性住房保障力度，促进房地产销售市场稳定运行。随着调控措施效果的不断显现，我市投资运行平稳，结构优化，符合主动调控预期，呈现良好的发展态势。

2012年我市全社会固定资产投资规模突破6000亿元，达到6462.8亿元，比上年增长9.3%，自一季度以来持续保持在10%左右的增长水平，增速波幅保持在2.7个百分点。

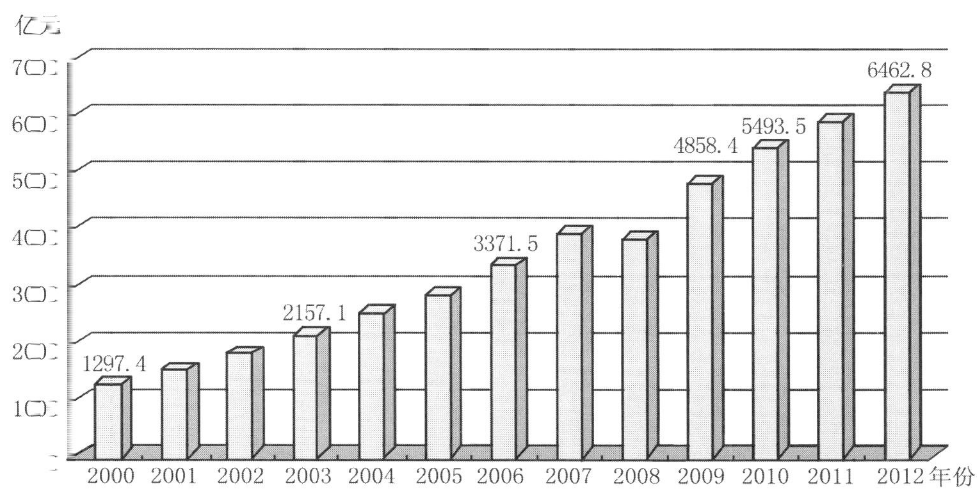

图 2-1 2000年以来我市投资规模情况

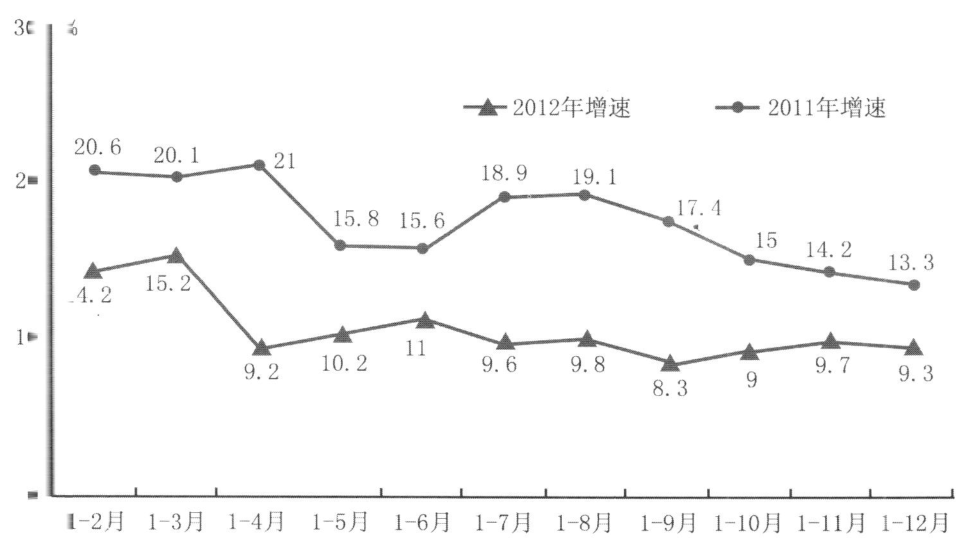

图 2-2 2011年以来我市投资累计增速

投资结构继续优化。**一是投资侧重于非房地产开发领域**。2012 年以来，我市房地产开发投资占全社会投资比重有所降低，进一步推动各类发展要素向非房地产开发领域集聚。全年我市完成房地产开发投资 3153.4 亿元，比上年增长 3.9%；占全社会投资比重为 48.8%，同比下降 2.6 个百分点。非房地产开发投资领域完成 3309.4 亿元，增长 15.1%。**二是投资侧重于实体领域**。2012 年，我市完成建安投资 3076.6 亿元，比上年增长 19%，高于全社会投资增速 9.7 个百分点，高于费用形成投资增速 19 个百分点。从比重看，建安投资占全社会投资比重为 47.6%，同比提高 3.9 个百分点；投资的固定资本形成能力稳步提升。**三是投资侧重于重点行业和产业领域**。2012 年，我市信息传输、软件和信息技术服务业完成投资 165.4 亿元，比上年增长 46.5%；文化体育和娱乐业完成投资 97.3 亿元，增长 77%；科学研究和技术服务业完成投资 133 亿元，增长 44.6%；公共管理、社会保障和社会组织完成投资 105.6 亿元，增长 1.2 倍。上述四个行业完成投资占全社会投资（不含房地产开发）比重接近 1/6，同比提高 4.4 个百分点。旅游产业、文化创意产业和生产性服务业分别完成投资 681 亿元、303.9 亿元和 430.9 亿元，占全社会投资比重为 10.5%，4.7%和 6.7%。**四是投资侧重于薄弱地区**。2012 年，我市城区完成投资 3070.3 亿元，比上年增长 7.8%；郊区完成投资 3392.5 亿元，同比增长 10.8%。郊区投资比重同比提高 0.7 个百分点。城南、西部地区投资增速高于全市。2012 年，我市城南地区完成投资 2126 亿元，同比增长 11.4%；西部地区完成投资 1485.7 亿元，同比增长 16%；增速分别比全市投资增速高出 2.1 个和 6.7 个百分点。

表 2-4　2008—2012 年全社会固定资产投资

单位：亿元

	2008 年	2009 年	2010 年	2011 年	2012 年
全社会固定资产投资合计	3848.5	4858.5	5493.5	5910.6	6462.8
城镇固定资产投资	3554.8	4378.2	5002.6	5463.9	5853.1
#房地产开发投资	1908.7	2337.7	2901.1	3036.3	3153.4
农村投资	293.7	480.2	490、9	446.7	609.8
#农村非农户投资	271.6	436.7	438、8	387.6	563.5
农户投资	22.1	43.5	52.1	59.1	46.2

表 2-5　2008—2012 年产业投资结构表

单位：亿元

年份	全社会固定资产投资	第一产业	第二产业	第三产业
2008	3848.5	25.3	380.8	3437.6
2009	4858.4	57.4	411.4	4389.5
2010	5493.3	43.2	528.1	4922.3
2011	5910.6	47.2	762.2	5101.3
2012	6462.8	145.4	719.8	5597.5

表 2-6　2012 年分行业全社会固定资产投资

行业名称	投资额（亿元）	比上年增长（%）
总　　计	6462.8	9.3
农、林、牧、渔业	145.4	2.1 倍
采矿业	6.2	-28.9
制造业	469.7	-17.9
电力、热力、燃气及水的生产和供应业	232.0	35.5
建筑业	12.0	17.2
批发和零售业	30.9	7.7
交通运输、仓储和邮政业	735.1	5.1
住宿和餐饮业	58.0	52.1
信息传输、软件和信息技术服务业	165.4	46.5
金融业	52.9	-39.0
房地产业	3506.5	6.8
租赁和商务服务业	40.2	-13.0
科学研究和技术服务业	133.0	44.6
水利、环境和公共设施管理业	494.2	18.8
居民服务、修理和其他服务业	20.6	78.9
教育	108.3	-18.5
卫生和社会工作	49.6	3.1
文化、体育和娱乐业	97.3	77.0
公共管理、社会保障和社会组织	105.6	1.2 倍

四、财政收支

2012 年，全市完成地方公共财政预算收入 3314.9 亿元，比上年增长 10.3%。其中，实现增值税和营业税 314 亿元和 1152.7 亿元，分别增长 32.1%和 7.6%；实现企业所得税和个人所得税 752.5 亿元和 281.5 亿元，分别增长 10.1%和 3.1%。地方公共财政预算支出（含中央追加支出）3685.3 亿元，增长 13.6%。其中，用于文化体育与传媒、交通运输、教育、社会保障和就业、农林水事务的支出分别增长 61.7%、22.1%、20.9%、19.2%和 18.9%。

五、人民生活

2012 年，城镇居民人均可支配收入达到 36469 元，比上年增长 10.8%；扣除价格因素后，实际增长 7.3%。农村居民人均纯收入 16476 元，比上年增长 11.8%；扣除价格因素后，实际增长 8.2%。城镇居民恩格尔系数为 31.3%，比上年下降 0.1 个百分点；农村居民恩格尔系数为 33.2%，比上年提高 0.8 个百分点。全市城镇居民人均住房建筑面积 29.26 平方米，农村居民人均住房面积 49.08 平方米。

表 2-7　2012 年城乡居民家庭收入情况

指　标	城镇居民		农村居民	
	人均可支配收入（元）	比上年增长（%）	人均纯收入（元）	比上年增长（%）
高收入户	65966	4.2	29873	11.5
低收入户	16386	9.0	7019	14.3

六、对外经济

2012 年，北京地区进出口总值 4079.2 亿美元，比上年增长 4.7%。其中出口 596.5 亿美元，增长 1.1%；进口 3482.7 亿美元，增长 5.3%。

表 2-8　2012 年北京地区海关进出口情况统计表

指　　标	2012 年（亿美元）	比上年增长（%）
北京地区进出口总值	4079.2	4.7
出口	596.5	1.1
进口	3482.7	5.3

七、旅游

2012 年，全年接待入境旅游者 500.9 万人次，比上年下降 3.8%。其中，外国人 434.4 万人次，下降 2.9%；港、澳、台同胞 66.5 万人次，下降 8.9%。旅游外汇收入 51.5 亿美元，下降 4.9%。全年接待国内旅游者 2.3 亿人次，增长 8.4%。国内旅游收入 3301.3 亿元，增长 15.3%。国内外旅游收入总计达到 3626.6 亿元，增长 12.8%。全年出境游人数 272.5 万人次，增长 47.9%。

第四节　社会发展

一、人口及社会保障

2012 年末，全市常住人口 2069.3 万人，比上年末增加 50.7 万人。其中，常住外来人口 773.8 万人，占常住人口的比重为 37.4%。常住人口中，城镇人口 1783.7 万人，占常住人口的 86.2%。全市常住人口出生率 9.05‰，死亡率 4.31‰，自然增长率 4.74‰。全市常住人口密度为 1261 人/平方公里，每平方公里比上年末增加 31 人。年末全市户籍人口 1297.5 万人，比上年末增加 19.6 万人。

年末全市参加基本养老、基本医疗、失业、工伤保险人数分别为 1206.4 万人、1279.7 万人、1006.7 万人和 897.2 万人，比上年末增加 117 万人、91.7 万人、125.7 万人和 34.7 万人。年末参加城乡居民养老保险的农村居民为

167 万人，比上年末增加 3.3 万人。参加新型农村合作医疗的人数达到 267.4 万人，参合率为 98.1%，高于上年末 0.4 个百分点。全市享受城市最低生活保障的居民为 11 万人，享受农村最低生活保障的农民为 6.3 万人。

二、科学技术

2012 年，全年研究与试验发展（R&D）经费支出 1031.1 亿元，比上年增长 10.1%；相当于地区生产总值的 5.7%。

全市研究与试验发展（R&D）人员 31.8 万人，比上年增长 7.2%。专利申请量与授权量分别为 92305 件和 50511 件，分别增长 18.4%和 23.5%；其中发明专利申请量与授权量分别为 52720 件和 20140 件，增长 17%和 26.8%。全年共签订各类技术合同 6 万项，增长 12%；技术合同成交总额 2458.5 亿元，增长 30.1%。

三、文化

年末全市共有公共图书馆 25 个，总藏量 5100 万册。全市拥有全国重点文物保护单位 98 处，市级文物保护单位 255 处。全市拥有注册博物馆 165 座。全市共有国家综合档案馆 18 个，开放档案 88.4 万卷。年末有线电视注册用户达到 495.7 万户，其中高清交互数字电视用户 310.9 万户。北京地区 17 条院线 135 家影院（726 块屏幕）共放映电影 119.9 万场，观众 3752.6 万人次，票房收入 16.1 亿元。北京地区出版报纸 254 种，出版期刊 3044 种，出版图书 18.2 万种。

四、教育

全市共有 56 所普通高校和 79 个科研机构培养研究生，全年研究生教育招生 8.7 万人，在学研究生 25.2 万人，毕业生 7.1 万人。全市 91 所普通高等院校全年招收本专科学生 16.2 万人，在校生 58.2 万人，毕业生 15.3 万人。

全市普通高中招生 6.3 万人，在校生 19.4 万人，毕业生 5.6 万人；初中招生 10.8 万人，在校生 30.6 万人，毕业生 9.6 万人；普通小学招生 14.2 万人，在校生 71.9 万人，毕业生 11 万人；幼儿园在园幼儿 33.2 万人。

全市共有民办小学 40 所，在校学生 5.1 万人；民办普通中学 72 所，在校学生 4.5 万人；民办普通高校 15 所，在校学生 6.8 万人。

五、卫生

年末全市共有卫生机构 9964 个，比上年末增加 265 个；其中医院 593 个。卫生机构中社会办医机构 3475 个。卫生机构共有床位 10 万张，比上年末增加 0.5 万张；其中医院 9.2 万张。卫生机构中社会办医机构床位 1.6 万张。全市卫生技术人员达到 19.4 万人，比上年末增加 1.3 万人；其中执业（助理）医师 7.4 万人，注册护士 8 万人。全年报告甲乙类传染病发病率 194.03/10 万，死亡率 0.89/10 万。全市婴儿死亡率 2.87‰，孕产妇死亡率 6.06/10 万。

六、体育

年末全市共有体育场馆 6163 个。全市共有优秀体育运动员 1137 人。获得国际性比赛奖牌 36 枚，其中金牌 20 枚，银牌 9 枚。获得全国性比赛奖牌 138 枚，其中金牌 57 枚，银牌 36 枚。

第五节　公共事业

2012 年，我市在基础设施建设方面，继续加大轨道交通和城市道路等方面建设力度，极大地改善了居民的出行和居住环境。全市完成基础设施投资 1789.2 亿元，比上年同期增长 27.8%，占全社会固定资产投资的 27.7%。其中，城市公共交通建设完成投资 391 亿元，增长 11.9%，市政工程管理业完成投资 361.6 亿元，增长 35.1%。

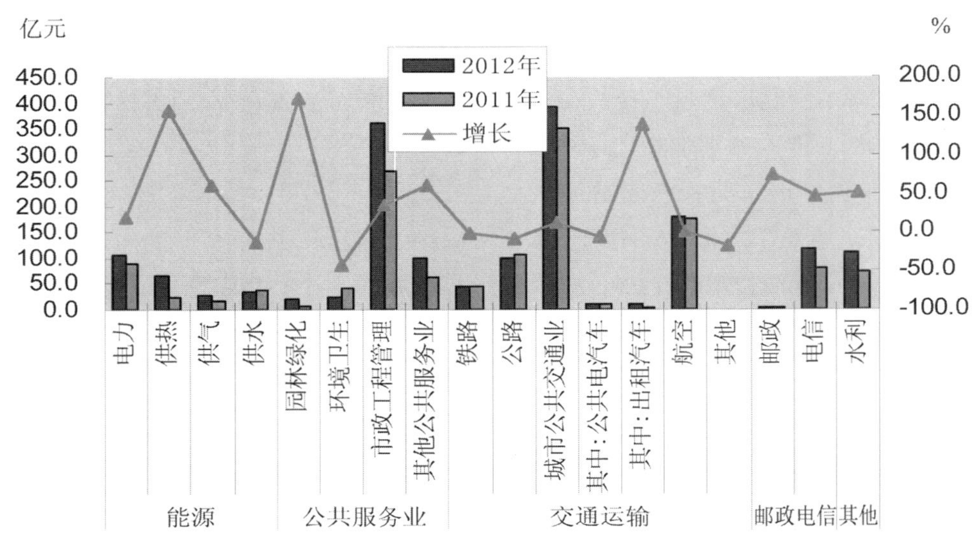

图 2-3　2012 年我市基础设施投资完成情况

一、供电

2012 年，北京地区用电量达到 874.3 亿千瓦时，比上年增长 6.4%。其中城乡居民生活用电 161.8 亿千瓦时，增长 11.8%，城乡居民生活用电占用电总量的 18.5%。

表 2-9　2011—2012 年北京电力供应情况

单位：亿千瓦时

项目	全社会用电	第一产业	第二产业	第三产业	城乡居民生活用电	#城市	#农村
2011	821.7	17.0	310.9	349.0	144.7	94.5	50.2
2012	874.3	18.1	320.9	373.4	161.8	137.1	24.7

二、水资源及供水

2012 年全市自来水销售总量 9.4 亿立方米，比上年同期下降 0.8%。其中，居民家庭用水 4.6 亿立方米，下降 3.5%；生产运营用水 1.2 亿立方米，下降 4.3%。

表 2-10 2011—2012 年北京市城市供水情况

项目	自来水综合生产能力（万立方米/日）	供水管道长度（公里）	销售总量（万立方米）	#生产运营用（万立方米）	公共服务用（万立方米）	居民家庭用（万立方米）
2011	473	16963	94622	12583	33296	48003
2012	411	14029	93826	12045	34710	46303

三、燃气

2012 年我市积极推广清洁能源天然气，投资 23 亿余元建成 17 座场站设施，敷设天然气管线 192.5 公里。建设完成了 15 座天然气加气站，为全市新增 1700 多辆燃气公交车和小轿车提供气源。完成华能电厂二期、草桥电厂 2 座大型热电中心改造，装机容量 1400 兆瓦；进一步提高和完善了城市管网供应能力。北京城市居民炊事气化率已超过 99%，实现了城市居民炊事燃气化，清洁能源天然气在全市主要能源消费中所占比例超过 14.5%。2012 年全市天然气销售量达到 88.3 亿立方米，比上年增长 21.6%，为北京城市带来显著的绿色环保效益为：约可替代燃煤 1328 万吨，减少总悬浮颗粒 2 万吨，减少二氧化硫排放 6.2 万吨，减少二氧化碳排放 632 万吨，减少可吸入颗粒物 PM10 为 1.5 万吨。

表 2-11 2011—2012 年北京市城市燃气情况

项目	液化石油气供气总量（吨）	销售气量（吨）	#家庭用量（吨）	家庭用户（万户）	天然气供气总量（万立方米）	销售气量（万立方米）	#家庭用量（万立方米）	家庭用户（万户）	居民燃气用户（万户）
2011	442535	394437	187132	170.8	764915	726229	98894	473.3	644.1
2012	418156	379371	190975	194.1	924763	883385	115401	519.4	713.5

四、供热

2012 年，我市继续提高供热保障能力。完成陕京三线良乡至西沙屯工程建设，推进陕京四线及大唐煤制气进京工程。建成阎村门站至西南热电中心的供气专线。实施核心区非文保区 1 万户煤改清洁能源工作。加大老旧供热管网和供热系统节能改造，完成 1200 蒸吨燃煤锅炉清洁能源改造。根据气候变化，做到提前供暖，顺利完成 2012—2013 年供暖季的供热保障。

全市集中供热面积为 5.3 亿平方米。比上年增长 3.5%。

表 2-12 2011—2012 年北京市集中供热情况

项目	集中供热面积（万平方米）	#住 宅（万平方米）	供热能力（兆瓦）	供热总量（万吉焦）	#热电厂供热（万吉焦）	#锅炉房供热（万吉焦）	供应管道长度（公里）
2011	50794	34563	36805	35682	5170	30512	11734
2012	52555	35104	38298	35222	5752	29470	11031

五、污水处理

2012 年，排水集团所属高碑店、小红门等七座污水处理厂全年共处理污水 8.7 亿立方米，日均 238 万立方米，同比增长 3%；COD 消减总量 34 万吨；再生水销售利用量达到 2.6 亿立方米，同比增长 5.2%；全年共处置污泥泥饼 93 万吨，无害化、资源化处置量 45.8 万吨。

表 2-13　2011—2012 年北京市污水处理情况

项　目	污水处理能力（万立方米/日）	污水年处理量（万立方米）	污水处理率（%）	污水排放总量（万立方米）	排水管道长度（公里）	#污水管（公里）
2011	369.4	118884	81.7	145543	11085	4765
2012	389	126411	83.0	152010	12665	5735

六、公共交通

落实优先发展公共交通“两定四优先”政策，实施低票价，增强公共交通吸引力。2012 年公共电汽车日均客运量达 1394 万人次，比 2007 年增长 20.7%；轨道交通日均客运量达 673 万人次，增长 276%。全力做好轨道交通新线开通试运营工作，运营单位提前介入建设环节，抓住空载试运行、冷热滑、信号调试等关键步骤，做好接驳换乘、配套设施改造等工作，确保新线高水平开通。实施既有线运力提高和消隐改造工程，部分骨干线路实现国际先进水平的 2 分钟间隔运营。

年末全市公共交通运营线路 795 条，比上年末增加 31 条；其中轨道交通运营线路 16 条，增加 1 条。公共交通运营线路长度 19989 公里，比上年末增长 0.8%；其中轨道交通线路长度 442 公里，增长 18.8%。公共交通运营车辆 2.6 万辆，比上年末增长 5.5%；其中轨道交通运营车辆 3685 辆，增长 29.3%。全年公共交通客运总量 76.2 亿人次，比上年增长 5.4%；其中轨道交通 24.6 亿人次，增长 12.3%。

表 2-14　2011—2012 年北京市公共交通情况

项目	公共交通年末营运车辆（辆）	#轨道交通（辆）	营运线路条数（条）	#轨道交通（条）	营运线路长度（公里）	#轨道交通（公里）	客运量（万人次）	#轨道交通（万人次）
2011	24478	2850	764	15	19832	372	722552	219280
2012	25831	3685	795	16	19989	442	761578	246162

七、垃圾处理

2012 年，我市全面推进生活垃圾处理设施建设，垃圾处理结构得到优化。完成平谷垃圾综合处理厂和南宫堆肥厂项目扩容工程并投入试运行。基本建成鲁家山垃圾焚烧厂。全市生活垃圾无害化处理率达到 99.1%，垃圾焚烧、生化处理能力达到 50%，实现了城区原生垃圾零填埋。建成昌平区和石景山区及 3 座移动式资源化处置设施，全市建筑垃圾资源化年处置能力已达 400 万吨。

表 2-15 2011—2012 年北京市垃圾处理情况

项目	清扫街道面积（万平方米／日）	生活垃圾无害化处理率（%）	粪便清运量（万吨）	生活垃圾无害化处理能力（吨/日）	环卫机械数量（辆）	公共厕所（座）
2011	13701	98.2	207.5	16930	7991	5843
2012	14346	99.1	207.2	17530	9384	5773

八、空气质量

2012 年，我市大气中主要污染物继续下降。截至 12 月 31 日，可吸入颗粒物、二氧化氮浓度分别为 109、52 微克/立方米，比 2011 年分别下降 4.4%和 5.5%。

表 2-16 2011—2012 年北京市空气质量情况

项目	可吸入颗粒物年日均值（毫克/立方米）	二氧化硫年日均值（毫克/立方米）	二氧化氮年日均值（毫克/立方米）	区域环境噪声平均值（分贝）	道路交通干线噪声平均值（分贝）
2011	0.114	0.028	0.055	53.7	69.6
2012	0.109	0.028	0.052	54.0	69.2

九、园林绿化

2012 年，我市采取多种形式，大力推进规划建绿、补绿插绿、立体延绿、添彩增绿。全市累计完成绿地建设 1300 公顷，建成 20 个城市休闲公园，不断扩大了公共绿地 500 米服务半径覆盖率。完成屋顶绿化 11 万平方米、垂直绿化 124 公里、居住区绿化 61.5 万平方米。大力推进 11 个新城万亩滨河森林公园建设，共完成绿化面积 4461 公顷，并全部完成主体建设并免费开放。十大滨水绿廊建设正式启动， 9.3 公里的西城区营城建都滨水绿道一期已经建成开放。

同时全面推进京津风沙源治理、三北防护林建设、太行山绿化等重点生态建设工程，完成人工造林 7.0 万亩，完成重点绿色通道绿化 7893 亩、公路河道绿化 2.6 万亩、重点小城镇绿化 1.3 万亩，完成森林健康经营面积 15 万亩，山区生态功能日益突显。

2012 年全市林木绿化率达到 55.5%，城市绿化覆盖率达到 46.2%，人均公园绿地面积达到 15.5 平方米。

表 2-17 2011—2012 年北京市园林绿化情况

项目	年末公园绿地面积（公顷）	人均公园绿地面积（平方米/人）	城市绿化覆盖率（%）	全市林木绿化率（%）	年末园林绿地面积（公顷）
2011	19728	15.3	45.6	54.0	63541
2012	21178	15.5	46.2	55.5	65540

十、道路建设

2012 年，我市先后新建、改建了 110 应急线、沙阳路、八峪路等一批远郊区县公路。

年末境内道路、公路总里程 28585 公里，比上年末增长 0.5%；其中，高速公路里程 923 公里，比上年末增长 0.9%。

表 2-18　2011—2012 年北京市道路建设情况

项目	境内道路、公路总里程（公里）	#城市快速路长度（公里）	城市主干道长度（公里）	城市道路立交桥数（座）	城市过街天桥数（座）	城市地下通道（座）
2011	28446	263	861	418	489	211
2012	28585	263	865	413	512	210

注：城市道路及附属实施统计范围为城六区。

第六节　交通运输

2012 年，货物周转量 638.3 亿吨公里，比上年增长 3.5%。其中，铁路 307.6 亿吨公里，下降 1.2%；公路 139.8 亿吨公里，增长 5.6%；民航 49.0 亿吨公里，增长 3.1%。铁路、公路、民航货物周转量比重分别为 48.2%、21.9%、7.7%。

全年旅客周转量 1595.2 亿人公里，比上年增长 4.4%。其中，铁路 116.4 亿人公里，增长 7.1%；公路 304.8 亿人公里，增长 0.4%；民航 1174.1 亿人公里，增长 5.2%。铁路、公路、民航三种运输方式旅客周转量比重分别为 7.3%、19.1%和 73.6%。

年末全市机动车拥有量 520 万辆，比上年末增加 21.7 万辆。其中民用汽车 495.7 万辆，增加 22.5 万辆，民用汽车中私人汽车 407.5 万辆，私人汽车中轿车 298.2 万辆，分别增加 17.8 万辆和 12 万辆。

注：本章节部分数据为初步统计数据。

第三章

城市规划与建设

第一节　北京城市规划综述

2012 年，首都城乡规划工作深化落实城市总体规划，加强统筹协调，完善体制机制，改进工作方式，在转变规划理念和工作方式上取得了新的突破：一是初步建立了多角度全方位的沟通工作机制。二是加强行业引领和监管，加快制定各类技术标准。三是完善应急处置、舆情监测机制建设，提升综合协调工作能力。四是开展规划实施动态监测的基础性工作，促进规划引导和管控方式的初步转型。五是提高规划队伍的自我认知水平，深入开展首都规划核心价值观大讨论活动。

一、加大空间资源配置的统筹力度，促进人口、资源、环境协调发展

组织开展产业功能区建设与人口资源环境协调发展研究。为下一步经济转型发展、提高产业效益、优化就业结构、集约利用土地的路径探索和政策制定打好基础；积极推进京津冀区域协调发展，继续深化首都区域空间发展战略研究；以首都新机场规划建设为契机，统筹推进南部地区发展；编制完成中关村国家自主创新示范区海淀北区、昌平南部地区的街区规划和控制性详细规划，为示范区发展创造良好的空间基础；聚焦通州，进一步明确了通州城市副中心的功能定位，提出规划实施建议。

二、以促进规划实施为重点，加强规划政策研究、加快规划项目落地

组织开展北京市基本生态控制区划定、大城市产业空间聚集规律、中心城防洪防涝设施系统规划等百余项重要专项规划编制与课题研究；做好土地储备规划相关工作，保障全年供地任务的完成；加快重点功能区规划。深化丽泽商务区、北京科技商务区（TBD）、怀柔雁栖生态示范区、密云生态商务区等重点功能区规划；做好重大项目选址，促进项目加快落地实施。

三、发挥统筹作用，切实加强历史文化名城保护工作

成功举办纪念国务院批准设立“国家历史文化名城”和《中华人民共和国文物保护法》颁布 30 周年和首都核心区文化探访路等系列活动；组织开展中轴线保护规划编制、《北京历史文化名城保护评价体系》等重要调研工作，并将调研成果直接转化应用到规划管理中去；深入开展名镇名村保护。

四、全力保障民生，加快保障性住房、公共服务设施规划建设

全面完成“十二五”期间建设 100 万套保障性住房和市政府 2012 年建设任务的规划选址及相关工作；组织保障性住房建筑设计方案展，听取社会公众意见，不断提升规划设计质量和水平；全面保障老旧小区综合改造任务的实施。组织开展基础教育、医疗、养老等涉及民生的专项规划，为加快推进基本公共服务均等化，改善人居环境做好服务。

五、大力推进重大交通、市政基础设施规划建设，提高城市运行保障能力

积极完成规划配合工作，保障了 6、8、

9、10 号轨道线年内顺利开通；结合各条轨道线路所经区域的文化特色，精细化高水平完成了全部车站及站内装修设计；开展了中心城重点区域步行和自行车慢行系统规划，营造绿色出行环境；完成轨道交通线网规划（2015 调整版）；编制完成中心城公交场站、加油站布局规划及 CBD 核心区 APM 设置方案，加快推进重点功能区轨道交通和外围综合交通规划的实施；围绕四大热电中心及其配套工程、能源结构调整重大工程、南水北调等重点工程，做好规划审批和技术服务。加快生活垃圾处理设施规划研究和审批。

六、改善生态环境，为建设宜居城市做好规划保障

按照 “两环、三带、九楔、多廊”的空间布局，完成全市 25 万亩（1 亩≈666.7 平方米）平原造林工程的选地和规划校核工作；积极研究和编制清洁能源相关布局规划；推进中心城 63 座锅炉房清洁能源改造，落实好以治理 PM2.5 为重点的清洁空气行动计划；依据电动车充电设施布局规划，大力推进相关设施建设。按照电力设施落地规划，完成城区“煤改电”工程、变电站选址和约 1.1 万户改造工程的规划研究和审批。

七、加强法制建设和行业管理，积极推进依法行政

开展地方性规章的立法调研和各类标准、技术规定的修订工作；制定重大决策社会稳定风险评估实施细则，进一步完善行政决策、行政复议、诉讼应诉、行政调解和信息公开等工作机制，规范审批行为。通过加强和完善督查督导、案卷评查工作，提高干部队伍的依法行政能力。

八、创新机制，加大规划监督和违法建设查处力度

积极破解违法建设查处难、拆除难，屡禁不止这一难题。规划监督执法工作正在由单体监督执法向线性工程和功能区的综合监督执法转变，正在从点到线到面逐步拓展范围，使规划监督执法工作上了新台阶，同时通过新技术、新手段，提高了查处违法建设的工作效率和水平。

九、以“首都规划核心价值观”认识实践活动为抓手，大力加强党的建设和党风廉政建设

深入推进学习型党组织建设。深入推进“三进两促”活动，开展“手拉手”结对子活动。按照廉政建设、政务公开、作风建设、文明创建工作“四位一体”的思路，深入推进行业文明创建活动。组织签订了党风廉政建设责任书；形成了较为健全的党风廉政建设工作领导体制和工作机制。

第二节　北京市规划研究和规划编制

一、大城市金融商务产业空间集聚规律研究

年内，市规划委完成大城市产业空间聚集规律研究，该研究分析产业集聚的空间规

律，提出对北京产业空间布局的建议。

二、北京城市近期建设规划年度实施计划（2012—2013 年）

年内，市规划院完成《北京城市近期建设规划年度实施计划（2012—2013 年）》。该规划强调城乡统筹协调发展，引导重要基础设施、大型公共设施、安全设施、环境设施等公益性设施建设的时序安排。

三、北京市城市轨道交通近期建设规划调整（2007—2016 年）

年内，市规划院编制的《北京市城市轨道交通近期建设规划调整（2007—2016 年）》获国家发改委批复，调整后的北京城市轨道交通近期建设规划新增线路里程 89 公里，预计到 2016 年全市轨道交通运营里程将达到 664 公里。

四、城乡规划实施引导激励机制研究

年内，市规划委完成《城乡规划实施引导激励机制研究》。该研究提出包括容积率奖励和转移、开发权转移、放松规划管制、捆绑式开发等激励工具，并根据北京现实条件，给出保障性住房建设、公共空间、城市更新与历史街区保护等方面的政策建议。

五、低碳城乡规划研究与延庆试点应用

年内，市规划院会同其他研究单位完成《低碳城乡规划研究与延庆试点应用》。该研究创新建立城乡规划碳排放评估方法，将碳减排目标落实到城乡规划。课题在延庆县得到良好地试点应用。

六、北京市典型功能区低碳生态详细规划设计指标研究

年内，市规划院完成《北京市典型功能区低碳生态详细规划设计指标研究》。该课题针对“现代商务服务”“高新科技研发”“新型制造产业”三种类型功能区，建构以规划为先导，空间、资源、交通和环境整体营造的低碳生态详细规划设计指标架构，并提出应用建议。其主要指标项已纳入市政府《关于全面发展绿色建筑推动生态城市建设的意见》。

七、北京低碳城市规划核算体系及技术导则研究

年内，市规划院完成《北京低碳城市规划核算体系及技术导则研究》。该研究针对不同用地类型，构建碳排放核算指标体系。已完成北京低碳城市规划技术导则框架研究，主要包括建筑、交通和碳汇三个规划导则。

八、北京区域综合能效评价研究

年内，市规划委完成《北京区域综合能效评价研究》。该研究通过项目数据集合，对供能系统进行规划实施后评价，就建设低碳智慧城市，推动社会可持续发展提出对策建议。

九、北京市文化设施及产业研究

年内，市规划委完成《北京文化设施及产业调研》。该研究全面梳理全市文化设施现状情况，分析文化设施布局存在问题，对文化设施建设提出规划引导建议。

十、北京市产业功能区建设发展情况分析报告

年内，市规划院完成《北京市产业功能区建设发展情况分析报告》。该研究为优化产

业发展政策环境，提升产业功能区发展的水平和质量，推进全市产业结构战略性调整等提供了技术支撑。

十一、科技产业园区配套设施规划研究

年内，市规划院完成《科技产业园区配套设施规划研究》。该研究在人口结构与区位条件、园区开发模式和投融资模式、政策支持和引导方式三方面分析园区配套存在问题，从实施分类、策略、过程、责权四个环节提出意见和建议。

十二、产业园区土地利用效益评估研究

年内，市规划委完成《产业园区土地利用效益评估研究》。该研究系统评估全市 19 个产业园区发展现状，构建产业园区土地利用效益评价指标体系，剖析园区土地效益差异的主要原因，提出意见和政策建议。

十三、中关村国家自主创新示范区布局规划

年内，市规划委组织编制的《中关村国家自主创新示范区空间规模和布局》获国务院批复。该规划确定“一区十六园”的空间规模和规划布局，明确未来中关村示范区规划原则和要求。

十四、北京市域水环境与滨水区统筹规划

年内，市规划院完成《北京市域水环境与滨水区统筹规划》。该研究强化用地与水环境的统筹，立足于规划在用地空间上的落实与建设指导，提出水环境提升与城市建设统筹的总体对策、原则性要求与指导建议。

十五、市域集体建设用地现状分析研究

年内，市规划委组织梳理全市集体建设用地现状利用情况，掌握总量、结构和分布，就未来集体建设用地统筹利用的发展定位、规模控制、实施方式、相关政策等形成初步意见。

十六、北京市保障性住房审批数据统计分析研究

年内，市规划院完成《北京市保障性住房审批数据统计分析研究》。该研究成果包含“北京市保障性住房审批数据统计分析研究报告”和“保障性住房规划审批数据库”两部分，提出现有审批数据存在问题和改善策略，从而推动保障性住房审批数据库及维护机制的建立。

十七、典型保障性住房项目规划实施调研

年内，市规划委完成《典型保障性住房项目规划实施调研》。该调研从项目立项、土地权属、规划编制、规划审批、建设和后续运营管理等方面开展调研，提出保障性住房规划编制管理和建设实施机制等方面的对策建议。

十八、北京市老旧居住小区停车设施规划对策研究

年内，市规划委完成《北京市老旧居住小区停车设施规划对策研究》。该研究系统分析全市老旧居住小区停车现状及存在问题，提出规划思路、技术方法和实施对策。

十九、中心城“十二五”时期市政场站及管网系统空间布局规划

年内，市规划院完成《北京市中心城“十二五”时期市政场站及管网系统空间布局规划》。该规划建立“十二五”时期和远景北京市中心城各专业市政基础设施规划目标体系，完成北京市域四大生命线工程、九类中心城市政专业、多个功能区市政管线综合规划和中心城内重要市政场站设施的选址工作。

二十、中心城防洪防涝系统规划（一期）

年内，市规划院完成《北京市中心城防洪防涝系统规划》一期工作，并确定“防、渗、蓄、排、管”的中心城防涝规划总体思路和“两纵四横、一环双网”的防洪防涝格局。

二十一、北京新城地景规划

年内，市规划院完成《北京新城地景规划》。该规划结合北京城市发展方向，提出新城地景的功能定位和建设目标，确定地景体系和地景的空间结构，并制定区县地景设计指引、总体建设指引和行动计划。

二十二、北京新城发展规划指数研究

年内，市规划院完成《北京新城发展规划指数研究》。该研究在国内首次建立以“指数”为表征手段、客观揭示城乡规划实施成效及发展特征的量化评价体系，形成包括“城市发展规划指数”概念内涵、体系框架、评价准则、评价方法、评价流程和评价机制在内的核心理论构架。

二十三、“十二五”时期重点新城建设实施规划

年内，《北京市“十二五”时期重点新城建设实施规划》获批。该规划明确“十二五”时期重点新城发展定位及近期目标，提出发展实施引导、发展建设重点和规划实施保障的策略。

二十四、新城重点地区城市设计梳理研究

年内，市规划委组织的《新城重点地区城市设计梳理研究》获阶段性成果。该研究分析重点地区城市建设的发展特征、趋势和先进建设理念，全面总结城市设计的组织经验，有效指导城市建设。

二十五、“十二五”永定河绿色生态发展带规划

年内，市规划委完成《北京市“十二五”时期永定河绿色生态发展带发展规划》，明确永定河绿色生态发展带的功能定位、发展目标和发展策略，强调近期实施重点区域，并提出实施保障建议。

二十六、北京特色民居研究

年内，市规划院完成《北京特色民居研究》。该研究剖析北京特色民居差异性形成的原因，揭示民居圈层、地貌、流域三大分异规律，首次划分内城、外城等七大特色片区，提炼和归纳其价值特色，提出挖掘、延续民居特色的对策建议。

二十七、“一轴一线一带”保护规划研究

年内，市规划院完成围绕旧城“一轴一线一带”地区的保护规划研究，即《北京中

轴线保护规划》、《朝阜路沿线历史文化资源保护与整治规划》和《长安街——前三门大街带状区域保护研究》。该研究采取不同层面、不同形式的公共参与，统一并提升公众认识。

二十八、北京旧城传统风貌地区公共服务设施调研

年内，市规划院完成旧城传统风貌地区（以下简称平房区）研究。该课题分析平房区各项公共服务设施的现状情况、特点、问题，提出配套标准、规范、策略、实施路径和政策机制保障等方面的规划建议。

二十九、旧城内道路红线管理办法研究与实施规划方案

年内，市规划院完成《旧城内道路红线管理办法研究与实施规划方案》。该课题对旧城道路红线在技术、管理及实施层面与北京历史文化名城保护紧密衔接展开研究，提出相应对策。

三十、东四南历史文化街区保护规划

年内，市规划院完成《东四南历史文化街区保护规划》。该规划率先探索历史文化街区的胡同定线，建立与东城区旧城规划管理地理信息系统紧密对接的基础信息数据库，为未来规划审批和监管提供了直观依据。

三十一、北京新机场选址及相关规划工作

年内，市规划委组织开展新机场配套及周边综合市政交通基础设施规划研究、新机场影响区安置房用地选址规划研究、新机场周边临空经济区规划研究等相关规划工作，做好新机场及其周边地区产业发展、城市空间布局、交通及市政基础设施的衔接，实现新机场地区的健康可持续发展。

三十二、通州建设城市副中心规划研究

年内，市规划委完成通州建设城市副中心规划研究。该研究全面梳理通州新城发展现状及存在问题，借鉴国内外相关经验，提出通州副中心建设的功能定位和规划实施建议。

三十三、通州运河北京新商务中心区地下空间综合规划

年内，市规划院编制完成《通州运河北京新商务中心区地下空间综合规划》。该规划包括《核心区市政工程专项规划》、《核心区市政工程规划方案综合》、《核心区（北区）市政工程规划方案综合调整与优化》和多条城市道路市政工程设计综合规划。

三十四、警用直升机应急起降点选址研究

年内，市规划委会同市公安局对全市地面和楼宇平台直升机起降点普查统计，开展警用直升机应急起降点规划，形成阶段性选址方案。

三十五、大兴西红门镇城乡结合部改造试点规划

年内，市规划委批复《大兴区西红门镇城乡结合部整体改造试点规划方案》。该规划方案提出以拆除工业大院、跟进绿化实施、集约利用土地、合理规划产业园区为重点的规划实施策略及相关保障措施建议。

三十六、房山区南窖乡水峪村保护规划（2012—2020年）

年内，市规划院完成《房山区南窖乡水

峪村保护规划（2012—2020年）》。该规划结合京西深山区特点，探索保护规划与村庄规划“两规合一”的村庄规划类型，是北京市首个审批通过的村庄保护规划。

第三节 规划管理与城市景观

一、2012年规划许可概况

年内，市规划委受理各类建设项目12125件，核发各类建设项目11768件。核发城镇建设规划用地许可总规模5497.07公顷（其中，建设用地2947.28公顷），规划建设许可规模5218.34万平方米，市政道路、管线规模202.85万延米。核发乡村建设规划许可规模97.43万平方米，使用现状集体建设用地总规模301.22公顷。

二、北京市既有居住区无障碍设施改造导则（试行）

年内，市规划委、市残联、市住建委、市市政市容委联合发布《关于印发〈北京市既有居住区无障碍设施改造导则（试行）〉的通知》。该导则对居住区无障碍设施改造部位、改造环节、技术参数等提出具体要求。

三、百个住宅小区无障碍改造完成

年内，市规划委组织完成119处住宅小区无障碍改造任务，主要包括住宅及小区配套公建出入口增设无障碍坡道及扶手，多层住宅一层加装扶手等。

四、轨道交通新线无障碍设施建设情况评估

年内，市规划委组织评估2011年底通车的轨道交通8号线（北段）、9号线（南段）和15号线（一期）东段线路的18座车站的无障碍设施设计、建设情况，获“三条新线无障碍设施建设基本符合《规程》要求”的初步结论。

五、北京获全国无障碍建设先进城市称号

年内，国家住建部、民政部、残联、老龄委办公室联合发布《关于表彰“十一五”全国无障碍建设先进城市的决定》，北京等60个城市获表彰。

六、中心城控规动态维护电子监察系统启用

年内，由市规划委会同市监察局开发的北京市中心城控规动态维护电子监察系统正式启用。主要通过信息化（电子监察）手段规范规划调整，对调整过程全面跟踪与监控，并与市监察局电子监察平台的信息对接，为国内首创。

七、中心城区燃煤集中锅炉房改造规划

年内，由市规划院、煤热院、热力工程设计院等单位共同编制完成的《北京市中心城区燃煤集中锅炉房改造规划》获专家通过。该规划提出中心城区煤炭集中锅炉房改造方案和剩余用地使用方案，为燃煤锅炉清洁能源改造工作提供基本依据，在国内同类规划

中处于领先水平。

八、新城控规实施动态评估和优化维护机制

年内，市规划委制定新城规划成果规范化管理办法，加强对北京新城地区规划编制、审批、实施的全过程监控。

九、北京四大热电中心建设选址及管线配合

年内，市规划委组织市规划院研究论证东南、西南、东北、西北四大热电中心的选址和两进两出管线的选线，基本完成四大热电中心天然气进线、中水进线的规划选线工作、热力出线方案、电力出线方案。四大热电中心建成将初步构建安全高效低碳的城市供热体系。

十、2014年世界种子大会场馆区用地控规

年内，市规划委批复2014年世界种子大会场馆区用地控制性详细规划。该规划编制兼顾青龙湖地区的长远发展和举办世界种子大会的近期需要，并充分考虑当地农民就业和安置。

十一、市规划委网站获北京政府网站评比第一名

年内，市规划委网站在全市45个政府单位的网站考评中获第一名，并被评为“2011年度优秀政务网站”，“市规划委勘察设计与测绘公共服务”平台被评为“2011年度优秀网上服务项目”。

十二、“十二五”期间无障碍环境建设重点工作

年内，市规划委发布《北京市“十二五”期间无障碍环境建设指导意见》，明确了研究建立具有北京特色的无障碍标准体系等8项重点工作。

十三、“十二五”公共环境艺术规划编制完成

年内，市规划委组织完成《北京“十二五”城市公共环境艺术(城市雕塑)发展规划纲要》编制工作。该规划纲要提出“十二五”时期城市公共环境艺术（城市雕塑）发展的方向、目标和主要任务。

十四、市规划委首次举办公共环境艺术评选

年内，市规划委第十八届建筑艺术评选首次设立公共艺术奖，对近五年来的公共环境艺术优秀工程进行评选。在申报评奖项目319件中，评选出公共艺术奖70件，其中特别奖4件。

十五、开发区建区二十周年《绽放》雕塑落成

年内，北京城市雕塑建设管理办公室会同开发区规划分局建设完成开发区建区二十周年雕塑《绽放》。该雕塑材质为不锈钢喷漆，总高23.8米，主体高20米。

十六、永定河公园历史文化浮雕墙落成

年内，一座长200米、高2.4米的历史文化浮雕墙在门头沟永定河公园落成。浮雕墙整体设计为“M”形，水波纹贯彻整个画面，充分展示门头沟区的资源特点和独特魅力。

十七、北京3项雕塑全国获奖

年内，全国城市雕塑建设指导委员会公布2011年全国优秀城市雕塑建设项目评选结果，北京共有3项雕塑获奖。

十八、廉洁奥运主题文化园雕塑落成

年内，朝阳区完成廉洁奥运主题文化园建设工作，并建设“廉洁奥运赋”、“奉献”等5组雕塑。

十九、密云建成英雄母亲邓玉芬塑像

年内，英雄母亲邓玉芬雕塑在密云县石城镇张家坟村落成，邓玉芬雕塑主题广场同时对外开放。

二十、33站50幅地铁公共艺术建设完成

年内，市规划委会同市轨道交通建设管理有限公司组织开展地铁六号线一期、八号线二期南段、九号线北段、十号线二期38个站共58个墙面的公共艺术品规划建设工作，33个站50幅地铁公共艺术壁画建设完成并通过专家验收。

第四节 工程设计与标准

一、世界著名建筑设计师地图绘制完成

年内，市规划委组织绘制完成世界著名建筑设计师分布地图，包括亚洲、美洲、欧洲等区域102条著名设计机构和建筑师的信息。

二、中心城公交场站布局及用地规划（01～18片区）

年内，市规划委组织市规划院编制完成的《北京市中心城公交场站布局及用地规划（01～18片区）》获批，中心城共规划公交场站326处，现状保留107处，规划新增219处。

三、中心城雨水系统改造工程

年内，市规划委完成中心城区的中小河道和下凹立交桥区雨水泵站改造、中心城雨水管网消隐等规划，包括中小河道28条、约150公里，雨水泵站20个。并完成《20座下凹式立交桥排涝工程规划》《北京市中心城防洪防涝系统规划（一期）》《北京市中心城“7.21”暴雨积水问题分析及规划对策》等研究。

四、中心城下凹式立交桥桥区积水治理工程设计

年内，市政总院完成“7.21”灾后中心城区20座下凹式立交桥雨水泵站及排水系统升级改造工程设计，使重现期达到5～10年一遇，总抽升能力由30立方米/秒提升至57立方米/秒，总蓄水能力达到10万立方米。

五、昌平新城城市设计方案

年内，《昌平新城文化创意新区城市设计方案》和《昌平东沙河两岸城市设计及概念性建筑设计方案》获专家通过。设计方案功能定位清晰，布局结构合理，理念先进。

六、全国人大机关办公楼设计

该工程位于天安门广场西南，人民大会堂南侧西郊民巷以南，建筑设计为1000人办公

使用，面积 8.3 万平方米，地下 2 层，地上 7 层，框架结构，延续广场建筑的中心对称式布局，体量和风格与广场主要建筑物协调一致，成为天安门广场上又一标志性建筑。获市规划委表彰 2012 年度优秀工程设计综合奖（公共建筑）一等奖。

七、全国组织干部学院设计

该工程位于朝阳区金盏金融后台服务区内，建筑面积 4.00619 万平方米，地下 1 层，地上 7 层，A、B、C、D 为框架结构，E 座位钢结构、混合结构。项目采用成熟适宜的生态绿色技术，主动式和被动式结合，避免“高、贵”技术的堆砌，实现低碳绿色理念。获市规划委表彰 2012 年度优秀工程设计综合奖（公共建筑）一等奖。

八、未来科技城（南区）市政工程设计

年内，市政总院完成未来科技城（南区）市政工程施工图的编制。该工程包含 8 条市政道路，分别规划为城市次干路和城市支路，红线宽度 20 ~ 30 米，全长约 13.3 公里。

九、未来科技城神华规划四路市政工程跨温榆河桥桥梁工程设计

年内，市政总院完成未来科技城神华规划四路市政工程跨温榆河桥桥梁工程可行性研究报告。神华规划四路设置跨越温榆河特大桥梁一座，主桥采用钢箱梁结构，跨径布置为 217 米，全宽 30 米。

十、地铁 6 号线一期、二期工程初步设计方案

年内，地铁 6 号线一期、二期工程初步设计方案获市政府批复。一期方案由五路居站至草房站，长 30.69 公里；二期方案由草房站至东小营站，长 12.4 公里，途经海淀、西城、东城、朝阳、通州五个行政区。

十一、地铁 16 号线工程设计

年内，市政总院完成地铁 16 号线的初步设计评审及补充评审。该线为城区西部的南北干线，途经海淀、西城和丰台三区，全长约 40.2 公里，共设 24 座车站，全部为地下线。

十二、地铁 7 号线工程设计

年内，市政总院完成地铁 7 号线全部主体建筑、结构施工图设计，以及东部车站大部分附属工程的施工图设计。该线以地下线方式沿规划道路向东南敷设，起点北京西站，终点焦化厂站，全长 23.67 公里，共设 21 座车站。

十三、国道 110（昌平德胜口 ~ 延庆县城）二期工程设计方案

年内，市规划委批复国道 110（昌平德胜口 ~ 延庆县城）二期工程设计方案。该道路全长约 35.6 公里，主线按照高速公路标准设计，设计速度为 100 公里/小时（山区段为 80 公里/小时）；辅路系统按照二级公路标准设计，设计速度为 40 ~ 60 公里/小时。

十四、京石二通道（大苑村 ~ 市界段）工程规划

年内，市规划委完成京石二通道（大苑村 ~ 市界段）工程规划手续。该工程北起京良路、向西南穿越房山至市界，与河北段道路接顺，道路全长约 51 公里。设计标准为高速公路，设计速度为 120 公里/小时，道路红线宽 80 米。

十五、房黄亦联络线方案

年内，市规划委批复房黄亦联络线方案。该线全程 14.9 公里，设计车速 80 ~ 60 公里/小时，

西起房琉路，东至良常路，沿线串联京昆高速、京石高速、京保公路、良常路等干线公路。

十六、丽泽商务区外部配套主干路设计方案

年内，市规划委批复金中都南路、西站南路南延和柳村路等三条丽泽商务区外部配套主干路设计方案，三条道路是丰台路网规划的重要组成部分。

十七、阜石路快速公交车辆系统工程初步设计

年内，市规划委会同市发改委审定阜石路快速公交车辆系统工程初步设计。阜石路快速公交线路是中心城连接门头沟新城和石景山地区的重要交通走廊，东起西二环阜成门外，西至龙泉镇，线路全长约 25 公里，共设置 23 座车站。

十八、东关大道道路工程设计

年内，市政总院完成通州区东关大道道路工程初步设计、设计概算编制、施工图设计。该道路起点为新华大街，终点与通燕路（桥下）交，全长 1.98 公里，规划为城市主干路，计算行车车速 50 公里/小时。

十九、北环环隧工程设计

年内，市政总院完成通州区北环环隧工程初步设计、设计概算编制、施工图设计。该隧道设置 4 对进出口与地面道路相接，22 处进出口与地下车库相连。主隧道全长为 1.5 公里，净宽 14.15 米，布置三条车道。

二十、天安门广场周边人行道整治工程设计

年内，市政总院完成天安门广场周边约 54786 平方米的人行道维修改造工程设计，包括更换花岗岩面砖、结构补强等。

二十一、农村公路水毁修复工程设计

年内，市政总院完成部分农村公路水毁修复工程设计，包括房山区河北镇公路工程中第 1 批和第 2 批，共 16 条道路的方案设计和施工图设计，张坊镇公路工程中第 1 批、第 2 批共 16 个项目施工图设计。

二十二、四惠枢纽及周边市政配套工程设计

年内，市政总院完成北京市四惠枢纽及周边市政配套工程施工图设计。

二十三、西南热电中心（草桥二期）工程

年内，市规划委完成西南热电中心（草桥二期）规划。该热电中心位于丰台区草桥村，建设规模为 2 台 35 万千瓦级燃气热电机组，供热能力 1200 万平方米。

二十四、高碑店再生水厂及再生水利用工程设计

年内，北京高碑店再生水厂及再生水利用工程已完成初步设计，并开展施工图设计及部分项目的施工建设。其再生水主要指标将达到地表 IV 类水质标准，日产水量 100 万吨。

二十五、南水北调市内配套工程郭公庄水厂（一期）工程设计

年内，市政总院完成南水北调市内配套工程郭公庄水厂（一期）工程初步设计。郭公庄水厂规模为 50 万立方米/天，其超滤膜、紫外消毒工艺在 50 万立方米/天规模级净水厂上属首次应用。

二十六、第十水厂 A 厂项目设计

年内，市政总院完成第十水厂 A 厂项目的初步设计。该项目设计规模 50 万立方米每天，包括输水管道和净配水厂工程。

二十七、建筑太阳能光伏系统设计规范

年内，市规划委发布《建筑太阳能光伏系统设计规范》，于 9 月 1 日实施。该规范总结全市建筑太阳能光伏系统应用的实践经验，提出“太阳能光伏系统设计应与建筑工程设计统一规划、同步设计、同步施工、同步验收”的理念，具有较强的创新性和可操作性。

二十八、居住建筑节能设计标准

年内，市规划委发布《居住建筑节能设计标准》，于 2013 年 1 月 1 日实施。该标准是国内首个将居住建筑的单位面积采暖能耗指标达到节能 75%水平的地方技术规范，使全市居住建筑综合节能水平达到同气候条件发达国家的先进水平。

二十九、外墙夹心保温设计规程

年内，市规划委发布《外墙夹心保温设计规程》，于 2013 年 1 月 1 日实施。该标准针对全市建筑外墙保温设计中存在的难题，提高设计的适用高度、耐久性，作出系统、详细的规定，达到国内领先水平。

三十、绿色建筑设计标准

年内，市规委发布《绿色建筑设计标准》。该标准首次从控规阶段介入，将生态规划与绿色建筑有机结合，设置指标体系，提出覆盖空间规划、交通组织、资源利用、生态环境四方面共 20 项详细规划指标和 27 项建筑设计指标。

三十一、新建建设工程雨水控制与利用技术要点（暂行）发布

年内，市规划委发布《新建建设工程雨水控制与利用技术要点（暂行）》，提高了新建建设工程雨水控制与利用能力，细化了规划设计、施工图审查、规划审批、规划核验等环节的监管要求。

三十二、6 项消防设计地方标准修订

年内，市规划委会同市公安局组织修订《疏散用门安全控制与报警逃生门锁系统设计、施工及验收规程》、《简易自动喷水灭火系统设计规程》、《自然排烟系统设计施工及验收规范修订》、《消防安全疏散标志设置标准》、《吸气式烟雾探测火灾报警系统设计、施工及验收规程》、《防火玻璃框架系统设计施工及验收规范》等 6 项北京市地方标准，修改和增加部分内容与条款。

三十三、5 册建筑设计通用图集出版

包括：《工程做法》（12BJ1-1）、《加气混凝土砌块、条板》（12BJ2-3）、《建筑节能外窗、建筑遮阳》（11BJ2-10）、《A 级不燃材料外墙外保温》（12BJ2-11）、《木门》（12BJ13-3）。

三十四、7 册指导性图集出版

包括：《北京市雨水利用工程实例汇编》、《北京市老旧小区综合改造指导性图集》、《北京市老旧小区抗震加固系列图集—板墙及砂浆面层加固分册》、《北京市老旧小区抗震加固系列图集—柱、圈梁、钢拉杆加固分册》、《北京市老旧小区抗震加固系列图集—外套装配式混凝土加固分册》、《北京市老旧小区抗震加

固系列图集—房屋平改坡加固分册》、《北京市公共租赁住房标准设计图集》(一)。

三十五、规划建设专题片编制完成

年内,市城建档案馆剪辑制作完成《北京市城乡结合部50个重点村规划建设专题片》,用影像再现全市城乡结合部城市化建设和发展的历史进程。

三十六、市城建档案馆入库档案22348卷

年内,市城建档案馆完成工程档案预验收900项;接收纸质工程竣工档案866项22348卷,缩微胶卷6000余卷。接收规划管理档案7500余卷,整编5900余卷;接收资质管理类实体档案1938项,2318卷,实行电子著录信息与纸质品档案同步接收进馆。接收11项重点工程声像档案,其中照片档案79册,3006张,光盘116张。接收名人故居声像档案170处,照片5086张。接收四合院声像档案387张;制作缩微工程档案母片352盘,拷贝片681盘;完成馆藏档案数字化文件级著录29567卷,442833条;完成扫描工程竣工档案4121卷,282080页。提供利用档案7050人次,11944卷次。

第五节 勘察·设计·测绘

一、规划设计勘察测绘年度优秀工程表彰

年内,市规划委表彰规划设计勘察测绘2012年度优秀工程项目,共评出获奖项目281项,包括综合奖246项、中小项目创新奖14项、单项奖21项。其中全市11个项目获优秀城乡规划设计一等奖、13个项目获优秀工程设计综合奖(公共建筑)一等奖、3个项目获优秀工程设计(道路桥隧)一等奖、3个项目获优秀工程设计(给水排水)一等奖、4个项目获优秀工程设计(轨道交通)一等奖、2个项目获优秀工程设计(燃气热力)一等奖、5个项目获优秀工程设计(风景园林)一等奖、9个项目获优秀工程勘察一等奖。

二、测绘地理信息优秀工程表彰

年内,市规划委表彰北京市优秀测绘地理信息工程项目,共评出获奖项目67项,其中一等奖14项、二等奖19项、三等奖34项。

三、勘察设计测绘行业综合服务窗口开通

年内,北京市勘察设计测绘行业综合服务窗口开通运行,由北京大学首都发展研究院和市勘察设计和测绘地理信息管理办公室共同创建的服务体系创新示范研究基地挂牌。

四、普利兹克颁奖礼

年内,市规划委组织2012年普利兹克建筑奖颁奖典礼,为首位获殊荣的中国建筑师王

尌颁奖，并举办有弗兰克•盖里等4名该奖历届得主参加的“建筑论坛”。首次在中国举办的颁奖典礼吸引新华社、中央电视台、美联社、等国内外近百家时政和专业媒体争相报道。国务院新闻办制作了专题纪录片《中国设计》,北京电视台科教节目实况录播颁奖典礼。

五、北京市测绘地理信息管理机构更名

年内,市规划委所属的北京市勘察设计与测绘管理办公室更名为北京市勘察设计和测绘地理信息管理办公室，该办公室承担着11项行政许可事项,约占市规划委行政许可事项的70%。

六、住宅抗震节能改造工程设计合格承包人名录招标完成

年内,由市勘测办与市房屋建筑抗震节能综合改造工作领导小组共同组织，经专家评审，北京筑都方圆建筑设计有限公司等20家单位入选北京市住宅抗震节能改造工程设计合格承包人名录。

七、建设工程勘察专题研究成果

年内，市规划委组织开展的《影响建设工程勘察市场及质量的重要因素调研及解决办法》课题研究成果获专家通过。该课题总结分析全市在建设工程勘察市场及质量安全方面存在的问题、主要影响因素，提出建设工程勘察市场及质量管理办法。

八、6项目获省部级科技进步奖

年内，市测绘院完成的“‘数字西城’地下管线典型应用示范”、“北京市规划测量数据库系统建设与应用”和“数字通州地理空间框架建设与应用”分获中国测绘学会科技进步奖二等奖和三等奖，“数字西城地理空间框架建设与应用”、“北京市朝阳区道路信息管理系统”分获地理信息科技进步奖二等奖和三等奖，“基于无线网络的GPS数据采集系统”获中国全球定位系统技术应用协会卫星导航定位科技进步奖三等奖。

九、16项工程获省部级优秀工程奖

年内，市测绘院完成的“北京市房屋普查修补测更新及管理平台建设项目”获中国测绘学会优秀测绘工程奖白金奖，“面向公众的地理信息服务与管理”获中国地理信息产业协会优秀工程奖银奖，“北京市第一次水务普查国普湖泊与市普湖泊测量项目”获中国全球定位系统技术应用协会优秀工程和产品奖三等奖，“北京市房屋普查修补测及更新项目”获中国城市规划协会城市勘测工程奖一等奖，“北京市2009年彩色数字正射影像图制作”等2个项目获中国城市规划协会城市优秀勘测工程奖，“元上都遗址申遗测绘工程”等3个项目获北京市第十三届优秀工程奖，“2010年北京市中心城区1：500地形图更新测绘”等5个项目获北京市第二届优秀测绘地理信息工程奖，“北京市沉降区高程复测及原点网监测工程”等2个项目获中国城市规划协会优秀城市勘测工程奖。

十、三类基础测绘工作完成

年内，市测绘院完成三类基础测绘工作。基础控制方面：采用网络RTK一级加密复测城市一、二级导线1500点，完成平原地区水准复测（含玉渊潭水准原点监测网复测及东部沉降区水准观测工程）约3400公里。基本比例尺地形图测绘、更新方面：完成四环范围8450幅1：500地形图2次更新、六环范围5564幅1：2000地形图更新、全市域457幅1：10000地形图更新；完成通

州、顺义、平谷等区县的新城基础测绘任务215平方公里。地理信息数据库建设方面：完成2011年更新的1∶500地形图8450幅、1∶2000地形图3376幅、1∶10000地形图457幅的数据加工、入库工作；“城市综合地下管网信息系统”累计完成4.13万公里地下管线数据的建库管理工作。

十一、4类重大专业测绘项目完成

年内，市测绘院完成4类重大专业测绘项目，包括房山7•21抗洪救灾地形图、安置房建设测绘、受灾公路修复重建，海淀区市政市容委数据加工、中心城区排水设施情况普查、顺义区供排水设施情况普查、中央电视台新址、东部区域沉降监测项目年度工作及项目验收等测绘项目。

十二、5项地理信息系统开发完成

年内，市测绘院完成“北京市空间数据共享与协同审批系统”、“北京市勘察设计与测绘管理办公室业务系统整合”、“土地业务地理信息系统”、“北京市文物资源信息数据库建设（一期）”、“北京市土地资源和建设用地综合决策分析平台的研究与应用（二期）”5个项目的开发建设。

十三、7•21应急测绘保障服务完成

年内，市测绘院完成“7•21”应急测绘保障服务，制作18个重点受灾乡镇应急专题地图、灾情统计分析图等专题图910幅；利用三维仿真技术模拟重点受灾区域的汇水分析效果；16处地形图、43处安置房建设和公路修复重建测绘。

十四、援建测绘任务完成

年内，市测绘院完成和田地区一市三县航空摄影测量510平方公里、地形图测绘252平方公里。

十五、天地图•北京开通

年内，市测绘院完成北京地图网改版及15～18级矢量和影像电子地图编制，智慧化的地图网站“天地图•北京”开通并接入国家“天地图”主节点。

十六、北京人文地理杂志陆续出版

年内，市测绘院编制的《北京人文地理•怀柔卷》《北京人文地理•石景山卷》出版发行。

十七、11种地图编制出版

包括：《北京市政务地图集》（2012地图版、影像版）《北京历史地图集》《北京市水务发展规划图集》《北京市水务工程位置图》《北京市城区水务工程现状图》《2012版北京市国防交通图》《北京市交通旅游图》《北京市新城地图册》《北京市行政区划图》《北京市城区行政区划图》《北京市轨道交通建设地图册》。

十八、昌平南邵垃圾填埋场完成废气治理

年内，市勘察设计研究院有限公司采用输氧抽气技术完成昌平南邵非正规垃圾填埋场废气治理工程。该项目占地6万多平方米，垃圾体量超过80万立方米，对周边地下水源和大气存在较大的环境风险。

十九、“中国尊”项目岩土工程勘察完成

年内，市勘察设计研究院有限公司完成了北京CBD中央商务区“中国尊”岩土工程勘察项目。“中国尊”为一座528米高、形似古代礼器“尊”的建筑，是把握北京建筑文化、经济脉搏的新地标。

二十、垃圾场地下水质自动监测技术研制完成

年内，市勘察设计研究院有限公司完成的《生活垃圾填埋场地下水污染自动监测技术应用研究》课题通过市科委验收。该项技术可完成生活垃圾填埋场地下水的常规监测与连续自动监测、特征指标筛选等工作。

二十一、南水北调配套工程实施第三方监测

年内，南水北调配套工程东干渠开工。其第二标段长22.6千米，由于采用内径4.6米的钢筋砼隧洞输水需盾构法施工，市勘察设计研究院有限公司承接了施工第三方监测工作。

二十二、浅层地下水监测发展规划通过规划验收

年内，市勘察设计研究院有限公司承接的《北京市浅层地下水动态监测发展规划》项目通过规划验收。该成果提出全市浅层地下水动态监测工作的总体目标、主要任务和保障措施。

二十三、京东地面沉降监测项目通过规划验收

年内，市勘察设计研究院有限公司会同市测绘院完成的《北京东部区域地面沉降监测网络的建设与应用》专项课题通过市规划委验收。其成果建立了规划阶段地面沉降对基础设施影响的风险评估体系等。

二十四、门头沟采空区棚户区改造工程勘察

年内，市勘察设计研究院有限公司累计完成门头沟采空区棚户区改造工程勘察130余万建筑平方米。主要有石门营、石泉等地区，开展地质灾害评价、建筑地基勘察、岩土工程设计与施工、工程监测与检测等工作。

第六节　地名变更和地名规划

地名规划概况：2012年，市政府批复《门头沟新城地名规划》《延庆新城地名规划》。获市规划委批复《通州区潞城镇侉子店组团地名规划》《通州区宋庄镇地名规划》《通州区西集镇西集组团和朗府组团地名规划》《通州区于家务回族乡于家务组团和渠头组团地名规划》《通州区张家湾镇村镇中心组团地名规划》，完成《宣南地名文化遗产分级保护研究》。

地名变更概况：2012年，全市地名命名、更名共计237个。按地名类别划分，道路名称186个，居住区名称31个，桥梁名称1个，轨道交通站点名称19个。

道路命名、更名（186个）

东城区命名、更名（1个）

东不压桥胡同

朝阳区命名、更名（18个）

芳草地南巷、高杨树中街、姚家园南路、四惠枢纽南路、四惠枢纽东路、四惠枢纽西路、双合中路、双合西路、双合北街、双合南街、小寺村南街、司辛庄东路、司辛庄路、景林路、红松路、黄木厂路、九龙山路、东坝驹子房。

海淀区命名、更名（32个）

信苑中路、信苑东路、信苑西路、三嘉北街、三嘉南街、西平庄北路、巨山东路、宝盛南路、安宁庄西路（南延）、正福寺路、四拨子北路、安泰路、龙泰路、唐家岭北环路、唐家岭西环路、唐家岭南环路、唐家岭东环路、土井一街、土井二街、土井三街、营福路、后八家东路、后八家路、东升路、东升南路、后屯南路、丰雅东路、丰雅中路、丰豪中路、丰豪东路、丰滢东路、永捷南路

丰台区命名、更名（16个）

丰葆东路、郭公庄北街、安康路、安康东路、长玉街、嘉则路、西红门南一街、西红门南二街、成安路、益成街、横道沟街、瑞成街、六圈中路、田各庄路、高立庄路、高立庄北路

石景山区命名、更名（7个）

琅山北街、刘娘府路、石槽东路、石槽中街、秀府南路、五里坨西街、体育场南街

昌平区命名、更名（10个）

龙域中街、龙域环路、龙域东二路、龙域北街、龙域南街、高教园南三街、高教园北三街、丰善东路、怀英街、宏福中路

门头沟区命名、更名（26个）

和平街、和平西街、紫金路、紫金北路、石龙南路、门头沟北路、福源路、耿王路、龙山街、增北路、龙门西街、福泰路、安民西路、和平南街、福康路、冯园街、冯村中路、石门营路、龙林路、紫金路、紫金北路、紫金南路、石园北路、石园中路、石园南路、小园路

平谷区命名、更名（11个）

环马北街、金河北街、金河街、小龙河北街、梨羊路、打铁庄路、东交路、金平北路、小屯新路、环马东路、金塔北路

大兴区命名、更名（32个）

魏新街、魏东路、魏兴路、石化一条、繁荣路、幸福路、团结路、民生路、庞各庄路、瓜乡路、甜园路、绿海路、隆盛大街、隆源大街、隆兴大街、隆昌大街、隆顺大街、三合北巷、五福堂北路、纪百户街、天水街、永大路、永兴路、永旺路、华佗路、思邈路、庆丰西路、旧桥路、欣清北巷、欣清南巷、罗奇营路、文新南街

顺义区命名、更名（5个）

浅香北街、浅香南街、林秀东路、林秀西路、开元街

房山区命名、更名（21个）

洪寺街、天星街、兴礼大街、康泽路、翠林东街、翠林路、于瓦北路、怡和路、长政南街、悦盛路、学院北街、学院南街、致美北街、致美南街、卓秀北街、卓秀南街、长于南大街、荷园东路、荷园北路、荷园南路、知兴西路

亦庄（北京经济技术开发区）命名、更名（6个）

科创九街、科创十街、经海四路、凉水河一街、博兴路、景园街

跨区命名、更名（1个）

立水桥北路（朝阳区、昌平区）

居住区命名、更名（31个）

东坝驹子房（朝阳区）

瑞海园三里、瑞海园四里、瑞海园五里、瑞海园六里、博海园一里、瑞海园二里、博海园三里、博海园四里、博海园五里、博海园六里、博海园七里、博海园八里、亦海园一里、亦海园二里、亦海园三里、亦海园四里、亦海园五里、亦海园六里、亦海园七里、亦海园八里（北京经济技术开发区）

富水良嘉园、悦都新苑（房山区）

柏儒苑（扩大）、翡丽华庭、温泉凯盛家园、龙岗安居里、西二旗润中苑（海淀区）

新于庄园、下坡屯家园、顺和花园（顺义区）

桥梁名称（1个）

四惠枢纽桥（朝阳区）

轨道交通车站站名名称（19个）

轨道交通6号线与16号线的换乘站：二里沟站

轨道交通10号线（二期）车站：潘家园站、十里河站、分钟寺站、成寿寺站、石榴庄站、大红门站、角门东站、草桥站、纪家庙站、首经贸站、丰台站、泥洼站、西局站、莲花桥站、西钓鱼台站、车道沟站、长春桥站、火器营站

第四章

土地供应与市场

第一节　2012 年北京市土地管理综述

2012 年，全市国土资源系统在北京市委、市政府和国土资源部的领导下，深入贯彻落实科学发展观，坚持主题主线，牢牢把握“稳中求进”的总基调，统筹保发展、保资源、保民生，较好的完成了各项工作任务，为促进首都经济社会科学发展做出了积极贡献。

一、坚决贯彻中央宏观调控政策，积极促进首都经济社会平稳健康发展

1．实施差别化供地政策，保障全市经济社会发展用地需求

深入开展保发展保红线工程，土地供应向保障性安居工程、战略性新兴产业、现代服务业、基础设施建设倾斜，全年计划安排国有建设用地供应总量 5700 公顷，已供应土地 4115 公顷，完成计划的 72%。全年共办理建设用地预审 1081 件，用地总规模 9954 公顷。安排使用新增建设用地计划指标 2892.6 公顷，完成计划的 90.68%，安排使用农用地转用指标 2672 公顷，完成计划的 93.1%，安排使用耕地指标 1179 公顷，完成计划的 70.6%。

2．严控新增，消化存量，稳步推进土地储备开发工作

全年新增土地储备开发面积约 1035 公顷，同比下降 71%；基本完成土地储备开发面积约 2755 公顷；实现投资约 955 亿元。积极拓展土地储备融资渠道，争取信贷政策和资金支持。2012 年全市储备机构筹措资金 1263 亿元，归还当年到期贷款 915 亿元，提前还款 47 亿元。

3．巩固宏观调控成果，保障土地市场平稳健康发展

改进和完善招拍挂出让方式，实现房地产市场宏观调控目标。全年共推出经营性用地 178 宗，土地面积 1474 公顷，成交 169 宗，土地面积 1340 公顷，成交额 671 亿元，其中政府土地收益 238 亿元；上缴土地出让收入 976.70 亿元，其中政府收益 447.02 亿元，超额完成年初财政收入计划。

二、着力保障和改善民生，切实维护群众利益

1．加强地质灾害防治，积极应对“7.21”特大自然灾害

开展汛前地质灾害排查，建立健全地质灾害群测群防体系和监测预警体系，制作避险自救宣传片，提高群众的防灾和避灾意识。“7.21”发生后，先后委派 60 个工作组对我市 10 个山区县村庄、人口密集区等新增隐患点，村级以上道路安全隐患及房山区等临时安置房安全性进行调查评价并增设警示牌。全系统同心协力，及时将雨情传达到乡镇、及时深入灾区指导抢险避险、及时开展地质灾害隐患排查、及时提供调查成果及防治建议。

2．全力推进农村集体土地确权发证，依法保护农民财产性权利

加强部门、区县统筹协调，重点解决历史遗留问题和权属纠纷，全年共调查农村集体土地所有权 24451 宗，面积 16.95 万公顷，确权登记 23067 宗，发证率达到 94.3%，完成政府折子工程和新农村折子工程确定的 2012 年底发证率 90%目标。土地登记规范化水平全面

提升，共办理国有土地登记业务17857件，土地使用权抵押权登记5476件，抵押贷款金额5035.21亿元，土地资产利用效益不断提升。

3．提前超额完成中央下达保障性安居工程供地任务

克服出让收入下降、还贷压力大等困难，加大统筹协调督办力度，全年落实保障性安居工程用地850公顷，可满足北京市保障性安居工程16万套任务的用地需求。同时，积极研究政策，鼓励企业利用自有用地开发建设公租房。

4．积极保障农民的合法权益和长远生计

稳步推进集体建设用地租赁房试点工作。先后启动海淀区唐家岭地区等3批4个试点项目，利用集体建设用地37.98公顷，规划建设17000余套、总面积约96.465万平方米的租赁住房。不断完善试点政策措施，拟订《北京市利用农村集体土地建设租赁住房试点实施意见（试行）》，确保试点工作规范有序，封闭运行，风险可控。全面推进征地补偿多元化安置工作。组织开展征地拆迁工作专项检查，严格审查征地补偿标准和征地程序的合法性，督促用地单位及时落实征地补偿。

三、落实节约优先战略，以资源利用方式转变促进经济发展方式转变

1．加强土地利用总体规划和年度计划管控

开展土地利用总体规划实施评估，探索规划动态管理。完成乡镇级土地利用总体规划修编和区乡级规划数据库建设。推进市区乡三级基本农田保护区专项规划编制。编制2012年25万亩林地空间落地方案，初步完成2013年新增35万亩林地的空间落地方案及平原地区造林工程总体规划。协助开展中关村空间范围和布局调整工作。

2．坚守耕地红线

强化地方政府及其主要领导的耕地保护责任。完善耕地破坏程度鉴定工作机制。建立健全耕地补偿指标分配机制，全面落实耕地占补平衡。大力实施土地整治，初步完成《北京市土地整治规划（2011—2015）年》编制和30万亩高标准基本农田建设任务分解。在施开发整理项目131个，新增耕地1.22万亩。

3．大力推进节约集约用地

研究搭建节约集约用地制度框架体系和工作组织架构。分解下达各区县单位国内生产总值建设用地下降30%的任务。推荐东城、海淀、丰台和平谷参加全国第二届国土资源节约集约模范县（市）创优评选。积极推进城市建设用地节约集约利用情况评价，完成开发区土地节约集约利用评价成果更新。加强土地利用政策研究，规范审批程序，盘活存量用地，清理闲置土地，催缴地价款80亿元。

4．加大执法监察力度，有效遏制违法用地行为

全年发现土地违法用地行为为897件，立案查处违法用地案件583件，同比分别下降17.02%和13.88%，违法用地占用耕地面积减少60%以上。通过巡查发现违法行为327件，制止226件，挽回经济损失4856万元。立案查处矿产违法违规案件13件，同比下降85.23%，结案13件，收缴罚没款25.5万元。积极开展2011年度土地矿产卫片执法检查工作。开展土地执法专项行动，清理整治在建在售利用集体土地违法建设销售（变相销售）住宅行为，试点探索历史形成“小产权房”项目的处置政策。配合市发展改革委大力推进全市高尔夫球场清理整治工作。加大科技执法试点建设，探索逐步实现对耕地、基本农田、矿产违法的全面监控。

四、提高矿产资源保障能力，增强地质公共服务能力

1．加强矿产资源勘查与调查评价

严格矿产资源勘查行政许可和地质勘查单位资质审批。城市地质土壤调查与评价、页岩气资源前期研究和潜力调查评价进展顺利。矿产资源潜力评价已完成锰、钼、铬、银、萤石5个矿种的资源潜力预测评价。矿产资源储量利用现状调查走在全国前列。

2．严格规范矿产资源开发秩序

采矿权交易全部进入矿业权交易市场进行公开交易。积极推进绿色矿山建设，加大关闭矿山环境治理力度。开展安全生产领域“打非治违”专项行动，严厉打击非法开采矿产资源行为。开展矿产资源开发利用情况年度检查和重要矿产“三率”综合调查与评价，逐步提高资源利用水平。

3．加强地热资源管理

基本完成《北京市浅层地热能资源规划文本》。全面展开矿业权设置方案编制工作。地热资源管理基础数据库初步建立，地热温泉经营服务规范化和标准化工作取得阶段性进展，编制完成第一期地热温泉导引图。

4．拓展地质服务工作领域

深入开展地质资料信息服务集群化产业化，稳步推进数字城市地质工作，积极建设地质资料汇交监管平台和地质资料共享服务平台，实物地质资料汇交成效明显，重要工程地质资料汇交取得较大突破。地质遗迹、矿山遗迹和古生物化石保护工作持续推进。积极配合延庆县申报和创建世界地质公园。

五、夯实基础工作，对国土资源管理的支撑作用进一步加强

1．加快科技化信息化建设步伐

“首都国土资源高频度监测技术系统研制与示范”项目全国领先，已具备推广应用条件。争取各级各类资金支持我局加强科技创新能力建设。编制完成“十二五”科普计划，建设国土规划与开发重点实验室和野外科研基地。西城分局建成全国国土资源第一个国际合作基地。制定《北京市国土资源信息化“十二五”发展规划》，“管、建、用”三位一体的信息化管理机制初具雏形。行政审批业务实现网上办理并带图审批，核心业务信息实现网上公开。综合监管平台建设和应用持续推进，国土资源“一张图”数据更新和汇交不断加强。

2．保障机关规范运转，深入推进依法行政

加强财务规范化管理，完善财务管理制度架构，严格控制“三公”费用，提高资金使用效益。完成全系统资产清查，配合完成2011年度预算执行审计及局长经济责任审计。加强政府采购监管，深化项目招标程序管理。开展领导干部经济责任审计，组织预算项目专项审计检查和审计整改落实工作，土地储备项目和开发整理项目实行跟踪审计。加大行政审批改革力度，清理行政审批事项，我局窗口在市固定资产投资审批大厅年度评优中被授予“2012年度最佳服务窗口”称号。全年共发生行政复议案件216件，行政诉讼案件83件。加大信息公开力度，主动公开政府信息6545件，比2011年增加3倍。严谨、规范、高效处理公文，被评为“办理人大代表建议、政协提案先进单位”。创新信访工作机制，来信、来访、重复上访、集体上访量均明显下降。自主调研工作取得新进展。正式开通“国土北京”政务微博，主动宣传和舆论引导能力逐步加强。加强离退休干部工作，不断提高服务管理水平。后勤工作保障到位。

第二节　征地管理

一、征地管理工作情况

1. 突出重点，简化程序，确保重点工程和民生项目落地

协调解决京包高速公路、西六环路、保障性住房用地、三一重工企业二期项目等重大项目的落地工作。按照《关于进一步简化用地审批程序，加快用地报批进度相关措施》的要求，对项目用地审批进行全程跟踪服务，优化审批环节。对纳入绿通项目和市政府为民办实事的折子工程逐一进行了梳理，在征地报批时，对保障性住房、民生工程项目实行“特事特办”，先行上报市政府，而后在市建设用地审查小组会议备案的做法，既依法报批，又提高了效率。

2. 加大力度，妥善解决重点工程和历史遗留问题

依据国土资源部卫片执法检查和“百日行动”等查处纠正工作的处理意见，对历史遗留项目和卫片重点工程需补办手续的问题，区分不同情况，采取相应的处理办法，解决遗留项目的征地手续办理问题。

3. 组织开展了征地拆迁工作专项检查

按照国土资源部、住房和城乡建设部、监察部、农业部联合下发的《关于开展征地拆迁专项检查的通知》，我市研究制定了落实方案，及时下发了《关于开展征地拆迁专项检查的通知》。在组织各区县自查的基础上，由市国土、住房建设、监察、农业等部门组成联合检查组，听取了10个区县的自查情况汇报、并对顺义和丰台2个区的征地拆迁工作进行了现场检查。通过此次检查，督促用地单位及时落实征地补偿，进一步规范了集体土地征收和拆迁行为。

4. 加大政府信息主动公开力度

为贯彻国务院办公厅《关于印发2012年政府信息公开重点工作安排的通知》（国办发［2012］26号）要求和市政府办公厅下发的《关于做好重点领域政府信息公开工作的通知》（京政办发［2012］34号）精神，制定《北京市国土资源局关于推进征地信息公开有关工作的通知》（京国土征［2012］489号），要求各区县国土分局将征地公示、征地公告、征地结案及时在网站予以主动公开。

二、征（占）地及农用地转用审批情况

2012年，国务院及市政府共审批征（占）用集体土地及农用地转用总用地面积4542.65公顷，其中经国务院批准用地面积1245.71公顷，经市政府批准用地面积3296.94公顷。为中关村临空国际高新技术产业基地、轻轨L2线通州段、50个重点村改造等重点项目落地提供了保障。

三、土地利用年度计划执行情况

2012年国务院实际下达北京市新增建设用地指标3190公顷，其中农转用指标2870公顷，耕地指标1670公顷（不包括2011年已预先安排的部分指标）。截止到2012年12月，我市已安排使用2012年度新增建设用地指标

2893 公顷（占计划指标的 90.68%），农转用指标 2672 公顷（占计划指标的 93.10%），耕地指标 1179 公顷（占计划指标的 70.60%）。

附表：审批建设用地情况表

第三节 国有土地使用权出让情况

一、2012 年北京市国有土地使用权出让概况

2012 年北京市共出让土地 461 宗，出让土地总面积约 1463.6495 公顷，合同地价款总额约为人民币 743.6166 亿元（表 4-1）。其中出让新建项目用地 225 宗，出让土地面积约为 1077.2457 公顷，占出让总土地面积的 74%，合同地价款总额约为人民币 720.3279 亿元，占出让地价款总额的 97%；以现状补办出让项目用地 236 宗，出让土地面积约 386.4038 公顷，占出让总土地面积的 26%，合同地价款总额约为人民币 23.2887 亿元，占全市出让地价款总额的 3%。

表 4-1 按区域划分 2012 年北京市国有土地使用权出让情况

区县	宗数	宗地面积（公顷）	合同地价款（万元）
东城区	46	6.6259	223046.65
西城区	43	12.282	762692.38
朝阳区	59	87.7329	1496149.19
丰台区	30	59.6762	553714.56
石景山区	12	33.2522	82011.4
海淀区	26	30.3097	362667.34
门头沟区	9	15.7222	165433.83
房山区	21	122.0798	305573.35
通州区	44	174.6976	775994.3
顺义区	35	114.3902	221049.75
昌平区	37	142.8065	358113.35
大兴区	46	254.4362	1309287.76
怀柔区	6	65.8948	87084.93
平谷区	14	57.557	62423.69
亦庄开发区	20	220.6929	536761.30
密云县	8	44.1464	128962.27
延庆县	5	21.347	5200

续表 4-1

区县	宗数	宗地面积（公顷）	合同地价款（万元）
合计	461	1463.6495	7436166.05

二、2012 年北京市国有土地使用权市场交易出让情况

2012 年，市土地交易市场和 10 个远郊区县、北京经济技术开发区土地交易分市场共成交土地 169 宗，土地面积约 1340.4 万平方米，规划建筑面积约 1722.22 万平方米，成交价款 670.61 亿元，其中，政府土地收益 238.09 亿元（详见表 4-2）。

表 4-2　2012 年北京市国有建设用地使用权入市交易成交统计表

交易地点	成交宗数	土地总面积（万平方米）		规划建筑面积（万平方米）	成交价款（亿元）
		合计	其中建设用地		
市土地交易市场	64	553.3	347.91	777.91	573.47
远郊区县土地交易市场	105	787.1	647.26	944.31	97.14
合计	169	1340.4	995.17	1722.22	670.61

三、2001—2012 年北京市国有土地使用权出让情况

2001-2012 年北京市国土资源局共审批出让国有土地使用权 8243 宗，涉及土地面积约 21988 公顷，规划建筑面积约 39229.6616 万平方米。

第四节　划拨城镇建设用地情况

1992—2012 年的 21 年间，北京市共办理划拨城镇建设用地 1905 宗，总用地面积 10856.97 公顷。

表 4-3　划拨城镇建设用地分年度统计表

年度	宗数（宗）	比例	面积（公顷）	比例
1992	25	1.31%	204.64	1.88%
1993	36	1.89%	241.02	2.22%
1994	39	2.05%	404.8	3.73%
1995	36	1.89%	215.33	1.98%

续表 4-3

年度	宗数（宗）	比例	面积（公顷）	比例
1996	24	1.26%	55.16	0.51%
1997	33	1.73%	122.24	1.13%
1998	38	1.99%	157.76	1.45%
1999	33	1.73%	187.1	1.72%
2000	35	1.84%	67.4	0.62%
2001	72	3.78%	412.95	3.80%
2002	65	3.41%	311.21	2.87%
2003	79	4.15%	501.66	4.62%
2004	73	3.83%	447.67	4.12%
2005	123	6.46%	611.16	5.63%
2006	183	9.61%	2086.16	19.21%
2007	294	15.43%	1400.08	12.90%
2008	181	9.50%	1409.29	12.98%
2009	133	6.98%	721.62	6.65%
2010	93	4.88%	264	2.43%
2011	121	6.35%	585.88	5.40%
2012	189	9.92%	449.84	4.14%
总计	1905	100.00%	10856.97	100.00%

1．从用地宗数来看

从 1992 年的 25 宗开始逐年增加，到 2007 年达到最高点 294 宗，从 2008 年开始逐年下降，至 2011 年下降至 121 宗，2012 年供地宗数又开始回升，达 189 宗。

从用地面积来看，从 1992 年的 204.64 公顷开始逐年增加，至 1994 年达到该区间的最高峰 404.8 公顷，之后 1995 年开始直线下降，至 1996 年下降至最低点 55.16 公顷，从 1997 年开始又逐步上升，到 2006 年达到最高点 2086.16 公顷，从 2009 年开始又逐年下降，至 2010 年下降至 264.00 公顷，2011 年、2012 年开始回升，趋于平稳，2012 年达 449.84 公顷。

2．从用地项目来看

公共管理和公共服务用地最多，共 756 宗，占 44.06%，用地面积 2949.41 公顷，占 28.34%；其次是其他住房项目共 364 宗，占 21.21%，用地面积 2800.26 公顷，占 26.91%；随后是交通运输用地，共 307 宗，占 17.89%，用地面积 2441.42 公顷，占 23.46%；经济适用住房共 175 宗，占 10.20%，用地面积 1404.88 公顷，占 13.50%；最少的是特殊用地共 114 宗，占 6.64%，用地面积 811.17 公顷，占 7.79%。

表 4-4　划拨城镇建设用地分项目统计表

项目名称	宗数（宗）	比例	用地面积（公顷）	比例
公共管理和公共服务	886	46.51%	3146.1	28.98%

续表 4-4

项目名称	宗数（宗）	比例	用地面积（公顷）	比例
经济适用住房	223	11.71%	1634.08	15.05%
其他住房	364	19.11%	2800.26	25.79%
交通运输用地	314	16.48%	2458.09	22.64%
特殊用地	117	6.14%	816.06	7.52%
水域及水利设施用地	1	0.05%	2.38	0.02%
总　　计	1905	100.00%	10856.97	100.00%

3．办理划拨用地

1992—2012 年的 21 年间，办理划拨用地涉及本市所有区县，从用地位置来看，东城、西城、朝阳、海淀、丰台、石景山等六城区划拨供地数量最多，共 1396 宗，占划拨供地数量的 73.28 %，用地面积 7249.80 公顷，占全市划拨用地面积的 66.78%。远郊区县中，昌平、顺义两区用地面积最多，合计 2150.39 公顷，占全市划拨用地面积的 19.81%。

需要说明的是，由于原东城区与崇文区、原西城区与宣武区合并成新东城区、西城区，上述统计数据对原历史数据进行了合并。

表 4–5　划拨城镇建设用地分区县统计表

区县	宗数（宗）	比例	用地面积（公顷）	比例
东城	252	13.23%	1184.58	10.91%
西城	344	18.06%	1254.32	11.55%
朝阳	285	14.96%	2166.01	19.95%
丰台	176	9.24%	798.55	7.36%
石景山	52	2.73%	154.18	1.42%
海淀	287	15.07%	1692.16	15.59%
门头沟	34	1.78%	115.27	1.06%
房山	47	2.47%	246.50	2.27%
通州	54	2.83%	174.48	1.61%
顺义	64	3.36%	1303.34	12.00%
昌平	85	4.46%	847.05	7.80%
大兴	75	3.94%	382.26	3.52%
怀柔	36	1.89%	127.75	1.18%
平谷	23	1.21%	75.56	0.70%
亦庄	7	0.37%	59.80	0.55%
密云	55	2.89%	171.12	1.58%
延庆	29	1.52%	104.05	0.96%
总计	1905	100.00%	10856.97	100.00%

自2011年3月1日起，北京市实施国土资源部《划拨用地目录》细则范围内的用地由各区县政府审批，其中涉及中央国家机关及其直属单位、驻京部队以及跨区的建设项目的用地仍由市政府审批。2012年共办理划拨城镇建设用地189宗，总用地面积449.84公顷。

表4-6　2012年按划拨土地用途分类统计表

项目类型	宗数（宗）	比例	面积(公顷)	比例
经济适用住房用地	48	25.40%	229.20	50.95%
公共管理与公共服务用地	130	68.78%	196.69	43.73%
特殊用地	3	1.59%	4.89	1.09%
交通运输用地	7	3.70%	16.67	3.70%
水域及水利设施用地	1	0.53%	2.38	0.53%
总计	189	100.00%	449.84	100.00%

2012年我市办理划拨用地，从用地项目来看，公共管理和公共服务宗数最多，共130宗，占全年68.78%；经济适用住房用地面积最大229.20公顷，占全年50.95%；审批项目涉及所有区县，从用地位置来看，大兴、海淀、昌平审批宗数较多，分别达33、31、22宗，朝阳区、海淀区供地面积最大，两区占全年划拨供地面积的37.64%。

表4-7　2012年按各项目用地位置分类统计表

区县	宗数（宗）	比例	用地面积(公顷)	比例
东城区	1	0.53%	0.57	0.13%
西城区	5	2.65%	3.09	0.69%
朝阳区	11	5.82%	85.35	18.97%
丰台区	18	9.52%	55.32	12.30%
石景山区	4	2.12%	4.06	0.90%
海淀区	31	16.40%	83.99	18.67%
门头沟区	10	5.29%	19.62	4.36%
房山区	11	5.82%	34.75	7.72%
通州区	10	5.29%	12.29	2.73%
顺义区	15	7.94%	26.38	5.87%
昌平区	22	11.64%	36.43	8.10%
大兴区	33	17.46%	62.61	13.92%
怀柔区	4	2.12%	11.11	2.47%
平谷区	4	2.12%	5.44	1.21%
亦庄开发区	1	0.53%	0.39	0.09%
密云县	5	2.65%	2.62	0.58%
延庆县	4	2.12%	5.83	1.30%
总计	189	100.00%	449.84	100.00%

第五节　土地储备和一级开发

一、土地一级开发情况

2012年，核批土地一级开发授权批复61个（含延期），土地总面积3273公顷。全市新增土地储备开发面积1035公顷，基本完成土地储备开发面积2755公顷，实现土地储备开发投资及重点区域专项投资955亿元。

二、政府土地储备情况

全年新增收购储备项目7个，土地面积约23公顷。全年组织办理储备土地证宗地28宗，土地面积约270公顷。

三、经营性土地入市交易情况

截至2012年12月31日，全市共有1508宗13051.15万平方米土地入市成交，成交价款为5969.82亿元，其中政府土地收益2780.07亿元（详见表4-8）。其中，2012年，市土地交易市场和10个远郊区县、北京经济技术开发区土地交易分市场共成交土地169宗，土地面积约1340.4万平方米，规划建筑面积约1722.22万平方米，成交价款670.61亿元，其中，政府土地收益238.09亿元（详见表4-9）。

表4-8　2001-2012年北京市国有建设用地使用权入市交易成交统计表

年度	成交宗数	交易类型			土地面积（万平方米）		规划建筑面积（万平方米）	成交价款（亿元）	
		招标	拍卖	挂牌	合计	其中建设用地		合计	其中政府收益
2001	1	1	0	0	13.97	13.97	14.14	3.17	0.59
2002	8	2	1	5	250.48	174.79	331.26	61.35	14.93
2003	48	3	1	44	201.7	158.7	277.87	49.14	19.05
2004	89	4	0	85	537.92	403.53	609.51	115.31	32.85
2005	50	2	0	48	357.39	242.12	451.97	117.51	39.31
2006	87	29	1	57	856.2	594.96	935.05	257.67	92.11
2007	85	41	0	44	897.92	600.63	1233.01	438.1	204.34
2008	184	26	0	158	1573.43	1110.19	1810.43	500.12	170.82
2009	250	20	1	229	1965.16	1385.27	2391.19	966.28	556.76
2010	280	81	0	199	3012.04	2070.15	3350.46	1677.27	948.05
2011	257	52	0	205	2044.54	1447.75	2481.32	1113.29	463.17
2012	169	27	0	142	1340.4	995.17	1722.22	670.61	238.09
合计	1508	288	4	1216	13051.15	9197.23	15608.43	5969.82	2780.07

表 4-9　2012 年北京市国有建设用地使用权入市交易成交统计表

交易地点	成交宗数	土地总面积（万平方米）		规划建筑面积（万平方米）	成交价款（亿元）
		合计	其中建设用地		
市土地交易市场	64	553.3	347.91	777.91	573.47
远郊区县土地交易市场	105	787.1	647.26	944.31	97.14
合计	169	1340.4	995.17	1722.22	670.61

第六节　地价监测

一、城市地价动态监测工作简介

城市地价动态监测是土地参与宏观调控的一项重要基础性工作。通过确定地价监测范围，设立标准宗地，组织土地估价师及时跟踪采集标准宗地地价信息，定期收集、汇总、整理、分析形成季度和年度监测成果，实现对地价变动情况的实时监测，及时准确把握土地市场运行态势和价格走势，为国土资源管理部门加强市场监管和参与宏观调控提供决策依据，同时为社会公众提供地价信息参考。

二、北京市地价监测基本情况介绍

自 2001 年以来，我国逐步建立了城市地价动态监测体系，北京市作为国家首批地价监测城市之一，监测工作已开展了 12 年。2008 年，根据国土资源部《关于进一步加强城市地价动态监测工作的通知》（国土资发［2008］51 号）要求，进一步夯实基础性工作，重新划定监测范围和地价区段，布设标准宗地，按照“政府主导、市区联动、协会监督、专业实施”四位一体的组织管理模式开展工作。

北京市地价动态监测分国家级监测范围及市级监测范围，国家级监测范围为城市建成区及工业集聚区内的居住、商业、工业三种用途，市级监测范围为十一个规划新城内居住、商业、办公三种用途。国家级监测范围内标准宗地共 257 宗（居住 105 宗、商业 91 宗、工业 61 宗），市级监测范围内标准宗地共 241 宗（居住 55 宗、商业 53 宗、办公 133 宗）。北京市共 55 家土地估价机构的 233 名土地估价师参与了地价监测工作。标准宗地信息采集仍然采取同一宗地由两名估价师背对背分别评估的方式进行。地价监测结果客观地反映了北京市土地价格水平及地价变化情况，对于政府部门全面、系统、及时地掌握地价水平及动态变化情况，宏观调控土地市场提供了参考依据。

三、2012 年北京市地价监测的主要成果

根据《城市地价动态监测技术规范》（TD/T 1009—2007）及《关于进一步加强城市地价动态监测工作的通知》（国土资发［2008］51 号）要求，2012 年北京市国家级监测范围内地价监测结果见表 4-10、4-11。

表 4-10　国家级监测范围各用途地价水平值及增长率（季度）

土地用途	2012 年一季度		2012 年二季度		2012 年三季度		2012 年四季度	
	地价水平值（元/平方米）	环比地价增长率	地价水平值（元/平方米）	环比地价增长率	地价水平值（元/平方米）	环比地价增长率	地价水平值（元/平方米）	环比地价增长率
居住	13467	-0.04%	13456	-0.08%	13455	-0.01%	13587	0.98%
商业	12804	0.13%	12819	0.12%	12856	0.29%	12944	0.68%
工业	1527	0.46%	1546	1.24%	1555	0.58%	1569	0.90%
平均	8988	0.02%	8990	0.02%	8998	0.09%	9080	0.91%

表 4-11　城市地价动态监测指数（年度）

年度	2011 年	2012 年
全市平均水平	275	278
一、住宅用地	376	379
二、工业仓储用地	213	220
三、商业、旅游、娱乐用地	232	234

附表　审批建设用地情况表（一）

2012年1—12月

计量单位：公顷

	批准建设用地合计					国务院批准建设用地					省级政府审批				
		新增建设用地					新增建设用地					新增建设用地			
			农用地转用		未利用地			农用地转用		未利用地			农用地转用		未利用地
				耕地					耕地					耕地	
甲	1	2	3	4	5	7	8	9	10	11	13	14	15	16	17
合　计	4542.6452	2154.2047	2077.4417	734.7567	76.7630	1245.7092	152.9599	150.2934	35.2632	2.6665	3296.9360	2001.2448	1927.1483	699.4935	74.0965
市辖区	4484.9141	2119.9417	2043.5396	712.6315	76.4021	1245.7092	152.9599	150.2934	35.2632	2.6665	3239.2049	1966.9818	1893.2462	677.3683	73.7356
朝阳区	303.1525	43.6220	43.4629	14.6469	0.1591	303.1525	43.6220	43.4629	14.6469	0.1591					
丰台区	836.5995	112.8448	111.1946	60.4774	1.6502	741.1784	40.1950	38.5448	3.8796	1.6502	95.4211	72.6498	72.6498	56.5978	
石景山区	63.1562	43.2290	42.3718	8.9830	0.8572	63.1562	43.2290	42.3718	8.9830	0.8572					
海淀区	323.6345	143.0267	139.1932	31.4360	3.8335	68.1922	3.0578	3.0578			255.4423	139.9689	136.1354	31.4360	3.8335
门头沟区	578.0854	297.7963	290.9860	59.0595	6.8103						578.0854	297.7963	290.9860	59.0595	6.8103
房山区	358.7653	147.3798	136.3494	80.0605	11.0304						358.7653	147.3798	136.3494	80.0605	11.0304
通州区	99.4827	72.5713	72.5713	18.6952							99.4827	72.5713	72.5713	18.6952	
顺义区	226.3656	156.4804	150.4961	97.5568	5.9843						226.3656	156.4804	150.4961	97.5568	5.9843
昌平区	1004.7111	566.0646	528.5686	214.9067	37.4960	70.0299	22.8561	22.8561	7.7537		934.6812	543.2085	505.7125	207.1530	37.4960
大兴区	194.9423	124.9947	124.6581	100.1589	0.3366						194.9423	124.9947	124.6581	100.1589	0.3366
怀柔区	297.7200	221.5850	213.4354	5.4961	8.1496						297.7200	221.5850	213.4354	5.4961	8.1496
平谷区	198.2990	190.3471	190.2522	21.1545	0.0949						198.2990	190.3471	190.2522	21.1545	0.0949
县	57.7311	34.2630	33.9021	22.1252	0.3609						57.7311	34.2630	33.9021	22.1252	0.3609
密云县	43.6996	20.6983	20.5260	14.1440	0.1723						43.6996	20.6983	20.5260	14.1440	0.1723
延庆县	14.0315	13.5647	13.3761	7.9812	0.1886						14.0315	13.5647	13.3761	7.9812	0.1886

附表　审批建设用地情况表（二）

2012 年 1—12 月

计量单位：公顷

	城镇村建设用地							单独选址建设用地				
		商服用地	工矿仓储用地	住宅用地	公用管理与公共服务用地	交通运输用地	其他		交通运输用地	水利设施用地	能源用地	其他
甲	1	2	3	4	5	6	7	8	9	10	11	12
合　计	4472.6153	335.9967	355.9992	1140.2210	1407.4350	1018.4252	214.5382	70.0299	70.0299			
市辖区	4414.8842	335.1647	346.2434	1116.9921	1395.9359	1006.8419	213.7062	70.0299	70.0299			
朝阳区	303.1525			25.3356	62.2946	16.3455	199.1768					
丰台区	836.5995	26.9925	11.0899	323.7157	264.2925	210.5089						
石景山区	63.1562		29.9685		17.3166	15.3967	0.4744					
海淀区	323.6345	12.7320	23.1760	105.1492	62.1405	120.4368						
门头沟区	578.0854	119.3996	1.0200	168.8870	93.1906	188.7476	6.8406					
房山区	358.7653	0.6000	62.7582	117.2854	87.6604	86.1548	4.3065					
通州区	99.4827			65.1050	8.7694	25.6083						
顺义区	226.3656	7.7838	124.0281	18.3563	33.8768	42.3206						
昌平区	934.6812	86.1637	39.7779	109.0793	522.9413	174.2229	2.4961	70.0299	70.0299			
大兴区	194.9423		49.5642	54.6694	45.0115	45.6972						
怀柔区	297.7200	51.2031		45.7432	147.8601	52.9136						
平谷区	198.2990	30.2900	4.8606	83.6660	50.5816	28.4890	0.4118					
县	57.7311	0.8320	9.7558	23.2289	11.4991	11.5833	0.8320					
密云县	43.6996	0.8320	9.7558	11.6608	9.3218	11.2972	0.8320					
延庆县	14.0315			11.5681	2.1773	0.2861						

第五章
房地产开发投资与建设

2012 年，我市坚持房地产调控不放松，各项工作取得积极成效，政策性住房建设的有序推进，为全市房地产市场的健康发展起到了强大的支撑作用。销售市场在经历了上年的低迷之后，二、三季度随着降准、降息等利好因素影响，刚性需求大量释放，回暖状态明显。

注：根据国家统计局提高投资统计起点的相关规定，2010 年数据为调整后数据。

第一节　房地产开发投资

2012 年以来，我市房地产开发投资延续上年三季度后的回落态势，全年处于低位、波动运行状态。受新开工项目大幅减少影响，开发投资增长乏力，除 1–6 月增速比上年高 1 个百分点外，其余各月均低于上年，且回落幅度较大。1–8 月，投资增速自年初下降 4.6% 后，再次出现负增长。经过市政府促进投资工作调度，到 11 月底，促开工效果明显，房地产开发投资增速由负转正。2012 年，全市完成房地产开发投资 3153.4 亿元，比上年增长 3.9%，增速低于上年 6.2 个百分点；占全社会投资比重为 48.8%，低于上年 2.6 个百分点（见图 5–1）。

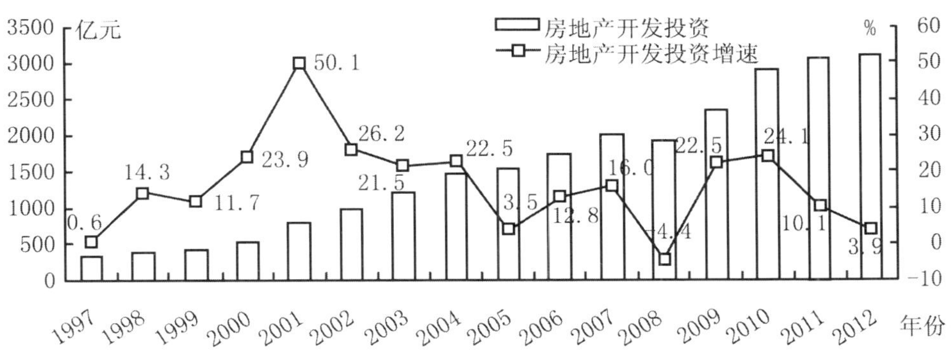

图 5–1　1997 年以来北京市房地产开发投资增速图

房地产开发投资中，住宅完成投资 1628 亿元，比上年下降 8.5%。；写字楼完成投资 384.8 亿元，增长 5.8%；商业及服务业等经营性用房完成投资 275.9 亿元，下降 7%。

从地区投资结构看，2012 年核心区、拓展区、发展新区和生态涵养区房地产开发投资占全市房地产开发投资的比重分别为 6.1%、44.1%、42.6%和 7.2%。其中核心区投资和拓展区比重分别比上年提高 0.7 个百分点和 0.4 个百分点，发展新区比上年降低 3 个百分点，生态涵养区提高了 1.9 个百分点（见图 5–2）。

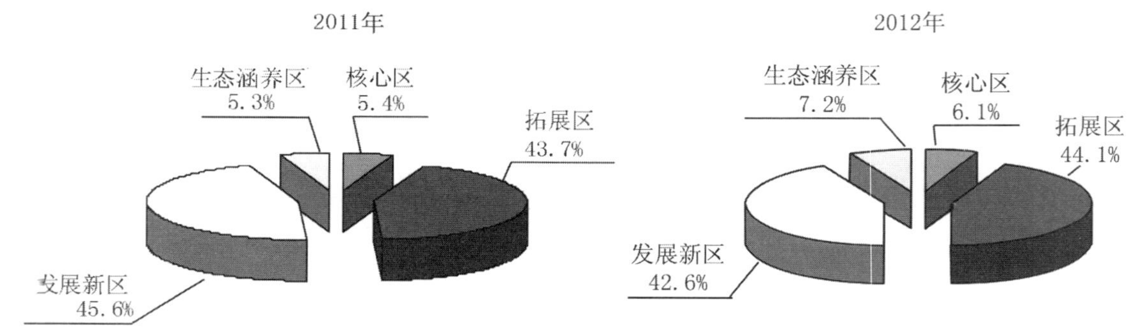

图 5-2　分区域房地产开发投资比重

2012 年，全市房地产开发投资为 3153.4 亿元，比上年增长 3.9%，占全社会固定资产投资比重为 48.8%，比上年降低 2.6 个百分点。

2012 年，全市经济适用房建设自年初累计完成投资 61.1 亿元，比上年下降 14.9%。其中住宅投资 44 亿元，下降 13.7%（见表 5-2）。

表 5-1　2012 年房地产开发投资情况统计表

	房地产开发投资（亿元）	全社会固定资产投资（亿元）	所占比重（%）
2011 年	3036.3	5910.6	51.4
2012 年	3153.4	6462.8	48.8

表 5-2　2012 年经济适用房投资额完成情况统计表

	2012 年累计完成（亿元）	2011 年累计完成（亿元）	同比增长（%）
自年初累计完成投资	61.1	71.9	-14.9
其中：住宅	44.0	51.0	-13.7

一、2012 年房地产开发投资及投资完成情况（分区县分用途）

从完成房地产开发投资的区域分布看，朝阳区仍是投资的大户，其次是大兴区；比重分别为 19.4%和 12.5%（见表 5-3）。

表 5-3　2012 年按区县划分房地产开发投资完成情况统计表

	区县	完成投资合计（亿元）
功能核心区	东城区	62.7
	西城区	129.9
功能拓展区	朝阳区	610.4
	丰台区	358.9

续表 5-3

	区县	完成投资合计（亿元）
功能拓展区	石景山区	74.8
	海淀区	344.7
发展新区	房山区	181.9
	通州区	296.4
	顺义区	195.3
	昌平区	276.5
	大兴区	393.8
生态涵养保护区	门头沟区	73.4
	怀柔区	52.9
	平谷区	39.6
	密云县	43.1
	延庆县	19.3

二、历年房地产开发投资完成情况（分用途）

2012 年全市房地产开发投资中，用于住宅完成投资 1628 亿元，下降 8.5%；写字楼完成投资 384.8 亿元，增长 5.8%；商业及服务业等经营性用房完成投资 275.9 亿元，下降 7%（见图 5-3）。

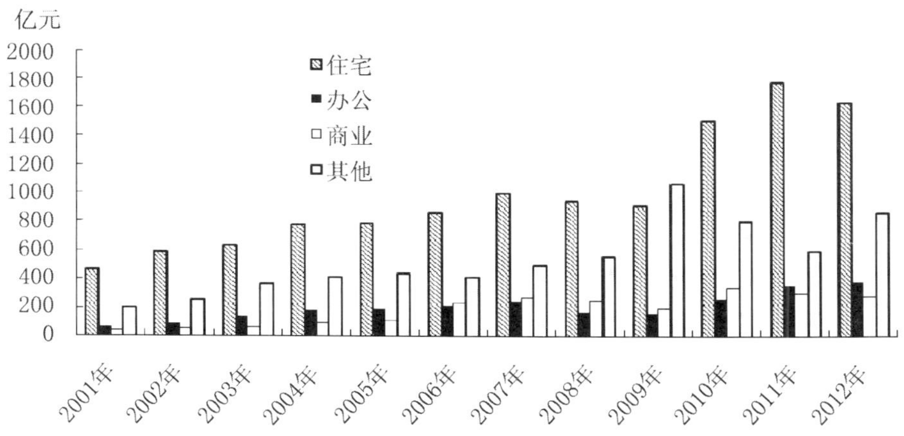

图 5-3　2001—2012 年按用途划分房地产开发投资完成情况

三、2012 年房地产开发投资构成及变动情况

在 2012 年全市房地产开发投资中，用于建筑工程投资为 1360.6 亿元，同比增长 11%；用于安装工程的投资为 22.4 亿元，同比增长 1.4 倍；用于设备、工器具购置的投资为 65.7 亿元，增长 70.7%；用于其他费用的投资为 1704.7 亿元，同比下降 3.3%（见表 5-4）。

表 5-4　2012 年房地产开发投资构成及变动情况统计表

指标	2012 年	2011 年	同比增长（%）
建筑工程（亿元）	1360.6	1225.7	11.0
安装工程（亿元）	22.4	9.3	140.7
设备、工器具购置（亿元）	65.7	38.5	70.7
其他费用（亿元）	1704.7	1762.8	-3.3

四、2012 年房地产开发资金来源情况

2012 年，全市房地产开发项目本年到位资金为 6112.4 亿元，比上年增长 14.1%。其中，金融贷款为 1498.4 亿元，增长 28.3%；自筹资金为 1626.1 亿元，下降 6.9%；定金及预收款为 2086.8 亿元，增长 37.5%（见表 5-5）。

表 5-5　2005—2012 年房地产开发资金来源情况统计表

单位：亿元

	2005 年	2006 年	2007 年	2008 年	2009 年	2010 年	2011 年	2012 年
自年初累计资金来源	3788	3922	5083.6	4398.4	7065.8	7334.4	7238	8399.5
#上年末结余资金	686.1	756.5	929.1	1076.6	936	1543.8	1879.9	2287.1
本年资金来源小计	3101.9	3165.5	4154.5	3321.8	6129.8	5790.6	5358.1	6112.4
#金融贷款	676.9	841.4	1063.2	889.4	2367.8	1439.1	1168	1498.4
利用外资	38.6	38.6	39.9	38.9	29.8	13.9	2.6	4.2
#外商直接投资	29.2	23.4	19	24.9	25	13.4	2.6	4.2
自筹资金	604.1	555	867.9	931.8	1026.8	1763	1746.2	1626.1
#自有资金	337	307.5	552.8	585.8	558.7	939.9	983	483.6
其他资金来源	1782.3	1730.5	2183.5	1461.8	2705.4	2574.6	2441.4	2983.7
#定金及预付款	1234	1116.2	1518.6	922.6	1663.6	1611	1518.1	2086.8

第二节　房屋建设情况

一、房屋建设总体情况

截至 2012 年 12 月末，全市商品房施工面积为 13122.5 万平方米，比上年末增长 8.8%。商品房新开工面积为 3224.2 万平方米，比上年下降 24.1%（见图 5-4）。

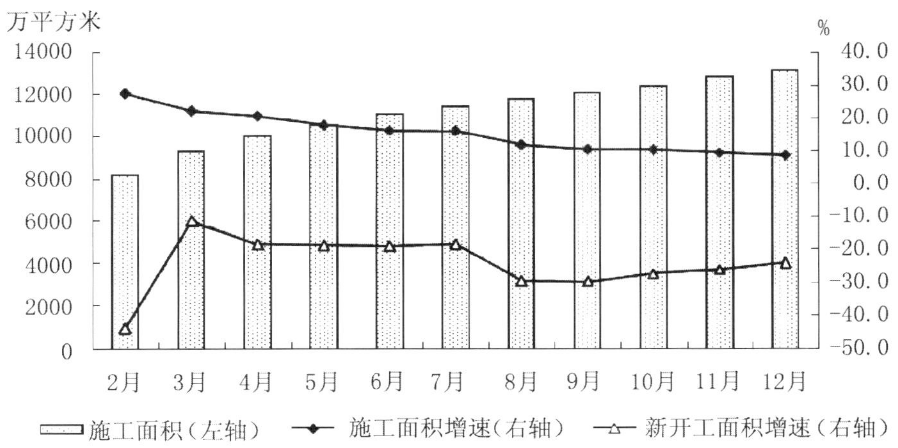

图 5-4 2012 年商品房开发面积及增速走势图

截至 12 月底，住宅施工面积为 7510.4 万平方米，增长 4.8%；其中，住宅新开工面积为 1627.5 万平方米，下降 37.3%。

2012 年，全市完成政策性住房投资 857.5 亿元，同比增长 14.9%。年末政策性住房施工面积 4821 万平方米，增长 18%。全年政策性住房竣工面积 752.6 万平方米，增长 46.5%（见表 5-6）。

表 5-6 2012 年政策性住房建设情况统计表

	2012 年累计完成	2011 年累计完成	同比增长（%）
完成投资（亿元）	857.5	746.1	14.9
其中：住宅	631.6	594.4	6.3
房屋施工面积（万平方米）	4821.0	4084.4	18.0
其中：住宅	3822.9	3279.1	16.6
房屋新开工面积（万平方米）	1112.3	1726.8	-35.6
其中：住宅	836.8	1389.2	-39.8

注：2011 年住宅数据有所调整。

二、商品房新开工及施工情况概述

截至 2012 年 12 月末，全市商品房施工面积为 13122.5 万平方米，比上年末增长 8.8%。商品房新开工面积为 3224.2 万平方米，下降 24.1%（见表 5-7）。

表 5-7 2012 年商品房施工面积及新开工情况统计表

	2012 年	2011 年	同比增长（%）
施工面积（万平方米）	13122.5	12065.4	8.8
新开工面积（万平方米）	3224.2	4246.1	-24.1

三、2012 年商品房新开工、施工情况（分区县分用途）

从区域上看，施工面积朝阳区最多，为 2732.4 万平方米，大兴区位于第二，为 2027.4 万平方米，分别占全市商品房施工面积 20.8% 和 15.5%（见表 5-8）。

表 5-8　2012 年按区县分商品房施工面积统计表

单位：万平方米

区县	施工面积	区县	施工面积
东城区	240.9	通州区	1199.3
西城区	189.8	顺义区	1039.0
朝阳区	2732.4	昌平区	1319.7
丰台区	1288.8	大兴区	2027.4
石景山区	307.1	怀柔区	203.3
海淀区	1126.8	平谷县	138.5
门头沟区	305.9	密云县	225.3
房山区	705.3	延庆县	73.2
合计	13122.5		

四、历年商品房新开工、施工情况（分用途）

2012 年，全市全年商品房新开工面积为 3224.2 万平方米，比上年下降 24.1%。其中，住宅新开工面积为 1627.5 万平方米，下降 37.3%；写字楼为 536.8 万平方米，增长 9.7%；商业及服务业等经营性用房为 325.6 万平方米，增长 6.3%（见图 5-5）。

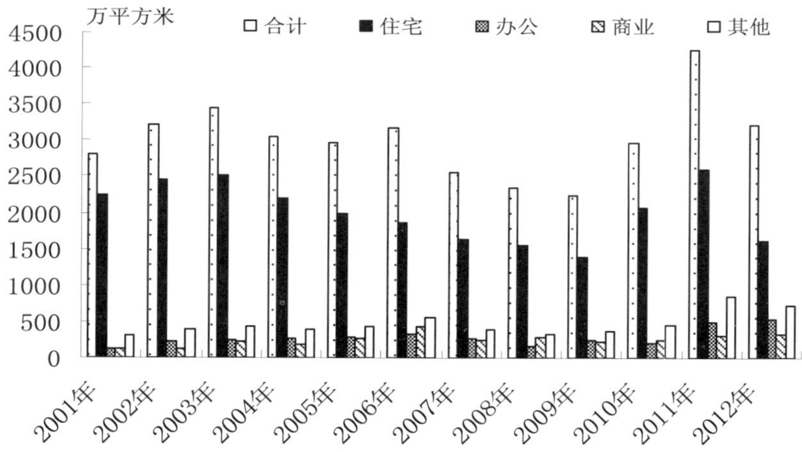

图 5-5　2001-2012 年商品房新开工面积情况

五、商品房竣工情况概述

2012年，全市全年商品房竣工面积为2390.9万平方米，比上年增长6.5%。其中，住宅竣工面积为1522.7万平方米，增长15.7%（见表5-9）。

表5-9 2012年商品房竣工面积统计表

	2012年	2011年	同比增长（%）
竣工面积（万平方米）	2390.9	2245.2	6.5
其中：住宅	1522.7	1316.1	15.7

六、2012年商品房竣工情况（分区县分用途）

从区域上看，全市商品房竣工面积为2390.9万平方米，朝阳区最多，大兴区（含经济技术开发区）位于第二，分别占25.6%和23.3%（见图5-6）。

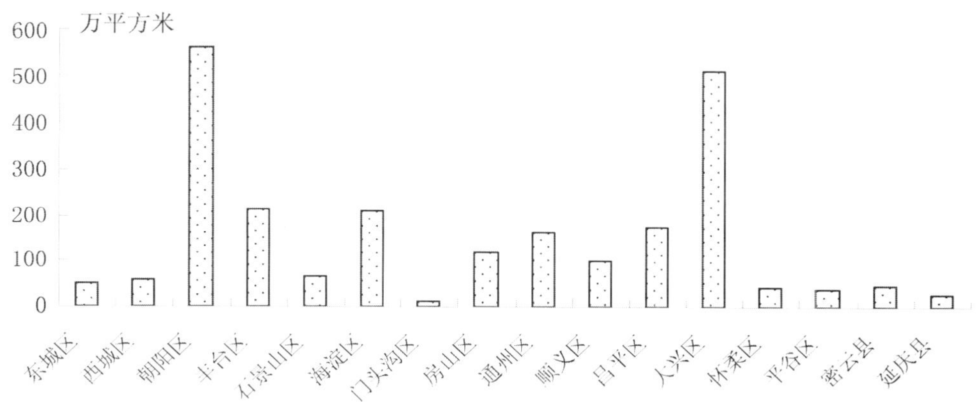

图5-6 2012年按区县划分商品房竣工面积统计表

七、历年商品房竣工情况（分用途）

2012年，全市全年商品房竣工面积为2390.9万平方米，比上年增长6.5%。其中，住宅竣工面积为1522.7万平方米，增长15.7%；写字楼为226.8万平方米，下降7.5%；商业及服务业等经营性用房为240.1万平方米，增长3.3%（见表5-10）。

表5-10 2001—2012年按用途划分商品房竣工面积统计表

单位：万平方米

	合计	住宅	办公	商业	其他
2001年	1707.4	1393.4	97.9	48.2	167.8
2002年	2384.4	1926.2	97.5	83.0	277.9
2003年	2593.7	2080.8	93.6	117.5	301.8
2004年	3067.0	2344.0	153.9	225.3	343.9
2005年	3770.9	2841.4	287.8	180.9	460.8

续表 5-10

	合计	住宅	办公	商业	其他
2006 年	3193.9	2193.3	304.4	289.2	407.0
2007 年	2891.7	1854.0	314.8	315.1	407.8
2008 年	2558.0	1399.3	364.6	313.1	481.0
2009 年	2678.6	1613.2	316.6	322.4	426.3
2010 年	2386.7	1498.5	198.4	271.9	417.9
2011 年	2245.2	1316.1	245.2	232.4	451.5
2012 年	2390.9	1522.7	226.8	240.1	401.3
合计	31868.4	21982.9	2701.5	2639.1	4545

第三节　商品房待售情况

截至 2012 年 12 月底，全市商品房待售面积为 1911.8 万平方米，比 2011 年末增加 119.2 万平方米，为 1998 年房地产市场深化该改革以来的历史最高位。其中，住宅待售面积为 789.5 万平方米，比 2011 年末增加 89.7 万平方米（见表 5-11）。

表 5-11　2012 年商品房待售情况统计表

	2012 年	2011 年	同比增长（%）
待售面积（万平方米）	1911.8	1792.6	6.6
其中：住宅	789.5	699.8	12.8

一、2012 年商品房待售情况（分区县分用途）

2012 年末，全市商品房待售面积从区域分布看，朝阳区待售面积最多，达 720 万平方米，占 37.7%；其次是丰台区，217 万平方米，占 11.4%，第三是大兴区，149.4 万平方米，占 7.8%（见图 5-7）。

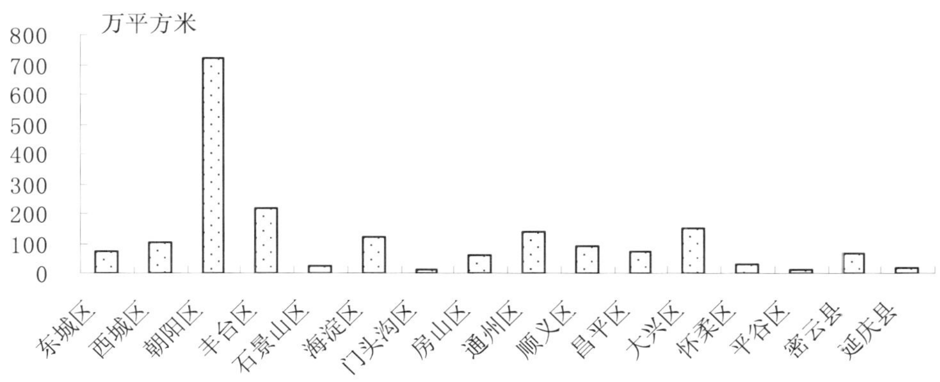

图 5-7 2012 年按区县划分商品房待售面积情况统计图

2012 年末，全市商品房待售面积按时间划分，待售 1 年以内的面积为 958.7 万平方米，1 年至 3 年的面积为 644.1 万平方米；3 年以上的面积为 309 万平方米（见表 5-12）。

表 5-12 2001—2012 年按用途分待售一年以上商品房面积

单位:万平方米

一年以上待售面积	合计	住宅	办公	商业	其他
2001 年	336.0	281.4	25.5	14.1	15.0
2002 年	406.3	323.0	45.2	22.8	15.3
2003 年	377.9	310.7	37.5	17.8	11.8
2004 年	298.8	226.7	35.4	20.2	16.6
2005 年	380.1	252.6	37.5	56.6	33.4
2006 年	411.4	210.0	46.5	92.3	62.6
2007 年	439.0	177.0	40.5	129.2	92.4
2008 年	493.2	187.4	59.4	157.1	89.4
2009 年	583.4	159.8	92.3	180.0	151.3
2010 年	672.3	209.6	109.8	185.1	167.8
2011 年	771.1	252.2	115.4	203.0	200.5
2012 年	953.1	326.9	103.7	255.7	266.7

二、历年商品房待售情况（分用途）

2012年商品房待售面积为 1911.8 万平方米，比上年末增加 119.2 万平方米。从用途上看，住宅待售面积为 789.5 万平方米，同比增长 12.8%；写字楼（办公楼）待售面积为 198.2 万平方米，同比下降 20.8%；商业待售面积为 442 万平方米，增长 4.6%；其他待售面积为 482.1 万平方米，同比增长 14.8%（见表 5-13）。

表 5-13　2001—2012 年商品房待售情况统计表

单位：万平方米

待售	合计	住宅	办公	商业	其他
2001 年	774.1	634.1	73.5	26.4	40.1
2002 年	919.0	763.2	73.0	49.0	33.4
2003 年	1123.4	896.9	94.2	81.2	51.1
2004 年	1044.1	723.9	110.1	123.8	86.4
2005 年	1374.2	799.7	198.9	197.8	177.8
2006 年	1039.7	494.1	175.8	227.1	142.7
2007 年	1136.2	411.8	198.1	319.8	206.5
2008 年	1438.3	522.7	244.6	379.9	291.1
2009 年	1351.4	426.8	246.5	354	324.1
2010 年	1482.7	511.9	223.9	387.6	359.3
2011 年	1792.6	699.8	250.2	422.6	420.0
2012 年	1911.8	789.5	198.2	442	482.1

第四节　房屋征收拆迁情况

一、房屋征收拆迁情况综述

2012 年全市房屋征收拆迁总体进展顺利，国有土地上房屋征收政策体系全面形成，与 2011 年相比，全市房屋征收拆迁呈现“二升三降”的特点，即全市征收拆迁量、签约量大幅度上升，征收拆迁滞留项目、信访量、裁决及强制执行量明显下降。

二、房屋征收拆迁情况统计

2012 年，全市征收拆迁住户 23742 户，与 2011 年同期相比，增长 54%。其中全市核发国有土地房屋征收决定 15 个，征收房屋住宅户数 21435 户，住宅建筑面积 135.4 万平方米。与 2011 年相比，征收住宅户数增加 237%，住宅建筑面积增加 116%。2012 年，全市核发拆迁许可证项目 19 个，拆迁房屋建筑面积 206.5 万平方米；其中住宅 2307 户，住宅建筑面积 61.4 万平方米。与 2011 年相比，分别下降 33%、74%和 74%。

三、征收拆迁管理工作情况

（一）完善征收政策，积极稳妥推进征收项目

在 2011 年出台房屋征收评估机构选定、停产停业损失补偿等文件基础上，2012 年出台了《关于国有土地上房屋征收与补偿中有关事项的通知》（京建法［2012］19 号），对房

屋征收中房屋面积的认定、公房征收补偿、临时安置等相关费用的标准、分户评估报告和补偿决定的送达方式、征收过程中购买服务等一系列问题，明确具体的解决办法，提高了征收工作的效率。市高级人民法院出台了《关于国有土地上房屋征收与补偿案件审判工作指南（试行）》（京高法发［2012］396号），该指南明确了房屋征收受案范围、法院管辖权、审查标准、强制执行实施主体等内容。至此我市房屋征收政策体系全面形成。

（二） 指导区县平稳推进征收拆迁项目

结合我市征收政策和相关配套文件，委领导亲自带队，前往征收项目一线，认真听取区县征收项目推进中面临的问题，有针对性地提出解决方案，指导全市征收项目全面展开。如指导、协调北京地铁十号线二期、地铁十四号线、十七部委联建办三里河旧城区改建、门头沟采空棚户区整体改造、西黄城根南街建设整治等多个房屋征收项目推进。同时，指导区县稳步推进在拆项目清理工作，完善风险评估、联合执法、现场处置、矛盾化解和善后处理等各项行之有效的工作机制，为北京市重大项目投资落地提供用地保障。

（三）总结完善试点经验和政策，全面推进房屋征收社会稳定风险评估机制

明确区县政府是社会稳定风险评估工作的主体，其确定的社会稳定风险评估部门负责组织实施。实施部门应在区县政府作出房屋征收决定前围绕合法性、合理性、可行性、可控性等四个方面，对房屋征收项目社会稳定风险进行分析和评估，形成评估报告。在进行社会稳定风险评估时，应当征求项目所在地街道办事处（乡镇政府）和区县相关部门对房屋征收项目社会稳定风险评估的意见，并有针对性地提出可实施、暂缓实施或不予实施征收的建议。随着国有土地上房屋征收中全面实施社会稳定风险评估工作，从源头上提前化解相关矛盾，维护被征收人的合法权益。

（四）积极推进房屋征收补偿信息公开工作，切实保障群众知情权、参与权及监督权

一是根据住房城乡建设部《关于推进国有土地上房屋征收与补偿信息公开工作的实施意见》（建房［2012］84号）及北京市人民政府办公厅《关于做好重点领域政府信息公开工作的通知》（京政办发［2012］34号），要求做好本市国有土地上房屋征收与补偿信息公开工作。二是大力推动房屋征收实施过程中的信息公开工作。三是加大网上信息公开力度。坚持将市住房城乡建设委网站作为信息公开的主渠道，在公开方式上更加贴近公众需求。将“房屋征收拆迁管理”作为专业频道在我委门户网站首页展示，实现房屋征收政策、征收项目、评估单位等信息的全部网上公开；同时通过便民服务热线、答疑解惑和民意征集等网络栏目，宣传我市房屋征收补偿工作，为公众提供及时有效的信息。

（五）新政很好的维护了群众利益，拆迁信访等多为历史积案，逐步得到化解

本市始终坚持推进征收拆迁和化解信访矛盾并重，不断完善政策和工作机制，加强源头治理，取得良好效果。目前征收项目引发信访很少，信访多为历史遗留问题。一是项目启动前实行社会稳定风险评估；二是规范征收工作程序，实行“九步骤五公开”，对历史遗留问题全面排查明确化解主体；三是坚持领导干部定期接访下访，落实属地责任。2012年，征收拆迁户数量增加，征收拆迁信访量下降，实现了和谐征收拆迁，受到国家信访局的肯定。

（六）规范征收拆迁过程中的中介活动，征收拆迁秩序明显好转

以复议、信访投诉、媒体报道、诉讼为线索，对存在问题的评估机构的法人代表进行了约谈，提出了整改要求，由法制、信访、督查、房屋市场处等部门组成考核组对整改报告进行了验收，由评估协会对上述单位法人代表进行了培训考试，请检察院领导给评估机构负责人做预防犯罪的报告。对全市156家评估机构进行了资质和业绩核查，公布了106家具备从事征收评估资格的房地产价格评估机构名录，便于被征收人选择。

第六章 房地产交易市场运行

第一节 房地产交易市场综述

2012年北京市继续从严贯彻落实房地产调控政策并不断完善执行机制,多措并举调控综合效果显现,投机投资性购房被持续遏制,刚性需求得到有效满足,商品住房成交大幅增加,房价同比下降,房地产业对“稳增长、调结构、惠民生”发挥了重要作用,房地产市场自身结构也进一步优化。

一、新建商品房市场成交情况

1. 新建商品房成交情况

2012年,北京市商品房成交面积1918.7万平方米,同比增加370.4万平方米,增幅为23.9%;成交金额3486.7亿元,同比增加705.4亿元,增幅为25.4%。

其中预售成交面积1355.1万平方米,同比增加255.1万平方米,增幅为23.2%;成交金额2601.7亿元,同比增加496.0亿元,增幅为23.6%;现房成交面积563.6万平方米,同比增加115.3万平方米,增幅为25.7%;成交金额885.0亿元,同比增加209.4亿元,增幅为31.0%。

2. 新建住房成交情况

2012年北京市新建住房成交面积1337.3万平方米,同比增加377.0万平方米,增幅为39.3%;成交金额2485.3亿元,同比增加792.7亿元,增幅为46.8%。

其中预售商品住房成交面积886.6万平方米(7.5万套),同比增加339.4万平方米,增幅62.0%,成交金额1836.2亿元,同比增加609.2亿元,增幅为49.7%;预售经济适用住房和限价房成交面积159.3万平方米(2.2万套);现售商品住房成交面积237.4万平方米(1.9万套),同比增加79.1万平方米,增幅为49.9%,成交金额498.7亿元,同比增加198.4亿元,增幅为66.1%;现售经济适用住房和限价房销售面积54.0万平方米(6495套)。

二、存量房成交情况

2012年,北京市存量房成交面积1188.7万平方米,同比增加3.4%,成交金额1716.3亿元,同比增加86.2%。其中存量住房成交面积1008.8万平方米,同比增加10.6%,成交金额1509.8666.2亿元,同比增加126.6%。从成交比重来看,存量住房成交11.5万套,占89.8%;存量办公用房成交0.5万套,占3.8%;存量商业营业用房成交0.3万套,占2.7%%;其他类型存量房屋成交0.5万套,占3.6%。

第二节 新建商品房批准预售情况

一、新建商品房批准预售总体情况

2012年,北京市共批准预售许可证333个,面积 1379.2 万平方米，同比减少 11.3%；其中批准住房类房屋 9.6 万套，面积 1036.1 万平方米，面积比 2011 年减少 4.0%，批准办公用房、商业用房面积分别为 232.4 万平方米、53.9 万平方米，比 2011 年分别减少 23.2%、43.3%。

表 6-1　2001—2012 年北京市商品房批准预售面积

单位：万平方米

年份	合计	住房	商业	办公	其他
2001 年	2107	2001.7	20.8	61.2	23.3
2002 年	2038.4	1779.4	99.5	138.5	21
2003 年	3206.5	2721.5	99.9	148.2	236.9
2004 年	3434.8	2862.9	182.8	211.5	177.6
2005 年	2852.5	2205	233.8	195.6	218.1
2006 年	2460.6	1706	261.9	318	174.7
2007 年	1928.7	1329.6	171.3	222.6	205.2
2008 年	1988.7	1477	156.7	161.4	193.6
2009 年	1608.5	1111	132.7	200.9	96.4
2010 年	1620.8	1197.6	92.5	222.4	108.3
2011 年	1554.7	1079.3	95.1	302.5	77.8
2012 年	1379.2	1036.1	53.9	232.4	56.8

从区域分布看，朝、海、昌、大、通、房、顺七区商品房批准预售面积均超过 100 万平方米，合计达 1084.7 万平方米，占全市批准预售总量的 78.6%，其余十个区县批准预售面积为 294.5 万平方米，所占比重为 21.4%。

表 6-2　2012 年北京市新建商品房各区县批准预售情况

区县	上市套数（套/或单元）	上市面积（万平方米）
朝阳	19778	237.5
大兴	20608	200.4
顺义	15452	161.2
房山	16419	137.6
通州	13369	125.8
昌平	9461	111.2
海淀	11132	111.0
丰台	9484	91.3
门头沟	4826	54.9
怀柔	2994	41.1
密云	3893	40.3

续表 6-2

区县	上市套数（套/或单元）	上市面积（万平方米）
西城	1751	18.5
平谷	1666	16.3
延庆	1558	15.6
石景山	587	6.6
开发区	441	5.5
东城	402	4.4
合计	133821	1379.2

二、不同用途商品房批准预售情况

1. 住房

2012 年，北京市住房批准预售面积为 1036.1 万平方米，比 2011 年减少了 43.1 万平方米，降幅为 4.0%。从用途看，商品住房批准预售面积为 831.9 万平方米，同比增加 2.4%；经济适用住房批准预售面积为 32.4 万平米，同比增加 45.3%，限价房批准预售面积为 171.8 万平米，同比减少 29.7%。

表 6-3 2001—2012 年住房分类型批准预售面积

单位：万平方米

年份	住房	其中		
		商品住房	经济适用住房	限价房
2001 年	2001.7	1437.4	564.3	—
2002 年	1779.4	1492.7	286.7	—
2003 年	2721.5	2121.8	599.6	—
2004 年	2862.9	2428.9	434	—
2005 年	2205	2092.3	112.7	—
2006 年	1706	1514	192	—
2007 年	1329.6	1241.7	87.9	—
2008 年	1477	1122.5	104.3	250.3
2009 年	1111.3	945.9	47.9	117.5
2010 年	1197.6	981.3	40.8	175.6
2011 年	1079.3	812.7	22.3	244.3
2012 年	1036.1	831.9	32.4	171.8

从区域分布看，北京市期房住房供应集中在朝、房、大、昌四区，2012 年这五区住房批准预售面积为 527.6 万平方米，占全市住房批准预售面积总量的 50.9%（其中，朝阳批准预售面积为 181.4 万平方米，居各区县之首）。东、西城住房批准预售面积为 18.3 万平方米，占全市住房供应总量的 1.8%。其余 11 个区县住房批准预售面积为 490.2 万平方米，占全市总量

的 47.3%。

表 6-4　2003—2012 年各区县批准预售住房面积

单位：万平方米

区　县	2003 年	2004 年	2005 年	2006 年	2007 年	2008 年	2009 年	2010 年	2011 年	2012 年
东城区	135.7	56.2	63.7	36.7	30.6	25.7	32	15.9	0	4.2
西城区	99.8	107	60.6	63.3	37	39	36.8	11.7	13.6	14.1
朝阳区	687.4	1019.1	841.7	630.6	481.6	447.9	221.4	275.1	207.5	181.4
海淀区	510.1	339.5	211.3	146.1	129	101.5	111.7	54.9	56.1	93.7
丰台区	280.6	432.8	359.4	217.2	98	157.5	91.5	43.2	55.7	78.9
石景山区	63.8	100.7	83	58.7	22.8	69.5	36.3	33.5	26.1	1.2
通州区	316.2	198.2	82.7	75.1	58.3	164.6	172.6	167.7	110.7	93.2
房山区	18.7	53.6	51.5	60.3	97.3	62.7	88.4	100.3	119.3	133.2
顺义区	56	56.5	74.1	56.5	108.8	158.2	81.5	128.6	68	80.5
门头沟区	24.6	12.5	26.1	6.8	12.3	3.5	0	0	14.1	52.0
大兴区	42.3	93.9	82.4	69.7	57	45.6	82.9	212.8	159	114.2
怀柔区	3.6	14	19.4	10.5	26.2	14	13.1	17.9	31.5	23.7
密云县	0	0	10.5	16.2	29.1	22.7	14.1	51.8	56.9	40.1
昌平区	482.7	379	180.7	241.1	119.5	138.2	96.9	64	148.2	98.8
延庆县	0	0	0	0	11.4	7.1	6	5.5	9.1	15.6
平谷区	0	0	23.2	10.9	7.3	12.2	20.1	10.2	0	11.3
开发区	0	0	34.5	6.4	3.5	7.2	6	4.5	3.4	0
合　计	2721.5	2862.9	2205	1706	1329.6	1477	1111.3	1197.6	1079.3	1036.1

注：2010 年北京市行政区划调整，撤销北京市东城区、崇文区，设立新的北京市东城区，以原东城区、崇文区的行政区域为东城区的行政区域；撤销北京市西城区、宣武区，设立新的北京市西城区，以原西城区、宣武区的行政区域为西城区的行政区域。

2. 办公用房

2012 年，北京市办公用房批准预售面积 232.4 万平方米，比 2011 年减少了 70.1 万平方米，降幅为 23.2%。办公用房供应以顺义、大兴为主，两个区的办公用房批准预售面积占全市供应总量的 59.4%，其中顺义的供应量最大，为 71.1 万平方米，占全市的比重为 30.6%。东城、房山、门头沟、密云、延庆、平谷 6 个区县批准预售面积均为 0。

表 6-5　2003—2012 年办公用房分区县批准预售面积

单位：万平方米

区　县	2003 年	2004 年	2005 年	2006 年	2007 年	2008 年	2009 年	2010 年	2011 年	2012 年
东城区	46.1	10	7.9	29.7	19.5	8.7	5.4	16.3	4.2	0.0
西城区	10.2	45.9	59.8	59.9	76.8	8.5	31.9	12.2	8.9	2.0
朝阳区	40.5	85.8	71.5	124.2	46.1	71.1	95.1	52.9	52.8	28.3

续表 6-5

区　县	2003 年	2004 年	2005 年	2006 年	2007 年	2008 年	2009 年	2010 年	2011 年	2012 年
海淀区	49.1	47.2	43.6	84.2	29	23.9	24.9	15.9	9.2	7.8
丰台区	0.6	19.4	8.9	17.8	10.8	11.5	0.7	22.1	37.8	9.6
石景山区	0	0	0.3	0	0	8.3	3.5	17	6.9	1.9
通州区	1.6	0	2.8	0	0	5.8	5.6	0	35.2	18.3
房山区	0	0	0	0	0	1	1.9	0.4	17.8	0.0
顺义区	0	0	0	0	2.3	4.2	1.1	11.6	18.6	71.1
门头沟区	0	0	0	0	0	0	0	1.8	0	0.0
大兴区	0	0	0	1.8	1.8	0	3	11.6	12.1	67.0
怀柔区	0	0	0.8	0	0	0	0	1.2	0.5	14.3
密云县	0	0	0	0	0	0	0	0	0	0.0
昌平区	0	3.3	0	0	30.3	10.6	2.2	25.7	30.7	7.8
延庆县	0	0	0	0	0	0	0	0	0	0.0
平谷区	0	0	0	0.4	0	0.5	0	0	0	0.0
开发区	0	0	0	0	6	7.4	25.5	33.8	67.8	4.2
合　计	148.2	211.5	195.6	318	222.6	161.4	200.9	222.4	302.5	232.4

3. **商业用房**

2012 年，北京市商业用房批准预售面积 53.9 万平方米，比 2011 减少了 41.1 万平方米，降幅为 43.3%。商业用房的供应主要分布在朝阳，供应量占全市供应总量的 30.8%。。

表 6-6　2003—2012 年北京市商业营业用房批准预售面积

单位：万平方米

区　县	2003 年	2004 年	2005 年	2006 年	2007 年	2008 年	2009 年	2010 年	2011 年	2012 年
东城区	22.9	6.1	8.4	15.1	6.4	5.1	4.7	9.1	1.3	0.2
西城区	3.9	17.9	20.5	37.9	14.8	3.9	15.2	1	1	1.3
朝阳区	22.1	72.4	98.7	121.9	66.7	73.3	47.1	37.5	26.1	16.6
海淀区	18.3	34.1	49.1	38.1	34	17.7	20.8	7	0.7	2.0
丰台区	14.7	20.5	20.8	30.8	20.5	23.8	8	4.4	12.4	2.6
石景山区	1.5	3.3	4	3.3	0.5	12.6	3.3	9.2	9.3	3.4
通州区	13.4	17	11.5	2.4	2	0.9	4.6	21.4	2.7	3.2
房山区	0	0	1	2	2.6	1	9.9	1.4	0.5	0.8
顺义区	0	0	0	0.9	3.5	0.9	2.8	1	1.8	6.1
门头沟区	0.2	0.9	7.6	0	0.3	0	0	0	0.5	0.0
大兴区	0.7	5.2	1.8	2.3	4.8	1.7	4.1	0.9	6.4	8.6
怀柔区	0	2.4	2.3	0	0	0.5	2.8	1	0.9	0.4
密云县	0	0	0	0.4	0.2	0.2	2.6	0.4	0.3	0.0

续表 6-6

区　县	2003 年	2004 年	2005 年	2006 年	2007 年	2008 年	2009 年	2010 年	2011 年	2012 年
昌平区	2.3	2.9	6.2	4.8	10.3	11.8	1.3	5.3	7.9	2.4
延庆县	0	0	0	0	0.4	0.4	0	0.3	5	0.0
平谷区	0	0	0.6	1	1.1	1.7	1.5	0	0	5.0
开发区	0	0	1.2	1	3.2	1.1	3.8	0.8	18.4	1.3
合　计	99.9	182.8	233.8	261.9	171.3	156.7	132.7	92.5	95.1	53.9

三、可售期房情况

截止到 2012 年底，北京市期房可售面积 1071.1 万平方米；其中可售住房 5.3 万套，面积 634.9 万平方米；可售商业 0.4 万套或单元，面积 86.1 万平方米；可售办公 2.3 万套或单元，面积 268.9 万平方米。

表 6–7　2012 年底北京市可售期房按用途分类情况

用　途	可售套数（套）	可售面积（万平方米）
住房	52839	634.9
商业	3897	86.1
办公	22599	268.9
其他	18534	81.2
合　计	97869	1071.1

第三节　新建商品房成交情况

一、新建商品房成交情况

1. 期房成交情况

2012 年，北京市商品房预售成交 13.2 万套，成交面积 1355.1 万平方米，比 2011 年分别增加 22.1%和 23.2%。其中住房成交 9.7 万套，成交面积 1045.9 万平方米，比 2011 年分别增加 26.9%和 32.7%，办公、商业成交面积分别为 230.9 万平方米、53.0 万平方米，比 2011 年分别增加 37.4%和减少 40.8%。

表 6–8　2012 年新建商品房各用途房屋期房成交情况

用　途		成交套数（套或单元）	成交面积(万平方米)
住　宅		96862	1045.9
其中	商品住房	74597	886.6
	经济适用住房	1992	11.1

续表 6-8

用途		成交套数（套或单元）	成交面积（万平方米）
其中	两限房	20273	148.1
商业		3701	53.0
办公		26721	230.9
其他		4782	25.4
合计		132066	1355.1

从区域分布看，商品期房预售成交主要集中在朝阳区、大兴区、昌平区、通州区、房山区、顺义区，成交面积均高于 100 万平方米。六区成交面积为 1007.1 万平方米，占全市商品期房成交总量的 74.3%（其中朝阳区成交面积 278.4 万平方米）。其余各区县新建商品房预售成交面积均低于 80 万平方米，占全市比重为 25.7%，其中东城、平谷两区成交面积均低于 10 万平方米。

表 6-9　2003—2012 年新建商品房分区县预售成交情况

单位：万平方米

区县	2003 年	2004 年	2005 年	2006 年	2007 年	2008 年	2009 年	2010 年	2011 年	2012 年
东城区	66.5	76.5	82.6	88.7	22.7	22.5	52.9	50	9.1	6.3
西城区	43.6	70.9	109.7	114.7	110.7	57.8	103.1	38.8	44	17.2
朝阳区	52.6	61.3	934	827	553.1	474.4	563.6	331.3	254.1	278.4
海淀区	335.2	658	286.8	260.1	198.9	129.3	217.3	117.6	70.1	78.4
丰台区	330.7	372	351.9	306.8	152.4	132.8	134.8	73.5	70.5	79.8
石景山区	202.7	397.3	72	51.1	15.5	56.7	78.1	40.7	30.9	17.1
通州区	31.3	93.5	148.5	100.4	62.1	56.8	228.9	127.6	86.2	145.6
房山区	89.4	143.8	26.9	61	72	43.8	113.2	67	100.8	121.5
顺义区	0	13.8	41.7	61.2	100.7	62.2	139.6	89.5	77.4	103.0
门头沟区	27.7	35.7	21.2	11.2	10.1	3.3	5.2	2.1	1.7	43.2
大兴区	11.2	12.8	71.7	85.8	85.2	34.7	88.9	173	147.7	195.4
怀柔区	84.7	86.9	8	12.6	25.1	10.7	17.2	15.7	21.6	19.7
密云县	8.8	10.6	0.8	5.2	19.2	12.5	24.8	41.4	35.1	45.5
昌平区	0	0	185.5	245.5	199	130.8	144.4	114.7	111.6	163.3
延庆县	282.8	449.2	0	0	10.2	5.2	6.4	2.7	9.5	13.9
平谷区	0	0	7.9	10.7	14	12.4	26.3	9.6	4.7	3.2
开发区	0	0	29	7.2	7.4	9.2	31.5	17	25.3	23.7
市权属登记中心	259.4	337	0	0	262	39.6	11.1	0	0	0
合计	1826.7	2819.2	2378.1	2249.1	1920.2	1294.6	1987.3	1312.4	1100.4	1355.1

2．现房成交情况

2012 年，北京市新建商品房现房转移登记 6.0 万套，面积 562.4 万平方米，比 2011 年分别持平、减少 16.3%，其中住房 2.6 万套、290.6 万平方米，比 2011 年分别减少 4.7%、15.5%，办公用房为 55.9 万平方米，比 2011 减少 30.6%，商业用房为 98.3 万平方米，比 2011 减少 13.2%。

表 6-10　2012 年商品房现房转让成交情况

用　途	成交套数（或单元）	成交面积（万平方米）
住房	25736	290.6
办公	5142	55.9
商业	4299	98.3
其他	24443	117.5
合　计	59620	562.4

二、住房期房成交情况

1．成交量价情况

2012 年，北京市住房期房成交 9.7 万套，成交面积 1045.9 万平方米；其中商品住房成交 886.6 万平方米，占住房成交总量的 84.8%；经济适用住房成交 11.1 万平方米，占 1.1%；限价房成交 148.2 万平方米，占 14.2%。从区域分布看，住房成交主要集中在朝阳、大兴、昌平、通州、房山，五区住房成交 713.5 万平方米，占全市住房成交总量的 68.2%（其中朝阳区成交 191.5 万平方米，占全市住房成交总量的 18.3%，居于各区县之首）。其余各区县商品住房成交面积占全市住房成交总量的 31.8%，其中东城、平谷、开发区三区成交面积均低于 10 万平方米，合计成交占比为 0.8%。

表 6-11　2012 年住房分区县期房成交情况

单位：万平方米

区　县	住房	其中		
		商品住房	经济适用住房	两限房
东城区	5.6	5.6	0.0	0.0
西城区	12.4	12.4	0.0	0.0
朝阳区	191.5	144.2	0.0	47.3
海淀区	62.2	35.7	0.4	26.2
丰台区	50.6	40.4	0.0	10.1
石景山区	11.9	2.9	0.0	8.9
通州区	114.9	93.2	0.4	21.3
房山区	109.0	89.7	10.3	9.0
顺义区	69.5	67.5	0.0	2.1
门头沟区	41.6	41.6	0.0	0.0
大兴区	155.3	143.0	0.0	12.2

续表 6-11

区　县	住房	其中		
		商品住房	经济适用住房	两限房
怀柔区	18.1	18.1	0.0	0.0
密云县	44.3	44.3	0.0	0.0
昌平区	142.8	132.7	0.0	10.1
延庆县	13.6	12.7	0.0	0.8
平谷区	1.9	1.9	0.0	0.0
开发区	0.7	0.7	0.0	0.0
合计	1045.9	886.6	11.1	148.2

2. 购买对象情况

从购买对象分析，2012 年，北京市住房期房购买主要以本地居民购买为主。本地居民购买住房 8.3 万套，面积 873.3 万平方米，成交套数占全市住房成交总套数的 85.5%。外省市个人购买商品住房 1.2 万套，面积 139.7 万平方米，成交套数占全市的 12.7%。境外个人购买住房 211 套，面积 4.4 万平方米，成交套数占全市的 0.2%。

表 6-12　2012 年住房期房购买对象情况

购买对象	成交套数（宗）	成交面积（万平方米）	住房	
			成交套数（套）	成交面积（万平方米）
本市个人	97096	981.7	82844	873.3
外省市个人	30888	293.6	12278	139.7
华侨、港澳台同胞、外国人购买	222	4.5	211	4.4
境内单位	3844	75.1	1519	28.1
境外单位	1	0.01	1	0.01

表 6-13　2006 -2012 年住房期房购房对象所占比重情况表

时　间	本地居民	外省市个人	境外个人
2006 年	63.80%	33.30%	1.50%
2007 年	63.87%	33.45%	0.56%
2008 年	69.41%	27.67%	0.78%
2009 年	65.4%	32.5%	0.7%
2010 年	68.7%	29.4%	0.2%
2011 年	86.3%	10.1%	0.2%
2012 年	85.5%	12.7	0.2%

三、办公用房期房成交情况

2012 年，北京市办公用房期房成交面积 230.9 万平方米（2.7 万套或单元），成交金额 492.1 亿元。从区域分布看，办公用房成交主要集中在朝阳、顺义、大兴、丰台、通州五个区，共成交 165.8 万平方米，占全市办公用房成交总量的 71.8%。其中朝阳区成交面积居于各区县之首，为 54.9 万平方米，所占比重为 23.8%。

表 6-14　2012 年分区县办公用房期房成交情况

区　县	办　公		
	成交套数（或单元）	成交面积（万平方米）	成交金额（亿元）
东城区	1	0.0	0.2
西城区	271	3.6	11.9
朝阳区	5877	54.9	155.6
海淀区	1508	10.3	21.2
丰台区	3338	27.1	85.8
石景山区	199	3.4	6.0
通州区	2442	25.0	40.8
房山区	1488	12.0	15.5
顺义区	4563	29.5	39.1
门头沟区	0	0.0	0.0
大兴区	3763	29.2	48.3
怀柔区	79	0.9	0.9
密云县	0	0.0	0.0
昌平区	1951	14.7	26.7
延庆县	0	0.0	0.0
平谷区	0	0.0	0.0
开发区	1241	20.2	40.0
合计	26721	230.9	492.1

四、商业营业用房期房成交情况

2012 年，北京市商业营业用房期房成交面积 53 万平方米（0.4 万套或单元），成交金额 132.5 亿元。从区域分布看，商业营业用房成交主要集中在朝阳区，成交 26.5 万平方米，占全市办公用房成交总量的 50%。

表 6-15　2012 年分区县商业营业用房期房成交情况

区　县	商　业		
	成交套数（或单元）	成交面积（万平方米）	成交金额（亿元）
东城区	18	0.6	2.5
西城区	50	0.9	2.9

续表 6-15

区　县	商　业		
	成交套数（或单元）	成交面积（万平方米）	成交套数（或单元）
朝阳区	1639	26.5	77.1
海淀区	70	1.6	2.8
丰台区	105	1.3	3.8
石景山区	130	1.9	4.6
通州区	463	4.8	8.5
房山区	15	0.4	0.8
顺义区	270	2.5	5.0
门头沟区	0	0.0	0.0
大兴区	342	4.2	9.9
怀柔区	18	0.4	0.9
密云县	28	1.2	1.5
昌平区	298	3.0	5.3
延庆县	34	0.3	0.3
平谷区	64	1.3	1.1
开发区	157	2.0	5.5
合计	3701	53.0	132.5

第四节　存量房成交情况

一、存量房交易总体情况

2012 年，北京市存量房成交面积 1188.7 万平方米，同比增加 3.4%，成交金额 1716.3 亿元，同比增加 86.2%。2012 年全市存量房成交 12.8 万套，其中存量住房 11.5 万套，占 89.8%；存量办公用房成交 4875 套，占 3.8%；存量商业营业用房成交 3424 套，占 2.7%；其他类型存量房屋成交 4640 套，占 3.6%。

2012 年全市存量房成交 1188.7 万平方米，存量住房 1008.8 万平方米，占 84.9%；存量办公用房成交 61.7 万平方米，占 5.2%；存量商业营业用房成交 38.2 万平方米，占 3.2%；其他类型房屋成交 80.1 万平方米，占 6.7%。

表 6-16　2012 年存量房成交总体情况表

类　别	成交套数	成交面积（万平方米）	成交金额（亿元）
存量住房	114921	1008.8	1509.8

续表 6-16

类　别	成交套数	成交面积（万平方米）	成交金额（亿元）
存量办公	4875	61.7	103.3
存量商业	3424	38.2	54.7
其　他	4640	80.1	48.4
合　计	127860	1188.7	1716.3

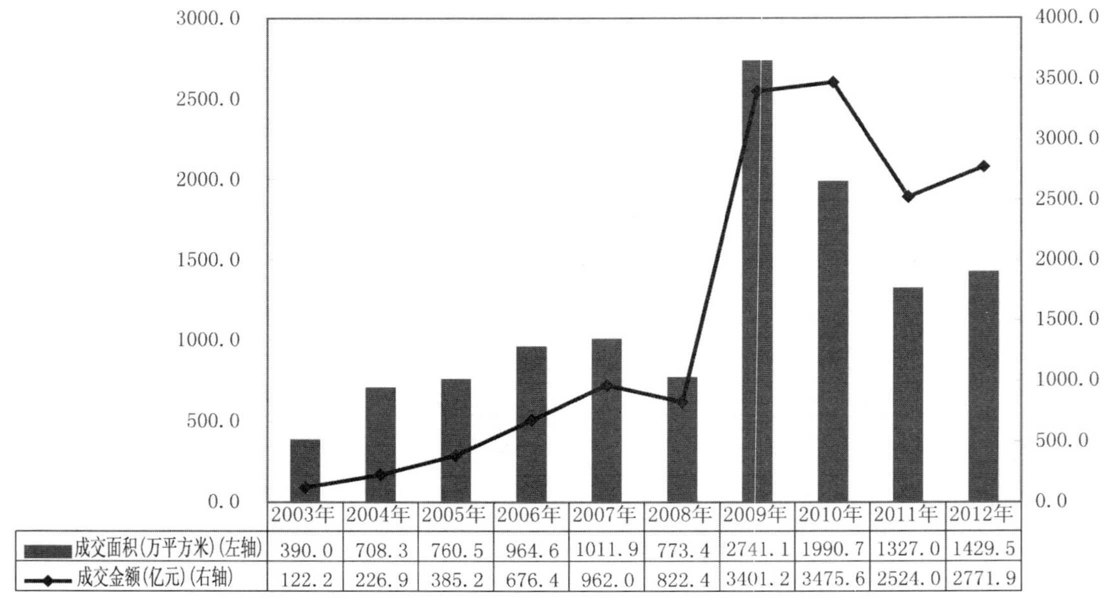

图 6-1　2003—2012 年度存量房交易情况表

从区域分布上看，朝阳区、海淀区、昌平区与丰台区成交面积居于各区县前列。朝阳区成交面积 311.9 万平方米，远高于其他区县，其次是海淀区、昌平区、丰台区分别是 156.8 万平方米、134.5 万平方米、117.1 万平方米。

表 6-17　2012 年各区县存量房成交情况表

	成交套数（套）	成交面积（万平方米）
东城区	5286	42.3
西城区	8230	61.5
朝阳区	33674	311.9
海淀区	17346	156.8
丰台区	14206	117.1
石景山区	4332	34.1
通州区	6179	55.4
房山区	4313	38.8

续表 6-17

	成交套数（套）	成交面积（万平方米）
顺义区	5384	54.6
门头沟区	1018	10.1
大兴区	6357	64.8
怀柔区	1277	32.1
密云县	2508	27.6
昌平区	13770	134.5
延庆县	1171	10.8
平谷区	1366	13.6
开发区	1443	22.5
合　计	127860	1188.7

二、存量商品住房成交情况

2012 年全市存量商品住房成交 74984 套，同比增加 18.6%；成交面积 712.2 万平方米，同比增加 13%。

表 6-18　2004—2012 年北京市存量商品住房成交情况

年度	2004 年	2005 年	2006 年	2007 年	2008 年	2009 年	2010 年	2011 年	2012 年
成交套数	26584	38419	46373	58114	45789	149466	111645	63209	74984
成交面积（万 m²）	334.1	403.7	493.8	619.7	470.7	1468.2	1088.5	630.2	712.2

从区域分布上来看，朝阳区成交面积居于各区县之首，成交面积 200.9 万平方米，远高于其他区县，其次是海淀区、昌平区、丰台区，分别是 82.2 万平方米、69 万平方米、65.8 万平方米。

表 6-19　2012 年北京市各区县存量商品住房成交情况表

区　县	成交套数（套）	成交面积（万平方米）
东城区	3024	23.1
西城区	3304	23.2
朝阳区	19557	200.9
海淀区	8212	82.2
丰台区	7675	65.8
石景山区	2002	16.7
通州区	5594	49.8
房山区	3103	28.3

续表 6-19

区　县	成交套数（套）	成交面积（万平方米）
顺义区	4498	47.3
门头沟区	456	3.7
大兴区	4790	44.2
怀柔区	893	8.4
密云县	2242	20.2
昌平区	6615	69.0
延庆县	773	7.1
平谷区	1302	11.8
开发区	944	10.5
合　计	74984	712.2

三、已购公房和经济适用房再上市成交情况

2012 年北京市已购公房和经济适用房再上市成交 39937 套，成交面积 296.7 万平方米。成交套数同比增加 12.9%，成交面积同比增加 5.1%。

表 6-20　2004—2012 年北京市已购公房和经济适用住房再上市情况

年度	2004 年	2005 年	2006 年	2007 年	2008 年	2009 年	2010 年	2011 年	2012 年
成交套数	30223	31033	30022	34919	23717	53364	55110	35360	39937
成交面积（万平方米）	260.4	245.6	214.9	257.9	166.4	386.3	459.8	282.2	296.7

从区域分布上来看，朝阳区、昌平区、海淀区、丰台区成交面积居于各区县前列。朝阳区成交面积 66.1 万平方米，为最高，其次是昌平区、海淀区、丰台区，分别是 58.2 万平方米、47 万平方米、38.4 万平方米。

表 6-21　2012 年分区县已购公房和经济适用住房再上市成交情况表

区　县	成交套数（套）	成交面积（万平方米）
东城区	1858	12.0
西城区	4306	27.8
朝阳区	9663	66.1
海淀区	6984	47.0
丰台区	5330	38.4
石景山区	1950	13.3
通州区	473	3.3

续表 6-21

区　县	成交套数（套）	成交面积（万平方米）
房山区	1043	7.6
顺义区	721	5.1
门头沟区	385	2.4
大兴区	1445	11.5
怀柔区	291	2.1
密云县	0	0.0
昌平区	5243	58.2
延庆县	243	1.8
平谷区	0	0.0
开发区	2	0.0
合　　计	39937	296.7

第五节　住房租赁市场交易情况

2012 年北京住房租赁市场交易出现同比量稳价增现象，但涨幅收窄，租赁市场总体处于较为活跃态势。

一、2012 年北京市住房租赁市场交易情况

根据我爱我家、链家、中大恒基、中原等 6 家指导价格信息采集单位 2012 年租赁成交数据测算，中介机构全年成交 42.3 万套，日均成交 1160 套左右，同比下降约 7.8%。全市成交 141.3 万套，与去年持平。

2012 年住房平均租金为 53.5 元/建筑平方米•月，同比涨幅为 8.9%，比去年回落 2.1 个百分点，其中 3、6、7 月份季节性上涨，8 月份以后进入淡季，环比连续回落。

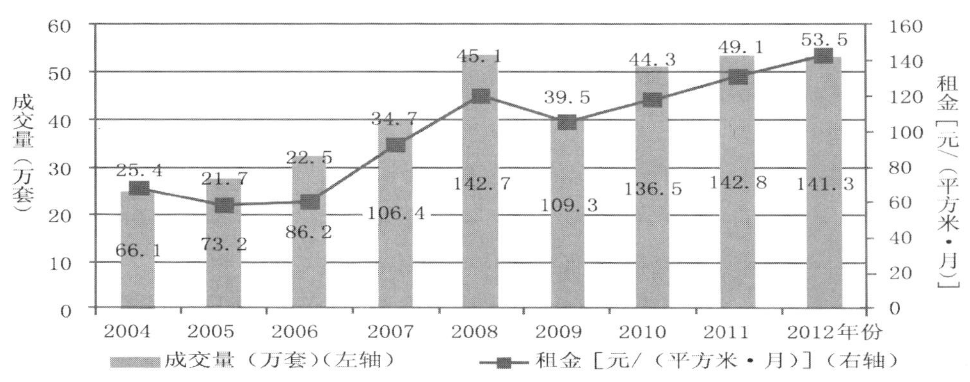

图 6-2　2004—2012 年住房租赁市场走势

二、租售比情况

2012 年存量房交易价格平均月度涨幅为 1.9%，而住房租赁价格平均涨幅为 1.2%。从价格月度变化可以看出 2012 年存量房交易价格基本保持波动上涨态势；住房租赁价格上半年涨幅较大，下半年环比持续下降。

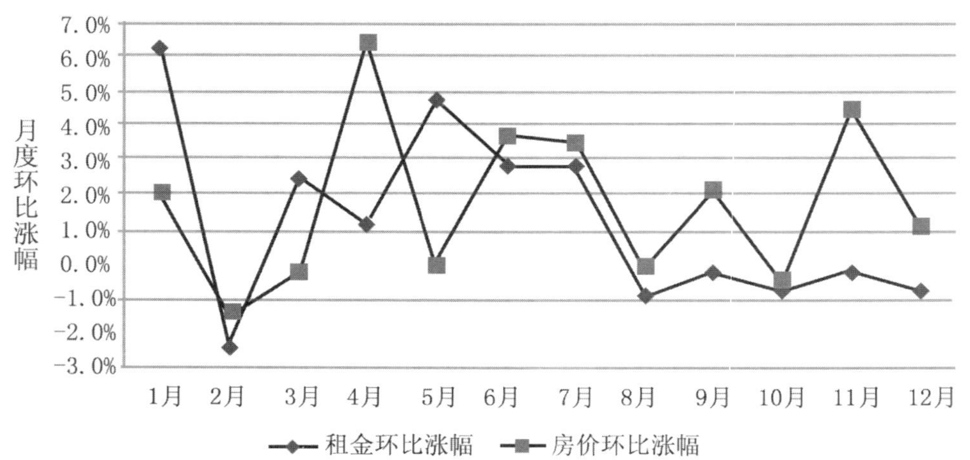

图 6-3　2004—2012 年存住房租赁市场量价情况

第六节　房屋市场价格

一、房地产价格总体情况

2012 年，为保持房地产市场稳定健康发展，各级政府坚定不移的贯彻落实房地产调控措施不动摇。一方面，继续坚决抑制不合理需求，严格实施房地产调控政策，相关部委及地方政府相继辟谣否认政策放松。另一方面，支持自住型合理需求，加大货币政策预调微调力度，两次降准两次降息，均对市场预期产生影响，有效释放刚性需求，促进成交量的稳步回升。

全年我市房地产市场总体保持平稳，历经年初的“以价换量”，年中的“小幅回暖”以及九、十月份的“旺季不旺”，到年末出现“翘尾”行情，房地产价格也随之有所波动，在保持平稳的基础上有所回升（见表 6-22）。。

表 6-22　2012 年 12 月（四季度）房地产价格指数

指　标	同比指数（%）
新建住宅销售价格指数	101.6
#新建商品住宅	102.0
90 平方米以下	102.2

续表 6-22

指　标	同比指数（%）
90~144 平方米	101.9
144 平方米以上	102.0
二手住宅销售价格指数	101.6
90 平方米以下	101.8
90~144 平方米	101.1
144 平方米以上	101.7

二、住宅销售价格指数运行情况

（一）新建住宅销售价格稳中有升

1. 新建住宅销售价格环比先抑后扬

我市新建住宅销售价格基本保持稳定，呈现先抑后扬走势。年初房价沿续了上年的下降走势，1—4 月份新建住宅价格环比降幅先扩大后收窄，其中 3 月份下降 0.4%，为全年最大降幅；5 月份环比持平，结束了自 2011 年 11 月份以来连续 6 个月下降趋势；6 月份开始，价格出现环比上涨，涨势延续到 12 月份，其中 12 月份上涨 0.8%，为年内最大涨幅（见图 6-4）。

其中，新建商品住宅销售价格自 2011 年 10 月份开始连续 8 个月下降。2012 年 1—5 月份分别下降 0.1%、0.2%、0.5%、0.2%和 0.1%；6 月份由降转升，上涨 0.3%；7—9 月份涨幅逐月缩小，分别上涨 0.3%、0.2%和 0.1%；10—12 月份涨幅再次扩大，分别为上涨 0.3%、0.8%和 1%，其中 12 月份上涨 1%，为年内最大涨幅（见图 6-4）。

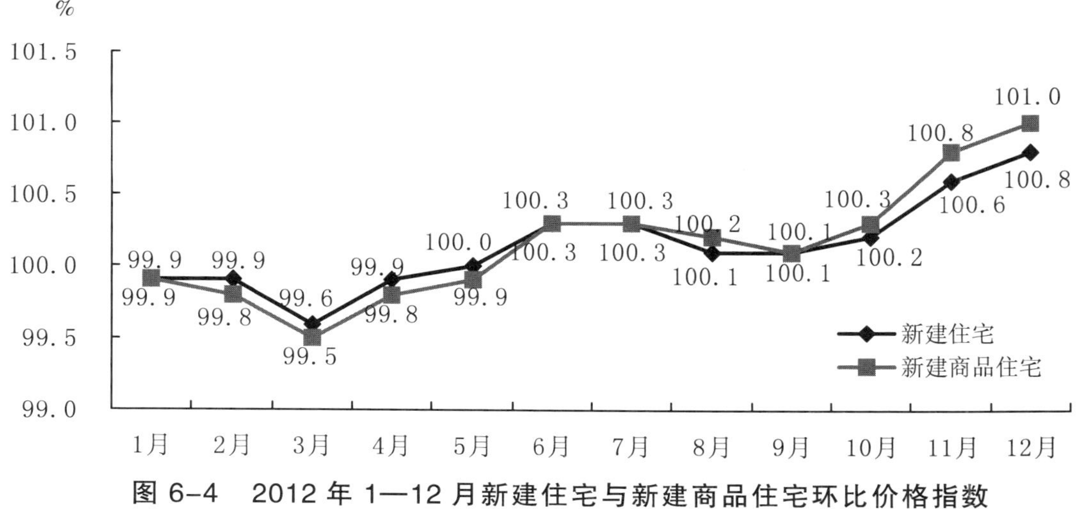

图 6-4　2012 年 1—12 月新建住宅与新建商品住宅环比价格指数

2. 新建住宅销售价格同比呈“V”形走势

新建住宅销售价格同比指数总体呈“V”形走势。1—5 月份指数由升转降，且降幅逐月扩大，5 月份下降 1.2%，为年内最大降幅，6—10 月份降幅逐月缩小，至 11 月份同比由降转升，12 月份上涨 1.6%，为年内最大涨幅。

其中，新建商品住宅 1 月份同比上涨 0.1%，2 月份由升转降，至 10 月份降幅先扩大再缩小，

11 月份同比由降转升，上涨 0.9%，12 月份上涨 2%，为年内最大涨幅，其中，90 平方米及以下户型价格同比上涨 2.2%，90～144 平方米户型价格同比上涨 1.9%，144 平方米以上户型价格上涨 2%（见图 6-5）。

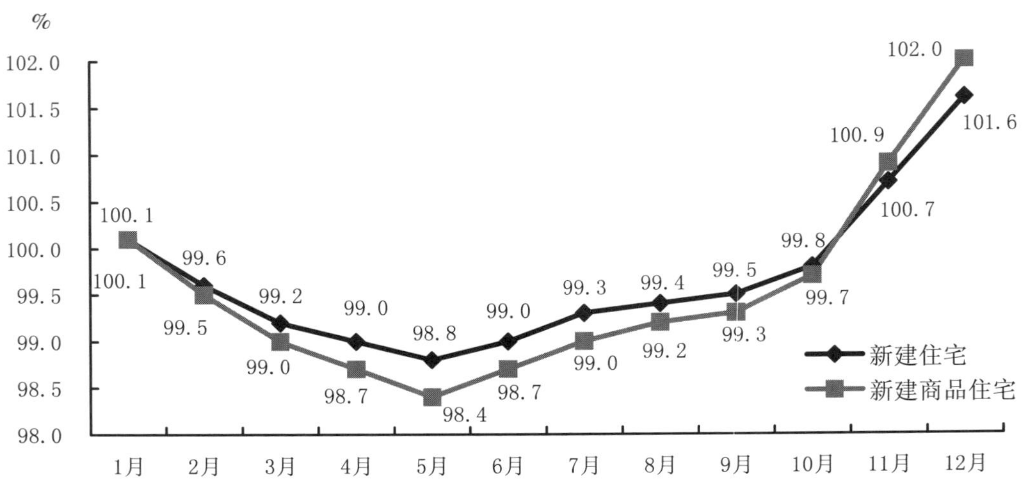

图 6-5　2012 年 1-12 月新建住宅与新建商品住宅同比价格指数

3．新建住宅销售量回升

在金融支持、开发商降价促销、市场预期好转等多方面原因的作用下，新建住宅市场的销售量呈现回升趋势。从成交项目分布区域看，朝阳区因项目量大、区域发展空间充足等，项目签约量占比最大；大兴、通州、房山、昌平等区的项目签约量占比较大，主要原因包括区域住宅以普通住宅为主、居住条件不断改善等，特别是近年轨道交通快速发展，对于刚性需求消费者来说有着很强的吸引力。

（二）二手住宅销售价格小幅波动

1．二手住宅销售价格环比小幅上涨

二手住宅价格先于新建商品住宅止跌回升。二手住宅销售环比价格在 1 月份、2 月份分别下降 0.9%和 0.2%后，3 月份止跌回升，环比上涨 0.2%，为 7 个月以来首次上涨，4 月份涨幅扩大 0.2 个百分点，为上涨 0.4%，5 月份环比价格下降 0.1%，6 月份再次止跌回升，上涨 0.2%，7—9 月份分别上涨 0.3%、0.3%、0.1%，10 月份环比持平，11 月份、12 月份再次上涨，涨幅分别为 0.3%、1%（见图 6-6）。

2．二手住宅销售价格同比由降转升

2012 年前 11 个月，二手住宅同比价格指数降幅呈收窄走势，12 月份同比由降转升，涨幅为 1.6%，其中，90 平方米及以下户型价格同比上涨 1.8%，超过 90～144 平方米户型的 1.1%和 144 平方米以上户型的 1.7%（见图 6-6）。

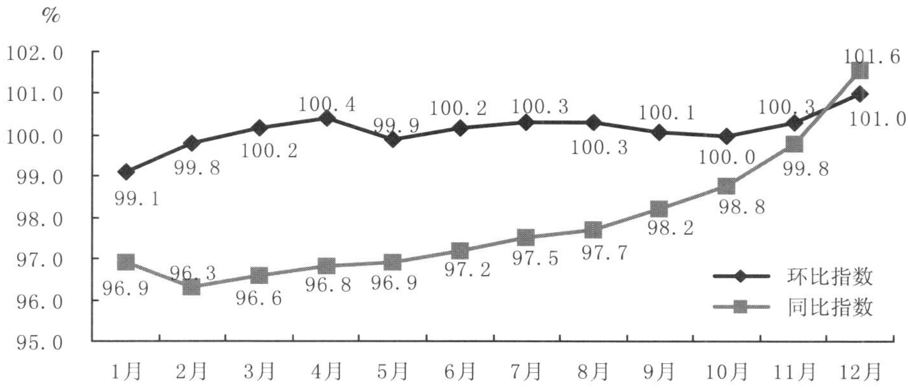

图 6-6　2012 年 1—12 月二手住宅销售价格同比与环比价格指数

三、重点城市住宅价格变化情况比较

新建住宅：与上年 12 月相比，2012 年我市新建住宅销售价格上涨 1.6%。北京、上海、天津、重庆、广州和深圳六个重点城市中，除上海新建住宅价格持平外，其余五城市均为上涨，其中广州上涨 2.3%，涨幅居六城市之首（见表 6-23）。从各月环比价格变动情况看，除天津、重庆外，其他四城市均出现明显的年末“翘尾”现象。

二手住宅：与上年 12 月份相比，六城市二手住宅销售价格同新建住宅一致呈上涨态势。其中，天津上涨 2.9%，涨幅居六城市之首；广州上涨 2.6%居第二位；北京上涨 1.6%居第三位；重庆上涨 0.3%居末位（见表 6-23）。

表 6-23　2012 年 12 月重点城市新建住宅与二手住宅同比价格指数对比

	新建住宅		二手住宅	
	同比价格指数（%）	位次	同比价格指数（%）	位次
北　京	101.6	2	101.6	3
上　海	100.0	6	100.4	5
天　津	100.8	4	102.9	1
重　庆	101.3	3	100.3	6
广　州	102.3	1	102.6	2
深　圳	100.8	4	101.1	4

第七章 房地产市场监管

第一节 房地产开发市场监管

一、继续强化资质管理，依法行政水平不断提升

一是分批培训审批人员。针对部分区县审批人员调整，分四批对16区县开发企业资质审批人员进行了培训指导,进一步规范资质审批工作。针对房地产开发企业资质管理有关法律法规、证书管理、审批要点和廉政风险防范点进行了培训,要求严格按照我委行政许可管理事项程序性规定执行，遵守受理、初审、审查、决定、打证、告知等岗位权限和时限，提升服务水平，在开发企业资质到期前三个月，增加网上提示。

二是完善资质审批机制。升级企业资质管理系统，增加统计分析功能，现已调试完毕，2013年将正式启用。为提高市区房地产开发部门审批工作效率，进一步简化了资质审批工作流程，已完成征求意见和区县培训等相关工作。

三是集中考核审批工作。为进一步规范本市房地产开发企业资质等级核定、变更工作，提高资质审批管理和服务水平，11月对各区县住房城乡（市）建设委资质审批工作进行了检查，从资质审批系统随机抽取8%～10%的纸质审核档案,共检查了132家企业纸质档案资料和网上资料,综合日常检查和集中检查情况，评选出平谷、朝阳、丰台、昌平、密云、房山住房城乡建设委6家资质审批工作标兵单位。

四是定期清理过期资质。对北京中盛擎天房地产开发有限公司等288家资质证书有效期满后,未依法申请延续或企业申请注销的开发企业，依法公告注销其房地产开发资质。

二、积极推进信用管理，诚信市场环境加快形成

房地产开发企业积分管理是加强行业信用体系建设,推进房地产业量化管理的关键环节,也是我市坚决贯彻国家房地产宏观调控的重要举措。为加强行业信用体系建设，2012年我处修订出台了《关于修订北京市房地产开发企业违法违规行为记分标准等有关问题的通知》，新标准共172条，记分范围在原有综合管理、销售管理、建设管理基础上进一步扩大到前期物业、房屋安全领域，分值设1分、2分、3分、5分、10分五档。本次修订，纳入了2008年以来新发布规范性文件涉及的限购、预售资金监管、商改住等内容。新记分标准的出台,有力震慑了房地产市场违法违规行为,房地产开发企业自律和诚信经营意识逐步提高，开发市场环境不断改善。

三、创新项目监测监管，驾驭市场能力明显增强

一是正式启用项目监管平台。经过近一年的系统调试和数据整合，2012年初正式启用"房地产开发项目动态监管平台"，通过发改、国土、规划、建设房管各审批环节数据共享，准确、实时监控项目拿地、开工、上市等项目进展情况，有效监督项目建设方案落实，防范开发风险，维护市场秩序。目前通过平台已初步实现按项目用途、建设主体的分类监测

监管，基本摸清全市房地产开发项目潜在供应的底数。

二是整合优化项目手册系统。明确了项目手册系统重在服务、监管平台重在管理的功能性安排，将项目备案审核工作统一到项目监管平台上来，进一步提升获取项目信息的及时性、准确性。同时大力简化项目手册备案流程和材料要求，按照三主体、五步骤开展备案工作，备案材料由原17个环节资料削减为5个主要环节资料，并于9月分四批对各区县进行培训。新流程实施后，新的备案文件长期有效，平均备案时间缩短为两个工作日，备案效率明显提升。

三是持续深化部门信息共享。多部门联动，夯实平台数据基础，完善和市发改、国土、规划等部门数据交换机制，根据土地出让合同、项目核准文件、工程规划许可证，及时补充项目信息，确保在途项目信息及时、完整、真实和准确。会同市住房城乡建设委质量处建立数据共享机制，实时获取竣工验收备案数据，并自动建立项目关联关系。根据市住房城乡建设委质量处提供的2004年至2012年1月31日的备案数据，将历史已竣工备案数据手工标注补录到监管平台。

四是深入开展供应形势分析。按拿地未开工、开工未入市、入市未销售的基本框架，深入开展供应形势分析，为宏观调控提供决策支撑的能力明显提升。从监测分析情况看，全市在途房地产开发项目860个，其中商品住房项目439个，涉及开发企业395家，商品住房潜在供应及库存总量4037万平方米，基本稳定在常态区间，预计可提供住房约30万套，可供销售40个月左右，可售周期显著高于供应形成周期，为本市确保“十二五”期间供需平衡预留了较大空间。

四、稳步开展项目调度，有力保障全市发展大局

围绕全市稳增长、调结构工作大局，依托项目监管平台，协同市相关部门深入开展投资促进、项目调度各项工作，千方百计促开工、促投资、促供应，推进落实年度投资任务。一是定期开展联合调度，确保完成年度投资任务。会同市国土、发改分批梳理2009年至2011年已拿地未开工项目100多个，督促尽快开工入市。二是针对性开展应急调度，避免市场大起大落。根据市场容量和形势变化，合理调度不同价位、区位的项目，主动调节供应，控制节奏。三是确保绿通项目进展顺利。2012年新纳入绿通项目64项，总投资570亿元。

从成效看，一是超额完成全年投资任务。全年完成其他房地产（商品房）投资完成1193.2亿元，同比增长20.6%，超额21.8%完成年度目标任务，占房地产开发投资的37.8%，比重比2011年提高5个百分点，在投资构成中增长最快、占比最高。二是开复工保持较高水平。在多部门协同努力下，全年实现房地产新开工3224万平方米，比历史峰值的2011年少24.1%，但比常年水平高10%以上，在施13122.5万平方米，同比增加8.8%。三是调度项目、调节供应能力明显增强。随着调度工作常态化，房地产开发速度加快，供应周期缩短，期房从拿地到预售平均20个月，个别项目最快9个月内便上市，现房拿地到初始登记平均41个月。供应周期缩短，进一步增强了我委调度项目、调节供应的主动性、时效性和灵活性。

五、完善建设方案管理，确保同步交用有效落实

为进一步落实住宅与市政公用基础设施、公共服务设施同步交用制度，市区两级加强联

动，不断完善我市建设方案管理工作。一是进一步完善了建设方案申请、填报、备案及公示等工作机制；二是10月召开全市建设方案管理工作会议；三是搭建了建设方案管理信息系统，系统由建设方案总体信息、配套设施信息、分期及楼栋信息三部分内容构成，具备建设方案信息录入、分类及统计功能。目前建设网公示建设方案 630 项，建设方案填报系统录入 591 项，已公示未录入系统的为 39 项，均为历史项目。

六、认真开展课题调研，夯实长效管理工作基础

认真开展《房地产开发关联企业监测与预警机制研究》课题调研，研究在京开发企业的市场集中度情况，辨别和防范房地产开发经营风险，利用课题研究的成果提升管理工作水平，促进市场平稳健康发展。现已通过专家评审，全面结题。

第二节　房地产交易和权属管理

一、落实房地产市场宏观调控政策，房地产市场总体保持平稳健康发展

2012 年，北京市继续贯彻落实房地产市场宏观调控政策，继续严格执行住房限购政策，房地产市场总体保持平稳健康发展。全市居民首次购房比重继续保持在 90%左右，较限购政策前提高 15 个百分点，投资投机需求得到有效遏制。全市新建商品住房成交均价为 2.07 万元/平方米，同比下降 7.6%。

（一）继续严格执行并完善调控政策

继续按照《关于贯彻落实国务院办公厅文件精神 进一步加强本市房地产市场调控工作的通知》（京政办发［2011］8 号）文件精神，严格贯彻落实调控政策。会同市人力社保局制定《关于进一步加强<北京市工作居住证>核验工作的通知》（京建法［2012］13 号），加强工作居住证审核工作，对伪造工作居住证购房的家庭，2 年内不得在本市购房，对伪造的单位暂停办理工作居住证资格。同时会同市人力社保局明确自今年12月18日起补缴社保在购房资格审核中不予认可，并重申了以缴纳社保方式申请在京购房资格的应满足前推 60 个月连续。会同市地税、银监局印发《关于进一步加强房屋买卖合同管理的通知》(京建法［2012］12 号），严格执行限购政策，加强房屋交易管理和税收征管的配套措施，遏制二手房买卖“阴阳合同”，堵塞税收漏洞。

（二）升级购房资格审核手段和机制，做好购房资格审核工作

不断升级购房资格审核信息系统，已形成住房城乡建设、地税、人力社保、公安等部门的联网信息审核，实现对申请家庭房产，缴纳个税和社保，工作居住证，户籍及身份等信息的联网自动审核，同时积极与民政部门协调，推进婚姻信息联网审核。2012 年，市住建委累计核验了 52.9 万户家庭，累计审核出 3.7 万户不具备购房资格的家庭。

（三）明确购房家庭申请内容、义务和违规风险

按照家庭成员构成，将购房家庭细分为七类，并根据各类家庭具体情况细化填报内容，在《购房承诺书》中增加授权有关部门查询身份、户籍、婚姻、房产、缴纳社会保险和个税等信息的条款，进一步明确购房家庭骗取购房资格的法律责任，有效震慑违规行为。

（四）加大限购政策宣传力度

市住建委主动发布消息，引导广大居民严格遵守限购政策，并及时回应针对限购政策执行中的各种传言和炒作，多次发布住房限购政策执行成效，重申严格政策不放松。

二、全方位加强商品房销售管理

（一）做好商品房预售审批工作

在商品房预售许可方面，加强为企业的服务工作，做好项目调度，尤其加快中低价位、中小套型商品住房项目行政审批速度，保证住房市场有效供应。2012 年共批准商品房预售项目 327 个、面积 1379.2 万平方米；其中商品住宅项目 220 个，面积 831.9 万平方米，同比增加 2.4%。新建商品房成交 1918.7 万平方米，同比增加 23.9%；其中商品住宅成交 1124 万平方米，同比增长 59.3%。截至到 2012 年年底，全市商品住房库存 5.5 万套。

（二）引导开发企业合理定价

配合调控政策，在项目预售中，对预售商品住宅项目申报价格和销售承诺价格按照“老项目不高于前期，新项目不高于周边”的原则，指导企业依据市场实际，合理定价。引导 181 个定价过高项目将售价下调 2%-55%。同时，加强项目销售价格监管，建立网上交易价格预警机制，自动报警销售价超承诺价的项目，市住建委房屋市场处累计约谈 60 个销售过程中销售价超过承诺价的项目，项目均已整改降至承诺价以下。

（三）完善商品房预售资金监管制度

2012 年继续全面落实《北京市商品房预售资金监督管理暂行办法》，督导商品房项目将预售资金全部存入专用账户进行监管，确保预售资金优先用于工程建设、保证项目按时交付。截至 2012 年底，本市纳入监管项目共 662 个，总入账金额 2227.2 亿元，出账金额 1680.4 亿元。有效防范了项目烂尾等问题，保障了交易秩序稳定和购房人资金安全。

（四）完善存量房管理模式，扩大存量房交易平台试点

2011 年 7 月在北京市海淀区开展存量房交易平台试点以来，为百姓提供房源核验、房源发布、资金监管等一站式服务，确保上市交易房源真实有效、交易资金交割安全。2012 年已确定将存量房平台推广到向丰台、房山、平谷等 10 个区县，加快推广工作。同时，市住建委房屋市场处针对存量房网签中部分房地产经纪机构恶意占网签等问题，起草了《关于进一步规范存量房买卖合同网上签约流程的通知》，进一步完善存量房交易网上签约机制，初步征求了相关部门和区县意见，做进一步完善。2012 年全年，全市存量房共成交 15.1 万套，其中存量住房 13.6 万套，同比增长 24.5%。

三、房屋登记管理情况

（一）房屋登记业务情况

全市共办理房屋登记业务 68.19 万件，同比增长 6.6 %；登记面积 1.7 亿平方米，同比增长 15.3%。业务量最大的三个区朝阳区、海淀区、丰台区承担了全市 53%的业务，其中朝阳区按业务量占比约为三成左右，共计 20.68 万件。全市共办理证书作废及送达、注销公告 587 件。行政诉讼 210 件，同比增长

28%。受理房产测绘成果备案业务3853件，审核通过3008件。完成测绘资质初审2件。

（二）完善房屋登记政策

为严格落实房地产调控政策，配合做好住房限购管理，印发了《关于落实我市住房限购政策进一步做好房屋登记有关问题的通知》，明确了与限购相关的政策口径和操作流程，确保房地产调控政策落实到位。为落实住房城乡建设部《房地产登记技术规程》要求，印发了《关于贯彻实施<房地产登记技术规程>有关问题的通知》，严格执行受理、审核岗位分设、登记官登簿的强制性要求。为统一测绘技术执行标准和面积测算规则，印发了《关于规范房屋面积测算工作有关问题的通知》，弥补了现行国标和地标的不足。为确保房屋登记信息安全和使用规范，印发了《北京市房地产交易权属管理系统和档案管理系统用户及密钥管理办法》。为加快办理抵押登记，保证抵押双方权益，与典当行业协会研究制定了典当专用合同。转发了国管局房改办、中直管理局房改办《关于中央在京单位已购公房上市出售有关问题的通知》，重新梳理了工作程序和申请材料，规范和简化了央产房上市交易和登记工作。

（三）完善房屋登记体制机制，增加人员编制

年内，市住建委会同市编办出台了《关于进一步健全完善区县住房保障和房屋登记体制机制的通知》，对健全完善区县房屋登记体制提出了具体要求。各区县房屋登记行政机构负责政策法规的组织实施、业务指导、培训考核、质量检查、房产测绘管理及房屋登记等工作；事业单位收行政部门委托，承担房屋登记具体工作及相关的档案管理、信息系统管理等事务性工作。各区县机构编制部门会同房屋管理部门对本区房屋登记工作总量及人员编制情况开展调研，研究科学、合理的人员编制配备数量，充实加强人员力量，并建立人员动态调整的长效管理机制。

（四）健全房屋登记相关制度

一是完成了《北京市房屋登记管理体制研究》、《北京市房屋交易管理与权属登记一体化管理模式研究》课题。二是与市规划委、市公安局消防局建立了联席会议制度，定期研究解决规划管理、消防管理与房屋登记管理的衔接问题。三是按照《北京市房屋登记疑难问题会商办法》和《房地产登记技术规程》的要求，各区县普遍建立了疑难问题会商制度。顺义区、大兴区、通州区住房城乡建设委等单位成立了房屋登记审核委员会，制定了疑难问题会商办法。

（五）加强房屋登记政策与理论研究

2012年，一是开展了《房屋登记工作规范（试行）》修订工作。二是向市政府报送了《关于开展集体建设用地范围内房屋登记试点工作的意见》，经市政府同意，在大兴、平谷及海淀三区开展试点工作，制定了试点工作实施意见，并抓紧进行系统开发。三是我委承担、部分区县参与完成了《北京市房屋登记档案规范化管理及体系建设研究》课题，并在市档案局2012年度优秀科技成果评比中荣获三等奖。四是会同住房保障部门研究公共租赁住房、定向安置房登记政策，进一步规范经济适用住房和限价商品房管理。五是开展房产测绘市场管理研究，明确未来房产测绘管理工作的发展思路和措施，为我市房产测绘市场的健康发展提供了基础支撑和决策依据。

（六）加强登记行业培训考核

加大房屋登记规范化考核力度。2012年3月，市住建委组织对全市17个房屋登记部门的19个房屋登记大厅进行了年度集中考核。其中西城区房管局、顺义区住房城乡建设委、房山区住房城乡建设委被评为2012年度全国房屋交易与登记规范化管理先进单位。2012年，市住建委向住房城乡建设部特别申请组织进行了两次房屋登记官考核，并积极组织考前培训，秋季考试中全市共有105人取得登记官资格，占参考人数的40%，通过比例在全国名列前茅。目前全市登记官人数已经达到373人，占在岗工作人员的50%。延庆县、朝阳区、西城区的登记官通过率在全市名列前茅。

（七）积极推进历史遗留问题的解决

根据《关于历史遗留房地产开发项目房屋登记有关问题的通知》的要求，2012年新增公告盛和家园、华龙美树苑、一栋洋房等16个项目。部分项目已经具备办理房屋登记条件。

第三节　房屋租赁市场管理

一、完善管理制度，规范房屋租赁行为

（一）制定房屋租赁管理措施

市住建委会同市发展改革委起草并上报了规范租赁市场稳定租金的意见，由市政府办公厅于2012年4月13日印发了《关于进一步规范房屋租赁市场稳定房屋租金工作的意见》（京政办发［2012］20号），从发展公共租赁住房、盘活存量房源、加强房地产经纪机构管理、强化综合执法等方面提出十二条具体管理措施。

（二）草拟出租房屋人均居住面积标准

市住建委会同市公安局、消防局、规划委、首都综治办等单位，起草了《关于公布我市出租房屋人均居住面积标准有关问题的通知（征求意见稿）》，明文界定和深入打击违法群租行为，已完成公开征求社会意见工作。

二、加强宣传引导，保障百姓房屋租赁权益

（一）加强租金监测分析

密切跟踪租赁市场交易量价变化，实时监测全市114个监测区域，组织中介协会按季度发布重点区域住房平均租金，解读租赁市场形势，为租赁市场管理提供基础支撑，稳定市场预期。

（二）加大租赁政策宣传

在市住房城乡建设委官网开通“我要租房”模块，在“安居北京”微博建立“租房指南针”模块，直面社会和百姓，宣传住房租赁政策和相关常识，及时回应社会关切问题，树立行业良好形象。

三、做好基础建设，提升租赁管理水平

（一）搭建房屋租赁服务平台

研究制定了租赁服务平台工作方案，初步形成租赁服务平台系统搭建思路，并会同相关部门启动了系统开发工作。

（二）做好长效机制研究

完成《促进房屋租赁规模化经营研究》课题调研工作，形成了调研报告和《北京市房屋

租赁经营监督管理办法》初稿。

第四节 经纪、评估行业监管

一、加强房地产经纪机构行业监管

截至2012年底，我市备案的房地产经纪机构共有1875家，分支机构2477家。从业人员中，房地产经纪人2807人，房地产经纪人协理7007人，《北京市房地产经纪资格考试合格证》持证人16119人。

（一）推进立法建设，开展起草《北京市房地产经纪管理办法》工作

为切实做好《房地产经纪管理办法》的贯彻工作，启动立法相关工作，已研究完成《北京市房地产经纪管理办法》初稿，并且征求了区县房屋行政管理部门和各相关委办局意见，下一步将继续完善。

（二）加大对房地产经纪行业组织的监督和指导

指导房地产经纪行业组织完善房地产经纪人员注册管理、继续教育、存量房网上签约钥匙盘发放等工作，开展了“经纪诚信月”活动引导消费者理性消费；发布了《房地产经纪行业服务公约》，呼吁机构诚信经营。

（三）加大宣传力度，引导行业诚信经营

定期开展房地产经纪行业职业道德和从业规范教育培训，并印发政策法规宣传材料，深入社区普及房屋租赁消费知识。

（四）参与房地产经纪人协理考试组织工作

市住建委协同市人力社保部门开展命题审题、考试通知发放、合格标准确定等工作，此次参考6821人、合格2815人，合格率为41.1%。

二、加强房地产评估机构行业监管

截至2012年底，全市共有房地产估价机构153家（含外地在京分支机构5家），其中一级资质44家，二级资质40家，三级及三级暂定66家，军队系统内估价所3家，全市从业注册估价师1159人。

（一）加强资质管理

通过实地检查、报告评审、档案检查等方式，强化机构资质管理和行为规范，严肃查处多家违法违规机构。全年审核估价机构资质申请、升级、延续15件，办理估价师注册325人。

（二）加强信息化建设

搭建“北京市房地产估价行业管理系统”，实现估价机构业务办理、信用档案、人员资质审批、业绩上报等网上填报、时时管理。目前系统开发工作已基本完成，力争尽快正式上线。

（三）加强与行业协会的联系与合作

调动行业协会及业内专家积极参与资质管理、报告评审、投诉办理等日常工作，充分发挥"外脑"对行政管理的智力支持作用。

（四）加强基础研究

顺利完成课题《北京市房地产估价行业企业和人员动态监管体系研究》，争取尽快完成成果转化，对本市估价机构及人员实施动态记分管理，并逐步建立信用管理机制。

第五节　房地产市场秩序专项整治

一、开展商品房项目执行房地产调控政策情况专项检查

2012年3月起，市住建委房屋市场处组织相关部门及各区县主管部门，在全市范围内开展住房限购政策执行情况专项检查。本次专项检查共计核查交易合同及留存材料8555份。其中17个区县登记窗口材料3161份；检查开发项目219个、材料3327份；检查经纪机构199家、材料1919份，严肃查处违法违规问题。4月，组织对6个违法限购政策项目开展重点联合执法检查，责令限期整改，期间暂停项目的网上签约资格，要求项目尽快与不符合购房资格的购房人协商解除合同。6月，针对“日光盘”媒体报道，会同市住房城乡建设委城研中心分组对9个区县40个现售楼盘现场进行暗访，发现问题及时查处。12月，组织对全市22个涉嫌捂盘的预售项目进行了检查，对发现问题的责令限期整改。

2012年3月起，市住建委房屋市场处组织相关部门及各区县主管部门，在全市范围内开展住房限购政策执行情况专项检查。本次专项检查共计核查交易合同及留存材料8555份。其中17个区县登记窗口材料3161份；检查开发项目219个、材料3327份；检查经纪机构199家、材料1919份，严肃查处违法违规问题。4月份，共组织对6个违法限购政策项目开展重点联合执法检查，责令限期整改，期间暂停项目的网上签约资格，要求项目尽快与不符合购房资格的购房人协商解除合同。6月，针对“日光盘”媒体报道，会同市住房城乡建设委城研中心分组对9个区县40个现售楼盘现场进行暗访，发现问题及时查处。12月，组织对全市22个涉嫌捂盘的预售项目进行了检查，对发现问题的责令限期整改。

二、开展商品房资金监管专项执法

为保证预售资金全部按要求存入专用账户，2012年第一季度，市住建委房屋市场处组织相关部门及各区县主管部门对执行预售资金监管的301个项目全面排查，对资金未达到监管额度的173个项目进行了执法检查。其中对12个重点项目，由市、区两级联合检查责令整改，对4个未按要求整改的项目暂停网上签约。

三、联合开展房地产经纪行业专项治整

2012年第二季度，市住房城乡建设委联合北京市工商局，在全市范围内联合开展房地产经纪行业专项整治活动。共发现已取得营业执照未备案的房地产经纪机构1220家，无照经营的34家，超范围经营的16家，下发《责令改正通知书》32份，移送其他部门49家，约谈了6家，处罚6家，对沃居等9家情节恶劣且拒不配合调查处理的房地产经纪机构进行了通报曝光。

四、加大租赁市场执法检查力度

为落实《关于贯彻落实<关于组织开展流动人口服务管理专项行动的实施方案>的通知》（京建发〔2012〕384 号）要求，推动十八大安保专项行动各项措施的落实，市住建委房屋市场处向各区县主管部门下发通知，重点检查 2012 年 1 月 1 日以来被投诉未备案、打隔断出租的房地产经纪机构，将未备案机构的名单抄送工商部门，对发现违反政策规定的机构依法处理。

五、高度重视信访工作

针对市住建委房屋市场处工作与百姓生活密切相关的特点，工作人员高度重视咨询、投诉、信访等工作，以办好事、办实事的态度切实做好服务和答疑解惑。2012 年共答复投诉信 759 件，政风行风 66 件、信息公开 28 件，互动平台 1227 件。

第八章 住房保障

第一节　住房保障制度建设综述

2012 年，北京市认真贯彻落实中央关于保障性安居工程的统一部署和要求，进一步完善住房保障政策体系，创新建设管理体制机制；不断优化保障性住房供应结构，加快推进保障方式向“租售并举，以租为主”转变；加强金融支持力度，创新融资方式，突破资金瓶颈；加强申请审核及后期使用监督力度，积极在保障性住房中推进住宅产业化，着力提升工程质量，全面推进保障性安居工程建设。

一、编制完成北京市“十二五”时期住房保障规划

依据市政府“十二五”规划纲要，2012 年 1 月市住房城乡建设委、市发展改革委联合印发《北京市“十二五”时期住房保障规划》。《规划》提出了“十二五”北京市住房保障的指导思想、发展目标、主要任务和保障措施，是全市“十二五”规划体系的重要组成部分，是“十二五”时期北京市住房保障工作的指导性文件。《规划》明确了“十二五”期间北京市将建设筹集各类保障性住房 100 万套，其中公共租赁住房占公开配租配售保障性住房 60%以上。

二、完善公共租赁住房相关配套政策

坚持公共租赁住房“市场定价、分档补贴、租补分离”原则，进一步加强公共租赁住房租金补贴管理，提高承租家庭的租金负担能力。2012 年 4 月，市住房城乡建设委印发《关于公共租赁住房租金补贴对象及租金补贴标准有关问题的通知》和《关于公共租赁住房租金补贴申请、审核、发放等有关问题的通知》，明确了公共租赁住房租金补贴对象、发放标准及申请、审核、发放的具体程序。同时，积极搭建租金补贴发放平台，加强公共租赁住房租金补贴发放的动态统筹管理。

落实公共租赁住房项目免收行政事业性收费和政府性基金的优惠政策，降低建设成本，规范免收程序。2012 年 11 月市住房城乡建设委、市财政局等部门联合印发《关于免收公共租赁住房项目行政事业性收费和政府性基金有关事项的通知》，对公共租赁住房项目行政事业性收费和政府性基金的免收项目、免收流程等作出具体规定。

三、加强金融支持，保障性住房建设力度

一是积极贯彻落实国家关于保障性住房有关财政投入政策。2011 年 12 月市住房城乡建设委、市财政局联合印发《关于进一步明确财政性资金投资公共租赁住房建设管理中有关问题的通知》，规定了公共租赁住房财政资金筹集和使用政策，进一步明确了市区两级公共租赁住房财政资金使用方式和比例，加强了资金使用管理。

二是有效解决保障性住房建设资金，加强融资管理。2012 年 3 月，市住房城乡建设委、市金融局等部门联合印发《北京市金融支持保障性住房建设的意见》，进一步完善了保障性住房相关融资管理制度，吸引各类金融机构及社会资金参与北京市保障性住房建

设工作，同时规定，金融机构对保障性住房项目的融资与商品房融资公开统计，专项管理；投融资平台发行企业债券优先用于保障性住房建设。

三是进一步加强住房公积金支持保障性住房建设项目贷款管理。2012年10月，市住房城乡建设委、市公积金管理中心等部门联合印发《北京市利用住房公积金支持保障性住房建设试点项目贷款管理与监督办法》，明确了公积金中心、市住建委、市财政局及市审计局的职责，同时要求项目贷款采取第三方监管机制；明确支持各类保障性住房的贷款期限和利率；对贷款受理、评审、审批和合同签订及贷款发放、支付、回收与管理以及贷款的监督的具体事项作出明确了规定。

四、强化保障性住房申请审核及后期使用监督

完善街道（乡镇）初审环节的民主评议工作机制，进一步规范保障性住房资格审核。 2012年4月，市住房城乡建设委印发《关于规范保障性住房资格审核街道（乡镇）初审环节民主评议制度有关工作的通知》，明确了社区民主评议工作的组织、评议人员的组成、评议工作的程序、评议材料的存档管理等内容。

坚持政府主导，社会参与原则，初步构建起使用监督、运营管理和社区管理“三位一体”的保障性住房管理服务模式。2012年3月，市政府印发《北京市人民政府关于加强保障性住房使用监督管理的意见（试行）》，明确了保障性住房家庭入住后的房屋使用监督管理职责，出租型保障性住房按照“谁持有、谁管理”的原则，由房屋产权单位在进行日常租赁管理的同时承担房屋使用监管工作；出售型保障性住房按照“谁分配、谁管理”的原则，由区县住房保障管理部门负责房屋使用监管，相关日常管理工作可通过购买服务方式由物业服务企业承担。运营管理坚持运营“机构市场化、管理标准规范化和社区服务属地化”的发展方向，为承租家庭提供服务标准适中的管理服务。同时，加强社区服务管理，综合开展医保、养老、婚育等服务。

五、推进保障性住房建设标准化、产业化实施

进一步加强工程质量管理，打造优质精品保障性住房工程。2012年5月市住房城乡建设委印发《关于进一步加强保障性住房工程质量管理的意见》，对保障性住房建设程序、建设各方主体行为、建筑材料管理、工程施工组织等各方面均提出了要求，明确建设单位必须应依法承担工程质量的首要责任，全面负责质量管理，严格落实永久性标牌制度。《意见》有利于保障性住房标准化制度的建立和实施，并率先在公共租赁住房中试点推行。2012年7月市住房城乡建设委印发了《北京市公共租赁住房标准设计图集》，要求政府投资建设的公共租赁房项目，严格按照《北京市公共租赁住房标准设计图集》户型选用，其他社会投资建设的公共租赁住房项目，鼓励按《北京市公共租赁住房标准设计图集》优先选用。

为进一步在保障性住房中推行住宅产业化，促进本市住宅产业化发展，2012年8月市住房城乡建设委印发《关于在保障性住房建设中推进住宅产业化工作任务的通知》，提出了在保障性住房建设中推行住宅产业化的工作目标、实施标准、实施范围、工作要求和监督管理，同年9月市住房城乡建设委印发了《关于2012年在保障性住房建设中推进

住宅产业化工作的实施方案》中对组织机构、开工前安排和工作要求等作出了详细规定，要求各单位高度重视，认真完成2012年保障性住房建设中实施产业化的各项工作。

六、积极推进住房保障信息公开

大力推进住房保障信息公开，充分保障群众的知情权、参与权、监督权。2012年5月市住房保障工作领导小组办公室印发《关于切实做好城镇保障性安居工程建设信息公开的通知》(京住保［2012］16号)，8月印发《关于开展住房保障信息公开工作督查的通知》(京住保［2012］25号)，同年8月市住房城乡建设委印发《关于转发住房和城乡建设部办公厅〈关于做好2012年住房保障信息公开工作的通知〉的通知》(京建发［2012］287号）等文件，进一步细化了保障性住房信息公开具体标准，明确了保障性住房年度建设计划、分配和退出等必须公开的信息内容和公开时限，统一了信息公开目录，明确要求各区县严格按照规定做好住房保障信息公开工作。

同时加大检查指导，市住房城乡建设委先后对东城、西城、通州、石景山、密云等区县信息公开工作情况进行了实地检查，及时指导纠正相关问题，督促各区县完成信息公开工作。此外，为加强信息公开的报送管理，建立了信息月报制度，要求各区县每月5日前报送上月信息公开工作进展情况。

第二节　公共租赁住房（含廉租房）建设供应情况

2012年，全市新开工建设公共租赁住房项目42个，可提供房源约6万套；完成竣工项目16个，房源约0.8万套。

表8-1　2012年公共租赁住房（含廉租房）项目开工落实情况汇总表

序号	项目名称	项目位置	套数（套）
1	豆各庄二期回购房(收购)	朝阳区	840
2	管庄北二里	朝阳区	416
3	平房乡平房村集体土地租赁住房	朝阳区	6400
4	芍药居公共租赁住房（收购）	朝阳区	152
5	孙河康营回购房（收购）	朝阳区	430
6	太舟坞351地块	海淀区	2400
7	土井等	海淀区	4750
8	西三旗建材城危改二期配建	海淀区	610
9	高立庄公共租赁住房项目	丰台区	2500
10	郭公庄一期公共租赁住房项目	丰台区	3002
11	石景山酱菜厂项目	石景山区	275

续表 8-1

序号	项目名称	项目位置	套数（套）
12	沙河镇定泗路北侧原北郊猪场地块	昌平区	213
13	中石化科学技术研究中心公共租赁住房	昌平区	4800
14	北京明发广场（生物医药基地东配套 7#地）	大兴区	152
15	大兴区黄村镇大庄三角地居住项目	大兴区	93
16	旧宫东站四号地公共租赁住房	大兴区	634
17	庞各庄二号地公共租赁住房项目	大兴区	5015
18	生物医药基地东配套 11#地用地项目	大兴区	552
19	首座御园二期公共租赁住房	大兴区	1584
20	地理信息产业园公共租赁住房项目	顺义区	1280
21	后沙峪 C 地块居住项目（配建公共租赁住房）	顺义区	668
22	顺义新城望泉寺公共租赁住房	顺义区	7604
23	杨镇二三产业基地配套公共租赁住房项目	顺义区	357
24	兆丰工业区配套公共租赁住房项目	顺义区	656
25	北京市通州区台湖镇居住用地、托幼用地及公建混合用地（配建“公共租赁住房”）项目	通州区	2106
26	北京市通州区永顺镇（商务园 C2 地块西区）居住及经营性办公用地	通州区	860
27	丁各庄二期经适房项目	通州区	600
28	收购	通州区	600
29	房山区阎村镇公共租赁住房项目	房山区	880
30	理工大学 10 号地	房山区	1000
31	黑山地区居住、托幼（配建公共租赁住房）项目	门头沟区	214
32	门头沟区城子街 2 号公共租赁住房项目	门头沟区	400
33	门头沟区铅丝厂公共租赁住房项目	门头沟区	416
34	怀柔新城 12 街区 12-104 地块公共租赁住房项目	怀柔区	1102
35	怀柔新城 14 街区 14A-03 地块公共租赁住房项目	怀柔区	900
36	怀柔新城 14 街区 14E-08-A 公共租赁住房项目	怀柔区	800
37	怀柔新城区 14 街区 14E-08-B 地块公共租赁住房项目	怀柔区	600
38	定海园	亦庄	1400
39	X38 地块	亦庄	
40	朝阳豆各庄	东城区	2000
41	石景山酱菜厂	西城区	275
42	大兴康庄（收购）	西城区	464

表 8-2　2012 年公共租赁住房（含廉租房）项目竣工落实情况汇总表

序号	项目名称	项目位置	套数（套）
1	北苑南区	朝阳区	948
2	通州区梨园镇公共租赁房住宅小区	通州区	854
3	光机电一体化产业基地二期 E 地块居住项目	通州区	95
4	环保园 C02	海淀区	426
5	清河小营东	海淀区	99
6	西二旗	海淀区	692
7	站前小区	石景山区	312
8	西山木材厂	石景山区	106
9	京原路 7 号公共租赁住房项目	石景山区	2436
10	未山赋公共租赁住房	丰台区	60
11	丰台区黄土岗居住项目	丰台区	1200
12	南苑西居住区经济适用住房廉租房(南庭新苑)	丰台区	590
13	密云云北小区经济适用房	密云县	105
14	延庆县新城 01-002 街区居住项目	延庆县	24
15	新城 9 号地	顺义区	44
16	新城 9 号地公共租赁房	顺义区	186

第三节　经济适用住房建设供应情况

2012 年，全市新开工建设经济适用住房　　工项目 12 个，房源约 0.8 万套。项目 11 个，可提供房源约 1.2 万套；完成竣

表 8-3　2012 年经济适用房项目开工落实情况汇总表

序号	项目名称	项目位置	套数（套）
1	佰嘉经适房南区	昌平区	1797
2	金隅南口采石场项目	昌平区	568
3	新城 9 号地经济适用房	顺义区	750
4	丁各庄二期经适房项目	通州区	2000
5	长阳镇北部组团住宅小区经济适用房项目	房山区	972
6	洪寺村经济适用住房	房山区	416

续表 8-3

序号	项目名称	项目位置	套数（套）
7	永安东里小区 1#住宅楼等三项	房山区	234
8	云北小区经济适用房二期	密云县	434
9	朝阳豆各庄	东城区	2666
10	大兴旧宫	西城区	400
11	大兴康庄（收购）	西城区	1594

表 8-4　2012 年经济适用房项目竣工落实情况汇总表

序号	项目名称	项目位置	套数（套）
1	苏家坨 A2	海淀区	490
2	站前小区	石景山区	53
3	西红门经适房(含廉租)	大兴区	2149
4	旧宫三角地经济适用房小区	大兴区	1076
5	南苑西居住区经济适用住房廉租房(南庭新苑)	丰台区	1876
6	城关永安东里	房山区	234
7	长阳镇北部组团住宅小区经济适用房项目	房山区	972
8	密云云北小区经济适用房	密云县	261
9	延庆县三里河自由街南侧经济适用房项目	延庆县	64
10	延庆县新城 01-003 街区居住项目	延庆县	66
11	滨河小区经济适用房	顺义区	30
12	新城 9 号地经济适用房	顺义区	1090

第四节　限价商品住房建设供应情况

2012 年，全市新开工建设限价商品房项目 16 个，可提供房源约 1.6 万套，完成竣工项目 14 个，房源约 1.3 万套。

表 8-5　2012 年限价商品房项目开工落实情况汇总表

序号	项目名称	项目位置	套数（套）
1	东坝中路红松园 18 号地	朝阳区	392
2	双桥农场限价房	朝阳区	759
3	青龙湖二期置换地块限价商品房项目	丰台区	1508

续表 8-5

序号	项目名称	项目位置	套数（套）
4	沙河镇定泗路北侧原北郊猪场地块	昌平区	594
5	随园二期	昌平区	304
6	西马坡限价房项目	顺义区	2660
7	张镇限价房项目	顺义区	320
8	物流 B 西地块（配建限价房项目）	通州区	2068
9	长阳高佃二村	房山区	484
10	房山区长阳镇水碾屯改造一期	房山区	436
11	乐活家园二期（D-05/6/7/8/9 地块）	房山区	198
12	门头沟区永定镇居住项目	门头沟区	594
13	门头沟区永定镇限价商品住房项目	门头沟区	919
14	首师大附属中学西侧居住用地项目	密云县	303
15	丰台大红门油毡厂	西城区	2400
16	丰台南苑	西城区	1900

表 8-6 2012 年限价商品房项目竣工落实情况汇总表

序号	项目名称	项目位置	套数（套）
1	东坝驹子房限价房项目	朝阳区	1288
2	王四营限价房	朝阳区	919
3	马桥中心区限价房	通州区	1453
4	静水园	通州区	742
5	天巢园	昌平区	387
6	华润冯村两限房项目	门头沟区	320
7	康庄四期	大兴区	1003
8	康庄三期	大兴区	3079
9	丰台区黄土岗居住项目	丰台区	755
10	小屯馨城住宅	丰台区	1139
11	格兰山水（二期）	延庆县	65
12	延庆县新城 01-004 街区居住项目	延庆县	186
13	后沙峪吉祥庄项目	顺义区	516
14	新城 9 号地限价商品房	顺义区	1177

第五节 定向安置房建设供应情况

2012 年，全市新开工建设定向安置房项目 48 个，可提供房源约 8.6 万套；完成竣工项目 30 个，房源约 4.5 万套。

表 8-7 2012 年定向安置房项目开工落实情况汇总表

序号	项目名称	项目位置	套数（套）
1	三间房乡土储回迁房	朝阳区	768
2	十八里店乡周庄（三期）农民安置房	朝阳区	524
3	王四营乡官庄农民新村	朝阳区	540
4	小红门乡农民新村一期 A、二期 B、C	朝阳区	648
5	六郎庄	海淀区	1534
6	上庄 B1808	海淀区	728
7	四道口	海淀区	378
8	苏家坨 D 地块	海淀区	1565
9	太舟坞	海淀区	3663
10	中坞村	海淀区	1500
11	白盆窑旧村改造回迁房	丰台区	1507
12	北京开关厂定向安置房项目	丰台区	400
13	彩虹嘉园	丰台区	378
14	地铁九号线郭公庄定向安置房	丰台区	974
15	靛厂新村三期农民回迁房（B 地块）	丰台区	634
16	槐房旧村改造回迁房	丰台区	1622
17	西局安置房	丰台区	1188
18	小瓦窑回迁房	丰台区	1315
19	新宫旧村改造回迁房	丰台区	1604
20	周庄子回迁房	丰台区	1632
21	老古城综合各改造定向安置房项目 E 地块	石景山区	693
22	马连店组团重点村旧村改造项目	昌平区	1962
23	未来科技城南区定向安置房项目	昌平区	3917
24	北京经济技术开发区 X75	大兴区	2331
25	北京经济技术开发区 X82R1	大兴区	2472

续表 8-7

序号	项目名称	项目位置	套数（套）
26	安乐村定向安置房	顺义区	404
27	梅沟营地块限价房项目	顺义区	1604
28	洼子村安置房	顺义区	600
29	西马坡安置房	顺义区	2222
30	永顺新建安置房	通州区	2700
31	房山区长阳二村、篱笆房一、二村回迁定向安置房	房山区	1848
32	房山区长阳镇杨庄子村定向安置用房	房山区	534
33	高教园北部回迁区	房山区	1373
34	京煤集团安置房	房山区	2812
35	石泉砖厂地块定向安置房	门头沟区	752
36	中门寺地块定向安置房	门头沟区	2344
37	黑山地块定向安置房	门头沟区	3068
38	石门营经济适用房部分转为采空棚户区定向安置房	门头沟区	4781
39	王平电厂安置房	门头沟区	1612
40	杨坨安置房	门头沟区	1840
41	北京雁栖湖生态发展示范区环境整治定向安置房项目一期	怀柔区	2024
42	格兰山水（二期）	延庆县	1365
43	朝阳豆各庄	东城区	8914
44	定福庄家园 A 组团	东城区	530
45	朝阳北苑宾馆	西城区	894
46	丰台大红门 16 号院	西城区	828
47	丰台高立庄	西城区	5535
48	大兴旧宫	西城区	2800

表 8-8　2012 年定向安置房项目竣工落实情况汇总表

序号	项目名称	项目位置	套数（套）
1	翠成	朝阳区	1420
2	丽富家园	朝阳区	1204
3	高碑店北花园	朝阳区	1455
4	梨园玻璃钢厂 一、二期	通州区	1730
5	通州嘉华 9#地	通州区	1337
6	运河 3 号地	通州区	1076

续表 8-8

序号	项目名称	项目位置	套数（套）
7	铜牛	通州区	1224
8	唐家岭回迁房	海淀区	3432
9	昌平新城回迁小区定向安置房项目	昌平区	113
10	未来科技城北区土沟村土地一级开发项目	昌平区	2354
11	老古城定向安置房	石景山区	1000
12	门头沟小园定向安置房项目	门头沟区	948
13	门头沟S1线区域组团一级开发曹各庄地块定向安置房项目	门头沟区	3856
14	东辛称等村综合改造项目	门头沟区	1085
15	西六环寨口矿定向安置房项目	门头沟区	276
16	龙泉镇村民自建房	门头沟区	756
17	旧宫东站	大兴区	3561
18	大兴区孙村组团居住区定向安置房项目	大兴区	754
19	丽泽（C9）	丰台区	756
20	郭庄子定向安置房	丰台区	886
21	房山长阳镇水碾屯回迁安置	房山区	1128
22	长阳杨庄子村	房山区	534
23	青龙湖镇中心区定向安置用房项目	房山区	1352
24	平谷区夏各庄新城定向安置房项目	平谷区	228
25	格兰山水（二期）	延庆县	288
26	下坡屯安置房	顺义区	1075
27	现代花园A区定向安置	顺义区	1877
28	佳和宜园安置房项目	顺义区	3623
29	弘善家园	东城区	4034
30	团河	西城区	1774

第六节 房屋保护性修缮和棚户区改造工作

一、旧城人口疏解和房屋保护性修缮

1. 大力推进对接安置房建设。确定的18个安置房项目，目前已开工昌平回龙观、丰台张仪村、房山长阳、亦庄X1—1B、通州两站一街、朝阳豆各庄、朝阳北苑宾馆、朝阳定福家园 A 组团、丰台大红门、丰台高立庄、石景山酱菜厂、大兴旧宫、丰台油毡厂、丰台南苑 14 个项目，总规模 630 万平方米、涉及房源 6.5 万套；大兴海户新村等未开工项目正在积极做好开工前筹备工作。

2. 积极推动旧城人口疏解。立足旧城实际，开创"平等协商、集中腾退"的人口疏解新模式。以杨梅竹斜街项目为例，该项目通过与居民平等协商，居民提出疏解申请达一定比例后，进行集中腾退或平移并院，并组织居民现场看房、集中选房，既充分尊重了居民的意愿，又满足了居民的安置需求，更解决了旧城不适宜开展大拆大建征收工作的问题，得到了群众的好评与支持。疏解试点已腾退居民 740 余户，杨梅竹斜街项目正式签约 550 户，什刹海北中轴保护项目已腾退居民 63 户，钟鼓楼项目 12 月初启动了征收，天坛东里 1～8 号楼项目已疏解居民 124 户。通过中央单位在京工程、环境整治、危房改造、市政改造、保障性住房配租配售等方式并举，已疏解 3000 余户居民。

3. 加快推进危改遗留项目。梳理全市 92 个危改遗留项目，协调推进南礼士路 46 号院、西革新里、垂杨柳等项目，加快改造步伐。积极做好新项目纳入工作，会同相关部门将永安里地区纳入危改范围，结合房屋征收组织实施，做到新老项目有序衔接。

4. 打造旧城疏解金融合作新模式。为破解旧城房屋腾退资金短缺瓶颈，市住房城乡建设委会同相关金融机构、各实施主体积极探索旧城疏解金融合作新模式。广安控股集团与市保障性住房建设投资中心共同投资成立燕广股份公司，将对接安置房项目整体打包处理，项目收益可反哺旧城疏解项目。这种内外联动的金融合作模式有效放大了财政资金支持对接安置房建设的杠杆作用，极大缓解了旧城房屋腾退融资渠道狭窄难题。

二、城市和国有工矿棚户区改造

创新思路，积极探索完善棚户区改造征收实施模式。门头沟采空棚户区房屋征收工作采取了"三先三后"的实施模式，即先签约后搬迁、先对接后选房、先建设后上楼，通过"整体先行征收"签订征收协议，锁定房屋面积、安置补偿款及安置面积等内容，签约后居民不搬家不周转，待安置房达到入住条件后再按照协议对接安置，充分保障了居民的根本利益，使居民免受周转之苦，有效降低了征收成本，受到群众的广泛拥护。

截至年底，"三区三片"试点棚户区已开工建设、收购安置房 382.3 万平方米、6.5 万套，完成建设收购计划的 108%，累计实现 151.03 万平方米、2.3 万套安置房主体竣工，累计搬迁居民约 4 万户。其中，今年累计完成居民搬迁 2 万户。新增五片棚户区方面，目前已开工建设、筹集安置房 65 万平方米、7800 套，完成了约 6400 户的入户摸底调查工作。

第七节　住房保障资格审核与配租配售

一、申请审核情况

2012 年全市保障性住房申请 3.6 万户，市级备案通过 3.2 万户，其中廉租住房 0.2 万户，经济适用住房 0.5 万户，限价商品住房 2 万户，公共租赁住房 0.5 万户（含部分 2011 年申请，2012 年备案通过家庭）。全年公共租赁住房申请 1.9 万户，其中三房轮候家庭 1.5 万户，新申请家庭 0.4 万户。

截至 2012 年底，全市保障性住房累计备案家庭 30.7 万户，其中廉租住房 2.8 万户，经济适用住房 9.4 万户，限价商品住房 18 万户，公共租赁住房 0.5 万户（不含“三房”轮候家庭 2.1 万户）。

二、配租配售情况

2012 年共配租配售各类保障性住房 9.4 万套，其中旧城人口疏解、棚户区改造、城乡结合部整治等对接安置房源 4.5 万套，公开配租配售保障性住房 4.9 万套。公开配租配售保障性住房房源中，经济适用住房 1 万套、限价商品住房 1.9 万套、公共租赁住房（含廉租住房）2 万套。

第九章 住房制度改革和金融

第一节 住房制度改革综述

一、存量公房改革

（一）公有住房出售

截至2012年年底，全市累计售房面积13786.4万平方米，占可售公房总量的91.86%。2012年本市共出售公有住房144.2万平方米，1.96万套。其中，中央单位355家，面积41.16万平方米，涉及住房0.45万套；市属单位471家，面积69.16万平方米，涉及住房1.16万套；区属单位195家，面积18.72万平方米，涉及住房0.31万套。针对因单位原因导致产权不清问题，继续采取具结方式为职工办理房屋所有权证，进一步理顺产权关系。按照单位负责、双方协商原则，有效化解合居住房出售难题。

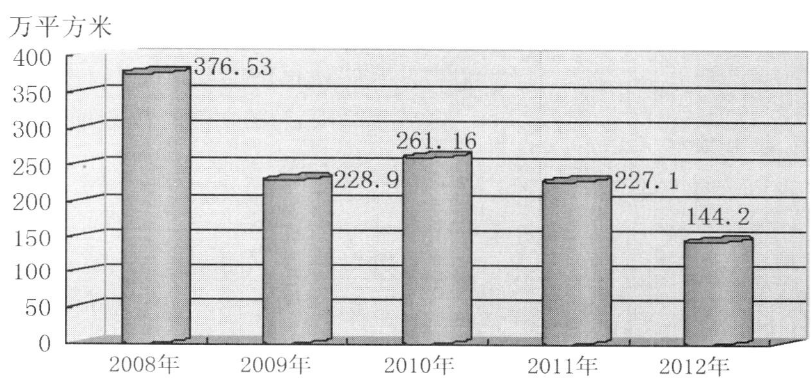

图 9-1 2008—2012年北京市房改售房情况表

（二）公有住房调整

2012年各区县房改部门累计核准239家单位调整公有住房方案，涉及住房1713套，面积11.69万平方米。其中中央单位203家，涉及住房1423套，面积10.04万平方米，占当年调房总量的85.89%；市属单位28家，涉及住房268套，面积1.48万平方米，占当年调房总量的12.66%；区属单8家，涉及住房22套，面积0.17万平方米，占当年调房总量的1.45%。

二、住房分配货币化

2012年市级及城六区为14.4万人发放住房补贴，涉及资金36.3亿元。其中市级发放7.5万人，涉及资金9.8亿元，城六区发放6.9万人，涉及资金26.5亿元。通州区、大兴区召开住房补贴工作会议，全面启动住房补贴发放工作。积极推进住房补贴常态化管理工作，海淀区、西城区、丰台区建立了住房补贴工作常态化管理机制。建立住房补贴数据统计制度。通过联合相关部门联合发文，积极解决自主择业军队专业干部、住用军队公寓房离休老干部等特殊群体住房补贴发放工作。积极协调落实转制企业住房补贴，共为35家转制企业3828名职工发放住房补贴7439.5万元。

表 9-1　2012 年住房补贴发放情况统计表

	发放人数（万人）	发放金额（亿元）
市　级	7.5	9.8
东城区	1.4	3.3
西城区	1.2	2.6
朝阳区	1.2	1.0
海淀区	1.1	7.5
丰台区	2.0	12.1
合　计	14.4	36.3

三、集资合作建房监管

（一）做好集资合作建房善后工作

按照国家和北京市的有关政策，做好集资合作建房遗留项目善后收尾工作，加强集资款管理。2008 年，报经市政府同意，列入集资建房遗留项目有 25 个，约 224 万平方米。其中住宅合作社 10 个项目，约 144 万平方米，单位集资建房 15 个项目，约 80 万平方米。截至 2012 年 12 月 31 日，已竣工项目 8 个，约 55 万平方米，其中合作社项目 1 个，24 万平方米，单位项目 7 个，31 万平方米；正在施工项目有 6 个，约 81 万平方米，其中合作社 5 个项目，70 万平方米，单位 1 个项目，11 万平方米。目前办理前期规划手续 7 个项目，约 73 万平方米，其中合作社项目 4 个，50 万平方米，单位项目 23 万平方米。有 4 个单位因不符合城市规划没有再申请，约 15 万平方米。2012 年累计核准 13 家单位支取集资建房款 4.3 亿元，全部用于支付集资建房项目的工程建设。

（二）加强住宅合作社日常管理

1. 开展合作社年检及审计工作

履行住宅合作社业务主管部门职责，会同市社团办为 13 家住宅合作社办理了年检备案手续。8 月上旬会同市社团办委托会计事务所对市属 13 家住宅合作社进行专项审计。根据审计存在的问题，提出了整改方案，明确了整改时限，要求合作社逐项落实。

2. 加强住宅合作社管理

会同市社团办制定住宅合作社换届程序，对机构设置、社员条件和人员数量达成了初步共识，完成了城建住宅合作社换届工作。完善住宅合作社管理制度，建立换届离任审计、约谈、年终考核、等级评定和重大问题报告制度。鼓励社员单位参与住宅合作社项目管理。

四、其他住房资金管理

（一）继续支持单位利用售房款进行老旧楼房设备设施改造等工作

截至 2012 年底本市累计有 886 家企业支取售房款 51410 万元。1—12 月共有 136 家企业支取售房款 7024.89 万元，同比增加 5.3%。其中，64 家市属企业支取售房款 4199.3 万元，72 家区属企业支取售房款 2431 万元。上述资金主要用于：更新电梯 104 部，楼面防水维修约 36.4 万平方米，缴存公积金 1245 人，以及消防、供水、供电改造和阳台加固等。

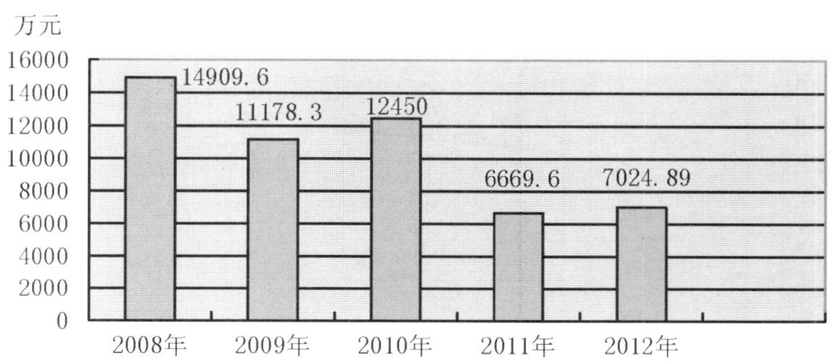

图 9-2 2008—2012 年北京市单位售房款支取情况对比图

（二）加强售房款归集管理工作

按照政策规定，单位出售公有住房售房款在市住房资金管理中心专户存储、专项使用。截至 2012 年年底，累计归集公有住房售房款 4908003.89 万元，支取 4176256.88 万元，余额 731747.01 万元。2012 年归集公有住房售房款 180905.19 万元，支取 120269.96 万元，年内净增额 60635.23 万元。

第二节 住房公积金与政策性住房金融

一、2012 年度住房公积金归集情况

1. 住房公积金覆盖范围

截至 2012 年 12 月底，北京地区建立住房公积金单位 93813 个，职工 678.30 万人。当年住房公积金缴存职工新增 72.70 万人。

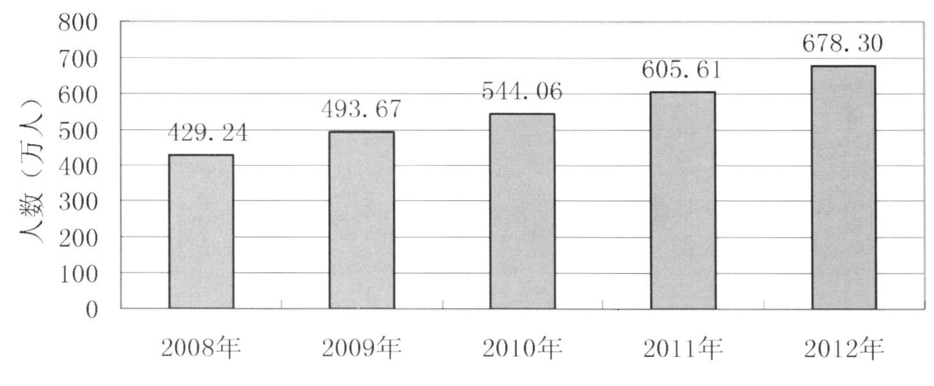

图 9-3 北京住房公积金建立人数统计图

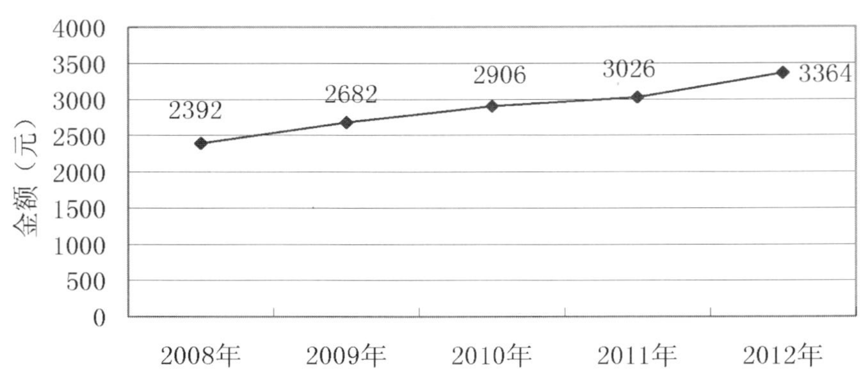

图 9-4 北京住房公积金缴存额上限图

2．住房公积金归集、提取情况

截至 2012 年 12 月底，当年归集住房公积金 833.92 亿元，提取 550.50 亿元，净增 283.42 亿元。累计归集住房公积金 4471.13 亿元，提取 2594.30 亿元，余额 1876.83 亿元。

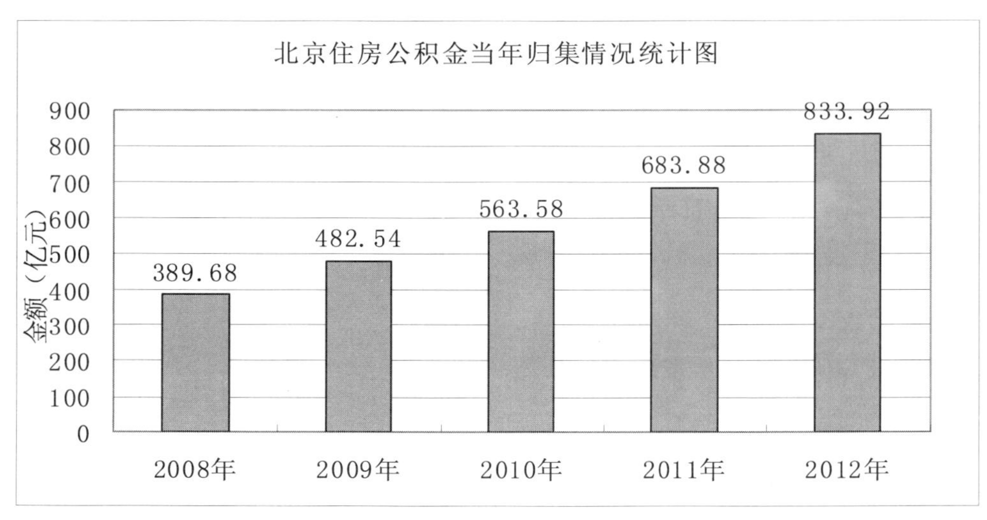

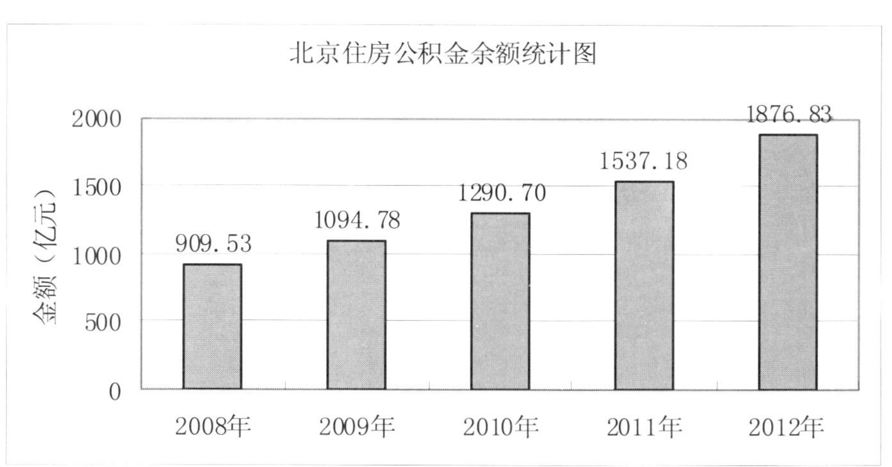

二、2012 年度政策性住房金融

1. 住房公积金贷款情况

截至 2012 年 12 月底，当年发放住房公积金贷款 81659 笔，金额 517.19 亿元，回收金额 122.44 亿元，净增 394.75 亿元。累计发放住房公积金贷款 615119 笔，金额 2168.02 亿元，回收金额 898.27 亿元，余额 1269.75 亿元。累计发放政策性贴息 11842 笔，贴息额度 36.89 亿元。

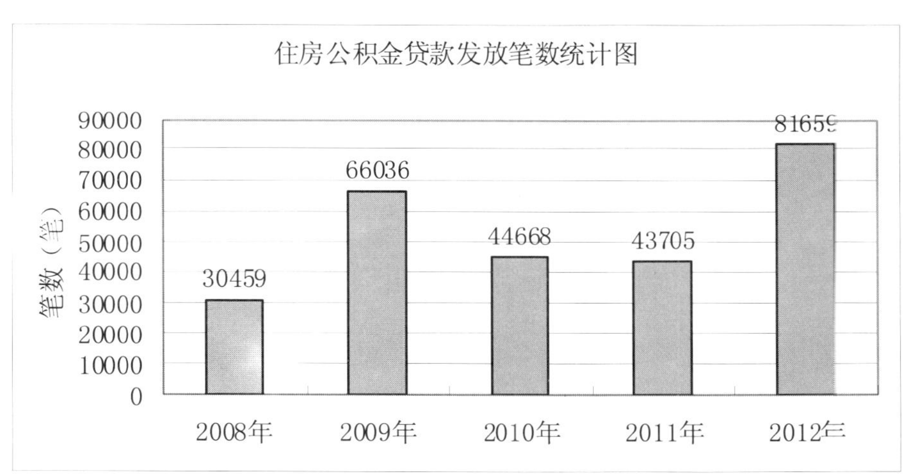

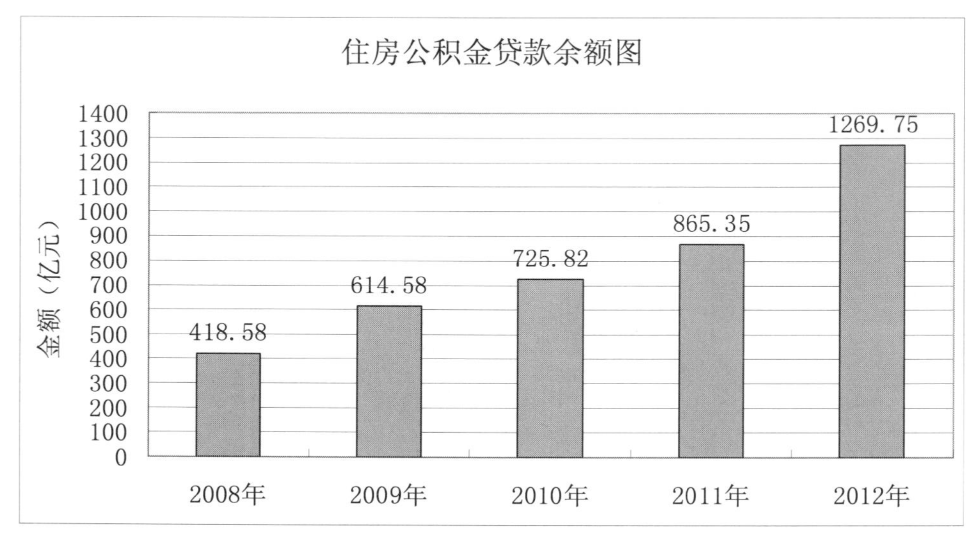
住房公积金贷款余额图
金额（亿元）
1400
1300
1200
1100
1000
900
800
700
600
500
400
300
200
100
0
418.58
614.58
725.82
865.35
1269.75
2008年
2009年
2010年
2011年
2012年

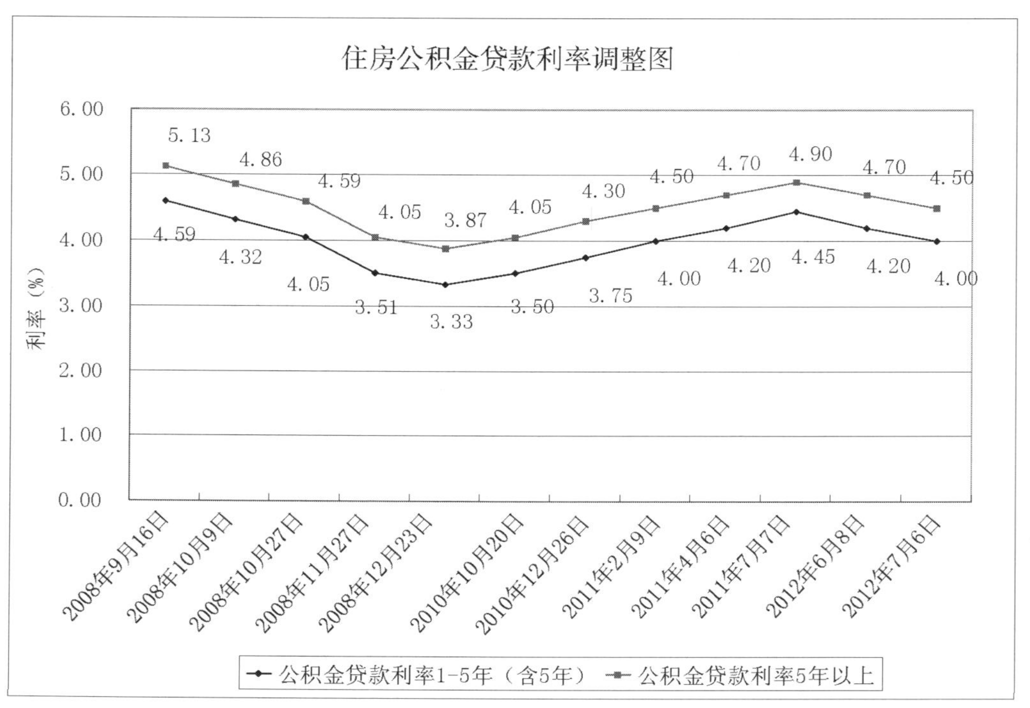
住房公积金贷款利率调整图
利率（%）
6.00
5.00
4.00
3.00
2.00
1.00
0.00
5.13
4.86
4.59
4.05
3.87
4.05
4.30
4.50
4.70
4.90
4.70
4.50
4.59
4.32
4.05
3.51
3.33
3.50
3.75
4.00
4.20
4.45
4.20
4.00
2008年9月16日
2008年10月9日
2008年10月27日
2008年11月27日
2008年12月23日
2010年10月20日
2010年12月26日
2011年2月9日
2011年4月6日
2011年7月7日
2012年6月8日
2012年7月6日
公积金贷款利率1-5年（含5年）
公积金贷款利率5年以上

2. 2012年发放的住房公积金贷款笔数的结构分析

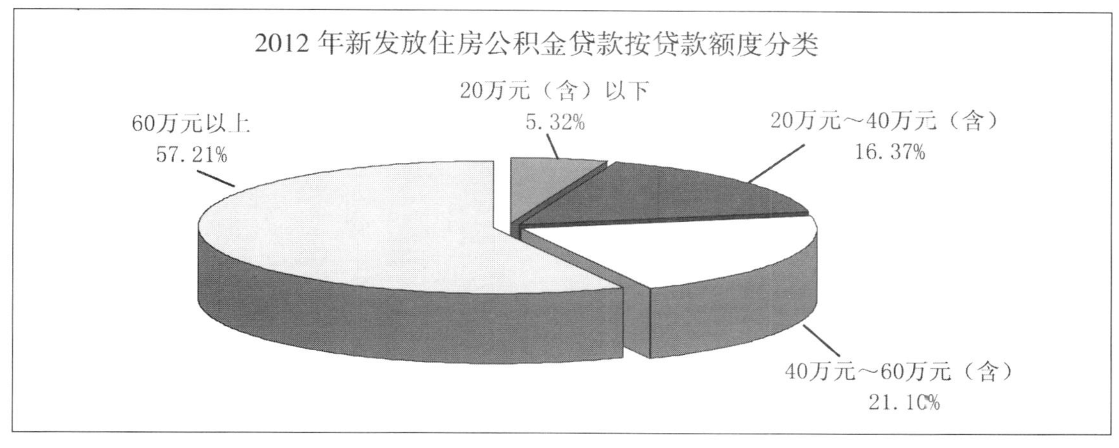

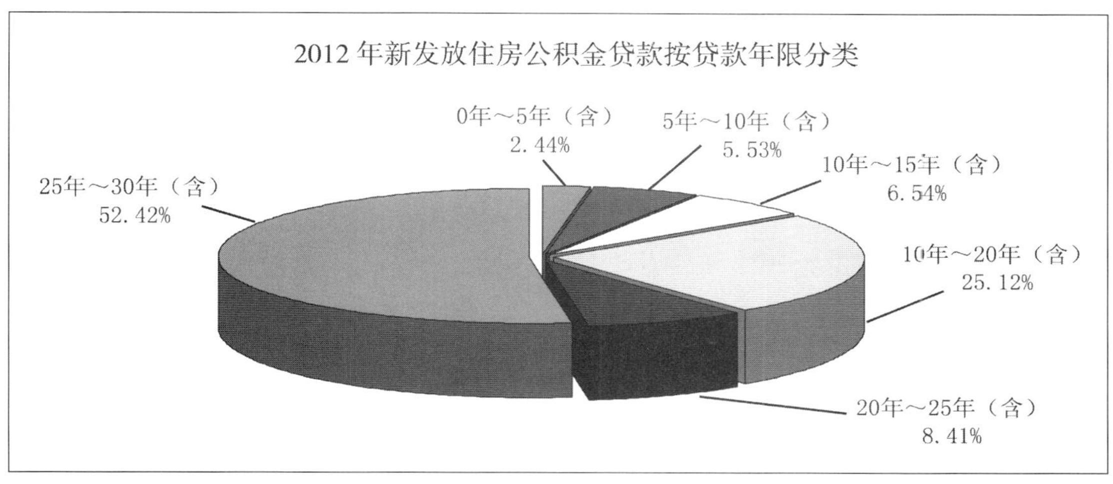

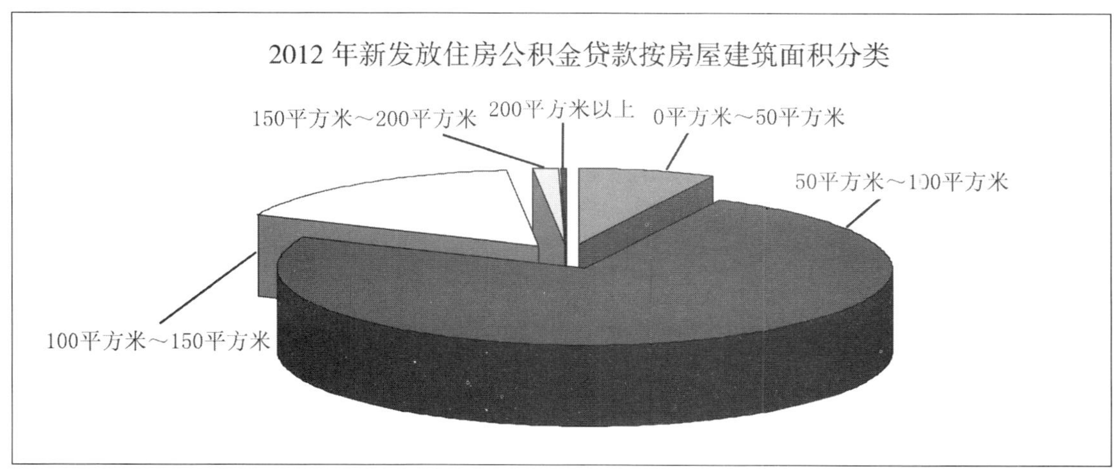

3. 住房公积金贷款支持保障性住房建设情况

截至2012年12月底，北京地区住房公积金贷款支持保障性住房建设试点及扩大试点项目总计41个，贷款额度308.8亿元。共向27个项目发放贷款194.259亿元，实际用款97.11亿元。

三、住房公积金和政策性住房金融的管理措施

（一）利用住房公积金贷款支持保障房建设试点工作取得新进展

在抓好北京首批住房公积金贷款支持保障性住房建设试点项目的放款、用款和后期监督管理的同时，针对北京市保障性住房建设需求，积极开展扩大试点工作，确定新增贷款项目及额度。9月获批扩大试点项目18项、贷款金额99.81亿元。当年发放扩大试点项目贷款39.03亿元。截至年底，北京支持保障性住房建设项目贷款额度及发放额均处于全国首位。

（二）住房公积金归集扩面工作稳步推进

2012住房公积金年度（2012年7月1日至2013年6月30日）住房公积金缴存比例为12%，月缴存额上限定为3364元。以拓宽覆盖面和提高缴存率为工作重点，利用跨年结息工作等有利时机，加强私营企业职工住房公积金督建工作。积极探索为进城务工人员建立住房公积金，向市相关单位和企业征询意见，初步拟定实施方案。当年开户人数增加72.70万人，其中私营企业新增52.92万人，完成全年计划的186.7%。北京地方受理职工投诉案件910件，已结案788件，办案质量明显提升，为职工追缴住房公积金557.73万元，切实维护了缴存职工合法权益。

（三）住房公积金贷款发放实现新突破

住房公积金贷款政策性优势愈加显现，日益受到缴存职工的认可。2012年北京住房公积金贷款发放爆发式增长，突破8万笔、金额突破500亿元，较上年分别增长86.7%和106.4%，创历史新高。贷款结构进一步优化，首套房贷款比例超过90%，90平方米以下中小户型住房贷款笔数约占全部贷款的70%，北京地方政策性住房贷款发放额同比增长约66%。

（四）管理服务水平进一步提升

在住房公积金贷款业务量激增的情况下，坚持抓好服务质量不放松。提高外设网点业务办理能力，加强项目现场服务，创新服务手段，与工商银行合作开设了住房公积金贷款“延伸柜台”服务，有效提高了接待能力和业务办理效率。建立抵押房屋登记状态动态监控核查机制，风险管理能力进一步提升。发送住房公积金对账单501.5万件；完成办理首都之窗“政风行风”热线转办的信件164件。按照住房城乡建设部相关要求，对住房公积金服务热线进行升级改造，热线服务水平进一步提升。2012年受理热线电话人工咨询48万次，较上年增长82.8%；为380万人次提供自助语音服务，较上年增长27.5%。

（五）综合信息系统研发重建工作全面启动

立足住房公积金事业未来发展需要，解决当前管理服务与职工需求的不适应，进一步防范风险，全面启动重建综合信息系统工作。成立专门工作小组，对全系统、全业务标准化体系进行重新梳理、流程再造，重新架构新的综合信息系统。开展全系统需求调研，推动新系统专项工作任务有效开展。新系统总体框架设计基本完成，主要核心业务系统流程已进行重新梳理和流程再造，全系统需求分析和技术架构任务基本完成。

第三节 商业性房地产金融

2012 年，中央和北京市继续深化各项房地产市场调控政策，北京辖内银行各类房地产信贷业务运行整体平稳。下半年，随着住房市场成交量增长，个人住房贷款逐步回升。

一、房地产开发投资增速继续回落

2012 年，北京市完成房地产开发投资 3153.4 亿元，同比增长 3.9%，增速较上年继续回落 6.2 个百分点；商品房施工面积 13122.5 万平方米，比上年增长 8.8%，其中新开工面积 3224.2 万平方米，比上年下降 24%；商品房竣工面积 2390.9 万平方米，比上年增长 6.5%。从资金来源看，2012 年全市房地产开发企业资金来源为 6112.4 亿元，比上年增长 14%；其中，自筹资金、金融贷款、定金及预收款占比分别为 26%、24%和 34%。与年初相比，自筹资金与金融贷款在资金来源中的占比略有下降，定金及预收款占比则上升了 11 个百分点，显示出房地产开发企业销售状况逐步好转，资金回流显著。

二、房地产贷款恢复增长，年内先抑后扬

2012 年末，北京市金融机构本外币房地产贷款余额 8763.3 亿元，比年初增加 420.8 亿元，同比增长 5.3%，增速比上年同期提高 4.3 个百分点。从全年变化看，房地产贷款同比增速在 2 月出现了 2009 年以来的首次同比负增长，3 月同比持平后在 4、5 月再次呈现同比下降，6 月后逐月回升。

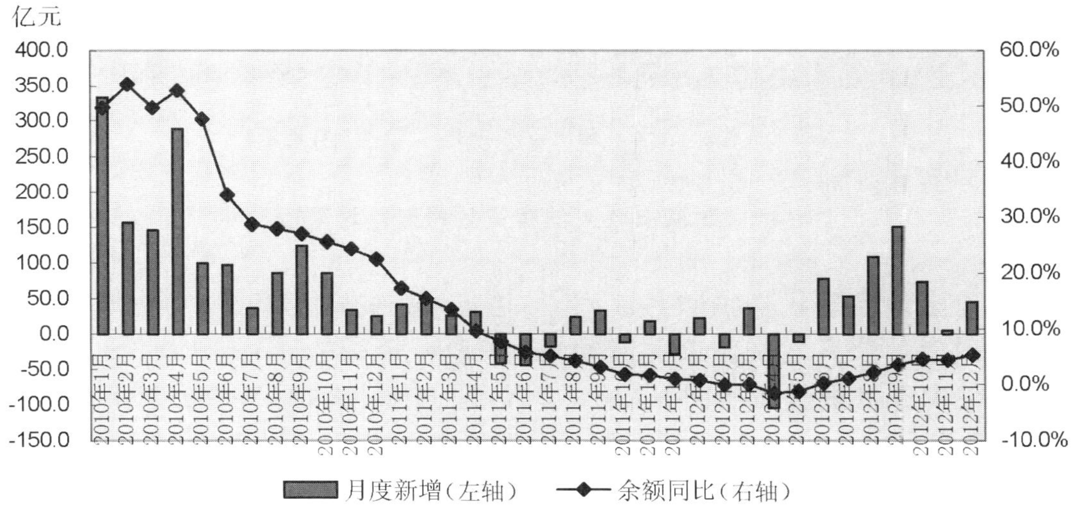

图 9-5 北京市房地产贷款月度变化情况

三、个人住房贷款带动个人购房贷款增速小幅回升

2012年末，北京辖内银行机构个人购房贷款余额3998.7亿元，比年初增长161.6亿元，同比增长4.4%。其中，个人住房贷款余额3633.9亿元，比年初增加78.4亿元，同比多增4.8亿元；同比增长2.4%，增速较上年同期提高0.2个百分点。契合北京市住房市场成交情况的变化，全年个人住房贷款在第一、二季度呈现一定程度萎缩，随着购房需求在第三季度逐步释放，个人住房贷款累计放款量逐步回升，并较上年同期出现一定幅度增长。个人商业用房贷款余额364.8亿元，比年初增加83.2亿元，同比多增3.2亿元；同比增长29.6%，增速较上年同期下降10.1个百分点。

四、二手住房贷款增速下降

2012年末，个人新建住房贷款余额2416亿元，比年初增加33.7亿元，同比增长1.6%，增速较上年同期提高1.9个百分点；二手住房贷款余额1217.9亿元，比年初增加44.7亿元，同比增长3.8%，增速比上年同期下降3.7个百分点。

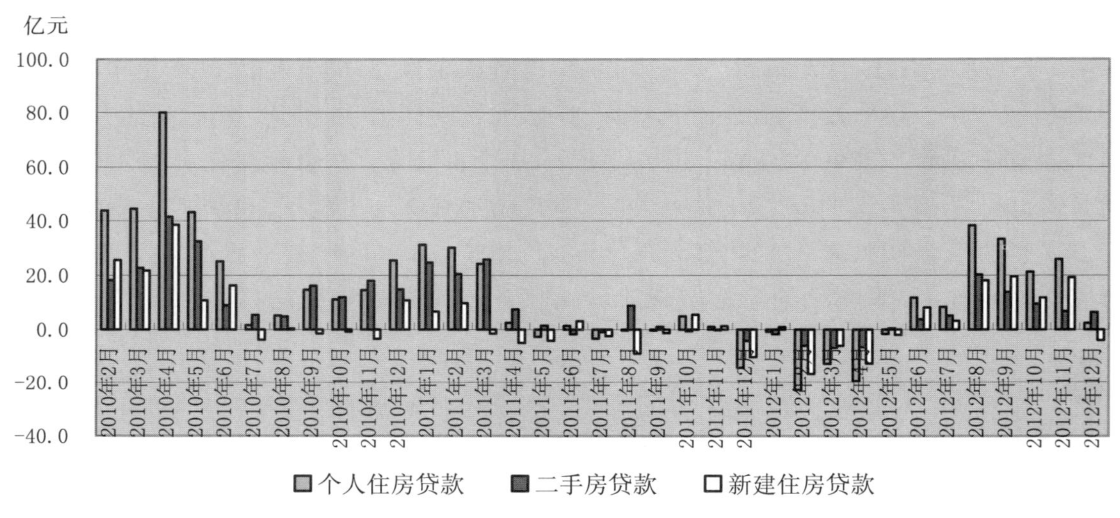

图 9-6　北京市个人住房贷款月度新增额变化

五、政府土地储备机构贷款月度间变化较大导致房地产开发贷款余额波动显著，商品住房开发贷款有所回升

2012年末，房地产开发贷款余额4574.1亿元，比年初增加253.7亿元，同比多增252.2亿元，同比增长6.3%。其中，政府土地储备机构贷款余额1887.1亿元，比年初增加164.1亿元；住房开发贷款余额1437.1亿元，比年初减少50.6亿元；商业用房开发贷款余额753.2亿元，比年初增加96.5亿元。政府土地储备机构贷款余额4月大幅减少，6月当月大幅增加后逐月增长。商品住房开发贷款上半年增长乏力，余额不断减少，下半年尤其是第四季度后止跌回升。

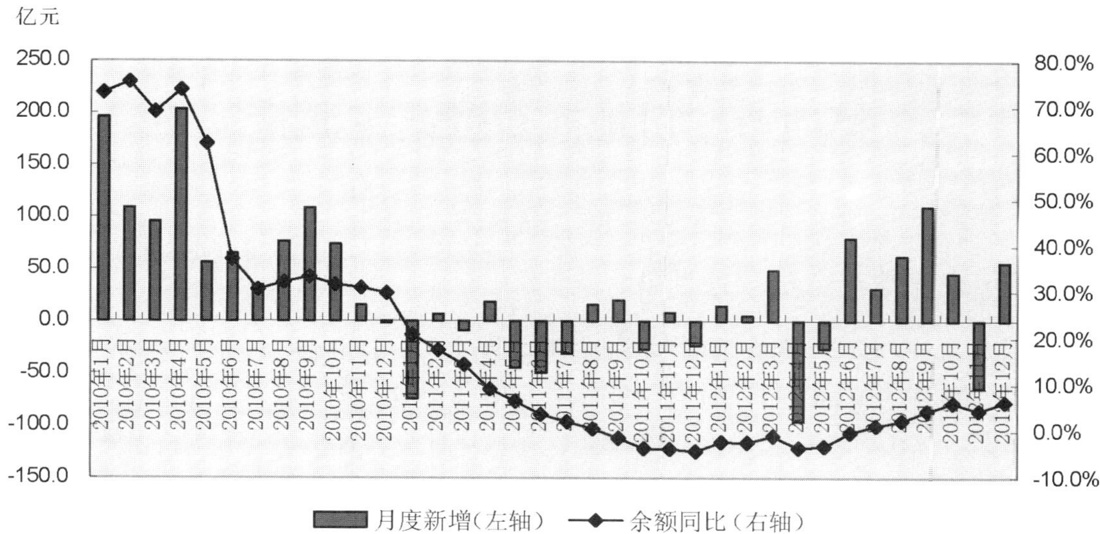

图 9-7 北京市房地产开发贷款月度新增及余额同比增速

六、外资银行房地产贷款余额稳步增长

2012 年末，北京市外资银行房地产贷款余额 192.1 亿元，比年初增加 19.5 亿元，同比增长 11.3%。从贷款结构来看，购房贷款余额 133.7 亿元，同比下降 1%，但占比仍高达 69.6%。其中个人住房贷款占比最高，达 75.8%；房地产开发贷款增长强劲，余额较上年大幅增长 55.7%，在房地产贷款中占比上升至 30.4%。从全年变化来看，在房地产开发贷款增长带动下，3—10 月房地产贷款余额保持正增长，其中 5 月新增额创本年度最高。

七、金融支持保障性安居工程项目建设力度不断加大

2012 年末，北京辖内银行机构保障性住房开发贷款余额 436.9 亿元，比年初增加 87.1 亿元，同比增长 18.9%。中国人民银行营业管理部专项监测数据显示，2012 年北京市商业银行全年共发放保障性安居工程贷款 301.6 亿元。其中，发放棚户区改造贷款 181.3 亿元，占比 60.1%；限价商品房贷款 67.9 亿元，占比 22.5%；其他（包括廉租房贷款、公租房贷款、经济适用房贷款）贷款共计 52.4 亿元，占比 17.4%。在中国人民银行和银行间市场交易商协会的支持下，北京市企业在国内率先发行保障性住房私募债，有效解决保障性住房建设融资难题。经积极申请并报经人民银行总行和银监会批准同意，北京市获准再次扩大经济适用住房开发贷款试点，仍为国内唯一开展此项试点工作的地区。年内辖内银行实现公租房长期开发贷款业务突破，有效落实了公租房金融服务政策。

第四节　房地产金融政策调整

一、近年来房地产金融政策调整

2003 年以前，房地产金融政策的主要目的在于支持住房体制改革,促进房地产金融产品的推出与发展。2003 年 6 月，针对局部房地产市场过热,中国人民银行出台了《关于进一步加强房地产信贷业务管理的通知》(银发［2003］121 号)，加强房地产开发贷款管理、引导规范贷款投向,严格控制土地储备贷款的发放，加强个人住房贷款管理。

2004—2007 年中国人民银行先后 9 次上调存贷款基准利率，并取消个人住房贷款利率优惠。加息周期有效抑制了非理性住房消费需求，居民购房更侧重于自住和改善住房条件。

2007 年《关于加强商业性房地产信贷管理的通知》(银发［2007］359 号)及其《补充通知》(银发［2007］452 号)明确了二套房的执行标准，规定二套(含)以房贷款首付款比例不得低于 40%，贷款利率不得低于基准利率的 1.1 倍，有效约束了二套房贷杠杆比例，对降低信贷风险、打击房地产投机、保障自住性需求、平抑房价过快上涨发挥了积极作用。此外，银发［2007］359 号文还进一步严格规范了房地产贷款管理、风险监测及防范工作，要求贷款使用与开发项目配套专款专用，有效避免滚动开发模式下企业挪用贷款资金用途行为，防范金融风险。

金融危机以来,随着适度宽松货币政策的实施，自 2008 年 9 月起，中国人民银行先后 5 次下调存贷款基准利率，先后 4 次下调存款准备金率，并印发了《中国人民银行关于扩大商业性个人住房贷款利率下浮等有关问题的通知》(银发［2008］302 号)等文件，将商业性个人住房贷款利率的下限扩大为贷款基准利率的 0.7 倍，最低首付比例调整为 20%，要求商业银行充分考虑各种因素按照风险原则合理确定利率水平。房贷利率下限降低使得金融机构房贷利率浮动权限进一步扩大,金融机构具有了更大的自主决策空间。同时也更好地支持了居民购买普通住房,有力促进了内需扩大和民生改善。

2010 年 2 月，中国人民银行、中国银行业监督管理委员会联合出台《关于贯彻落实〈国务院办公厅关于促进房地产市场平稳健康发展的通知〉的通知》(银发［2010］58 号)，加强对房地产贷款业务的窗口指导,加大差别化信贷政策执行力度,严格抑制投资投机性购房需求。9 月，又出台了《中国人民银行　中国银行业监督管理委员会关于完善差别化住房信贷政策有关问题的通知》(银发［2010］275 号)，明确提出“暂停发放居民家庭购买第三套及以上住房的贷款”；对贷款购买商品住房的,“首付款比例调整至 30%及以上”,“对贷款购买第二套住房的家庭,严格执行首付款比例比低于 50%、贷款利率不低于基准利率 1.1 倍的规定”。

2011 年 1 月，根据《国务院办公厅关于进一步做好房地产市场调控工作有关问题的通知》(国办发［2011］1 号)要求，贷款购买第二套住房的家庭，首付款比例不低于 60%，贷款利率不低于基准利率的 1.1 倍。《中国人民银行关于做好差别化住房信贷政策实施工作的通知》（银发［2011］66号）明确各地实施差别化住房信贷政策的基本条件、程序和管理要求。

为发挥好金融对公共租赁住房等保障性安居工程建设的支持作用，人民银行会同银监会联合印发《关于认真做好公共租赁住房等保障性安居工程金融服务工作的通知》（银发［2011］193号），进一步完善公共租赁住房等保障性安居工程建设的信贷支持政策体系，明确贷款期限最长不超过15年。

二、2012年房地产信贷政策调整情况

2012年9月，住房城乡建设部、财政部、中国人民银行联合印发《关于做好扩大利用住房公积金贷款支持保障性住房建设试点范围工作的通知》（建金［2012］130号），确定石家庄等64个城市为新增试点城市，北京等18个城市为新增贷款额度城市，290个建设项目为新增利用住房公积金贷款支持保障性住房建设试点项目。

2012年11月，国土资源部、人民银行与银监会出台了《关于加强土地储备与融资管理的通知》（国土资发［2012］162号），明确土地储备机构将实行“名录制”管理，各银行机构只能对经过资质认定的名录范围内的土地储备机构发放土地储备贷款；土地储备贷款的期限最长可延至五年，贷款发放前需审核土地储备机构的融资规模控制卡，确保贷款规模不超过核定金额；加强对土地储备贷款授信环节的审批管理，合理确定土地储备贷款的规模、期限及利率水平；进一步加强土地储备贷款的贷后管理，确保土地储备贷款专款专用，符合规定的土地储备资金使用范围。

2012年3月，北京市金融工作局、中国人民银行营业管理部、北京市住房和城乡建设委员会等五部门联合出台了《关于印发北京市金融支持保障性住房建设意见的通知》（京金融［2012］107号），完善保障性住房相关融资管理制度，吸引各类金融机构及社会资金参与北京市保障性住房建设工作。

第十章 物业服务和管理

第一节 北京市物业管理基本情况

一、物业服务企业数量及分布

为规范物业管理市场秩序，保障业主合法权益，加强物业服务企业资质审批和监管，2012年在全市范围内开展了物业服务企业资质核查工作，暂停了物业服务企业三级（暂定）审批业务，全年共注销48家、撤回98家物业服务企业的资质证书。截至年底，全市取得《物业服务企业资质证书》企业2919家（见图10-1），比上年减少166家，其中一级企业122家，新增5家；二级企业324家，新增19家；三级企业2473家，减少64家；三级暂定无，减少126家。外埠在京企业50家。

其中，海淀区注册登记的物业服务企业居全市首位，有596家，其次为朝阳区484家、西城区358家、东城区267家、丰台区237家。

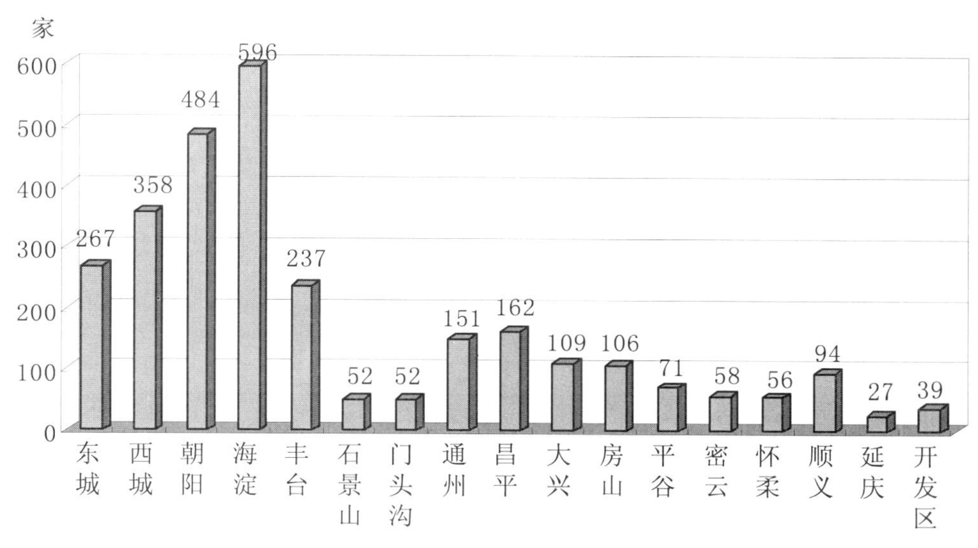

图10-1 各区县物业服务企业数量

二、物业项目数量及分布

截至2012年底，全市有物业服务项目6153个（见图10-2），比2011年新增193个，建筑面积53803万平方米（见图10-3），其中住宅类项目3658个，39696万平方米，商业类项目266个，1138万平方米；商住类项目142个，1172万平方米；写字楼项目638个，2615万平方米；行政办公楼项目610个，1756万平方米；工业类项目200个，2468万平方米；综合类项目639个，4959万平方米（见图10-4）。

其中，一级企业管理项目1594个，占25.9%；二级企业管理项目1698个，占27.6%；三级企业管理项目2861个，占46.5%。

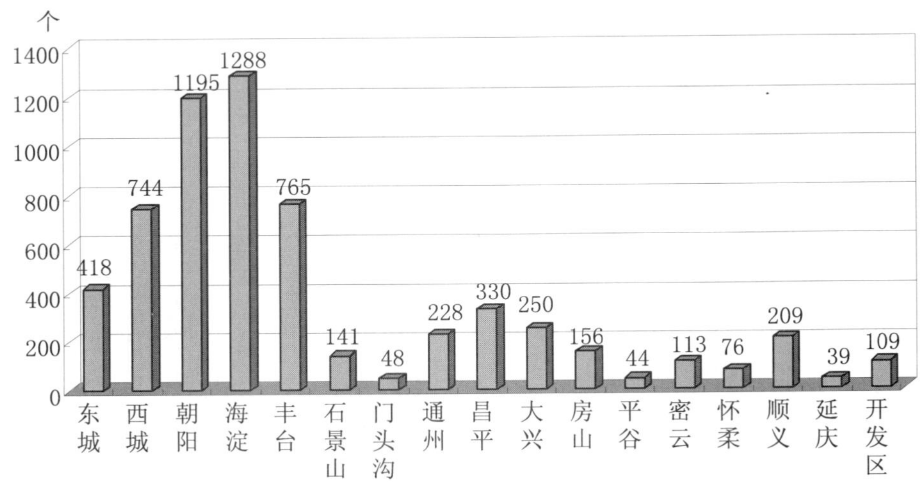

图 10-2　各区县物业服务项目分布情况

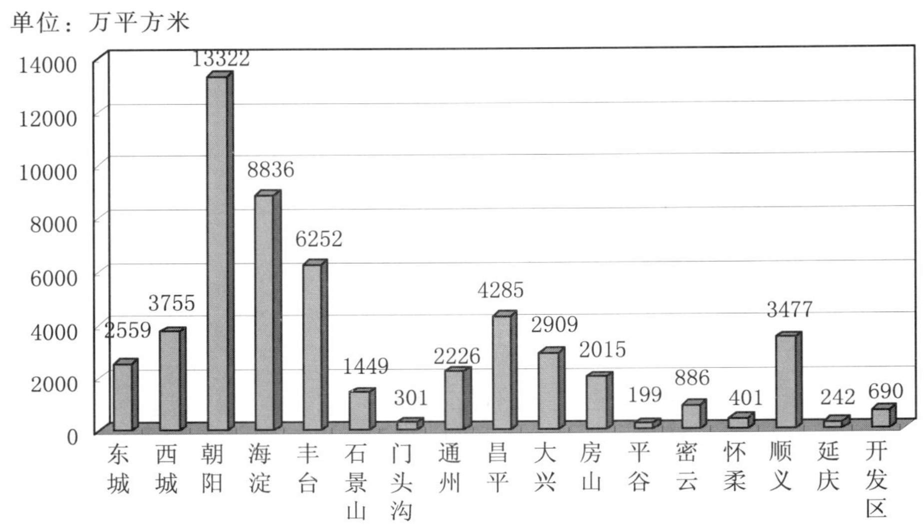

图 10-3　各区县物业管理项目建筑面积

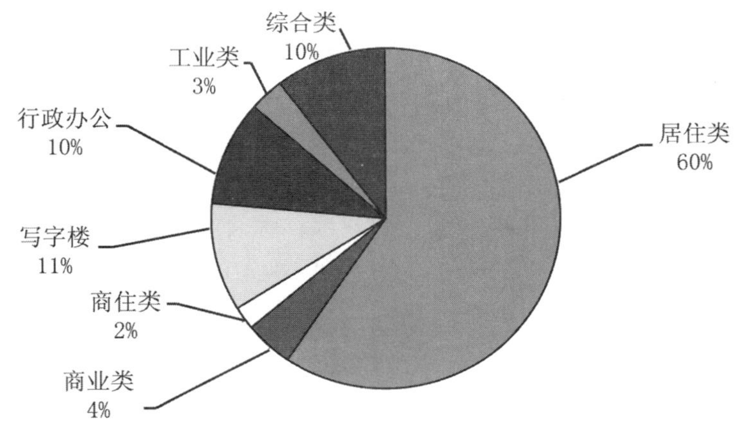

图 10-4　各类物业服务项目比例

三、业主大会成立情况

指导各区县结合辖区实际，推动业主大会的组建和规范运作。截至2012年底，全市共成立业主大会992个，比2011年新增44个，其中住宅类物业项目成立业主大会949个，占住宅类物业项目总数的25.9%，非住宅类物业项目成立业主大会43个，占非住宅物业项目总数的1.7%。

四、企业出京经营情况

出京经营的物业服务企业明显增多，全年共开具71份企业出京诚信证明，比2011年明显增加，企业出京经营主要集中在河北、山东、辽宁、天津、陕西、重庆、福建等地。

第二节 物业服务监管

一、开展物业服务企业资质核查工作

为加强物业服务企业资质的动态监管，2012年启动对全市物业服务企业的资质核查工作。其中市住建委负责核查117家一级企业，区县住建委、房管局核查304家二级、2537家三级企业。在做好对一级物业服务企业开展资质核查工作的同时，加强区县对二三级企业资质核查工作的指导和监督。对于资质核查中发现的问题，采取了约谈告诫、责令整改等措施，督促企业进行改进，强化了对行业的管理。

二、开展物业项目收支情况公示专项执法检查

2012年1月1日起，物业项目收支情况须网上填写，现场公示。2012年，全市共有3578个实施专业化物业管理的居住类物业项目进行物业项目收支情况公示，有185家物业服务企业、350个物业项目未按规定进行项目收支公示，其中包括6家一级企业和179家二、三级企业。市区两级住建委、房管局对未按规定进行项目收支公示的物业服务企业和物业项目负责人均进行了信用扣分处理。

三、摸清行业发展底数，加强物业服务合同备案工作

为实现“底数清、情况明、数字准”的管理目标，2012年继续推进全市物业服务合同备案工作，并显现出成效。通过合同备案初步完成了物业管理动态监管系统数据采集。全市2919个物业服务企业中，有2761个企业，4925个项目已经进行了合同备案；未完成备案的158个企业中，48个企业已被注销资质证书，98个企业已被撤回资质证书，12个企业被责令限期整改。

四、开展物业服务质量年活动，提升全市物业服务水平

为进一步提升全市物业管理整体水平，规范物业服务企业经营行为，推动物业管理行业健康发展，全市范围开展了为期一年的“物业服务质量年”活动。2012年1月10日，“物业服务质量年”启动大会召开，陈刚副市长出席会议并讲话，各区县政府负责人、业主及物业服务企业代表约500人参加了会议。

“物业服务质量年”活动中，共有1141

个项目通过业主满意度调查、召开座谈会、发放书面调查问卷等方式征求业主意见；有4637个物业项目按照要求进行了收支情况公示；有654个项目组织了“共用设施设备开放周”活动，组织广大业主参观物业共用部位和共用设施设备管理情况，引导业主主动关注、监督物业企业服务情况，增进了物业服务企业与业主之间的沟通和交流。

第三节 物业服务评估监理

一、培育物业服务评估监理机构

物业服务评估监理机构作为独立、专业、公正的第三方，在物业服务费用测算、物业项目承接查验、物业服务质量评估监理等方面具有重要作用，对解决物业管理纠纷、构建质价相符的物业管理市场环境具有重要意义。截至2012年底，北京市已有备案物业服务评估监理机构48家，累计抽取前期物业服务费用评估项目335个，2012年共完成前期物业服务费用评估132个。

二、引导评估监理机构积极发挥作用

针对评估监理现状，积极鼓励物业服务评估监理机构在存量房领域开拓市场，并引导我市物业服务评估监理机构在物业项目交接查验、物业管理矛盾纠纷调处和诉讼案件审理中发挥作用。截至2012年底，物业服务评估机构已接受北京市仲裁委、西城区人民法院，中关村软件园、锦秋家园、西山美墅、欧陆经典小区业委会等单位和组织的委托，从事物业服务费用、服务质量、物业项目承接查验评估项目55个，评估结果全部被采纳，为客观评价物业服务质量和价格，解决物业项目接撤管纠纷提供了专业支持。

第四节 舆情反映的物业管理纠纷处置

一、建立舆情反映的物业管理纠纷快速反馈处理机制

每日对报纸、网络等媒体的舆情进行监测，发布《今日物业舆情》，要求各区县对舆情报道逐一调查处理。对物业服务不到位、侵害业主利益的企业，各区县予以约谈告诫，督促限期整改，依法处理和处罚；对非物业管理问题，要求企业做好解释和协调，必要时移送相关主管部门处理；要求各区县对舆情反映出的部分共性问题进行汇总分析，会同相关部门研究解决措施。

二、79件舆情反应的问题均已解决

各类媒体全年共报道物业管理类舆情 79 件,市住房城乡建设委同相关区县对舆情反映的问题均进行了调查处理,舆情处理与反馈率达 100%。79 件舆情体现出目前全市物业服务领域的共性和个性问题,其中四类具有普遍性和规律性的问题:一是维修资金快速支取问题,二是物业项目交接问题,三是物业服务行为监管问题,四是业主大会成立及规范运作问题。针对上述几问题,将出台相应的管理措施,使物业服务更好的满足广大业主需求。

三、建立物业接撤管矛盾应急处置工作机制

2012 年 4 月,海淀区西山美墅小区爆发物业接撤管纠纷,业主多次大规模上访。在海淀区委、区政府的关注和市住建委的指导下,发改、规划、工商、房管、税务等 17 个职能部门密切配合,成功化解了海淀区西山美墅小区物业管理交接矛盾,成为《北京市物业管理办法》实施后,本市首例由政府部门组织物业管理成功交接的物业项目,其成功化解为全市下一步物业管理交接工作的监督指导和纠纷调处提供了良好的运作机制。

第五节　物业管理调研

为了解物业管理行业现状,探索适合本市实际情况的物业管理模式,2012 年 5 月—11 月,开展了一系列有针对性的物业管理调研活动。

调研从三个方面进行:一是赴深圳、上海、成都、广州等兄弟省市就工作机制、维修资金管理、物业接撤管、应急保障、业主大会成立及运作等问题进行专题调研;二是就协会影响力、保障房物业管理、企业经营、维修资金等问题,赴市物业行业协会、光大银行、天通苑小区、城建兴华地产和城承物业公司、中实杰肯道夫物业公司、华夏银行北京分行等相关单位和部门进行典型调研;三是对海淀、怀柔、西城、丰台、石景山、昌平、顺义、门头沟等 8 个区县进行行业状况及具体工作推进情况摸底调研。

调研中凸显出来的行业问题主要表现为以下几个方面:一是行业发展整体偏艰难。由于近年来人工、材料、能耗等成本不断上涨,物业收费缺乏弹性调价机制,物业企业普遍出现亏损情况,尤其是普通小区和老旧小区更严重,整体服务质量有下降趋势。二是业委会运作不规范,未能真正履行职责和义务,各区县规范运作的业委会所占比例不高,而一些业委会的成立往往伴随着“炒掉老物业、降低物业费、服务质量下降”的现象。三是维修资金多头管理,使用程序复杂、支取不便、续筹困难。四是物业服务评估行为有待规范。五是接撤管问题突出,纠纷调解压力大。此外,还存在业主大会成立难、物业区域划分、承接查验、共用水电价格、税收政策、舆论引导等问题。

针对上述问题,将从加强行业管理、规范业主大会和业委会活动、建立物业费弹性调价机制、强化维修资金监管、引导物业服务评估

等几个方面加强研究，尽快出台规范性文件，破解本市物业管理行业发展难题，营造和谐、便捷、舒适的物业管理环境。

第六节　商品住宅专项维修资金管理

截至2012年底，全市累计归集住宅专项维修资金330.51亿元、219万套，其中本年度归集资金29.09亿元、17.42万套(见表10-1)。全市累计1039个小区使用住宅专项维修资金3.95亿元，涉及电梯、屋面防水等3650个维修项目。由于早期开发的住宅陆续进入维修期，本年度使用资金1.85亿元、同比增长91%；累计有198个小区将专项维修资金划转至业主委员会开户银行，涉及资金21.29亿元、17.35万套，本年度划转资金1.95亿元、同比下降16.3%。

表10-1　2000—2012年住宅专项维修资金归集金额统计表

单位：亿元

年份	2000年	2001年	2002年	2003年	2004年	2005年	2006年	2007年	2008年	2009年	2010年	2011年	2012年	合计
金额	2.29	3.7	7.77	11.87	17.72	43.18	33.92	34.26	30.66	37.08	48.6	32.26	29.09	330.51

注：本市自2000年2月13日开始对1999年1月1日以后售出的新建商品住宅(含经济适用住房)归集专项维修资金。归集金额均以2000年至2012年实际归集到“北京市住宅专项维修资金专用银行账户”的金额统计。

第七节　市级示范物业服务项目评选

经物业服务企业申报、专家评审等环节，全市共有109个项目获星级项目称号。其中，四星级示范项目88个，包括住宅项目52个，大厦项目36个；五星级示范项目21个，包括住宅项目3个，大厦项目16个，工业区项目2个（见表10-2、表10-3、表10-4）。

此外，金华泰大厦、民生金融中心、万科四季花城等10个项目通过住房和城乡建设部组织的国家物业管理示范项目评审。

表 10-2 北京市物业管理示范（五星级）住宅小区

序号	项目	服务企业
1	亮马桥外交公寓 B 区	北京外交人员房屋管理服务公司
2	龙湖滟澜山庄园	北京龙湖物业服务有限公司
3	林肯公园	北京晟邦物业管理有限公司

表 10-3 北京市物业管理示范（五星级）大厦

序号	项目	服务企业
1	中化大厦	中化金茂物业管理（北京）有限公司
2	金融街中心	北京金融街第一太平戴维斯物业管理有限公司
3	金鼎大厦	中邮物业管理有限公司
4	华北电网有限公司办公楼	北京华奕园物业管理有限公司
5	中国移动指挥中心大厦	北京信捷苑物业管理有限公司
6	金泰大厦	北京金泰物业管理有限公司
7	远洋光华中心	中远酒店物业管理有限公司
8	电信科研综合楼	北京大唐物业管理有限公司
9	紫金数码园	深圳市科技工业园物业管理有限公司北京分公司
10	裕惠大厦 A 座	北京玉渊潭物业管理集团有限公
11	科技楼项目	北京中兵物业管理有限责任公司
12	中关村广场购物中心	北京城科第一太平物业管理服务有限公司
13	融科资讯中心 C 座	第一太平融科物业管理（北京）有限公司
14	海泰大厦	北京达尔文国际酒店物业管理有限公司
15	北京市人民检察院第二分院	北京方庄物业管理有限责任公司
16	龙冠置业大厦	北京华龙苑物业管理中心

表 10-4 北京市物业管理示范（五星级）工业区

序号	项目	服务企业
1	道丰科技商务九期（17 区）	北京道丰总部基地物业管理有限公司
2	道丰科技商务九期（18 区）	北京道丰总部基地物业管理有限公司

第十一章 房地产登记

第一节　土地权属登记

一、2012年城镇国有土地使用权登记情况

2012年，全市城镇国有土地使用权初始登记发证1256宗，发证面积3174.46公顷。变更登记发证6526宗，发证面积4621.06公顷。注销登记73宗，注销宗地面积286.38公顷。（详见表11-3）

二、2012年城镇国有土地使用权抵押权登记情况

2012年，全市抵押土地5476宗（含小业主抵押2770宗），抵押土地面积为6918.63公顷，土地抵押贷款额为50352108.12万元。主要抵押土地类别集中在住宅用地、商服用地和政府储备用地上。年内全市共注销抵押土地4526宗，注销抵押面积为11936.64公顷，注销抵押贷款为37540185.57万元（详见表11-4）。

三、历年城镇国有土地使用权登记情况

截止到2012年底，全市共累计办理国有土地使用权登记201899宗，累计登记土地面积224863.3公顷。其中2012年办理国有土地使用权登记7782宗，土地面积7795.52公顷，分别占历年发证总宗数的3.85%和总面积的3.47%。

四、历年城镇国有土地使用权抵押权登记情况

2012年办理抵押权登记5476宗，比上年下降了9.6%，抵押面积6918.63公顷，比上年减少了6.58%，抵押金额50352108.12万元，比上年减少了6.13%。

表11-1　1993—2012年北京市国有土地使用权登记发证情况

年份	件数	面积（万平方米）	累计发证件数	累计发证面积（万平方米）
1993年	583	827.57	653	838.39
1994年	796	1363.22	1449	2201.61
1995年	944	1629.21	2393	3830.82
1996年	1537	2632.16	3930	6402.98
1997年	2215	4559.95	6145	10962.93
1998年	3802	14157.76	9947	25120.69
1999年	7862	11250.36	17809	36371.05
2000年	5108	8131.83	22917	44502.88
2001年	7350	13494.63	30267	57997.51
2002年	8180	9448.07	38447	67445.58
2003年	11396	19868.16	49843	87313.74

续表 11-1

年份	件数	面积（万平方米）	累计发证件数	累计发证面积（万平方米）
2004 年	17201	10794.05	67044	98107.79
2005 年	17292	8924.16	84336	107031.95
2006 年	27854	53982.67	112190	161014.62
2007 年	19789	10543.95	131979	171558.57
2008 年	15873	12363.68	147852	183922.25
2009 年	19373	13750.80	167225	197673.05
2010 年	14722	9145.85	181947	206818.9
2011 年	12170	10248.88	194117	217067.78
2012 年	7782	7795.52	201899	224863.3

表 11-2　1999—2012 年北京市国有土地使用权抵押权登记情况

年份	宗数	面积（万平方米）	抵押额（万元）
1999 年	889	948.19	1636780.54
2000 年	794	783.83	1569197.64
2001 年	1457	2913.11	3144433.55
2002 年	2141	2686.97	4953896.22
2003 年	3874	4344.28	17027192.52
2004 年	13178	5635.03	10234732.98
2005 年	6901	6335.94	13359914.3
2006 年	8174	51781.22	17728988.51
2007 年	9726	6635.89	30046700.24
2008 年	7626	6004.84	21565014.53
2009 年	6994	12159.79	48972131.41
2010 年	9232	7056.63	45691814.53
2011 年	6058	7405.64	53637971.64
2012 年	5476	6918.63	50352108.12

表 11-3　2012 年北京市城镇国有土地使用权登记发证统计表

项目	合 计	
	宗数（宗）	面积（万平方米）
	1	2
累计	7782	7795.52
东城区	587	64.06
西城区	460	67.27

续表 11-3

项目	合计	
	宗数（宗）	面积（万平方米）
朝阳区	3310	882.49
丰台区	536	373.58
石景山区	176	256.25
海淀区	920	408.08
门头沟区	53	220.24
房山区	167	530.82
通州区	276	654.31
顺义区	360	2023.52
昌平区	243	515.21
大兴区	238	644.15
怀柔区	98	223.82
平谷区	74	164.53
密云县	162	430.32
延庆县	76	145.25
北京经济技术开发区	46	181.63

表 11-4　2012 年北京市城镇国有土地使用权抵押权登记发证统计表

项目	合计		
	宗数（宗）	抵押面积（万平方米）	贷款金额（万元）
	1	2	3
累计	5476	6918.63	50352108.12
东城区	320	27.39	3015038.80
西城区	216	52.71	2339002.08
朝阳区	1849	970.30	15509366.97
丰台区	417	225.06	4182377.76
石景山区	85	280.43	1298172.61
海淀区	687	221.72	3076632.26
门头沟区	28	54.14	465140.00
房山区	139	368.41	1854363.60
通州区	336	1164.11	5306753.69
顺义区	286	958.01	3569311.92
昌平区	253	642.49	3304954.91
大兴区	324	681.61	3500376.47

续表 11-4

项目	合计		
	宗数（宗）	抵押面积（万平方米）	贷款金额（万元）
	1	2	3
怀柔区	125	285.14	442614.55
平谷区	100	241.33	525299.00
密云县	94	251.86	337067.75
延庆县	45	82.22	58290.00
北京经济技术开发区	172	411.70	1567345.75

第二节　房屋登记情况

2012年，全市共办理房屋登记681912件，其中房屋所有权登记365430件，占45.6%；抵押权登记291216件，占43.6%；预告登记1805件，占0.28%；其他登记3740件，占0.85%；限制登记12360件，占7.78%；补证换证7361件，占1.88%。

一、房屋所有权登记概况

2012年，全市共办理房屋所有权登记365430件，登记面积8182.56万平方米。2012年各区县住房城乡建设委（房管局）办理房屋所有权登记数量统计情况见表11-5。

表 11-5　2012 年度房屋所有权登记情况统计

区县	件数（件）	建筑面积（万平方米）
东城区	15622	329.04
西城区	22339	447.66
朝阳区	112172	2288.72
海淀区	43365	1085
丰台区	39365	606.24
石景山区	13478	197.44
门头沟区	2749	47.39
房山区	13861	271.44
通州区	22865	497.93
顺义区	13476	483.24
昌平区	26694	606.2
大兴区	19457	545.67

续表 11-5

区 县	件数（件）	建筑面积（万平方米）
怀柔区	3526	144.83
平谷区	3066	63.45
密云县	6362	160.95
延庆县	2603	142.63
北京经济技术开发区	4430	264.73
合计	365430	8182.56

1．房屋所有权初始登记情况

2012 年，全市共办理房屋所有权初始登记 2826 件，登记面积 3149.27 万平方米，占所有权登记件数的 0.77%和登记面积的 38.49%。2012 年各区县住房城乡建设委（房管局）办理房屋所有权初始登记数量统计情况见表 11-6。

表 11-6　2012 年度房屋所有权初始登记情况统计

区 县	件数（件）	建筑面积（万平方米）
东城区	40	38.69
西城区	47	137.46
朝阳区	723	748.92
海淀区	221	412.74
丰台区	207	169.79
石景山区	56	71.97
门头沟区	14	9.61
房山区	212	133.39
通州区	198	250.58
顺义区	98	261.73
昌平区	319	256.82
大兴区	232	311.01
怀柔区	323	79.04
平谷区	22	12.09
密云县	41	66.02
延庆县	25	17.02
北京经济技术开发区	48	172.39
合计	2826	3149.27

2．房屋所有权转移登记情况

2012 年，全市共办理房屋所有权转移登记 340847 件，登记面积 3579.76 万平方米，占所有权登记件数的 93.27%和登记面积的 43.75%。2012 年各区县住房城乡建设委（房管局）办理房屋所有权转移登记数量统计情况见表 11-7。

表 11-7　2012 年度房屋所有权转移登记情况统计

区 县	件数（件）	建筑面积（万平方米）
东城区	14639	148.43
西城区	20386	225.31
朝阳区	104140	1036.24
海淀区	40208	437.77
丰台区	37129	347.2
石景山区	12825	115.03
门头沟区	2532	29.46
房山区	13312	131.43
通州区	21326	203.17
顺义区	12919	162.85
昌平区	24914	298.31
大兴区	18135	188.6
怀柔区	3069	57.74
平谷区	2812	39.86
密云县	5901	72.81
延庆县	2408	31.07
北京经济技术开发区	4192	54.48
合计	340847	3579.76

3．房屋所有权变更登记情况

2012 年，全市共办理房屋所有权变更登记 21163 件，登记面积 1436.9 万平方米，占所有权登记件数的 5.79% 和登记面积的 17.56%。2012 年各区县住房城乡建设委（房管局）办理房屋所有权变更登记数量统计情况见表 11-8。

表 11-8　2012 年度房屋所有权变更登记情况统计

区 县	件数（件）	建筑面积（万平方米）
东城区	923	141.37
西城区	1868	84.68
朝阳区	7244	499.31
海淀区	2887	232.9
丰台区	1952	88.75
石景山区	572	10.24
门头沟区	199	8.29

续表 11-8

区 县	件数（件）	建筑面积（万平方米）
房山区	329	6.16
通州区	1153	42.97
顺义区	455	58.62
昌平区	1421	50.06
大兴区	1055	40.14
怀柔区	120	7.74
平谷区	222	11.35
密云县	409	21.98
延庆县	166	94.5
北京经济技术开发区	188	37.84
合计	21163	1436.9

二、房屋抵押权登记情况

2012 年，全市共办理房屋抵押权登记 291216 件，登记面积 7829.89 万平方米,贷款金额 12693.6 亿元。2012 年各区县住房城乡建设委（房管局）办理房屋抵押权登记数量统计情况见表 11-9。

表 11-9　2012 年度房屋抵押权登记情况统计

区 县	件数（件）	建筑面积（万平方米）	贷款金额（万元）
东城区	10037	378.01	8314631.03
西城区	12031	328.51	6320115.65
朝阳区	87135	2176.81	49647345.97
海淀区	34647	1034.25	16168218.72
丰台区	32522	714.09	8084416.78
石景山区	8520	101.77	1272579.99
门头沟区	2072	52.22	320360.94
房山区	11661	279.46	1704486.9
通州区	20815	572.16	16348192.38
顺义区	11916	524.29	4376307.39
昌平区	26965	584	5851711.24
大兴区	14463	434.33	3126614.71
怀柔区	3533	167.58	2535450.52
平谷区	3154	131.64	475151.07
密云县	5568	134.5	807893.04
延庆县	3500	77.27	591167.14

续表 11-9

区 县	件数（件）	建筑面积（万平方米）	贷款金额（万元）
北京经济技术开发区	2677	139	991495.28
合计	291216	7829.89	126936138.8

三、房屋预告登记情况

2012 年，全市共办理房屋预告登记 1805 件，登记面积 49.8 万平方米。2012 年各区县住房城乡建设委（房管局）办理房屋预告登记数量统计情况见表 11-10。

表 11-10　2012 年度房屋预告登记情况统计

区 县	件数（件）	建筑面积（万平方米）
东城区	20	0.17
西城区	6	0.14
朝阳区	363	5.79
海淀区	456	6.22
丰台区	18	0.2
石景山区	2	0.03
门头沟区	4	0.05
房山区	0	0
通州区	123	7.24
顺义区	41	1.55
昌平区	23	0.53
大兴区	548	8.06
怀柔区	4	0.05
平谷区	0	0
密云县	44	0.44
延庆县	0	0
北京经济技术开发区	153	19.33
合计	1805	49.8

四、其他登记情况

1. 房屋更正登记情况

2012 年，全市共办理房屋更正登记 2933 件，登记面积 141.47 万平方米。2012 年各区县住房城乡建设委（房管局）办理房屋更正登记数量统计情况见表 11-11。

表 11-11　2012 年度房屋更正登记情况统计

区 县	件数（件）	建筑面积（万平方米）
东城区	103	7.61
西城区	133	13.56
朝阳区	843	53.41
海淀区	330	17.71
丰台区	368	8.46
石景山区	50	0.41
门头沟区	31	0.79
房山区	114	4.47
通州区	139	1.76
顺义区	23	0.2
昌平区	464	10.18
大兴区	94	2.44
怀柔区	43	4.33
平谷区	6	1.14
密云县	160	5.64
延庆县	14	0.12
北京经济技术开发区	18	9.24
合计	2933	141.47

2．房屋异议登记情况

2012 年，全市共办理房屋异议登记 807 件，登记面积 10.55 万平方米。2012 年各区县住房城乡建设委（房管局）办理房屋异议登记数量统计情况见表 11-12。

表 11-12　2012 年度房屋异议登记情况统计

区 县	件数（件）	建筑面积（万平方米）
东城区	35	0.31
西城区	58	0.93
朝阳区	221	2.46
海淀区	102	0.98
丰台区	85	0.79
石景山区	24	0.19
门头沟区	5	0.45
房山区	17	0.52
通州区	53	0.57

续表 11-12

区 县	件数（件）	建筑面积（万平方米）
顺义区	23	0.31
昌平区	75	0.79
大兴区	54	1.69
怀柔区	9	0.12
平谷区	15	0.15
密云县	13	0.13
延庆县	11	0.1
北京经济技术开发区	7	0.06
合计	807	10.55

第十二章 房屋安全管理

第一节 城镇房屋和设备安全检查

依据《关于开展2013年度城镇房屋安全检查工作的通知》(京建发[2012]465号)、《城市危险房屋管理规定》(建设部129号令)和《北京市城镇房屋建筑使用安全综合治理办法》(京政发[2010]17号),为掌握本市城镇房屋安全状况,及时发现和解除危险隐患,合理制订城镇房屋修缮和改造计划,保障房屋住用安全,市住房城乡建设委于2012年11月1日召开了2013年度城镇房屋安全检查工作会。各区县建委(房管局)及各管房单位按市住房城乡建设委统一部署,组织实施城镇房屋安全检查。

一、房屋安全检查总量及其完损状况分析

从2012年11月至2013年2月,实查城镇房屋50939万平方米,为应查(不包括军产、外事用房及厂矿工业用房等)53828万平方米的94.63%,各区县查房数量详见图12-1(图中所标数值为应查房屋面积)。

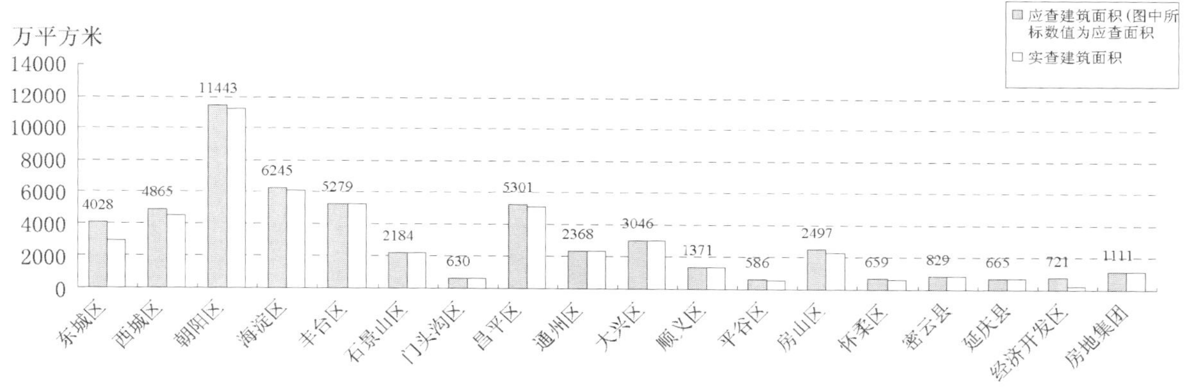

图12-1 2012年度城镇房屋安全检查中各区县应查和实查建筑面积

在实查城镇房屋50939万平方米中,查出疑似危险房屋(未鉴定,以下同)0.91万平方米,占实查房的0.002%;严重破损房屋337万平方米,占实查房屋的0.66%;一般破损房屋1494万平方米,占实查房屋的2.93%。按房屋类型划分:疑似危险房屋0.91万平方米均为平房;严重破损平房(含中式旧楼)206万平方米,占严重破损房屋总量337万平方米的61.13%;一般破损平房(含中式旧楼)346万平方米,占一般破损房屋总量1494万平方米的23.16%。按房屋区域划分:核心区(东城区和西城区)查出疑似危险房屋0.47万平方米,占疑似危险房屋总量0.91万平方米的51.65%;核心区严重破损房屋192万平方米,占严重破损房屋总量337万平方米的56.97%;核心区一般破损房屋499万平方米,占一般破损房屋总量1494万平方米的33.4%(详见表12-1)。

表 12-1　2013 年城镇房屋完损状况分析表

		应查房屋建筑面积（万平方米）	实查房屋建筑面积												危旧房小计（三四五类）		危破房小计（四五类）	
			合计		完好房屋		基本完好房		一般破损房		严重破损房		疑似危险房					
			万平方米	占应查(%)	万平方米	占实查(%)	万平方米	占实查(%)	万平方米	占实查(%)	万平方米	占实查(%)	万平方米	占实查(%)	万平方米	占实查(%)	万平方米	占实查(%)
合计		53828	50939	94.63	39695	77.93	9412	18.48	1494	2.93	337	0.66	0.91	0.002	1832	3.6	338	0.66
按房屋类型分	楼房	51095	48380	94.69	38530	79.64	8571	17.72	1148	2.37	131	0.27			1279	2.64	131	0.27
	平房(含中式旧楼)	2733	2560	93.66	1166	45.54	841	32.84	346	13.52	206	8.05	0.91	0.036	553	21.61	207	8.09
按功能区域分	核心区	9535	8079	84.74	5047	62.46	2341	28.97	499	6.18	192	2.38	0.47	0.006	692	8.57	193	2.39
	拓展区	25620	25188	98.31	19957	79.23	4592	18.23	518	2.06	122	0.48			640	2.54	122	0.48
	发展新区	15304	14419	94.22	12215	84.71	1812	12.57	384	2.66	8	0.05	0.44	0.003	392	2.72	8	0.06
	生态涵养区	3368	3253	96.56	2477	76.16	667	20.51	93	2.86	15	0.47			108	3.33	15	0.47

表中“按功能区域划分”的依据是《北京市“十一五”规划纲要》。核心区：新东城区、新西城区；拓展区：朝阳区、海淀区、丰台区、石景山区；发展新区：昌平区、通州区、大兴区、顺义区、房山区、亦庄开发区；生态涵养区：门头沟区、平谷区、怀柔区、密云县、延庆县。房地集团的物业管理查房数据汇总在“核心区”中，直管和自管查房数据汇总在“拓展区”中。

二、直管房屋安全检查分析

直管房屋安全检查从 2012 年 11 月 15 日开始至 2013 年 2 月 10 日结束，历时 87 天。共组织了 268 个查房小组，989 人参加查房，动员工日 3.39 万个，人均实际投入查房 34 天。实查直管房 1923.65 万平方米，占应查房屋 1924.29 万平方米的 99.9%。其中：实查平房 340.41 万平方米（包括中式旧楼 9.34 万平方米），占实查直管房总量 1923.65 万平方米的 17.7%； 实查楼房 1583.24 万平方米，占实查直管房总量的 82.3%。

（一）直管房屋完损状况（见图 12-2）

1. 直管房屋完好率（完好房和基本完好房）所占的比例由上年的 71.82%上升为 72.46%，上升 0.64 个百分点，其中：平房完好率（包括中式旧楼，以下同）由上年的 41.47%上升为 43.52%，上升 2.05 个百分点；楼房完好率由上年的 78.64%上升为 78.68%，上升 0.04 个百分点。

2. 直管一般破损房所占的比例由上年的 20.52%下降为 19.83%，下降 0.69 个百分点。其中：一般破损平房由上年的 30.85%下降为 30.08%，下降 0.77 个百分点；一般破损楼房由上年的 18.2%下降为 17.62%，下降 0.58 个百分点。

3. 直管严重破损和疑似危险房屋所占比例由上年的 7.66%上升为 7.71%，上升 0.05 个百分点。其中：平房由上年的 27.67%下降为 26.39%，下降 1.28 个百分点；楼房由上年的 3.15%上升为 3.69%，上升 0.54 个百分点。

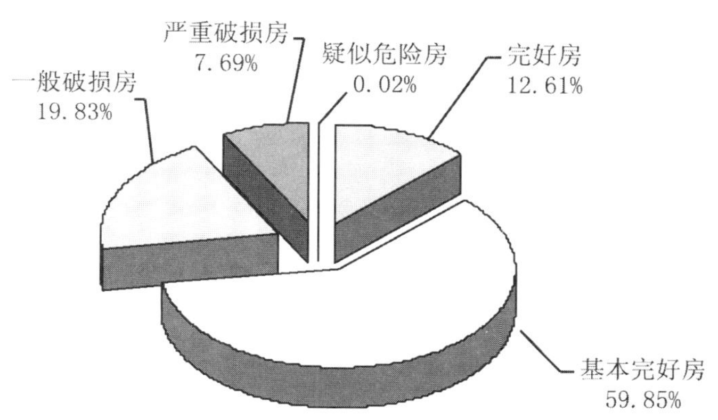

图 12-2　直管房屋完损等级比例图

（二）直管房屋应修缮情况

实查直管平房 23.13 万间（包括中式旧楼 0.58 万间），实查直管楼房 4728 幢 25.20 万套、1583.24 万平方米。应修缮项目见表 12-2。

表 12-2　直管房屋中查出的应修缮项目

	平房应修缮						楼房应修缮				
	翻挑大修（间）	木结构加固（间）	墙体整修（间）	屋面维修（间）	改善项目（间）	解除院落积水（立方米）	综合维修（万平方米）	屋面大修（万平方米）	上下水更新（万平方米）	整楼外墙板缝漏雨（万平方米）	屋面维修（万平方米）
数量	44975	941	13908	100294	4631	204	32.34	45.58	104.68	2.95	8.80
占总量(%)	19.44	0.41	6.01	43.36	2.00	—	2.04	2.88	6.61	0.19	0.56

三、物业和单位自管房屋安全检查分析

1. 实查物业和单位自管房 48675 万平方米，占应查面积 51511 万平方米的 94.49%。其中：完好和基本完好房占 97.72%，比上年下降 0.36 个百分点；一般破损房占 2.07%，比上年上升 0.38 个百分点；严重破损及危险房占 0.22%，比上年下降 0.01 个百分点（详见图 12-3）。

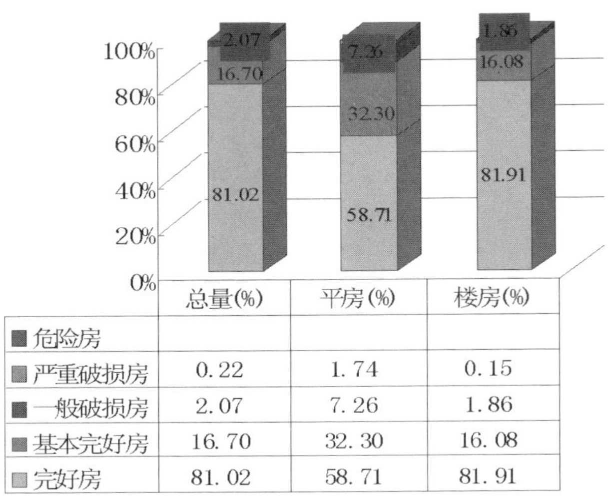

	总量(%)	平房(%)	楼房(%)
危险房			
严重破损房	0.22	1.74	0.15
一般破损房	2.07	7.26	1.86
基本完好房	16.70	32.30	16.08
完好房	81.02	58.71	81.91

图 12-3　物业和单位自管房屋完损状况

2. 查出物业和单位自管平房应修 23908 间，占实查平房 58.82 万间的 4.06 %。主要修缮项目：（1）应挑翻大修 4155 间；（2）木结构应加固 915 间；（3）平房屋面应补漏 15376 间；（4）应墙体整修 312 间；（5）房屋严重阴暗、潮湿、掉土，急需做顶棚、地面、改装修 3150 间。

3. 查出物业和单位自管楼房应修 2258.47 万平方米，占实查楼房建筑面积 48675 万平方米的 4.64%。主要修缮项目：（1）楼房应综合维修 551.67 万平方米；（2）外立面应粉饰 179.42 万平方米；（3）楼房屋面应大修及维修 575.33 万平方米；（4）上下水应更新 345.47 万平方米；（5）楼内墙公共部分应粉刷 606.58 万平方米。

四、城镇私有平房安全检查分析

实查城镇私有平房 22.15 万间，占应查 26.22 万间的 84.48%。其中 84.7%为自住私有平房，按其产别分类所占比例见图 12-4。

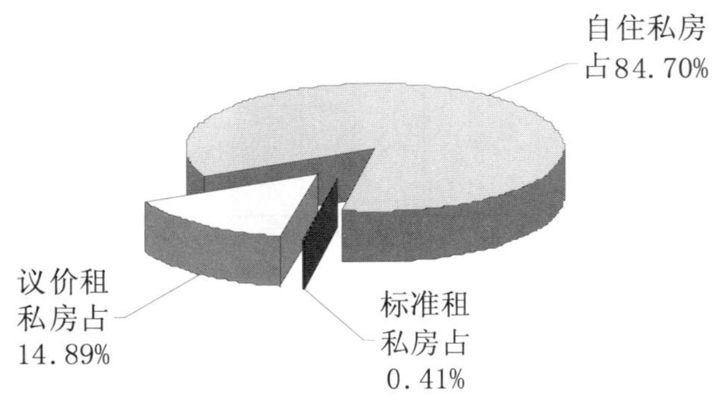

图 12-4　城镇私有平房按产别分类图

1. 标准租出租私房：实查标准租私房 1.42 万平方米，占应查 1.49 万平方米的 95.3%，其中：完好和基本完好房占 4.22%，一般破损房占 55.63%，严重破损房占 38.73%，疑似危房占 1.41%。查出应修标准租私房 338 间,占实查 911 间的 37.1%。主要修缮项目:(1)应翻挑大修 127 间,占实查间数的 13.9%;(2)木结构应抢修加固 80 间,占实查间数的 8.8%;(3)应墙体整修 32 间,占实查间数的 3.5%;(4)严重漏雨 99 间,占实查间数的 10.9%。

2. 自住私房及议价租私房(未规定评定房屋完损等级):共实查 22.05 万间,占应查 26.13 万间的 84.39%。查出应修自住私房及议价租私房 20859 间,占实查 22.05 万间的 9.46%。主要修缮项目:(1)应翻挑大修 13169 间,占实查间数的 5.97%;(2)木结构应抢修加固 2345 间,占实查间数的 1.06%;(3)应墙体整修 2461 间,占实查间数的 1.12%;(4)严重漏雨 2884 间,占实查间数的 1.31%。

五、房屋设备检查总量分析

1. 2013 年检查电梯 48613 部,电梯检查率为 98.82%,比上年上升 0.28 个百分点。其中检查直管房屋电梯 609 部. 检查率为 99.51%;检查物业管理电梯 36780 部,检查率为 99.15%;检查自管房电梯 11224 部,检查率为 97.69%。

2. 2013 年检查高层二次供水水泵 26928 台,检查率为 98.42%,比上年下降 0.44 个百分点。其中直管房屋高层二次供水水泵 477 台,检查率为 100%;物业管理高层二次供水水泵 18059 台,检查率为 99.52%;自管房高层二次供水水泵 8392 台,检查率为 96.05%。

3. 2013 年检查避雷装置 88202 个系统,检查率为 99.27%,比上年下降 0.07 个百分点。其中直管房屋 1545 个系统,检查率为 100%;物业管理检查避雷装置 62777 个系统,检查率为 99.58%;自管房单位检查避雷装置 23880 个系统,检查率为 98.42%。近几年房屋设备检查数量分析见图 12-5。

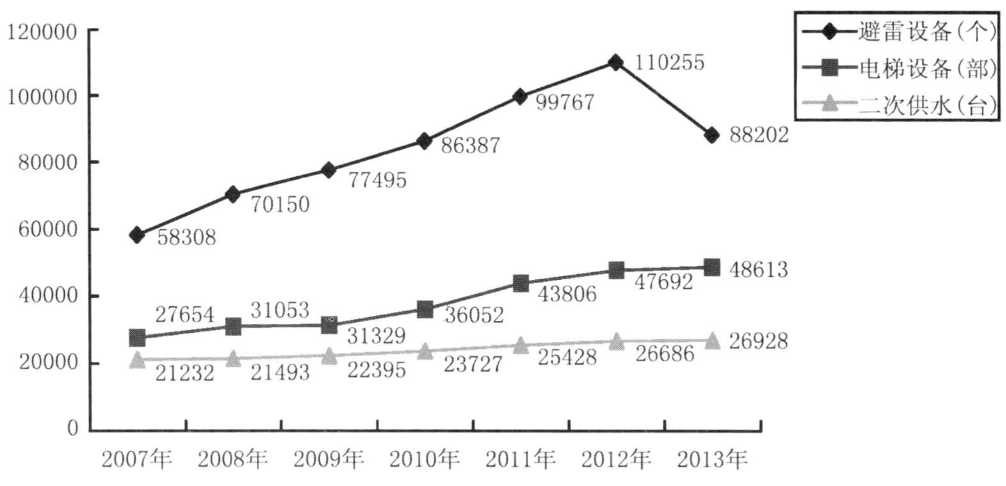

图 12-5　近年房屋设备检查数量分析图

六、房屋设备完好状况分析（详见表 12-3）

表 12-3　2013 年城镇房屋设备完好状况

		应查	实查							
			合计		完好		一般		较差	
			数量	占应查（%）	数量	占实查（%）	数量	占实查（%）	数量	占实查（%）
		1	2	3=2/1	4	5=4/2	6	7=6/2	8	9=8/2
合计	电梯设备(部)	49195	48613	98.82	43408	89.29	4379	9.01	826	1.70
	二次供水(台)	27361	26928	98.42	24392	90.58	2351	8.73	185	0.69
	避雷设备(个)	88851	88202	99.27	82432	93.46	5228	5.93	542	0.61
直管	电梯设备(部)	612	609	99.51	497	81.61	74	12.15	38	6.24
	二次供水(台)	477	477	100	371	77.78	62	13.00	44	9.22
	避雷设备(个)	1545	1545	100	1219	78.90	228	14.76	98	6.34
自管和物业	电梯设备(部)	48583	48004	98.81	42911	89.39	4305	8.97	788	1.64
	二次供水(台)	26884	26451	98.39	24021	90.81	2289	8.65	141	0.53
	避雷设备(个)	87306	86657	99.26	81213	93.72	5000	5.77	444	0.51

（一）电梯设备完好状况

检查电梯 48613 部，其中完好电梯 43408 部，完好率 89.29%，比上年下降 1.65 个百分点；电梯状况一般的 4379 部，占 9.01%，比上年上升 1.28 个百分点；电梯状况较差的 826 部，占 1.7%，比上年上升 0.37 个百分点。

1. 直管电梯设备完好率由去年的 77.2% 上升为 81.61%。近 3 年，部分直管电梯设备管理单位加强了电梯设备的日常运行维修管理，加大了维修和更新改造投入，设备运行状况有所改善（近年直管电梯完好状况见图 12-6）。

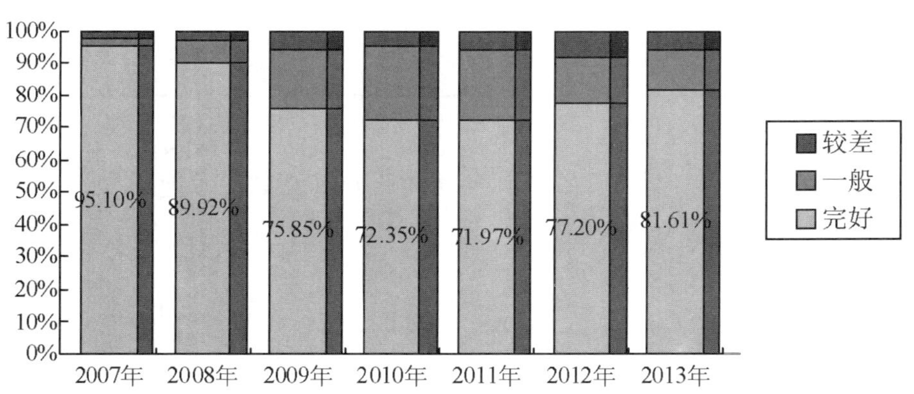

图 12-6　近年直管电梯完好状况分析图

2. 本年自管房和物业管理电梯设备完好率分别为83.79%和91.10%，均比上年略有下降。

（二）二次供水设备完好状况

检查二次供水设备26928台，其中供水设备完好的24392台，完好率为90.58%，比上年上升0.27个百分点；供水设备状况一般的2351台，占8.73%，比上年下降0.10个百分点；供水设备状况较差的185台，占0.69%，比上年下降0.18个百分点。

（三）避雷设备完好状况

检查避雷设备88202个系统，其中避雷完好的82432个系统，完好率为93.46%，比上年下降0.89个百分点；避雷设备状况一般的5228个系统，占5.93%，比上年上升0.69个百分点；避雷设备状况较差的542个系统，占0.61%，比上年上升0.20个百分点。

第二节　城镇房屋防汛工作情况

依据《中华人民共和国防洪法》《中华人民共和国防汛条例》和《北京市实施〈中华人民共和国防洪法〉办法》，市住房和城乡建设委，认真贯彻落实市政府及市防汛指挥部的工作部署和要求，组织区县建委、房管局及管房单位开展房屋防汛工作，采取多种措施努力保障房屋住用安全。

一、汛前准备和落实工作

（一）及时发现和解除城镇危险房屋

按照《城市危险房屋管理规定》（建设部129号令），去年11月至今年3月，市住房城乡建设委组织进行了城镇房屋安全检查。检查房屋4.89亿平方米，占应查房屋的94.63%。检查中发现严重破损房321万平方米，占0.66%，主要集中在旧城区。城区积水院落共56处，涉及房屋3115间。对在检查中发现的木结构等危险及时进行了排除。检查中存在少数自管房单位和城镇私房所有人不重视查房，拒查、拒修房屋。

（二）明确工作要点健全组织机构

3月15日，市住房城乡建设委制订印发了《2012年建设工程城镇房屋安全迎汛责任制》，组建了2012年防汛指挥机构，明确了主管部门的工作职责和重点。区县住房城乡建设委、房管局和管房单位也都成立了相应的指挥机构。3月30日，依据《2012年北京市安全迎汛工作要点》（京政汛［2012］2号），市住房城乡建设委印发了《2012年北京市建设工程和城镇房屋安全迎汛工作要点》，部署了防汛应急工作。

（三）专题研究落实防汛工作

3月26日下午，市住房城乡建设委召开2012年应急抢险工作会，委5支直属抢险队负责人参加会议，汇报了2012年应急抢险准备工作。3月30日，市住房城乡建设委组织召开2012年信访应急工作会。各区县建委、房管局及市属管房单位领导100多人参加会议，会议部署了2012年信访应急工作，提出了工作要求。

5月中旬，市住房城乡建设委组织召开全市房屋防汛工作动员会，100多人参加会议，会议部署了2012年房屋防汛工作，提出了工作要求。

（四）修订落实房屋防汛预案

本年市住房城乡建设委仍执行《北京市住房和城乡建设委员会防汛应急预案》（京建应急［2009］387 号），区县建委、房管局及市属管房单位按照市住房城乡建设委防汛工作要点要求，补充修订了防汛应急预案。6 月 17 日组织了房屋防汛演练观摩会。

（五）落实抢险队伍物资

汛前，全市成立房屋防汛抢险队伍 201 支、3170 人；储备房屋苫盖材料 2052 捆、木材 312 立方米、水泵 510 台、发电机 50 台、运输车 184 辆。基本能满足就近准备、统一使用的要求。区县建委、房管局以房管所、分公司为单位落实了居民避险转移地点。

（六）开展房屋防汛安全督察工作

市住房城乡建设委对在房屋安全检查中发现的危险房屋，及人大代表建议、政协委员提案及居民投诉涉及房屋安全的问题很重视，要求有关单位认真复核，提出解决意见，并组织实施。5 月中旬，市住房城乡建设委发函给存在危险房屋的区政府，要求他们督促落实危险房屋解危责任，实施汛前解危，汛前不能修缮解危的要采取临时安全措施。市住房城乡建设委主管部门领导多次带队到危房现场协调督促解危。

今年入春以来，本市降雨多于常年。区县建委房管局及管房单位发扬雨声就是命令的传统，按照《房屋防汛预案》规定，做好防汛备勤抢险工作。就此，市住房城乡建设委 5 月 11 日印发《关于做好房屋防汛准备和落实工作的通知》京建发［2012］204 号。要求区县建委房管局及管房单位认真做好非汛期防汛工作。对在降雨过程中发生的房屋漏雨和楼房外檐饰物坠落等险情，市住房城乡建设委及有关管房单位接到报险后，及时组织了抢险及雨后修缮。

二、上汛以来、尤其 7×21 强降雨以来的工作情况

（一）不断完善落实房屋防汛规章制度

按照《城市危险房屋管理规定》（建设部 129 号令）和《北京市房屋建筑使用安全管理办法》（市政府 229 号令），市住房城乡建设委在冬季城镇房屋安全检查的基础上，还组织汛前、汛中对重点地区、重点房屋的安全复查，及时发现和排除房屋危险隐患。为全面及时准确掌握房屋安全状况，市住房城乡建设委正在运用现代信息技术，开发建立全市房屋安全档案管理系统。

为落实汛期房屋防汛工作，市住房城乡建设委已建立执行防汛值班制度、重点地区、重点房屋雨中巡查制度和应急抢险抢修等制度。由于房屋产权多元化等原因，居民反映房屋漏雨，呼吁协助解决的较多。为了解决此类问题，市住房城乡建设委针对楼房业主思想统一难的情况，研究出台了专项维修资金应急支取使用政策，为及时解决楼房漏雨开绿色通道。

（二）抓好房屋安全防汛重点工作

本市老旧房屋数量众多，汛期的临时性抢修、解危工作往往治标不治本，造成年年修缮，年年危、积、漏。为了从根本上解决这个问题，近年来，市政府出台了多项整治措施。2005—2009 年，实施了文保区危旧房改造工程，通过翻建、大修，解决了中心城区一大批老旧平房的安全隐患；从今年开始，全市将利用 4 年时间，开展老旧小区综合改造工程，其中对老旧房屋本体实施抗震节能综合改造，消除安全隐患，对于小区同步实施综合整治，解决积水问题；为了从根本上消除简易住宅楼的安全隐患，结合老旧小区综合整治，启动了全市 882 栋简易住宅楼的拆除工作；为了防止汛期普通地下室雨水倒灌事故，进一步加大普通地下室的管理力度，

要求明确落实责任单位、责任人，采取建挡水墙和抽水等措施，有效防范。

（三）做好房屋防汛管理督察工作

今年入春以来，本市降雨多于常年。4月27日，夏占义副市长在《市长电话要情》第45期，针对降雨造成房屋漏雨等问题批示：认真对待，抓紧解决。市住房城乡建设委主管部门迅速将领导批示及要办事项传达到相关区县主管部门，要求抓紧核实解决。相关区县主管部门认真落实夏占义副市长批示和市住房城乡建设委要求，及时办理和报送有关情况。为此，市住房城乡建设委还印发了《关于做好房屋防汛准备和落实工作的通知》，要求区县建委房管局及管房单位认真落实夏占义副市长批示，举一反三，减少类似事情发生，切实做好房屋防汛准备和落实工作。

6月26日，夏占义副市长在《市长电话要情》第69期，针对市民反映房屋漏雨需要修缮的电话较多的再次批示：认真解决。市住房城乡建设委及时进行了办理。

今年上汛后多次发生全市范围的大雨或区域暴雨。市住房城乡建设委对6月24日、27日和7月10 日的3次降雨时的房屋防汛值班、抢险备勤和房屋漏雨及抢修情况进行了检查和数据汇总。参加值班、抢险备勤人员6765人次，雨中巡查重点平房26992间、楼房5189栋。经巡查发现和居民报修的平房漏雨 1860间、楼房漏雨971栋。抢修人员在雨中苫盖修缮平房404间。其它房屋在雨后屋面干燥后修缮。

（四）应对7月21日强降雨天气开展的工作情况

1. 积极做好应对工作充分准备

按市防汛办和市住房城乡建设委要求，在雨情到来前，各区县建委房管局及管房单位均迅速启动相应预警响应，增加值班备勤人员，系统全部防汛抢险力量及抢险物资于雨前全部集结待命。

2. 加强督检查促和落实

7月21日下午，市住房城乡建设委主管部门领导陪同市水务局张志清等同志到西城区防地一中心检查雨前防汛准备和落实情况，到新街口房管所检查雨前防汛准备和落实情况，该所抢险队进行集结演练。

在降雨前和雨中，对各区县建委房管局及管房单位的值班备勤及抢险情况进行了3次检查汇总，从材料汇总和现场检查看，总体情况达到市防汛指挥部和我委工作要求。

3. 有关数据、事例

此次强降雨过程，全市房管系统积极应对，总体运行平稳。截至7月23日12时，全系统出动人数4792人，查平房29765间，查楼房4587栋，平房漏雨9244间次，楼房漏雨1989栋.次，雨水进屋4395间，积水1122处，地下室倒灌762处，共补苫加固4311间，疏通排水2091处（间）。其中，东城区侯庄胡同65号3间北房落架，未伤人。东城区前门上巷头条41号私房落架2间，未伤人。

7月23日，向全市公布各区县房屋防汛昼夜值班电话，告知市民通过电话报修求助，自7月21日至7月24日，全市房屋管理部门共接到10874次房屋报修电话，出动4792人次对报修房屋进行了维修和应急处置。7月23日上午，张农科副主任在房山检查房屋抢险抢修工作中了解到多处地下空间出现严重积水情况后，当即要求房屋安全处紧急调集水泵支援，当晚21时，东城区房屋土地经营管理第一中心、东城区房屋土地经营管理第二中心、西城区房屋土地经营管理中心和宣武房屋投资管理公司四个单位的31台水泵和14辆应急抢险车全部到达抢险一线。为了做好房山重灾区房屋安全检查工作，7月25日下午张农科副主任主持召开会议,部署支援房山抢险救灾工作。全市 11 家鉴定检测机构、70 名鉴定专家和技术人员组成的 22 个工作组,26 日奔赴房山灾区,经过 3 天夜以继日的工作,共对 22 个乡镇 263 个村庄的房屋进行了排查,涉及 3343 户村民、11268 人,共排查房屋 20196 间,排查新镇楼房 40 栋,圆满了完成房山区全部受灾房屋的安全检查工作。为进一步做好下步房屋防汛工作,张农科副主任在 7 月 25 日下午主持召开房屋防汛工作电视电话会,总结"7·21"强降雨情况,研究部署下步防汛任务。要求各区县及有关单位,要认清严峻形势,思想上高度重视,切实增强做好防汛工作的责任感和紧迫感,全力做好防汛抢险救灾工作;要突出工作重点,认真开展汛期安全隐患排查,继续做好危险房屋解危排险工作,进一步完善各项应急预案,加强防汛物资准备和抢险队伍建设,切实增强应对突发事件的能力;要加强组织领导,落实属地责任,加强协调配合,各司其职,通力合作,严明工作纪律,严格落实领导带班和 24 小时值班制度,及时搞好信息报告和通报,对重点区域和重点部位,要指派专人盯紧盯牢。7 月 28 日,通知要求各区县建委房管局,要认真落实郭金龙书记指示要求,进一步加强房屋安全隐患排查和消除工作,严格落实各项防汛制度,确保全市城镇房屋不再出现塌房死人目标的实现。8 月 2 日,又专门给各区县人民政府发函,要求各区县政府充分发挥建设、房管部门及街道、地区办事处的作用,进一步落实防汛责任,整合防汛资源,继续抓好汛期房屋安全工作,确保实现全市城镇房屋不出现塌房死伤人员的目标,要抓好对城镇私房和单位自管房的安全监督管理工作,及时提供必要的帮助;要组织对连续降雨造成的房屋安全隐患进行一次认真排查,不留任何死角;要对危险和破损房屋进行修复,不能立即解危或修复的,要组织居民避险迁移,并派专人进行看守;要积极筹集房屋修缮资金,用于受损房屋解危和修复,以及居民避险迁移周转费用。

此次应对降雨工作,各区县住建委、房管局及管房单位广大干部职工始终坚守在一线全力投入,面对出现的险情临危不惧,冒着暴雨在一线进行处置各类险情,为确保全市建设系统安全运行提供了坚实保障。由于动手早,部署到位,措施得力,除个别部位出现险情已及时排除外,基本正常,未发生人员伤亡。

(五)汛期备勤抢险工作

椐市汛情统计,6 月 1 日至 9 月 15 日全市累计降水量 519 毫米,是去年同期降水量 478 毫米的 109%。汛期主管部门发蓝色以上预警 15 次。其中多次发生全市范围的大雨或区域暴雨,致使房屋漏雨严重,报修多于常年。市住房城乡建设委对其中 8 次降大雨时的城六区房屋防汛值班、抢险备勤和房屋漏雨及抢修情况进行了数据汇总:参加值班抢险备勤人员 23718,较上年多 1 万人次,经巡查发现和居民报修的平房漏雨 96583 间,较上年多 7.6 倍;楼房漏雨 16823 幢,较上年多 13.5 倍。抢修人员在雨中和雨后苫盖、修缮平房 6557 间,较上年多 5 倍。还有其他很多数值表明工作量、工程量大于上年。汛期发生城镇私房落架 2 处 5 间,空房未伤人。倒塌房墙 10 多出未伤人。房屋倒塌数量少于上年。

(六)做好非汛期房屋安全工作

按照市防汛抗旱指挥部《关于做好非汛期安全迎汛工作的通知》(京政汛办[2012]电传 72 号),本市从 9 月 15 日 8 时转入非汛期。按照通知要求,市住房城乡建设委印发《关于做好非汛期房屋安全工作的通知》。要求各区县建委、房管局及管房单位,在非汛期遇有降雨天气时,仍执行《北京市防汛应急预案》和

《北京市住房和城乡建设委防汛应急预案》《北京市住房和城乡建设委房屋安全应急预案》，根据雨情和本辖区、本单位实际情况及时启动建设工程和房屋安全应急预案，做好巡查检查、抢险抢修及安全信息报送等工作。

三、主要工作经验

今年汛期强降雨天气多，降雨时间长，雨量大，多恰逢周末，给组织协调工作带来了一定困难。但由于思想重视，应对工作部署早、启动早、安排周密、措施得力，汛期强降雨天气对全系统运行造成的影响有限，出现的几次险情基本可控，其中一些做法值得我们总结。

（1）分指挥部以风险评估作为手段，将风险评估引入到预防和应对极端天气灾害领域中，有效降低了风险，把因雨造成的损减到最小。

（2）广泛发动。分指挥部办公室通过短信平台系统，向各区县专业主管部门负责同志和全市所有在建工程的项目经理发送了短信，提出了应对强降雨工作的要求，为各项应对措施迅速落实到一线争取了时间。

（3）通过此次应对强降雨天气工作，进一步磨合了工作机制，丰富了经验，也为做好其他极端天气的应对工作探索了规律。

（4）通过此次强降雨天气的应对，积累了一些经验，为市住房城乡建设委防汛预案提供了很好的实践基础。

第三节　抗震节能综合改造工作

2012 年，按照北京市领导和北京市老旧小区综合整治办公室的部署，组织开展了防震减灾与抗震工作，有关情况如下：

一、加强组织领导

（一）成立领导机构

北京市委、市政府决定用 4 年时间，集中对全市老旧小区进行综合整治。老旧小区综合整治包含房屋建筑本体和小区公共部分两个方面。房屋建筑本体改造内容包括节能改造、1980 年以前建成的非抗震房屋抗震加固改造，以及配套设施改造。

为做好老旧小区综合整治工作，市政府成立了张玉平副秘书长为主任，市住房城乡建设委主任、市政市容委主任为副主任，20 多个相关部门、16 个区县政府和 6 个专业公司为成员的北京市政府老旧小区综合整治领导小组办公室，负责老旧小区综合整治工作的组织协调，每周都召开工作例会，研究解决老旧小区综合整治工作中存在的问题，并对工程建设进行总体调度。在市老旧小区综合整治办的综合协调下，1980 年以前建成的住宅楼房抗震加固工作得以有序开展。

（二）多次召开专题会议进行部署

去年 4 月，本市召开了老旧小区综合整治工作动员大会，刘淇同志出席会议，郭金龙同志主持会议。动员大会召开以来，郭金龙、王安顺、陈刚同志多次到朝阳区新源里西 11 号楼、农光里 17 号楼，海淀区甘家口 1、3、4 号楼等抗震加固改造工程现场召开现场会议，有力地促进了抗震加固改造工作。

二、强化法规建设

（一）筹划出台地方法规

为加快推进老旧小区房屋建筑抗震加固改造工作，2012 年，北京市人大将《北京市实施防震减灾法规定》列入了立法计划，在法律层面对抗震加固改造工作提供支持。

（二）进一步完善了配套政策

市住房城乡建设委会同北京市发展改革、财政、国土、规划、市政市容等相关部门，积极研究政策，围绕招投标、质量安全管理、资金支持、房屋加固改造技术路线等方面，下发 20 余份文件，基本解决了综合改造工作中遇到的政策和制度上的障碍，大大加快了综合改造前期准备工作的进程。

（三）强化工程建设标准管理

为配合实施老旧小区综合整治工作，市住房城乡建设委陆续出台了《北京地区既有建筑外套结构抗震加固技术导则》《北京老旧小区房屋改造工程指导性图集》等技术文件，为抗震节能综合改造工作做好了技术支持。

三、做好协调工作，积极推进开展抗震节能改造工作

（一）协调落实改造资金

积极协调市财政局，落实了老旧小区房屋建筑综合改造资金，积极协调市发展改革委，落实房屋建筑本体的附属配电设施、供热管线、燃气管线、给排水管网和平改坡、太阳能技术应用的改造资金。2012 年，北京市落实老旧小区综合改造资金 150 亿元。

（二）积极推进抗震鉴定工作

2011 年 7 月，市住房城乡建设委全面部署开展抗震鉴定工作。2012 年，全市改造任务确定后，市住房城乡建设委组织各鉴定单位，对重点地区、主要大街，特别是纳入 2012 年改造范围的项目，进行了“补差式”鉴定，全市现已经完成了 1000 多万平方米房屋的抗震鉴定。凡已纳入 2012、2013 两年改造范围的房屋建筑，均已完成了抗震鉴定，为下一步综合改造工作的顺利实施奠定了基础。

（三）设计、施工、监理队伍准备到位

为保障综合改造工程质量，市住房城乡建设委组织建立了施工、监理企业合格承包人名录，80 家具有一级施工资质的施工单位、67 家具有甲级资质的监理单位已经全部准备到位。为了提高设计质量和规划水平，市住房城乡建设委和市规划委一道，建立了设计企业合格承包人名录，20 家具有甲级设计资质的设计单位已经准备到位，并以拿出 120 套房屋设计方案，以备选用。

（四）市区两级形成了协同联动的良好局面

市委、市政府确定工作任务以后，市级 20 多个部门及 16 个区县政府的主要领导同志都能够站在全局的高度，积极谋划和协调本单位、本系统的工作任务，形成了心往一处想，劲往一处使的良好局面。

（五）宣传动员工作有序展开

为了调动全市广大市民积极参与改造工作，市住房城乡建设委组织力量，编制了综合改造百问百答，制作了改造技术说明光盘，印制了宣传海报，下发到了各个区县；制作了公益广告，已在电视台、广播电台滚动播出。积极协调各区县政府动员各街道、居委会，深入到改造项目中，提供咨询、解答政策，初步形成了良好的舆论环境。

2012 年，全市综合改造已实施 194.85 万平方米，已经改造完成的 159.28 万平方米。在上年 8 月竣工验收的朝阳区农光里 17 号楼、新源里西 11 号楼已经多次检验，获得了良好的社会效益。

第四节 房屋安全管理工作

一、加强全市普通地下室管理

（一）全市普通地下室情况摸底

目前掌握的北京市普通地下室共有17805处，其中市地方所属15301处，面积2720万平方米，中央和军队所属2504处， 325.18万平方米。北京市属普通地下室已经使用13843处，2580.73万平方米，占普通地下室总处数的90.4%，占面积总数的94.87%。

（二）组织普通地下室专项检查

为确保元旦、春节两节和全国两会期间社会安全稳定，根据市安委会开展安全生产“护航”联合行动的工作部署和“严格执法，曝光一批、处罚一批，停业一批、关闭取缔一批违法违规生产经营单位”的工作要求，按照突出重点、统筹兼顾、从严执法的原则，制定下发了治理和打击非法违法使用普通地下室行为的通知。自2011年12月29日至2012年2月24日，对全市范围内的地下空间实施了专项检查。共联合检查7次，检查14个区（密云、延庆、开发区未检查），共检查地下空间38处，其中14处属于人防工程，24处属于普通地下室，使用类型主要涉及旅店、学校餐厅、车库、超市、仓库、员工宿舍等。

二、超限高层建筑工程抗震设防管理

2012年，依据《超限高层建筑工程抗震设防管理规定》（建设部令第111号）、《超限高层建筑工程抗震设防专项审查技术要点》（建质［2010］109号）等文件的要求，对超出国家现行规范、规程所规定的适用高度和适用结构类型的高层建筑工程，以及有关规范、规程规定应进行抗震专项审查的高层建筑工程，在初步设计阶段委托全国超限高层建筑工程抗震设防审查专家委员会，组织有关专家组成抗震设防审查组，开展超限高层建筑工程抗震设防专项审查，并将审查意见作为施工图审查阶段的依据。

对16项的超限高层建筑工程进行了抗震设防专项审查。其中包括北京奥体南区3号地项目，房山苏宁电器广场项目，中铁产业园诺德国际广场，光华路SOHO2工程，中国移动国际信息港二期工程B标段1#、2#楼，北京京东商城总部基地，1008-627地块4#综合楼（绿地大望京大厦），北京金雁饭店重建，中国华能集团人才创新创业基地办公楼，北京1008-625地块3#商业及综合楼，北京经济技术开发区35C1/35F1地块（国锐广场）B07、B10子项，中海油能源技术开发研究院，黄都艺术中心，姚家园商业金融用地(达美中心)1#、2#楼，北京市文化中心，新青海大厦。

三、商品住宅专项维修资金使用管理

截至2012年12月31日，全市累计使用商品住宅专项维修资金3.98亿元，占归集资金总量的1.2%。维修工程涉及电梯、屋面防水等3647个项目。全市2012年当年使用商品住宅专项维修资金1.87亿元，其中电梯维修使用7080万元，占当年资金使用量的38%；屋面防水维修使用6638万元，占当年资金使用量的 35.5%；供水系统维修改造 1425 万元，占当年资金使用量的 7.6%。其他还包括消防系统、内外墙、门禁监控、电线电缆等。

2009 年 12 月 1 日《北京市住宅专项维修资金管理办法》颁布实施后，本市商品住宅专项维修资金使用量呈快速上升趋势。为规范使用审核工作，市住房城乡建设委于2010 年 5 月制定实施了《北京市住宅专项维修资金使用审核标准》，并多次组织区县审核管理部门座谈交流，统一审核标准，解决工作中遇到的问题。2012 年结合市住房城乡建设委开展的行政审批管理事项梳理工作，对住宅专项维修资金使用管理事项流程及审核标准进一步细化明确，将面向全市公布执行。

第十三章 房地产行业信息

第一节 房地产开发企业

一、2012 年房地产开发企业基本情况

2012 年本市新设房地产开发企业 198 家，比 2010、2011 年分别少设 145 家、133 家，依法注销 288 家，截至年末全市房地产开发企业 2328 家。其中，一级企业 96 家，占总数的 4.12%；二级企业 169 家，占总数的 7.26%；三级企业 212 家，占总数的 9.11%；四级企业 1315 家，占总数的 56.49%；暂定企业 536 家，占总数的 23.02%。

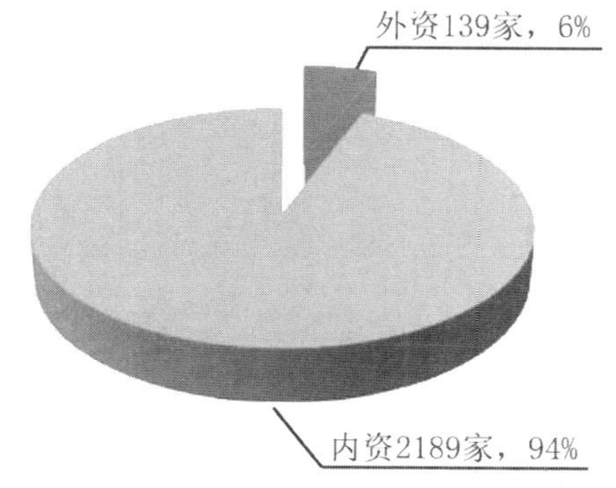

图 13-1 北京市房地产开发企业性质分类情况

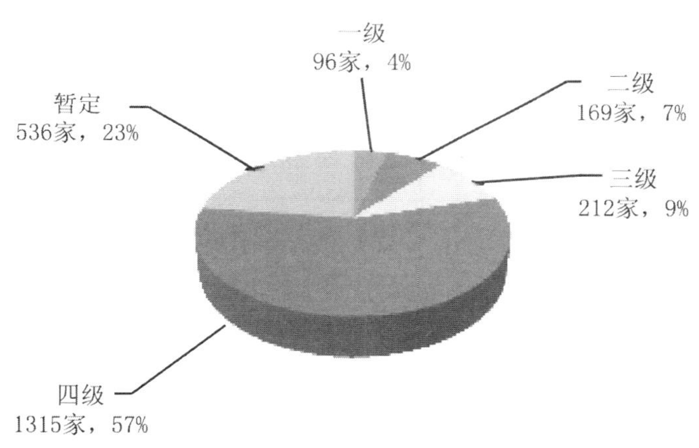

图 13-2 北京市开发企业资质等级分布

二、行政许可及服务类事项办理情况

2012 年，全市累计办理开发资质等级核定 1057 个、开发资质变更 360 个。全年办理项目手册备案 332 件，涉及房地产开发项目 269 个，其中住宅项目 191 个。办理项目核准 103 项、年度投资计划 101 项、建设方案 89 项，办理信访类文件 61 件、政协提案 6 件、网上答疑解惑 29 次，按市档案局存放要求整

理移交档案 35.4 万页。

表 13-1　2012 年房地产开发企业资质等级核定情况

单位：家

类别	总计		四级核定		三级核定		二级核定		一级核定		暂定延续		资质变更		新设立	
	受理	审查	受理	审查	受理	审查	受理	审查	受理	审查	受理	审查	受理	审查	受理	审查
内资	1395	1262	359	327	51	33	47	29	24	18	365	326	352	345	195	173
外资	22	19	8	6	0	0	1	0	0	0	5	4	8	8	0	0
合计	1417	1281	367	333	51	33	48	29	24	18	370	330	360	352	195	173

表 13-2　2012 年不使用政府投资的城建类投资项目核准情况

类别	总计	新立项	重新核准	立项延期	其他（变更，调整）
项目（件）	103	55	18	8	18
面积（万平方米）	821.03	453.969	236.06	108.73	32.9
投资（亿元）	1886.93	666.258	182.83	13877.37	148.77

表 13-3　2012 年度投资计划调整单审查情况

	总计	新建	续建
项目（件）	101	95	6
面积（万平方米）	1491.49	1416.65	74.84
投资（亿元）	307.99	302.04	5.95

表 13-4　2012 年项目建设方案备案情况

所属区县	项目数（个）	总建筑面积（万平方米）	所属区县	项目数（个）	总建筑面积（万平方米）
东城区	2	5.93	房山区	5	97.11
西城区	2	53.43	通州区	9	162.85
朝阳区	6	110.06	顺义区	10	31.22
海淀区	6	82.19	怀柔区	7	51.25
丰台区	7	86.01	大兴区	13	238.16
开发区	1	56.58	门头沟区	2	87.08
昌平区	9	184.59	密云县	4	39.36
平谷区	4	41.4	延庆县	2	33.88

三、2012 年房地产开发企业名录（见附录四附表 25）

第二节 房地产测绘行业管理

2012 年，北京市房产测绘工作继续平稳开展，市场运行稳定有序，各项管理工作得到加强。

一、房产测绘管理工作

（一）房产测绘资质管理

2012 年，依据《测绘资质管理规定》和《测绘资质分级标准》以及《北京市丙、丁级测绘资质分级标准》的有关规定,开展房产测绘机构资质初审及复审换证工作。本年度审核完成测绘资质申请 2 件，其中测绘资质升级 1 件，审核通过 1 件；测绘资质增项 1 件，未审核通过。

截至 2012 年底，本市共有 88 家单位（公司）在市住建委测绘管理部门备案从事房产测绘工作。其中甲级资质 12 家，乙级资质 18 家，丙级资质 28 家，丁级资质 30 家。（测绘单位名录详见附件一）

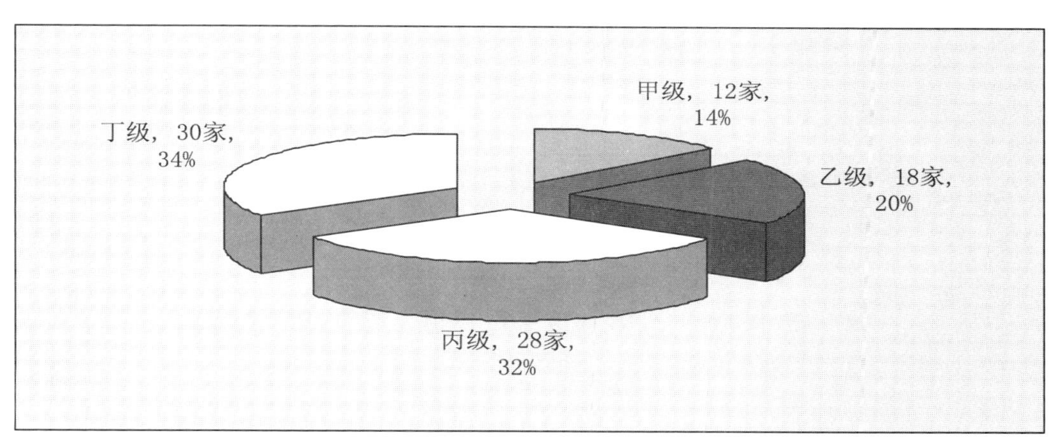

图 13-3 房产测绘资质等级统计表

（二）房产测绘人员管理

2012 年，依托房产测绘成果管理系统，继续实行测绘成果检查人、项目负责人人员密钥实名制管理。通过培训考核，共有 609 名作业人员领取人员密钥，其中硕士学历 10 人占 1.6%，本科学历 296 人占 48.6%，大专学历 204 人占 33.5%，其他学历 99 人占 16.3%。

二、房产测绘成果备案工作统计

2012 年，全市审核通过用于权属登记的实测备案业务共计 1264 笔，建筑面积 3595.4 万平方米，与 2011 年相比，备案面积增加 134.8 万平方米，同比增长 3.9%；审核通过用于预售许可的预测备案业务共计 376 笔，建筑面积 2024.7 万平方米，与 2011 年相比，备案面积减少 432.2 万平方米，同比下降 17.6%。

表 13-5　2012 年度各区县实测成果备案情况

序号	区县	业务件数（笔）	备案面积（平方米）	面积所占百分比（%）
1	东城区	19	599407	1.7
2	西城区	21	1121488	3.1
3	朝阳区	192	6445228	17.9
4	海淀区	159	3502052	9.7
5	丰台区	96	3000589	8.3
6	石景山区	33	1036698	2.9
7	通州区	134	3500053	9.7
8	大兴区	142	5475841	15.2
9	昌平区	91	2282573	6.3
10	顺义区	125	2878314	8.0
11	怀柔区	45	810268	2.3
12	密云县	36	589035	1.6
13	延庆县	15	308995	0.9
14	门头沟区	12	187526	0.5
15	房山区	78	2137064	5.9
16	平谷区	5	118199	0.3
17	开发区	61	1960704	5.5
合计		1264	35954033	100

表 13-6　2012 年度各区县预测成果备案情况

序号	区县	业务件数（笔）	备案面积（平方米）	面积所占百分比（%）
1	东城区	2	41329	0.2
2	西城区	6	734062	3.6
3	朝阳区	53	2896325	14.3
4	海淀区	23	1461040	7.2
5	丰台区	32	1743070	8.6
6	石景山区	8	242691	1.2
7	通州区	30	1789596	8.8
8	大兴区	48	2791420	13.8
9	昌平区	33	1785868	8.8
10	顺义区	49	2761443	13.6
11	怀柔区	11	640729	3.2

续表 13-6

序号	区县	业务件数（笔）	备案面积（平方米）	面积所占百分比（%）
12	密云县	16	383825	1.9
13	延庆县	10	290577	1.4
14	门头沟区	11	549754	2.7
15	房山区	35	1635613	8.1
16	平谷区	8	388986	1.9
17	开发区	1	111401	0.6
合计		376	20247,729	100

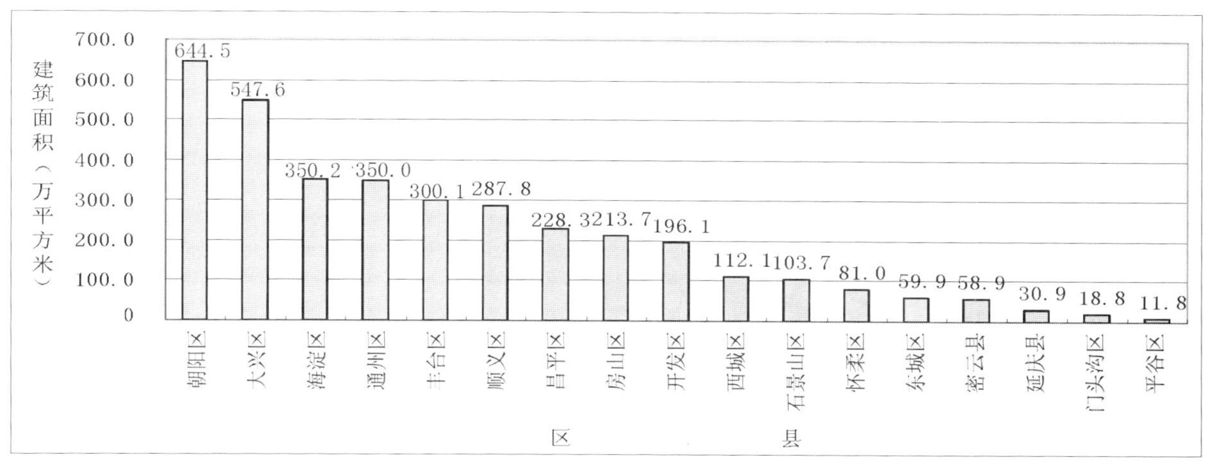

图 13-4　2012 年度各区县实测成果备案面积柱形图

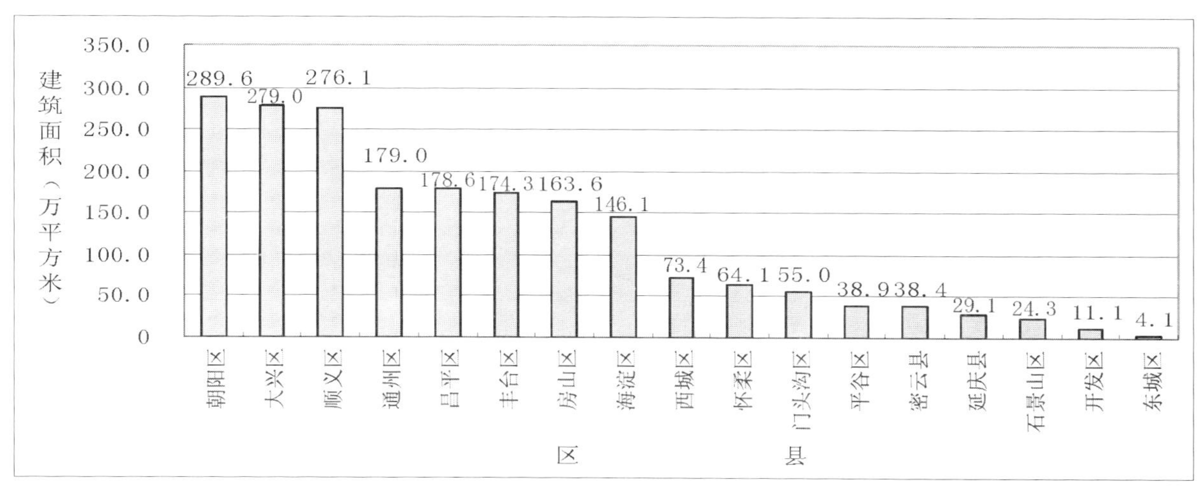

图 13-5　2012 年度各区县预测成果备案面积柱形图

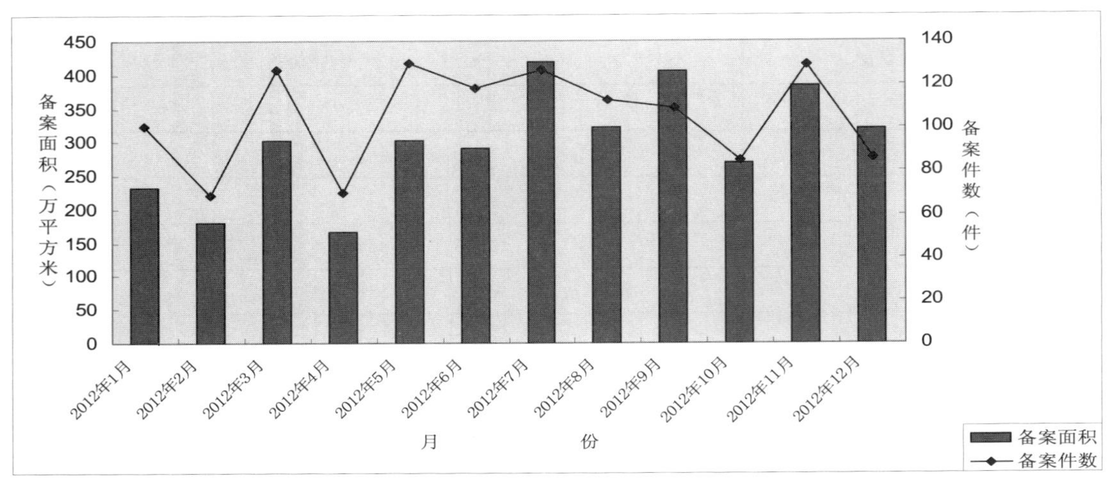

图 13-6　2012 年 1—12 月实测备案面积及业务件数走势图

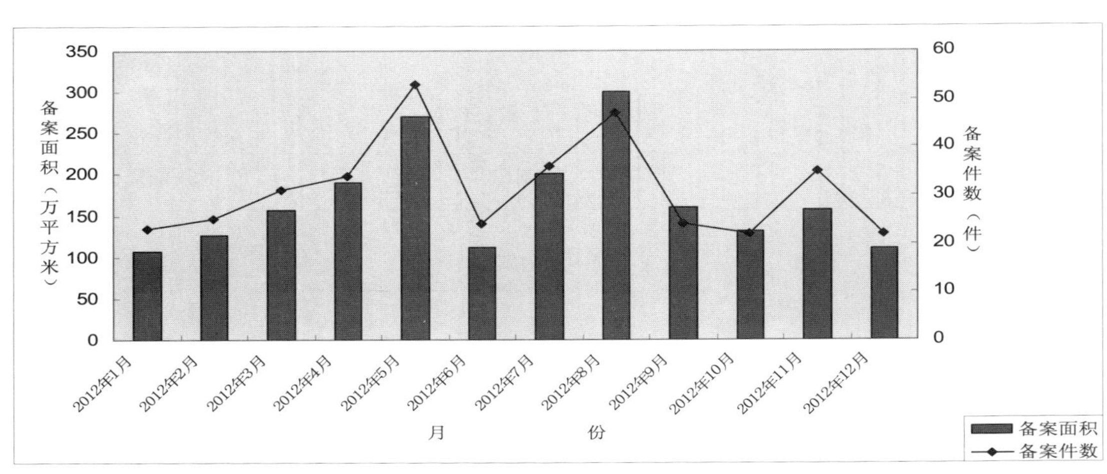

图 13-7　2012 年 1—12 月预测备案面积及业务件数走势图

附件一　2012 年房产测绘单位名录

序号	单位名称	资质等级	资质证号
1	北京市房地产勘察测绘所	甲	甲测资字 11002001
2	北京市东城区房屋管理局测绘所	丁	丁测资字 11019004
3	北京市西城区房地产测绘所	丙	丙测资字 11002001
4	北京市东城区房屋管理局测绘二所	丙	丙测资字 11004001
5	北京市宣武区房地产测绘所	丁	丁测资字 11003001
6	北京市朝阳区房屋测绘事务所	丁	丁测资字 11005001
7	北京市丰台区房屋经营管理中心测绘队	丙	丙测资字 11006001
8	北京市海淀区房屋土地经营管理中心测绘队	丙	丙测资字 11007001
9	北京市石景山区房地产测绘队	丙	丙测资字 11008001

续表附件一

序号	单位名称	资质等级	资质证号
10	北京市顺义区住房和城乡建设委员会测绘所	丙	丙测资字 11014001
11	北京市通州区住房和城乡建设委员会测绘所	乙	乙测资字 11012001
12	北京市大兴区房地产测绘所	丙	丙测资字 11011001
13	北京天地鸿图测绘有限公司	丙	丙测资字 11010001
14	北京市门头沟区房地产测绘所	丁	丁测资字 11009001
15	北京京怀信房产测绘有限公司	丙	丙测资字 11017001
16	延庆县房地产勘察测绘所	丁	丁测资字 11018012
17	北京京密鸿图测绘有限公司	乙	乙测资字 11016001
18	北京市平谷区房地产测绘所	丁	丁测资字 11015001
19	北京华夏经纬测绘技术有限公司	丙	丙测资字 11005002
20	建设综合勘察研究设计院有限公司	甲	甲测资字 11002032
21	中兵勘察设计研究院	甲	甲测资字 11001014
22	北京时正兴测绘工程技术有限公司	甲	甲测资字 11001033
23	北京鼎春德正测绘中心	乙	乙测资字 11005008
24	北京中兴兆业房屋面积测绘有限公司	丙	丙测资字 11007012
25	北京新兴华安测绘有限公司	甲	甲测资字 11001042
26	北京昌房房地产测绘技术服务有限责任公司	丙	丙测资字 11013001
27	北京京恒实测绘技术有限公司	丙	丙测资字 11011002
28	北京首益佳房地产经纪有限公司	丙	丙测资字 11019005
29	北京市房屋面积计量站	丁	丁测资字 11005004
30	北京赛博时代测绘有限公司	丙	丙测资字 11010003
31	北京赛杰新时代房屋测绘有限公司	丁	丁测资字 11005005
32	北京华星勘查新技术公司	甲	甲测资字 11001027
33	北京航天勘察设计研究院	甲	甲测资字 11001031
34	中航勘察设计研究院有限公司	甲	甲测资字 11001024
35	北京苍穹数码测绘有限公司	甲	甲测资字 11001008
36	北京市地质工程勘察院	甲	甲测资字 11001022
37	北京源恒天地测绘有限公司	丁	丁测资字 11006003
38	北京中瑞嘉业测绘有限公司	乙	乙测资字 11005007
39	北京泰达克房地产测绘咨询有限公司	丁	丁测资字 11013004
40	北京中鼎衡测绘事务所	丁	丁测资字 11007008
41	北京龙泰经纬测绘有限公司	乙	乙测资字 11005011
42	北京海天方圆测绘有限公司	丁	丁测资字 11007020
43	北京慧智蓝图测绘有限公司	丙	丙测资字 11017004
44	北京金房兴业测绘有限公司	乙	乙测资字 11007017

续表附件一

序号	单位名称	资质等级	资质证号
45	北京首佳联诚房地产测量有限公司	丙	丙测资字 11019002
46	北京威远图易数字科技有限公司	乙	乙测资字 11007011
47	北京国勘房地产测绘有限公司	丁	丁测资字 11007025
48	北京城建勘测设计研究院有限责任公司	甲	甲测资字 11001019
49	北京京昌工程测绘技术有限公司	乙	乙测资字 11013002
50	北京阳光华翰测绘有限公司	丁	丁测资字 11004002
51	北京大地宏图勘测有限公司	乙	乙测资字 11000009
52	北京市测绘设计研究院	甲	甲测资字 11001010
53	北京中天路通工程勘测有限公司	乙	乙测资字 11013005
54	北京望唐数码测绘有限公司	丙	丙测资字 11017003
55	北京帝测科技发展有限公司	乙	乙测资字 11013006
56	北京中海紫途测绘事务所	丁	丁测资字 11006006
57	北京天天友联测绘有限公司	丁	丁测资字 11015003
58	北京京海纵横测绘有限公司	丁	丁测资字 11005016
59	北京大地万川测绘有限公司	丙	丙测资字 11007030
60	北京荣驰测绘技术有限公司	丁	丁测资字 11007031
61	北京鑫海厦测绘有限公司	丙	丙测资字 11007007
62	北京永佳达测绘有限公司	丁	丁测资字 11007042
63	北京浩宇天地测绘科技发展有限公司	丙	丙测资字 11007028
64	北京丰华方圆测绘工程技术有限责任公司	丁	丁测资字 11005014
65	北京欣通佳信测量有限公司	丁	丁测资字 11012003
66	北京智环成测绘有限公司	丙	丙测资字 11011008
67	杜鸣沐城测绘（北京）有限公司	丙	丙测资字 11005017
68	北京富地勘察测绘有限公司	乙	乙测资字 11012004
69	中泽嘉汇（北京）测绘中心	丙	丙测资字 11006004
70	北京京建恒信房地产测量技术有限公司	丁	丁测资字 11007044
71	北京市檀州房地产测绘中心	丁	丁测资字 11016003
72	北京世规测量技术咨询有限公司	丁	丁测资字 11007047
73	北京创天烨测绘有限公司	丁	丁测资字 11011013
74	北京百星达测绘工程有限公司	丁	丁测资字 11010005
75	北京新兴宏图测绘有限公司	丁	丁测资字 11005026
76	北京粤富华测绘测量有限责任公司	丙	丙测资字 11005015
77	北京经纬久度测绘有限公司	丙	丙测资字 11005034
78	北京地矿工程建设有限责任公司	乙	乙测资字 11007013
79	北京国政恒信测绘技术服务有限公司	丁	丁测资字 11001002

续表附件一

序号	单位名称	资质等级	资质证号
80	北京道济测绘有限公司	乙	乙测资字 11011003
81	北京力佳图测绘有限公司	乙	乙测资字 11007021
82	北京同创达勘测有限公司	乙	乙测资字 11020003
83	北京米拉测绘有限公司	丁	丁测资字 11009005
84	北京泾渭冠宇测绘有限公司	丙	丙测资字 11009004
85	北京三友宇天测绘有限公司	乙	乙测资字 11009003
86	北京市勘察设计研究院有限公司	乙	乙测资字 11005045
87	北京市怀柔测绘所	丙	丙测资字 11017002
88	北京君仁慧智测绘有限公司	丁	丁测资字 11007065

第三节　房地产经纪行业

一、北京市房地产经纪行业发展状况

随着我国住房制度改革的不断推进以及国民经济的持续快速发展，我国房地产业也迅速发展起来，房地产经纪行业伴随着房地产市场的发展而不断壮大。目前，在房地产市场交易中，新建商品房销售代理的项目逐渐增加，自行销售的数量不断减少；存量房买卖以及租赁 80%以上的交易是由房地产经纪行业所促成的。房地产经纪行业的专业服务不仅降低了交易成本，提高了交易效率，还对繁荣房地产市场，促进房地产行业健康发展起着重要的作用。另外，房地产经纪行业掌握着市场的真实交易情况，具有一手数据资料，能够在一定程度上洞察房地产市场的发展方向，为房屋主管部门提供更为切实有效可行的管理建议。

本市房地产经纪行业发展的主要特征表现为：房地产经纪机构数量不断增加，房地产经纪人员队伍不断壮大，房地产经纪服务水平不断提升，房地产经纪服务配套设施不断完善，房地产经纪服务不断规范，房地产经纪行业的作用不断增强。

二、北京市房地产经纪机构

（一）房地产经纪机构备案情况

自 1996 年开始实施资质证书制度以来，截止到 2012 年 12 月 31 日，符合本市房地产经纪机构备案条件，并经区县房屋行政管理部门备案的房地产经纪机构房地产经纪机构共有 1875 家，其中 2012 年新备案的房地产经纪机构共有 643 家。

（二）北京市房地产经纪机构注册资金状况

在本市房屋行政管理部门备案的 1875 家房地产经纪机构中，注册资金 100 万元以上的有 822 家，50 万元～100 万元的有 585 家，30 万元～50 万元的有 159 家，10 万元～

30 万元的有 268 家，10 万元以下的有 41 家。

（三）北京市房地产经纪机构下设分支机构

自 1996 年开始实施资质证书制度以来，截止到 2012 年 12 月 31 日，符合本市房地产经纪机构分支机构备案条件，并经区县房屋行政管理部门备案的房地产经纪机构分支机构共有 2477 家，其中 2012 年新备案的房地产经纪机构分支机构共有 45 家。

（四）房地产经纪机构在各区县的分布情况

在本市房屋行政管理部门备案的 1875 家房地产经纪机构中，在东城区备案的共有 131 家，在西城区备案的共有 112 家，在朝阳区备案的共有 694 家，在海淀区备案的共有 237 家，在丰台区备案的共有 144 家，在石景山区备案的共有 47 家，在通州区备案的共有 112 家，在房山区备案的共有 75 家，在顺义区备案的共有 60 家，在门头沟区备案的共有 37 家，在大兴区备案的共有 60 家，在怀柔区备案的共有 62 家，在密云县备案的共有 54 家，在昌平区备案的共有 126 家，在延庆县备案的共有 5 家，在平谷区备案的共有 35 家，在经济技术开发区备案的共有 16 家。

（五）房地产经纪机构业务类型

在本市房屋行政管理部门备案的 1875 家房地产经纪机构中，从事商品房销售代理的共有 1778 家，从事存量房转让经纪业务的共有 1831 家，从事房屋租赁经纪的共有 1852 家，从事其他经纪服务的共有 1872 家。

（六）房地产经纪从业人员状况

2012 年在北京市取得《中华人民共和国房地产经纪人协理从业资格证书》的人员共 20966 人，取得《北京市房地产经纪资格考试合格证》的人员共 48249 人，在本市考取《中华人民共和国房地产经纪人执业资格》的 4545 人。从业人员中，经注册取得《北京市房地产经纪人员注册证书》的人员共 27952 人，其中房地产经纪人 2973 人，房地产经纪人协理 7598 人，《北京市房地产经纪资格考试合格证》持证人 17381 人。

第四节　房地产评估行业

一、房地产估价机构情况

截至 2012 年，北京市具备房地产价格评估资质的机构共 153 家(含外地在京分支机构 6 家)，其中一级机构 44 家，二级机构 40 家，三级及三级（暂定）机构 66 家，仅在军队系统内执业的机构 3 家，2012 年新批准成立的估价机构 5 家，见表 13-7。

2012 年，建设部批准了本市 1 家房地产评估机构升级为一级资质（见表 13-8），本市具备建设部一级资质的房地产估价机构(含外地一级机构在京分支机构，见表 13-9）共计 44 家，见表 13-10。

表 13-7 2012 年新成立房地产评估机构 5 家

序号	机构名称	资质证书编号	办公地址	联系电话	联系人
1	北京商燮房地产土地评估有限责任公司	京建房估资准字[2012]第 0192 号	朝阳区北辰东路 8 号 E1018 室	64402836	普 宁
2	北京天佳信房地产土地评估有限责任公司	京建房估资准字[2012]第 0193 号	海淀区北三环西路甲 30 号 416 室	68400222	卢 雯
3	北京华灿评房地产估价有限公司	京建房估资准字[2012]第 0194 号	丰台区芳群园四区 22 号楼 11 层 1108 室	67648677	匡永峰
4	北京曲信通房地产评估咨询有限公司	京建房估资准字[2012]第 0195 号	西城区冠英园西区 30 号楼 2 门 902 室	66156369	张 薇
5	北京中财金润土地和房地产评估有限公司	京建房估资准字[2012]第 0196 号	通州区梨园镇翠屏南里 1 号	83220503	王 庆

表 13-8 2012 年批准的建设部一级房地产估价机构列表

公司名称	资质证书编号	办公地址	联系电话	联系人
北京盛华翔伦房地产评估有限责任公司	建房估证字[2012]087 号	北京市朝阳区安立路 60 号润枫德尚苑 B 座 1303 室	64820980	陈丽名

表 13-9 2012 年北京市批准外省市分支机构在本市备案共 1 家

公司名称	办公地址	联系电话	联系人
深圳市同致诚土地房地产估价顾问有限公司北京分公司	北京市朝阳区西大望路 1 号 2 号楼 601	63068900	张方艳

表 13-10 北京市一级房地产估价机构列表

序号	机构名称	资质证书编号	办公地址	联系电话	联系人
1	北京东华天业房地产评估有限公司	建房估证字[2011]007 号	宣武区右安门内大街 65 号弘棉商务大厦 408 室	51230378	王 恒
2	北京华信房地产评估有限公司	建房估证字[2010]071 号	北京市朝阳区建国门外永安里中街 25 号 3 幢二层	65830385	李 芳
3	北京仁达房地产评估有限公司	建房估证字[2010]065 号	西城区车公庄大街 9 号院五栋大楼 B 座 1-401 室	38395886	田京京
4	北京市金利安房地产咨询评估有限责任公司	建房估证字[2010]069 号	海淀区蓝靛厂南路 25 号嘉友国际大厦 801 室	88400887	刘 璐

续表 13-10

序号	机构名称	资质证书编号	办公地址	联系电话	联系人
5	北京中大行房地产评估有限公司	建房估证字[2010]068号	北京市海淀区阜成路北三街6号轻苑大厦905号	68986215	王　颖
6	北京市中恒业房地产评估有限责任公司	建房估证字[2010]066号	西城区东煤厂胡同24号	66571360	陆伟俊
7	北京宝孚房地产评估事务所有限公司	建房估证字[2010]072号	朝阳区东土城路4号金泰五环宾馆二层	64208402/3	杨来斌
8	北京龙泰房地产评估有限责任公司	建房估证字[2010]088号	海淀区首体南路22号国兴大厦19层	88356600	徐　冉
9	北京银房兆华房地产土地评估有限责任公司	建房估证字[2010]073号	宣武门外大街6号庄胜广场北办公楼1113-1116号	63109633	张兆文
10	北京首佳房地产评估有限公司	建房估证字[2010]064号	海淀区紫竹院路116号嘉豪国际中心B座七层	58930818	延　安
11	北京银地联合房地产土地评估有限公司	建房估证字[2013]001号	北京市海淀区西三环北路50号豪柏大厦6-1909	69441598	门雅楠
12	北京北方房地产咨询评估有限责任公司	建房估证字[2010]087号	西城区金融大街27号投资广场A601室	66210088	白龙吉
13	北京百成首信房地产评估有限公司	建房估证字[2010]083号	朝阳区团结湖路甲3号	65821797	方满红
14	北京圣元房地产评估咨询有限公司	建房估证字[2012]071号	海淀区彩和坊路10号1+1大厦1218室	62680160	李绍玲
15	北京国地房地产土地评估有限公司	建房估证字[2010]067号	海淀区中关村南大街17号韦伯时代中心3号楼1401室	51667273	张桂云
16	杜鸣联合房地产评估(北京)有限公司	建房估证字[2010]063号	北京市西城区西直门外大街135号北京展览馆宾馆8楼	65186610	杜　鸣
17	北京康正宏基房地产评估有限公司	建房估证字[2010]070号	朝阳区裕民路12号中国国际科技会展中心B座1003	62372100	欧阳燕红
18	北京中资房地产土地评估有限公司	建房估证字[2012]058号	海淀区首体南路22号国兴大厦17层A2	88357168	张　珂

续表 13-10

序号	机构名称	资质证书编号	办公地址	联系电话	联系人
19	北京建亚恒泰房地产评估有限公司	建房估证字[2012]010号	朝阳区向军南里甲5号雨霖大厦9层	65944086	杨　军
20	北京国泰大正天平行土地房地产评估顾问有限公司	建房估证字[2012]115号	朝阳八里庄西里100号住邦2000,1号楼A座705	85868816	李　剑
21	北京京城捷信房地产评估有限公司	建房估证字[2012]024号	朝阳区芍药居甲2号内1楼南楼四层	84635538	谢淑美
22	北京海创房地产土地评估有限公司	建房估证字[2012]032号	建房估证字[2012]032号	62487316	马晋功
23	北京高地经典房地产评估有限责任公司	建房估证字[2012]066号	西城区太平桥大街98号院5号楼1门101	58597081	吴秀梅
24	北京银通安泰房地产评估有限公司	建房估证字[2012]014号	朝阳区朝阳北路199号摩码大厦1811室	85970326	万夫勇
25	北京中地华夏房地产评估有限公司	建房估证字[2012]047号	西城区闹市口大街1号长安兴融中心2号楼5A	58528303	康　辉
26	北京华天通房地产评估有限公司	建房估证字[2012]005号	海淀区甘家口21号楼七层	88385315	张治超
27	北京京港房地产估价有限公司	建房估证字[2011]017号	海淀区西三环北路100号金玉大厦1101室	68727081	沈　洋
28	北京中企华房地产估价有限公司	建房估证字[2012]046号	朝阳区朝外大街22号泛利大厦916室	65883588	魏　新
29	中鸿广厦房地产评估顾问(北京)有限公司	—	朝阳区朝外大街甲6号万通中心C座1409室	—	李中江
30	北京市国盛房地产评估有限责任公司	建房估证字[2012]019号	东城区东直门外大街48号东方银座D座23C	84477677	王　煊
31	北京潞通房地产土地评估有限公司	建房估证字[2012]116号	通州区漷县镇漷兴一街610号	80817145	于顺伟
32	北京华源房地产土地评估有限公司	建房估证字[2010]022号	朝阳区北四环东路108号千鹤家园一号楼602	84831344	侯振河
33	北京宏成房地产价格评估有限公司	建房估证字[2011]019号	北京市大兴区礼贤镇工业区16号	69288666-6102	孙　利

续表 13-10

序号	机构名称	资质证书编号	办公地址	联系电话	联系人
34	中财国政（北京）房地产土地评估有限公司	建房估证字[2009]101号	北京市朝阳区新源南路6号1号楼3408	84868118	于 娟
35	北京中建华房地产土地评估有限责任公司	建房估证字[2011]024号	海淀区广源匣路5号广源大厦3层302.303	51608233	刘 强
36	北京大地盛业房地产土地评估有限公司	建房估证字[2011]033号	北京市朝阳区和平里西街3号1幢平房101室	84285588	李 荣
37	北京盛华翔伦房地产评估有限责任公司	建房估证字[2012]087号	北京市朝阳区安立路60号润枫德尚苑B座1303室	64820980	陈丽名
38	深圳世联土地房地产评估有限公司北京分公司	—	朝阳区建国门外大街甲6号中环世贸C座7层	85678186	孙雪佳
39	深圳戴德梁行土地房地产评估有限公司北京分公司	—	东城区建国门内大街7号光华长安大厦2座1 5 2	65101388	陈学军
40	深圳市天健国众联资产评估土地房地产估价有限公司北京分公司	—	北京市朝阳区建国路29号兴隆家园24号楼803	85752002	李雲媞
41	深圳市国策房地产土地估价有限公司北京分公司	—	北京市朝阳区东三环中路9号富尔大厦2708室	85911588	廖凡幼
42	青岛青房房地产评估事务所有限公司北京分公司	—	北京市海淀区海淀中街16号3单元1401	62680201	张建中
43	广东美佳联房地产与土地评估咨询有限公司北京分公司	—	朝阳区东三环中路9号2304（富尔大厦）	85910351	曹向辉
44	深圳市同致诚土地房地产估价顾问有限公司北京分公司	—	北京市朝阳区西大望路1号2号楼601	63068900	张方艳

2012 年，本市批准的三级暂定资质 5 家，见表 13-11。

表 13-11 2012 年批准的三级暂定房地产估价机构列表

序号	机构名称	资质证书编号	办公地址	联系电话	联系人
1	北京商夔房地产土地评估有限责任公司	京建房估资准字（2012）第 0192 号	朝阳区北辰东路 8 号 E1018 室	64402836	普 宁
2	北京天佳信房地产土地评估有限责任公司	京建房估资准字（2012）第 0193 号	海淀区北三环西路甲 30 号 416 室	68400222	卢 雯
3	北京华灿评房地产估价有限公司	京建房估资准字（2012）第 0194 号	丰台区芳群园四区 22 号楼 11 层 1108 室	67648677	匡永峰
4	北京曲信通房地产评估咨询有限公司	京建房估资准字（2012）第 0195 号	西城区冠英园西区 30 号楼 2 门 902 室	66156369	张 薇
5	北京中财金润土地和房地产评估有限公司	京建房估资准字（2012）第 0196 号	通州区梨园镇翠屏南里 1 号	83220503	王 庆

2012 年，本市估价机构三级暂定资质升三级的 5 家，见表 13-12。

表 13-12 2012 年批准的三级房地产估价机构列表

序号	机构名称	资质证书编号	办公地址	联系电话	联系人
1	北京中创伟业房地产评估有限责任公司	京建房估资准字（2011）第 0187 号	海淀区远大路 39-1 号 413 室	88400931	岳爱斌
2	北京中海城房地产评估有限公司	京建房估资准字（2010）第 0185 号	海淀区畅茜园兰德华庭 7 号楼 3 单元 101	88850332	李 蕾
3	北京永信达泽房地产估价有限责任公司	京建房估资准字（2011）第 0188 号	门头沟雁翅镇田庄办事处院内 67 号	13910503286	黄朝明
4	北京富川房地产土地评估有限公司	京建房估资准字（2011）第 0189 号	崇文区新怡家园甲 3 号楼 A 座 808 室	83550418	郭璟婕
5	北京宇恒土地房地产评估有限公司	京建房估资准字（2011）第 0191 号	朝阳区立清路 7 号院 8 号楼 2 单元 102 室	84671859	王亚茹

2012 年，本市估价机构三级资质升二级的 5 家，见表 13-13。

表 13-13 2012 年批准的二级房地产估价机构列表

序号	机构名称	资质证书编号	办公地址	联系电话	联系人
1	北京中土源房地产评估有限公司	京建房估资准字（2001）第 0040 号	海淀区学院南路 34 号中商信大厦 514 室	62268650	高扬

续表 13-13

序号	机构名称	资质证书编号	办公地址	联系电话	联系人
2	北京申和天成房地产评估有限公司	京建房估资准字（2003）第 0107 号	西城区宏汇园小区 18 号楼 4 层	13311090351	张培
3	北京金诚立信房地产估价有限公司	京建房估资准字（2005）第 0141 号	顺义区府前西街南侧	13641011462	张慎
4	北京房兴房地产评估有限公司	京建房估资准字（2006）第 0145 号	海淀区阜成路 33 号院内综合楼 702 室	13901172996	孙谋清
5	北京金典天平房地产评估有限责任公司	京建房估资准字（2007）第 0155 号	海淀区北三环东路 77 号 60 号楼北影招待所 618 室	13601279380	张志刚

二、注册房地产估价师情况

2012 年，经建设部批准予以初始注册的房地产估价师 105 名，予以变更注册的房地产估价师 77 名，予以延续注册的房地产估价师 311 名。截至 2012 年，本市房地产估价师考试合格共有 2885 人，注册的合计 2778 人，其中专职注册房地产估价师 1159 人。自 1993 年以来历年考试通过及注册的人数见表 13–14。

表 13–14　北京市房地产估价师历年考试通过及注册人数

年度	1993	1994	1995	1996	1998	1999	2001	2002	2003	2004	2005	2006	2007	2008	2009	2010	2011	2012
考取数	16	54	275	326	334	242	206	159	294	89	169	139	77	46	84	122	123	130
注册数	16	54	275	321	301	250	180	197	156	245	130	139	136	69	50	58	96	105

第五节　物业服务企业

一、物业服务企业概况

2012 年开展了全市范围的物业服务企业资质核查工作，暂停了物业服务企业三级（暂定）审批业务，全年共注销 48 家、撤回 98 家物业服务企业的资质证书。截至年底，全市取得《物业服务企业资质证书》企业 2919 家，比上年减少 166 家，其中一级企业 122 家，新增 5 家；二级企业 324 家，新增 19 家；三级企业 2473 家，减少 64 家；三级暂定无，减少 126 家。外埠在京企业 50 家。

其中，海淀区注册登记的物业服务企业居全市首位，有 596 家，其次为朝阳区 484 家、西城区 358 家、东城区 267 家、丰台区 237 家。具备一级资质的企业共 122 家，新增 5 家，朝阳区和海淀区的一级资质企业数量并列居全市首位，具体分布见表 13–15。

表 13-15　一级资质企业各区县分布情况

序号	区县	数目	备注
1	东城	13	
2	西城	20	
3	崇文	0	
4	宣武	0	
5	朝阳	28	
6	海淀	28	
7	丰台	6	
8	石景山	2	
9	门头沟	4	
10	通州	1	
11	昌平	5	
12	大兴	2	
13	房山	3	
14	平谷	1	
15	密云	0	
16	怀柔	4	
17	顺义	4	
18	延庆	0	
19	开发区	1	
合计		122	

二、北京市 2012 年物业服务企业名录（国家一级资质）

表 13-16　北京市 2012 年具有国家物业管理一级资质企业名录表

序号	物业服务企业名称	注册地区县
1	北京天鸿宝地物业管理经营有限公司	海淀区
2	北京亿方物业管理有限责任公司	西城区
3	北京方庄物业管理有限责任公司	丰台区
4	北京燕侨物业管理有限公司	朝阳区
5	北京北辰信诚物业管理有限责任公司	朝阳区
6	北京市北宇物业服务公司	朝阳区
7	北京房修一物业管理有限公司	西城区
8	北京顺天通物业管理有限公司	昌平区
9	北京首华物业管理有限公司	东城区

续表 13-16

序号	物业服务企业名称	注册地区县
10	北京市望京实业总公司	朝阳区
11	北京天竺空港物业管理有限公司	顺义区
12	北京宝景物业管理有限公司	东城区
13	北京万通鼎安国际物业服务有限公司	怀柔区
14	北京银达物业管理有限责任公司	东城区
15	北京中兴物业管理有限公司	西城区
16	中房集团北京物业公司	海淀区
17	北京育新物业管理公司	海淀区
18	北京华特物业管理发展有限公司	海淀区
19	北京达文物业管理有限公司	朝阳区
20	北京金融街物业管理有限责任公司	西城区
21	北京国兴三吉利物业管理有限责任公司	海淀区
22	北京国广物业管理有限公司	石景山
23	北京城建物业管理有限责任公司	海淀区
24	北京金隅大成物业管理有限公司	丰台区
25	北京东光物业管理有限公司	海淀区
26	北京中海物业管理有限公司	海淀区
27	北京碧水物业管理有限责任公司	昌平区
28	国贸物业酒店管理有限公司	朝阳区
29	北京鲁能物业服务有限责任公司	西城区
30	中远酒店物业管理有限公司	朝阳区
31	北京华腾世纪物业管理有限公司	顺义区
32	泛海物业管理有限公司	朝阳区
33	中建物业管理公司	海淀区
34	北京安信行物业管理有限公司	门头沟区
35	北京城承物业管理有限责任公司	海淀区
36	北京金隅物业管理有限责任公司	西城区
37	北京市均豪物业管理有限责任公司	平谷区
38	北京中际北视物业管理有限公司	海淀区
39	北京万科物业服务有限公司	顺义区
40	北京中实杰肯道夫物业管理有限公司	西城区
41	北京高腾物业管理有限公司	朝阳区
42	赛特国际物业管理有限公司	朝阳区
43	北京大唐物业管理有限公司	海淀区
44	北京世纪城物业管理有限公司	海淀区

续表 13–16

序号	物业服务企业名称	注册地区县
45	北京东方容和物业管理有限责任公司	东城区
46	北京首欣物业管理有限责任公司	石景山
47	北京中移物业管理有限公司	东城区
48	北京中咨时代资产管理有限公司	海淀区
49	北京天岳恒房屋经营管理有限公司	西城区
50	北京建工物业服务有限公司	朝阳区
51	中化国际物业酒店管理有限公司	西城区
52	北京悦豪物业管理有限公司	通州区
53	北京科住物业管理有限公司	海淀区
54	北京亿展资产管理有限公司	海淀区
55	北京金罗马物业管理有限公司	朝阳区
56	北京戴德梁行物业管理有限公司	东城区
57	北京裕展物业管理有限公司	朝阳区
58	北京远洋基业物业管理有限公司	怀柔区
59	北京中湾智地物业管理有限公司	海淀区
60	第一太平戴维斯物业顾问(北京)有限公司	朝阳区
61	北京盛利达物业管理有限公司	西城区
62	北京市圣瑞物业服务有限公司	西城区
63	北京燕科物业管理有限责任公司	海淀区
64	北京城建福安楼寓物业管理有限公司	西城区
65	北京达尔文酒店物业管理有限公司	海淀区
66	北京中航大北物业管理有限公司	朝阳区
67	北京市鼎泽物业管理有限责任公司	昌平区
68	北京丰汇物业管理有限责任公司	东城区
69	北京冠城酒店物业管理有限公司	海淀区
70	北京北控物业管理有限责任公司	朝阳区
71	北京瑞思特物业管理有限公司	丰台区
72	北京房地集团有限公司	朝阳区
73	北京经中太联物业管理有限公司	西城区
74	北京新龙天宇物业管理有限公司	昌平区
75	北京诚智慧中物业管理有限公司	海淀区
76	北京网信物业管理有限公司	西城区
77	北京燕山星城物业管理公司	房山区
78	北京招商局物业管理有限公司	朝阳区
79	华润置地（北京）物业管理有限责任公司	西城区

续表 13-16

序号	物业服务企业名称	注册地区县
80	北京航天万源物业管理有限公司	丰台区
81	北京恒富物业服务有限公司	朝阳区
82	北京方佳物业管理有限公司	昌平区
83	北京金泰物业管理有限公司	怀柔区
84	北京世邦魏理仕物业管理服务有限公司	朝阳区
85	北京仲量联行物业管理服务有限公司	朝阳区
86	北京创新物业管理有限责任公司	朝阳区
87	北京北辰信和物业管理有限责任公司	朝阳区
88	北京盛世物业管理有限公司	朝阳区
89	北京凯莱物业管理有限公司	东城区
90	新中物业管理（中国）有限公司	西城区
91	北京金地格林物业管理有限公司	大兴区
92	北京兴邦物业管理有限责任公司	朝阳区
93	北京奥和物业管理有限公司	门头沟区
94	北京燕京都物业管理有限公司	朝阳区
95	北京中铁第一太平物业服务有限公司	丰台区
96	北京亿城物业管理有限公司	海淀区
97	北京金融街第一太平戴维斯物业管理有限公司	西城区
98	北京市嘉宝物业管理有限公司	东城区
99	北京华体世纪物业管理有限公司	东城区
100	北京航腾物业管理有限责任公司	东城区
101	北京和泓物业服务有限公司	大兴区
102	北京神舟天辰物业服务有限公司	海淀区
103	北京博宇嘉物业管理有限公司	门头沟区
104	北京利天物业管理有限公司	顺义区
105	北京国基伟业物业管理有限公司	西城区
106	北京道丰总部基地物业管理有限公司	丰台区
107	北京昊远隆基物业管理有限公司	房山
108	北京锦融物业管理有限公司	门头沟
109	北京龙城兴业物业管理有限公司	朝阳区
110	北京首佳物业管理有限公司	东城区
111	北京新世界物业管理有限公司	东城区
112	光大物业管理有限公司	海淀区
113	北京博大经开置业有限公司	经济技术开发区
114	北京闻达敏斯物业管理服务有限公司	房山区

续表 13-16

序号	物业服务企业名称	注册地区县
115	北京中工资产经营管理有限公司	西城区
116	第一太平融科物业管理(北京)有限公司	海淀区
117	北京金网络物业管理有限公司	怀柔区
118	勤好（北京）物业管理有限公司	海淀区
119	北京金辉锦江物业服务有限公司	朝阳区
120	北京玉渊潭物业管理集团有限公司	海淀区
121	北京城建置业有限公司	海淀区
122	北京中水物业管理有限公司	西城区

第六节　拆迁行业

2003 年 4 月本市公布了《北京市城市房屋拆迁单位管理办法》,本市房屋拆迁单位分为自行拆迁单位和受托拆迁单位两种,受托房屋拆迁单位资质分为一、二、三级。本市对房屋拆迁单位的资质实行年度审核制度,拆迁工作人员必须经培训考核，持证上岗。

2012 年度，全市共有房屋拆迁单位 214 个，其中自行拆迁单位 21 个，一级受托拆迁单位 56 个，二级受托拆迁单位 43 个，三级受托拆迁单位 94 个；持有拆迁人员岗位证书的拆迁从业人员共计约 9700 余人。

附 录

附录一　业界观点

2012 年北京土地市场分析报告

——土地市场　冷清却不失活跃

首佳地产顾问机构研究中心

引言

2012 年，在全国房地产调控政策不放松的大背景下，北京市土地市场整体表现冷清。年中，在“稳增长”的政策导向下，货币政策一度放松，楼市交易活跃，中央出台加快普通商品住房供地的政策，推动了下半年土地市场交易，多宗优质居住、商业地块在政府设定最高上限价格、竞报配建保障房面积等出让方式下稳步成交，工业用地供应稳定，价格平稳略涨。大兴、通州等规划新城土地市场交易活跃。

一、土地供应完成计划 55%，招拍挂市场总供应完成年度计划量三成，经营性用地供应完成计划 36%

2012 年 3 月底，北京市国土局公布《北京市 2012 年国有建设用地供应计划》，计划显示：2012 年北京市土地供应计划总量为 5700 公顷，截至 2012 年 11 月底，北京市国有建设用地实际供应 3132.8 公顷，完成计划的 55.0%。2011 年和 2012 年各类用地计划供应量和实际完成供地面积及比重详见附图 1。

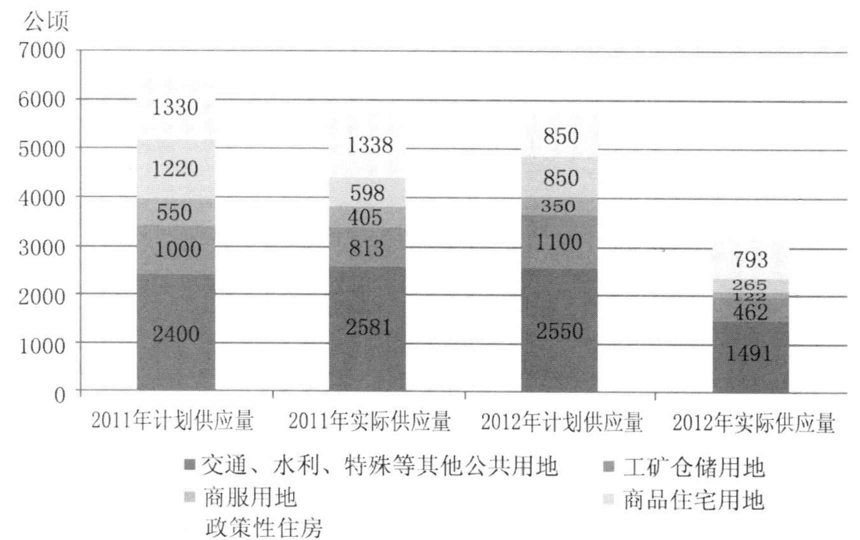

附图 1　2011 年和 2012 年北京市国有建设用地供地计划和完成情况

2012年4-12月，北京市土地招拍挂市场总供应土地149宗，建设用地面积979.93公顷，占年度建设用地供应计划量的31%，其中新增供应量为146宗，建设用地面积964.87公顷。经营性用地市场新增供应量为76宗、497.42公顷。

为落实2012年供地计划，加强信息公开力度，主动服务企业，2012年4月和8月，北京市国土局先后公布了两批经营性用地的供地计划，合计土地99宗，土地面积约1248公顷，2012年，土地招拍挂市场共完成计划35宗，土地面积446公顷，占比36%。从两批供地计划及其完成情况的区域分布来看，通州、大兴、东城、朝阳和门头沟为居住用地的热点供应区域，通州、丰台、大兴、朝阳和石景山为商服用地的热点供应区域。

二、土地市场整体冷清，居住用地成交占比下跌，下半年成交相对活跃

1. 成交总量及成交金额环比下滑三成以上

2012年北京市土地市场共成交土地163宗，成交建设用地面积983.92公顷，成交金额647.74亿元，同比2011年分别下降33%和39%。

从2008年起，北京市土地市场逐年活跃，于2010年达到了高峰，伴随着史上最严厉房地产调控政策的出台，2011年土地市场交易下滑，至2012年，下滑的趋势更为明显，交易量回落至接近2008年的水平（见附图2）。

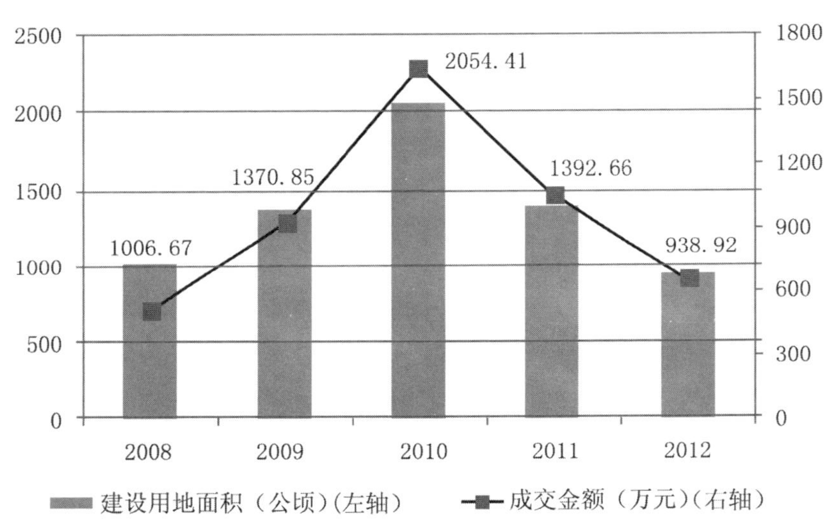

附图2　2008—2012年北京市土地招拍挂市场成交情况图

2. 上半年土地市场冷清，下半年成交量有所回升

2012年上半年，北京市土地市场持续冷清，1—6月经营性用地总成交量仅为2010年同期的两成，8月由于土地供应量的大幅上涨，9月经营性用地的月度成交量达到峰值，成交金额超过前8个月的总和。工业用地市场除8月出现峰值外，其余月份都较为平稳。总体来看，下半年土地市场成交量较上半年有所好转，然而呈现起伏震荡的特点（附图3）。

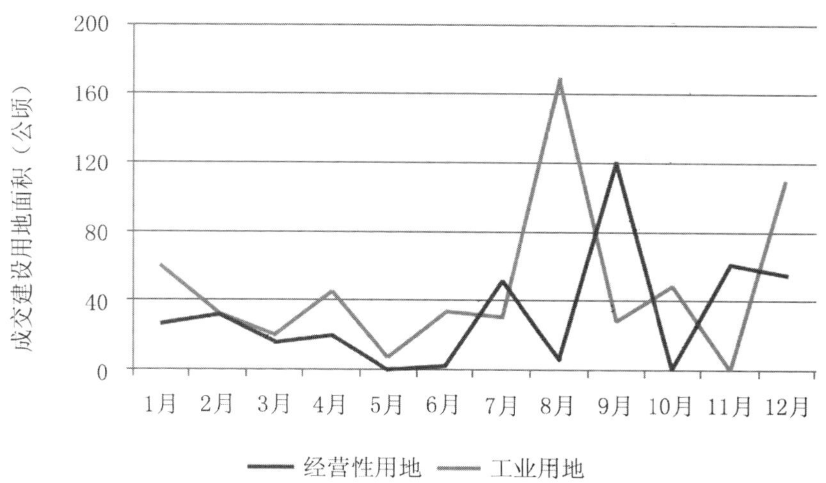

附图3 2012年北京市土地招拍挂市场月度成交情况图

3．居住用地成交占比下跌，工业用地占比上升

从2008年至2012年，居住用地成交占比量由58%直线下降至25%，而工业用地成交占比则逐年提升，由35%上升至60%，商业与综合成交量起伏波动不大。

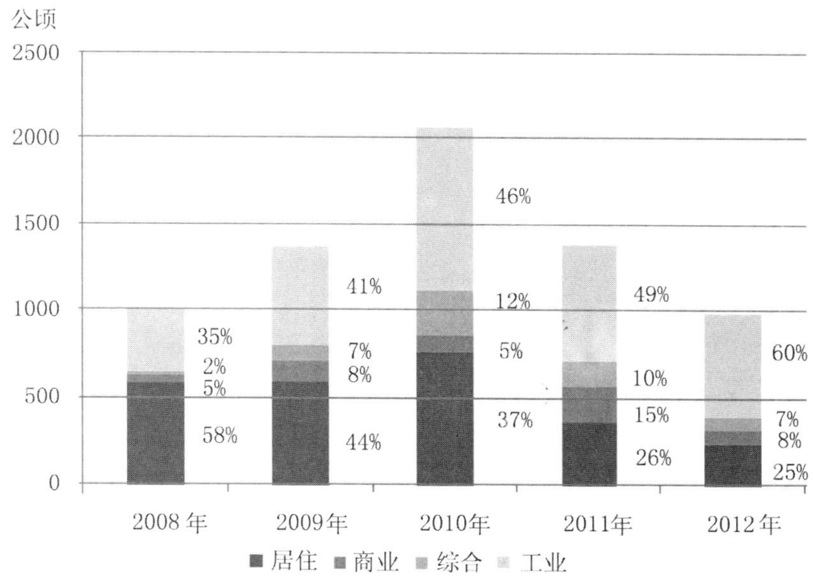

附图4 2008—2012年北京市土地招拍挂市场分用途成交情况图

三、土地市场“郊区化”趋势明显，中心城区优质地块受市场青睐，通州、大兴为热点成交区域

1．土地市场“郊区化”趋势明显，城市空间格局向多点支撑转变

2012年，北京市国土局响应了年度供应计划中“适度加大区域性城市中心和重点镇的土地供应”、“推动区域性城市化建设”的政策导向，使得规划新城成为土地市场成交的主力区，大兴、通州、房山、开发区和顺义为成交

热点区域，土地市场“郊区化”趋势明显，城市空间格局向多点支撑转变。

2012 年北京市经营性用地成交排前 5 位的区县分别为：大兴、通州、房山、开发区和顺义，均为规划新城，中心城区的丰台和朝阳紧随其后，位列第六、七。按环线统计，2012 年北京市经营性用地成交分布于五六环之间的宗地数最多，达 35 宗，成交建设用地面积占经营性用地总成交面积的 53.1%，六环外成交次之，共成交 21 宗，成交面积占比为 39.2%，其余位于二环至五环间的成交面积合计占比 7.7%。

2012 北京市工业用地共成交 95 宗，建设用地面积合计 588.78 公顷，成交金额合计 45.41 亿元，分布于 11 个区县，其中，开发区、大兴、通州、怀柔、顺义为热点成交区域，成交宗地几乎全部位于五环外，占比达到 98.6%。

2. 中心城区因其区域优势明显，交易地块多现溢价

2012 年初，《北京市 2011—2015 年国有建设用地供应计划》表明，“十二五”期间，北京城六区除了各产业园供地之外，住宅土地供应将主要集中在朝阳温榆河和垡头（五环以外），三环内原则上不再新增住宅用地和大型公建用地。在此政策下，东城区香河园及海淀区万柳地块的供应显得尤为稀缺，引起了一定程度的竞价。其中，东城区在 2005 年成交一宗住宅用地之后，再没有地块成交，东城区香河园地块紧邻东二环，地理位置优越，成交价 2.57 万元/平方米，溢价率 43.0%。海淀区万柳地块成交价 3.38 万元/平方米，溢价率 40.9%，并配建 1.64 万平方米的回迁房。

商业用途方面，朝阳区霞光里、西城区月坛南街地块三和地块二、丰台区卢沟桥乡丽泽金融商务区及石景山苹果园交通枢纽商务区商业金融地块引人注目，其成交楼面单价分别为 3.79 万元/平方米、3.04 万元/平方米、2.06 万元/平方米、1.11 万元/平方米和 0.96 万元/平方米，朝阳霞光里和石景山苹果园地块溢价率分别为 169.1%和 35.3%，其余地块溢价幅度较小。整体来看，中心城区商品房价格在延续 2011 年价格走势平稳的基础上有所回升。中心城区商业发展年代久远，发展程度比较成熟，然而目前中心城区商业空间已基本饱和，新增供应极少，因此，部分优质地块引起的市场关注度较高。

3. 通州区土地交易量略有上升，成交价格平稳略涨

通州区位于北京市东南，《北京城市总体规划（2004-2020 年）》将通州区定位为东部发展带的重要节点，北京重点发展的新城之一，北京未来发展的新城区和城市综合服务中心，也是中心城行政办公、金融贸易等职能的补充配套区。2011 年，在严厉的楼市调控下，通州区的土地交易逐渐回归理性，2012 年，在通州新城快速建设的机遇下，市场成交量略有上升，成交价格平稳略涨。

2012 年通州区共成交土地 39 宗，其中居住用地 8 宗，商业用地 2 宗，综合用地 7 宗，工业用地 22 宗，合计建设用地面积 174.06 公顷，同比上涨 39.6%。

从典型地块来看，永顺镇商务园 C2 地块东区和西区居住及经营性办公用地项目分别于 4 月和 7 月成交，楼面单价分别为 3169 元/平方米和 5117 元/平方米，后者溢价率高达 46%，并要求配建的 3.71 万平方米的公租房，扣除保障房面积折合楼面价超过了 6400 元/平方米。永顺镇北苑商务区西区和东区两宗商业金融、居住项目用地 11 月底被万达集团以 14.0 亿元和 19.2 亿元的总价成功竞得，楼面单价分别为 9014 元/平方米和 7786 元/平方米，通州也将成为继 CBD 和石景山之后京城第三个建立万达广场的区域。

2012 年，受政策适度微调的影响，自 5 月份起，区域内房企积极以价换量，商品住宅成交量有了明显的回升，商品住宅价格在继续下调的同时，逐步走稳。在楼市拉动下，通州居住用地交易亦表现不错。此外，因其交通便利，通州商业地产一直以来面临着较大的机遇和挑战。近年来，通州区政府大力发展运河•北京新商务中心区、北苑商务区、通州商务园、宋庄文化创意产业聚集区、“两站一街”等功能区。通州新城规划（2005—2020 年）定位“一河两翼，南拓东进，组团发展”的空间结构，即以运河为魂，西岸改造提升旧城，东岸聚集城市新增功能。2012 年以来，通州永顺镇北苑商务区及运河核心区共有 2 宗居住用地、2 宗商业用地及 5 宗综合用地成交，这是通州新城战略发展规划实施在土地市场上的集中体现。总而言之，通州房地产的发展潜力犹在，土地市场预计将继续呈平稳温热态势发展。

4. 大兴区加大产业配套经营性用地供应，居住用地价格略有上涨

大兴区位于北京市南部，作为北京城市空间新格局中“连接一轴、横跨两带，关联多中心”的重要节点，大兴区兼跨两大发展带，是引领生物医药等现代制造业的新兴产业基地，是距北京市中心最近的新城之一。

2012 年，大兴区土地招拍挂市场共成交 32 宗地，其中居住用途 8 宗，商业用途 2 宗，综合用途 2 宗，工业用途 20 宗，共成交建设用地面积 195.16 公顷，成交量居规划新城前列典型地块方面，7 月 17 日大兴区旧宫镇绿隔地区一宗居住用地以 15918 元/㎡的楼面单价水平，45.0%的溢价率成交，价格比去年该地区成交居住用地价格上涨 63.2%，但若以两宗地挂牌底价比较，价格上涨了 12.5%。

在政府大力推动南城建设的政策倾斜下，大兴区的基础设施、产业经济及人居生活必会更加欣欣向荣，城市“新移民”快速聚集将使大兴宜居新城地位不断凸显，而对于起支柱作用的房地产业，必会有更大的发展空间，从而使具有承载建筑功能的土地交易处于活跃期。

四、2013 年市场预测

在国内外经济形势更为复杂严峻的宏观背景下，伴随着中央“保持宏观经济政策的连续性和稳定性，着力提高针对性和有效性，适时适度进行预调微调” 的政策出台及 2013 年经济工作总基调为 “稳中求进”的明朗化，预计 2013 年房地产调控力度难有放松，但会在房产税、农村集体土地征收补偿制度等方面做出创新举措。

在此背景下，预计 2013 年北京市土地市场将延续 2012 年下半年的市场态势。国土部门将继续增强土地供应信息透明化，以引导市场预期，推进土地供应。在优先供应保障房用地的同时，居住用地有效供应将有所增加，成交量、价格水平均呈平稳略涨的发展态势；部分规模较小、位置稀缺的宗地仍会引起市场激烈竞争；商业用地供应将保持平稳，成交量持稳，价格持稳或微涨；受政府产业政策引导，工业用地供应量将有所增加，成交量与价格保持稳步上涨态势，但幅度不大。

2012×北京中原研究年报

——大势趋稳　暖意盎然

北京中原市场研究部

引言

一、2012•大势趋稳　“暖”意盎然

2012 年北京楼市可以说经历了翻天覆地的变化，从年初的市场冰点到 2 季度复苏，再到下半年的整体升温。可以说 2012 年全年北京楼市的关键词是“暖”。

“暖”体现在 2012 年全年北京楼市市场交易的各个细分物业即政策、土地、新建住宅、二手房及写字楼，均出现了从年初到年末的转变。

1—11 月，全市商品房销售面积为 1531.7 万平方米，比上年同期增长 38.3%。其中，住宅销售面积为 1179.2 万平方米，同比增长 52.7%。截至 12 月初，北京新建居住类物业年内签约市值达到了 2117 亿，超过了 2011 年的 1512 亿和 2010 年的 1971.6 亿。2012 年全年有望超过 2300 亿。

北京市场在 2012 年可以非常明显的划分为三阶段：

1—2 月的市场冰点，受到限购和限贷的集中影响，在年初整体市场陷入最低谷，降价盘比比皆是，成交量陷入历史最低点。

3—6 月整体市场复苏，在信贷放量和外地微调楼市政策出现的影响下，北京市场开始逐渐复苏，大部分项目在上半年都完成了以价换量，信贷及成交的双升温使得资金情况纷纷好转。

三季度整体市场复苏，虽然在 9—10 月出现了短暂低迷，但在国庆长假后，成交继续复苏，三季度来整体市场的拿地及交易额就明显回暖。

下半年北京一地难求的整体土地市场的回暖代表了开发商对后市的乐观判断，频繁出现高价地现象，对楼市后市心理预期产生推动作用。预计在政策及外在因素未大幅变动的情况下，明年楼市依然趋好发展，从当下 50 度的市场温度升温到 60～80 度的市场预期和空间非常明显。

二、暖政策——信贷放松　市场与保障齐发展

如果以 2011 年下半年调控政策为 0 度计算，当下政策可以说恢复到了 30～40 度，虽然限购、限贷政策依然严格，但信贷的 2 次降准、2 次降息给市场带来了明显的资金流动性。这也是 2012 年北京楼市能够从 3 月开始明显复苏的主要原因。

3 月楼市成交逐步回暖，使得政策面的任何变动都会搅动楼市神经。为稳定政策预期，7 月后中央领导人及中央诸部委三番五次强调继续严格实施房地产各项调控政策，防止变相放松投机投资性购房政策。在 8 月更是派出了各地督查组督查调控政策执行情况。但如何平衡“稳增长”与“严防房价上涨”的矛盾，是 2012 年政策走势的最重要影响因素，也将

会持续影响 2013 年的市场走势。

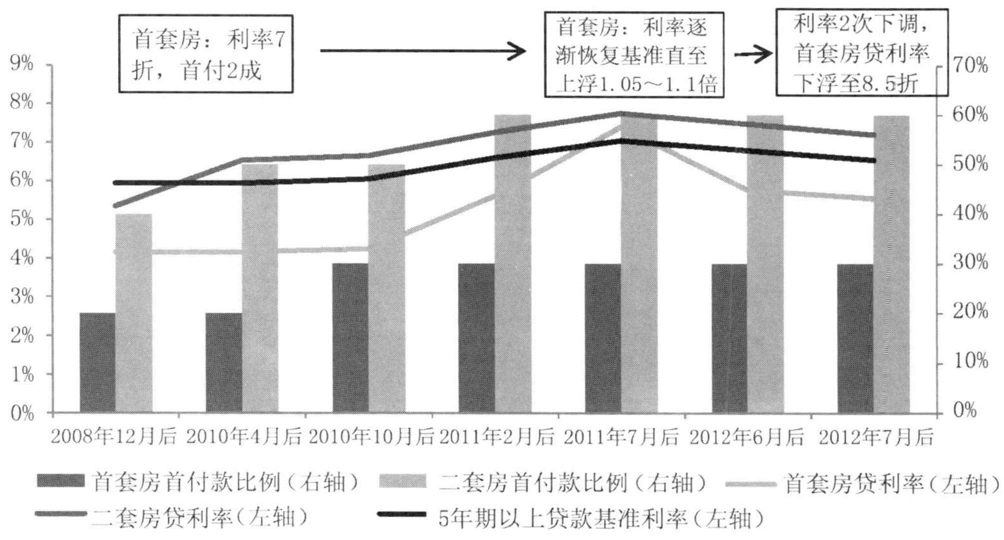

附图 5 首套和二套房首付比例及贷款利率

（一）信贷放松 刺激刚需入市

近年来，随着经济形势的不容乐观，央行加速流动性的释放。2012 年开始，央行连续 2 次下调存款准备金率，并于 6 月 8 日、7 月 6 日相隔不到一个月连续 2 次降息，相对宽松的货币环境基本形成。

在相对宽松的货币政策环境下，中央除默许地方政府的微调之外，也试图在限购之外通过微调来释放被“误伤”的刚性需求，其中松绑首套房信贷无疑是最有效的选择。在银行流动性资金充裕的支撑下，2012 年起，首套房贷获批速度提高，利率优惠重启。目前，全国大部分地区首套房利率已由上年的上浮逐步恢复至基准利率，大部分地区甚至可以获得基准利率 8.5～9 折的优惠。降息通道的打开配合首套房贷利率优惠的重启，使得居民购房按揭贷款的能力进一步提高，还贷成本明显下降。

（二）限购稳固 影响市场反弹

北京作为首都，调控政策依然以维持为主，虽然未有加码举措，但目前政策的执行力度依然是全国最紧。在 2012 年内北京的限购政策不仅未放松，在资格认证等方面反而有继续加强的举措出台。

根据各地政策微调的曲折经历显示，限购底线不容触碰，任何松绑限购的新政终多未遂。为稳定市场预期，在 2012 年 6 月开始，多部委重申坚持房地产调控政策不动摇，住建部更明确表示将会同有关部门继续密切关注各地执行调控政策的情况，对于地方出台放松抑制不合理购房政策的，将及时予以制止或纠正。

在 2012 年 7—8 月更是派出督查组调查各地楼市具体情况，楼市的反弹已成共识，虽然目前的反弹力度还在可控范围内。但是一旦形成过量反弹，调控政策的公信力将再次减弱。所以预调微调的必要性非常大，在最近两个月中央各部委及地方政府密集 15 次辟谣各地松动调控传闻。虽未再加码，但一定程度上避免了恐慌的扩大化，也表示了政策不太可能从中央层面松动。

调控从开始到现在一直存在中央对楼市

调控的坚决执行与地方政府对调控的微调博弈。而因为最近整体经济的疲软，地方微调的力度比较大，但是一旦过度中央肯定会有预调应对，目前来看市场明显过度反弹的可能性很小。但随着符合限购政策下购买人群资格的增加，总体可购房人群的数量是会继续明显增加的。

（三）房产税出　影响市场预期

2012 年至 2013 年，房产税的变化将是楼市政策中最大的变数。

附表 1　房产税各部表达观点一览表

部门/人物	时间	事件/文件	表　述
国务院	2011-12-12	中央经济工作会议	推进房产税改革试点
谢旭人	2011-12-26	2011 年财政部年度工作会议	认真总结房产税改革试点经验并稳步推进
姜伟新	2012-02-18	住建部机关工作会议	将配合有关部门加快研究推进对个人住房征收房产税工作。其中一项非常重要的内容，就是加快推进个人住房信息系统建设
温家宝	2012-03-05	2012 政府工作报告	加快建设城镇住房信息系统，改革房地产税收制度
谢旭人	2012-03-06	2012 两会答记者	与上海、重庆两市人民政府一起，总结试点经验，在此基础上进一步研究推进房产税改革的方案，适当扩大试点范围，积极稳妥地加以推进
黄奇帆	2012-03-06	2012 年中央两会	建议今年在全国推开或多一些城市试点房产税。房地产调控也应从行政性为主，转向经济杠杆为主的调控
国务院批转发改委文件	2012-03-18	《关于 2012 年深化经济体制改革重点工作意》	今年适时扩大房产税试点范围
齐骥	2012-03-24	岭南论坛	研究扩大房产税征收城市，并还未确定有哪些试点城市
姜伟新	2012 年 6 月底前		先搞 40 个城市，这 40 个城市先跟住建部联网，然后再推广到 265 个地级市
国家税务总局	2012 年 7 月		组织来自全国 36 个省市的税务系统工作人员在京培训
国家税务总局财产行为税司综合处	2012 年 8 月		湖南湖北两个最新试点区域的房产税改革征收细则正在制定中，房产税扩容范围包括个人已购的第二套存量房

从国内楼市发展历史看，依靠税费解决高房价问题基本不太可能。房产税作为持有环节税费，在国内财产不公开的情况下，很难实施征收，很可能会持有环节税费累加到交易环节收取。而且即使能够实现持有环节收取也很可能会转嫁给租房者。

房产税未来是用来取代地方土地出让金减少后的地方税源。初期肯定从新购的超面积收起但是长远来看，肯定会涉及存量多套房。从地方收入来源来看，土地出让金的占比很高，而目前试点的上海及重庆的房产税额度都非常少，所以后期房产税扩大化甚至有可能对二套以上全面收取的可能性非常大。对目前我国很多城市居民的财产收入以2~3套房产形式存在，可能会有比较大的影响，最后的结果只能是劫中产济富人。

新增税费、不改变供需结构的话，最后的结果依然是加税。税费从交易环节转移到持有环节意义不大，更大的可能性是增加税费而非减免。房产税是新增实际收税的税种，在实际交易中并不能促进新增加供应，虽然短期可能影响部分投资者抛出房源，但如果不解决投资只能依赖房产、新建住宅供应少于需求的话，房产税依然会被转嫁给买房者支付。

目前已经试点的城市有上海和重庆，房产税可能是后期全国楼市调控的新方向。限购政策虽然目前来看短期内取消的可能性不大，但是限购政策毕竟是完全的行政手段，强制地抑制了需求。但是从长远来看，房产税征收范围逐渐扩大。可能会影响到所有非自住房产，这可能标志着后限购时代的调控方向。

一旦房产税试点增加，对多套房拥有者的心理影响将非常大，也有可能给部分市场带来一定的存量供给。预期后市特别是非普通住宅市场将可能继续有税费等调控政策出台。

税费逐渐转移到持有环节：在存量住宅市场，目前持有环节基本是零税费，这就使得住宅持有成本不高，而空置率不低，很多炒房客持有房产等待价格上涨。而在交易环节税费部分占存量房交易成本高达10%以上。这部分税费大部分都由购房人承担，这也增加了购房者的负担。增加持有环节税费，可能短期有利于挤压出目前市场的存量闲置房源，有利于市场的流通。但如果不改变只能依赖房地产投资保值的情况，房产税很快将被转嫁给承租者或者买房者。

房产税的出现，增加了地方政府收入，一定程度上可以降低地方政府高价卖地的意愿，减少地王出现的概率。可能会影响部分库存空置房源选择出租，增加租赁房源，进一步平抑房租上涨。

（四）保障房增　双轨制发展持续

“十二五”计划纲要将保障房建设规模再度扩大，提出在2011年至2015年的5年间将开工3600万套保障性住房的建设目标，并确立了由廉租住房、公共租赁住房、经济适用住房、限价商品房和棚户区改造住房五大类组成的保障性安居工程体系。

2010年，全国开工保障房共590万套，基本建成370万套；2011年，已完成开工1000万套，基本建成432万套；2012年保障房项目建设继续稳步推进，并已于10月底提前完成年度开工目标700万套，基本建成超过500万套，完成投资10800亿元。住建部透露，2013年保障房的开工量将回落到600万套左右，保障性工程建设速度呈放缓趋势，施工重点将转移到保证建设质量以及完善管理机制上来。

在保障房开工、竣工数据背后，巨大的资金投入始终是一大难题。虽然两届政府在对保障房建设投以巨大支持的同时也不断拓宽社会融资渠道，但毕竟难以维持保障房庞大的资金需求。在商品房项目中加入保障房配建份额，可以在一定程度上减轻地方政府保障房建设的融资压力，同时也可加大保障房的供应量，近年来得到地方政府越来越多的尝试。

多个地方政府如北京、上海、山东、武汉、杭州等地纷纷出台出让土地配建保障房的规定，各地更多地采取配建后无偿移交政府的处理方式。然而，在市场低迷时，这无疑会导致开发商开发意愿下降，从而使一些配建政策遭遇出台后未能执行的窘境。如2011年末杭州“宅地出让需配建10%保障房”的管理条例由于市场遇冷未能真正实行，2012年初北京“商品住宅用地配建保障性住房比例不低于

30%”的规定也无疾而终。为加快土地出让，地方政府也相应调低土地出让门槛。随着近期土地市场的回暖，配建方式也有了一定的积极反响，各地正积极推行以期达到缓解政府融资压力的目的。

（五）领导讲话　外紧内松调控延续

在8月各地督查组回京后，在9—10月各地及中央部委已经超过15次释放政策再收紧的信号。整体政策以维持既往力度为主，少数城市出台的限利令等政策更多是对市场的威慑，实际可执行度不高，对市场的影响更多体现在心理影响层面。

附表2　各城市及部委针对政策走势的领导讲话

时间	部门/城市	内容
10月20日	国土部	下一阶段要严格监控各地的房地产调控政策变化，避免部分地方政府重新陷入以刺激房地产拉动经济的模式
10月20日	陕西	陕西省住房和城乡建设厅联合省物价局下发通知，要求各地分区域测算住房项目成本并公布住房销售价格区间，规定地产项目合理利润率控制在10%内
10月18日	国务院	总理指出，房地产调控初见成效，但依然不稳定，必须坚持调控政策不动摇
10月18日	珠海	土地闲置未满1年的，按土地价款总额的20%收取闲置费，闲置满1年的，由政府无偿收回
10月17日	上海房管局	上海决不会放松政策，要继续加大执行检查力度，目前也不会有新的政策调整
10月17日	杭州	对于商品住宅地块，当溢价率达到49%时将调整竞价方式即锁定底价从零开始竞投配建安置用房或保障住房面积
10月16日	中山	中山市召开中山市闲置土地处置前期工作会议，专项部署中山市的土地处置方法
10月8日	济南	公积金将原来按“次数”认定，改成了按“套数”认定
9月26日	北京	北京加强限购审核 京籍居民购房须持二代身份证
9月24日	广州	广州市国土房管局通过官方微博 证实，将对中心城区个别异常高价的住宅项目暂时采取限售措施，主要包括限制预售规模、控制交易节奏等。
9月23日	住建部	适时对执行调控政策不力、放松调控政策，造成房价过快上涨的地区实行问责。
9月21日	武汉	10月1日起启动商品房预售资金监管制度
9月21日	北京	10宗土地暂停交易
9月10日	发改委	在9月10日到10月30日期间将专项检查在一定范围内，商品房销售明码标价情况
9月6日	上海	《关于开展住房限售政策等执行情况检查的通知》

从目前整体调控政策执行情况来看，力度依然很大，各地的限购及限贷政策依然执行，整体政策以维持既往力度为主，少数城市出台的限利令等政策更多是对市场的威慑，实际可执行度不高，对市场的影响更多体现在心理影响层面。

政策出台更多从市场的平稳角度出发，抑制短期上涨是主要目的，但从长远看，难以起到根本性的作用。

房价难以出现大涨，信贷依然是影响楼市房价的最关键因素，信贷不出现明显放松的话，可以预料的成交量将维持平稳，而一旦再现信贷松动，市场难免再有上涨，但上涨幅度目前来看有限。

（六）调控不松 2013 保自住仍是主旋律

1. 调控不松 保障自住抑投资

目前楼市已经逐渐出现了上行的拐点，而且因为地方对土地财政的过分依赖，加上外围经济恶化，继续放松调控的呼声很高，但本次调控可能说是最后一个经济转型的机会，一旦放松，房地产很可能面临硬着陆的风险。

调控政策在 2012 年一季度前可以说是上半场，但是还有下半场，预计会持续至少到 2013—2014 年，限购限贷的政策基本不动摇，中央强化宏观调控政策的意图一直并未改变。中央领导近日强调，当前房地产市场调控已取得一定成效，但仍处于关键时期，要坚持实施遏制房价过快上涨的政策措施，进一步巩固调控成果。

2. 房产税增 试点城市继续扩大

房产税试点扩散在未来增加试点的可能性非常大，但在北京试点的可能很小。房产税等调控存量房的政策，可能是后期全国楼市调控的新方向。限购政策虽然目前来看短期内取消的可能不大，但是限购政策毕竟是完全的行政手段，强制的抑制了需求。但是从长远来看，作为房地产试点的重庆房产税征收范围逐渐扩大，可能会影响到所有非自住房产，这可能标志着后限购时代的调控方向。

一旦房产税试点增加，对多套房拥有者的心理影响将非常大，也有可能给市场带来大量的存量供给。预期后市特别是非普通住宅市场将可能继续有税费等调控政策出台。

3. 信贷优惠 首套或继续宽松

从目前市场来看，保障房的大量建设已经开始缓解了低收入人群的居住需求，但是对于夹心层和中等收入人群来说，目前受制于贷款等政策，入市艰难。

在 2013 年，政策可能会对首套房的购房者继续做出定向宽松，从中小套型的普通商品房加快建设供给到增加首套房购房者入市的比例，都将降低刚需置业人群的置业难度。

进一步下调存款准备金率，释放流动性资金，另外，针对首套房利率或下调，趋于合理。通过大量中低价普通商品房供应、相对合理的首套房利率，将使得刚需能享受到调控带来的房价下调的效果。

三、暖土地——先抑后扬 土地出让金筑底回升

2012 年北京土地市场较去年来说整体表现欠佳，全年土地出让面积及土地出让金额同比均有大幅下滑，但分时间段来看，呈现先抑后扬态势。上半年，北京土地市场陷入僵局，2 季度经营性用地成交面积更是创下新低，经营性用地出让金额也创下三年新低。但从 3 季度开始，北京土地市场不断推出热门地块刺激成交，土地市场不断升温。2012 年下半年土地市场表现明显回暖，虽然 4 季度势头有所减缓，但回升势头无法阻挡。

（一）筑底回升 3 季度土地现回暖

2011 年北京限购政策执行之后，住宅市场首当其冲受到极大影响，随着调控的不断深入，土地市场随之受到波及。各大房企受库存及资金压力，拿地愈发谨慎。进入 2012 年，北京土地市场几乎跌至冰点，2012 年上半年可谓是土地市场的寒冬。2012 年 1—6 月经营性用地土地出让面积为 110.31 万平方米，同比下降 72.88%。

2012 年共出让土地 163 宗，土地出让面积共计 1322.81 万㎡，土地出让金额仅为 647.91 亿元，其中经营性用地共 66 宗，出让金额共 597.17 亿元，占总金额的 92.17%。经营性用地出让面积环比下降超四成，达 41.77%，经营性用地出让金额环比下调

42.02%。

如果将 2008 年以来土地市场中经营性用地出让面积最高的 2010 年 4 季度定位土地市场沸点的话，本年 2 季度无疑是跌至冰点，经营性用地出让面积达 2008 年以来最低，2 季度经营性用地出让面积仅为 33.11 万㎡，北京土地市场明显遇冷。

随着北京住宅市场的逐步回升，土地市场同样出现明显回暖迹象，3 季度经营性用地成交出现集中入市、集中成交等现象，共成交 29 宗经营性用地，278.29 万㎡，土地市场明显升温，与 2010 年 4 季度对比，市场温度升至 50 度左右。由于“十八大”召开等政治因素影响，今年 4 季度土地市场温度再度回落，但从 3 季度奠定的基调来看，土地市场回暖的势头已不可挡。

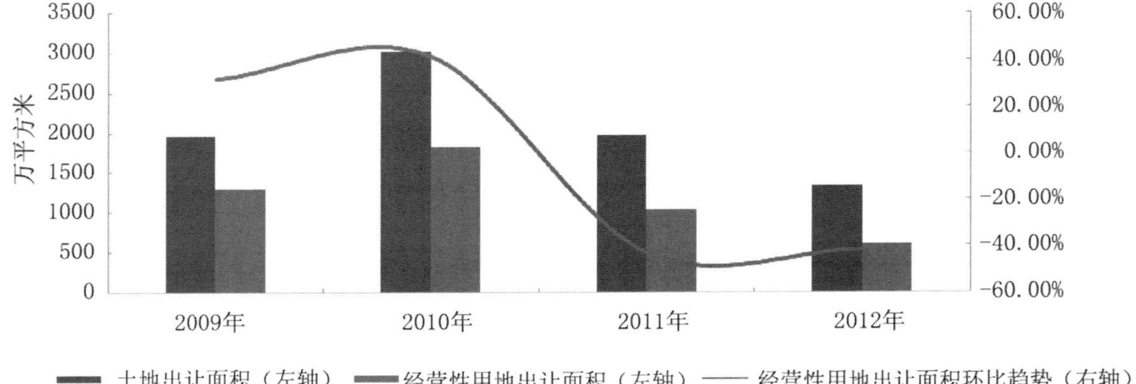

附图 6　2009—2012 年北京土地成交面积

数据来源：北京中原市场研究部

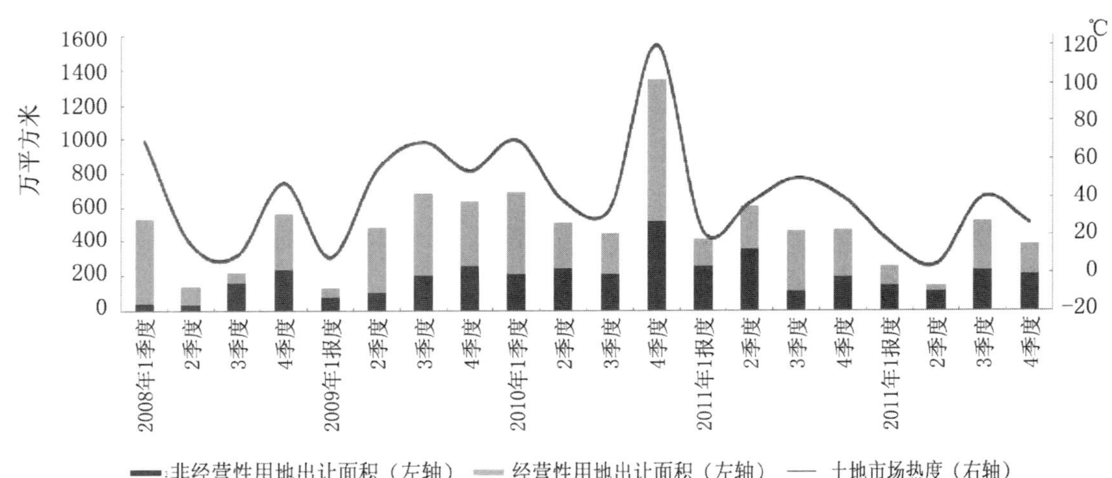

附图 7　2008—2012 年北京土地市场季度成交走势及温度示意图

数据来源：北京中原市场研究部

（二）难破千亿　土地出让金筑底回升

2012 年北京土地出让金额仅为 647.91 亿元，不仅没能再创千亿记录，且环比大幅下降，降幅达 42.02%。2012 年 2 季度北京土地出让金仅 48.16 亿元，创三年来最低记录。2012 年上半年，北京月度土地出让金始终保持低位徘徊，绝大多数地块为底价成交，即使个别地块受热捧也难以挽回土地市场跌入谷底的颓势。

但从 7 月开始，北京土地市场出现明显回暖迹象，3 季度北京土地出让金额达 363.62 亿元，环比上涨幅度高达 655.02%，虽然同比仍保持下降的趋势，但降幅缩小至 23.73%，至 4 季度，由于十八大召开等因素制约，北京土地市场温度再度出现下降，但其回暖势头已现。

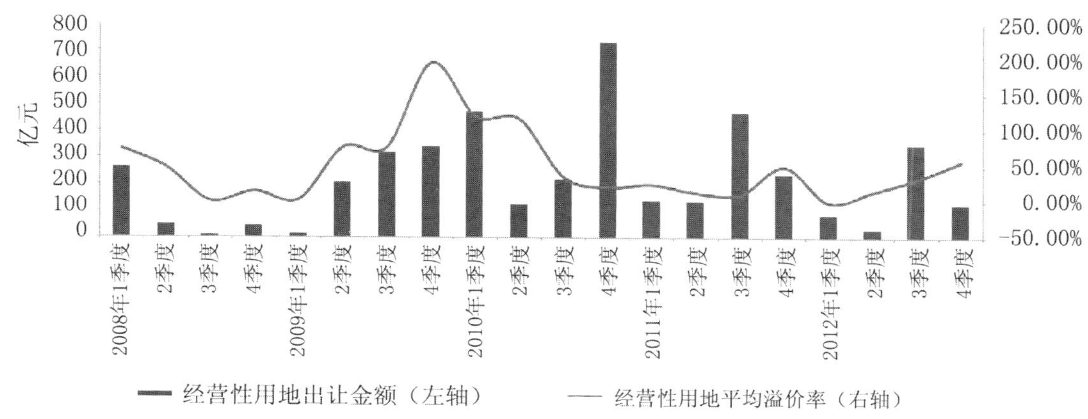

附图 8　2008—2012 年北京土地市场出让金走势（2008 年 1 季度—2012 年 4 季度）

数据来源：北京中原市场研究部

（三）市场复苏　宅地热度回升价上涨

住宅市场限购政策对于土地市场影响明显，2011 年，含住类地块市场明显受挫，全年成交 685.15 万平方米，占经营性用地出让面积 66.52%，同比下降 30.95 个百分点，而商业金融类用地占比却与前年基本一致，占比为 17.85%。2012 年住宅市场逐步回暖，含住类地块再度受到各大房企关注，占比明显回升，全年住宅用地成交面积为 434.52 万平方米，虽然同比下降幅度较大，达 36.58%，但占比有所回升，含住类地块占经营性地块出让面积 72.77%，较 2011 年提升 5.63 个百分点，而商业金融类用地占比则出现小幅下降，仅占 11.15%，缩小了 6.70 个百分点。

2012 年上半年北京土地市场热度骤减，但从 2012 年下半年开始，优质地块接连推出，使得土地市场再度备受关注。而住宅市场回暖的良好表现也促使土地市场温度回升，含住类地块楼面地价较之去年有明显提升，2011 年住宅用地楼面地价为 5088 元/平方米，同比回落 30.50%，而商业金融用地楼面地价则高达 8775 元/平方米，同比增长 13.09%。2012 年住宅市场楼面地价为 6484 元/平方米，呈显着回升趋势，同比增幅达 27.44%。而去年风头强劲的商业金融用地今年则表现欠佳，楼面地价为 8474 元/平方米，同比下降 3.43%。

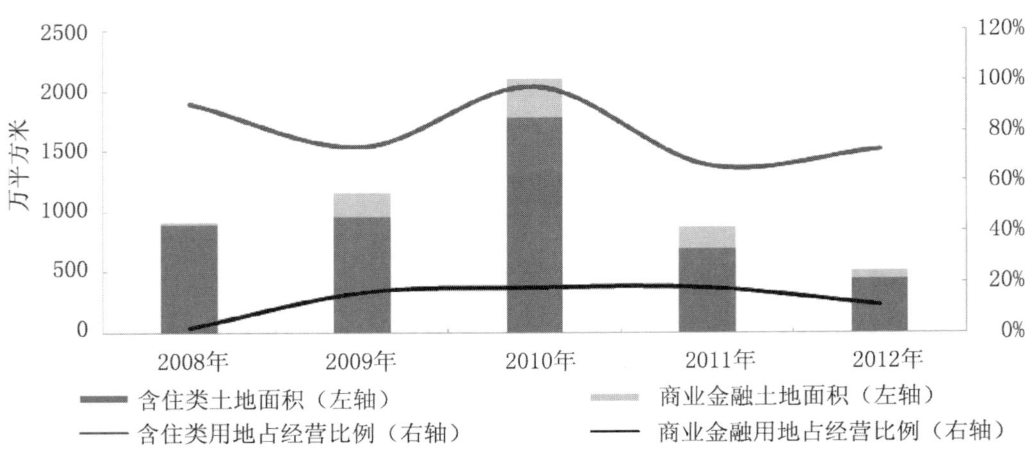

附图 9　2008—2012 年含住类及商业金融类用地成交走势图

数据来源：北京中原市场研究部

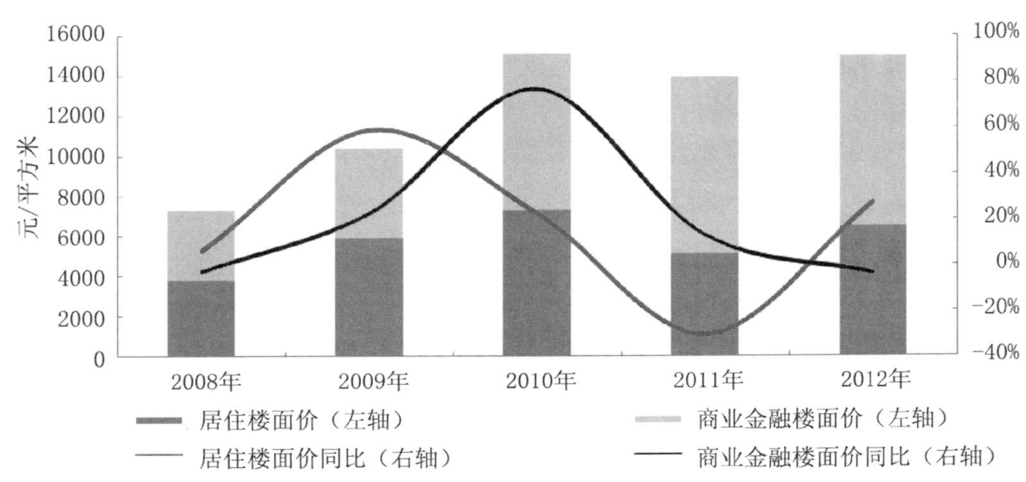

附图 10　2008—2012 年含住类及商业金融类用地楼面地价走势图

数据来源：北京中原市场研究部

（四）房企热捧　优质地块备受瞩目

为了活跃土地市场，今年政府推出多块优质地块，确实为冷淡的土地市场注入一剂强心针。在各大房企采取现金为王谨慎拿地的时期，优质地块的成交并没有受到过多的影响，依旧引起了一轮又一轮的追捧。今年推出的代表性地块主要有 4 月成交的东城区香河园地块、7 月成交海淀区万柳地块及大兴区旧宫地块。

其中北京市海淀区万柳地区居住用地项目引起众多房企争夺，该地块用地性质为 R2 二类居住用地，经过 46 轮现场竞价和 327 轮回购房面积竞报，最终以 26.3 亿元成交价和配建 16400 平方米的回购房的代价被北京赫华恒瑞房地产开发有限公司拿下。该地块土地面积 38869.64 平方米，总规划建筑面积 77739 平方米，中标楼面地价为 33831.15 元/平方米，溢价率为 40.94%，成为新贵地王。

从这几块代表性优质地块可以看出，与之前大热的土地市场不同的是，冷淡时期房企在拿地时考虑的因素更多，但热门地块由于其本身的条件及周围的环境反而倍受推崇。正是从万柳地块开始，下半年的土地市场拉开了回暖的序幕。

附表 3　2012 年代表性地块情况表

宗地名称	土地面积（平方米）			成交日期	成交价（万元）	受让单位	溢价率	楼面地价（元/平方米）
	合计	建设用地面积	代征地面积					
北京市东城区香河园 3 号居住及商业金融用地项目	32647.96	14297.81	18350.15	2012 年 4 月 16 日	191500	南昌市政公用投资控股有限责任公司	43.05%	25749.284
北京市海淀区万柳地区居住用地（六郎庄搬迁平衡资金用地）项目	38869.64	38869.64	0	2012 年 7 月 10 日	263000	北京赫华恒瑞房地产开发有限公司	40.94%	33831.153
北京市大兴区旧宫镇绿隔地区建设旧村改造二期 A1 地块二类居住用地、商业金融用地项目	96274	53870	42404	2012 年 7 月 17 日	220000	中冶置业集团有限公司和北京市第五建筑工程有限公司联合体	45.04%	15917.576

数据来源：北京中原市场研究部

（五）谨慎拿地　1 季度溢价率创新低

2012 年受住宅市场冷清、开发商持观望态度及经营性用地地块条件等原因的影响，北京土地市场持续低迷的态势使得经营性用地持续遇冷，绝大多数地块为底价成交，即使个别地块受热捧也难以挽回土地市场跌入谷底的颓势，2012 年 1 季度，北京土地市场经营性用地成交溢价率创历年新低，1 季度北京土地市场成交地块全部以底价成交。

着眼于全年北京土地出让收入，为了刺激土地市场成交，2 季度开始，政府接连推出优质地块再加之住宅市场的回暖进一步刺激开发商的拿地热情，多个地块溢价成交，土地市场再度走上回暖之路。

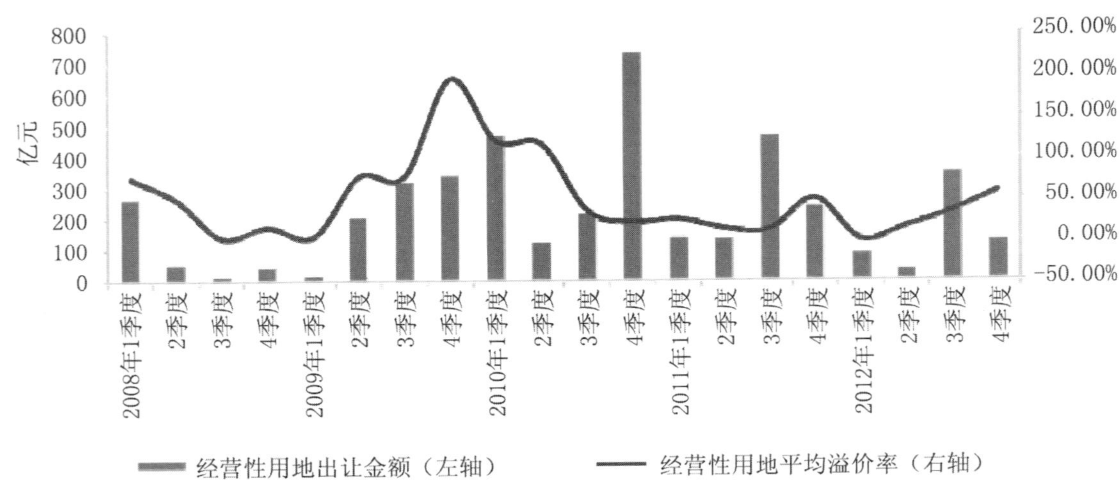

附图 11　北京土地市场经营性用地出让金走势（2008 年 1 季度—2012 年 4 季度）

数据来源：北京中原市场研究部

（六）中心饱和　土地郊区化加剧

随着经济的不断发展,中心及次中心城区土地市场已经接近饱和,除了部分优质稀缺资源外,近年来土地市场供应出现了明显的郊区化趋势。即便是土地市场遇冷的 2012 年，在房企拿地愈加谨慎、政府推出部分中心城区地块刺激成交的时期,土地市场的郊区化趋势也仍在加剧。2012 年 ，北京土地市场在中心及次中心城区共成交 16 宗，79.59 万平方米，而城市边缘区则成交 147 宗,1328.06 万平方米,占全部土地成交的 94.01%。

由于本年北京土地出让金保持同比下滑的趋势,政府出于财政要求可能将会陆续放出部分优质地块,但北京土地市场供应仍将集中在新城，供地郊区化将进一步扩大。

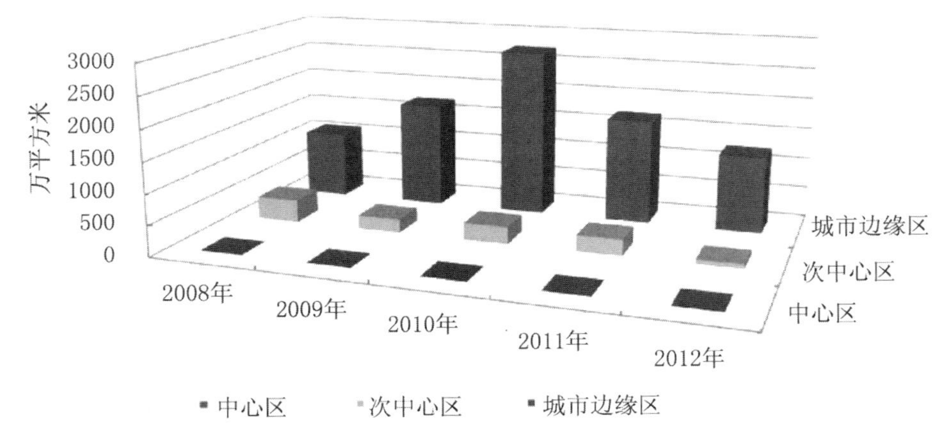

附图 12　2008—2012 年北京土地成交区域分布图

数据来源：北京中原市场研究部

（七）供应增加 2013 土地郊区化力推保障房

1. 土地缺口 供需缺口或超千万平米

政策趋势是判断房地产市场最重要的影响因素。土地市场的举措则反映了开发商结合政策趋势、资金情况作出后市市场的预判。

按发展规律来看，从房企拿地到楼盘出售一般需要数年，因此从目前土地市场的火爆现象来判断几年后的楼市趋势，存在一定的现实难度。但就目前政策调控力度并未放松，加上受全球经济低位运行等因素影响来看，未来楼价缺乏大幅上涨的条件。楼市并非每日波动的股市行情，而是周期性变化，大部分开发商会根据自身需求，寻求市场回暖的时机去积极拿地，从而壮大企业实力。总体来说，现在很难判断最好的买地时机，但频繁出现“地王”现象，会对楼市后市心理预期产生推动作用。所以预计在政策及外在因素未大幅变动的情况下，13 年楼市依然发展趋好。

北京未来两年供应缺口可能在千万平方米，北京剔除 2008 年及 2011 年的调控影响，正常市场对住宅的签约面积需求在 1000 ~ 1500 万平方米之间，而最近 2 年的土地供应量仅能满足 1 年的购买需求。未来两年，北京成交量如果维持平均水平的话，市场土地供应缺口可能在 1000 ~ 1500 万平方米之间，而剔除之前几年积压的未开发库存外，未来 2 年的土地供应缺口可能达到 1000 万平方米左右。

总体土地市场复苏趋势形成，就房企本身而言，主要由三大因素导致：（1）受 2012 年下半年的楼市成交气氛高涨影响，房企在自身资金链运转顺畅的基础上，对后市保持相当的乐观心态，积极出手拿地；（2）房企对十八大影响持正面积极的态度，认为未来楼市政策基调趋向平和，中国经济将有转势向上的趋势；（3）在之前的楼市低迷期中，房企未积极拿地，一直在消耗自身库存量。现趁楼市回暖之际，房企补充库存需求迫切，并趋向于规模化发展，以占据存量优势，从而更有意愿去追捧优质地块。

2. 新城主导 土地市场郊区化

因近年来北京市的整体规划侧重于新城的开发建设，为此规划中的十一个新城，将会是北京的重点发展区域，这些区域的土地市场也会变的比较活跃。其中，由于北京经济发展向南城倾斜的政策导向：大兴、房山这些区域已经逐渐成为土地供应的热点。

3. 保障土地 供应继续增加

2011–2012 年，北京已经完成了保障房建设任务，但是最近几年的保障房任务依然比较重。国土部出台了《关于加强房地产用地供应和监管有关问题的通知》,《通知》要求确保保障性住房、棚户改造和自住性中小套型商品房建房用地不低于住房建设用地供应总量的 70%。随着政策的逐步落实，未来政策性住房用地供应将会继续增大，但对商品房市场的影响目前来看力度不大。

四、暖新房——刚需主场 新房市场退寒回温

2011 年楼市执行“限购”。“限贷”以来，北京住宅市场一度跌至谷底，新建商品住宅更创九年来历史新低的成交记录。2012 年楼市调控政策坚定不移执行的同时，降低首套刚需贷款利率，住宅市场筑底后逐步回暖。新建商品住宅市场成交量同比涨幅显着，成交价格除结构性成交因素外，价格稳步微涨趋势显着，以城市边缘区为主力的新房市场年底异常火热。对于购房者而言，受市场回暖、“买涨不买跌”的购房心理等影响，自住型刚需购房者加快了入市的步伐。

（一）筑底回升　刚需助推新房成交

实行商品房改革以来，中国房地产行业实行了 4 次实质性政策调控，“限购”、“限贷”是本轮楼市调控的杀手锏。根据北京市住建委公布的新建商品房统计数据显示，2012 年新建商品住宅成交 123033 套，同比上涨 35.32%，成交面积约 1342.49 万平方米，北京新建商品住宅市场成交逐步回升。

2011 年北京新建商品住宅成交创 9 年最低，造就了新房市场的筑底态势。“十二五”期间，安居型保障房建设和坚持执行调控政策是房地产发展的主要趋势，深一步楼市调控政策并未推出，限购解禁的购房需求年后逐步释放，住宅成交量筑底回升。

另外，伴随全球范围的经济发展速度放缓，美国、欧盟等国家和地区推出一系列金融、财政等救市政策。央行年内 2 次降准、2 次降息、多次逆回购等政策直接释放大量流动资金，楼市成为重要的受惠行业。“两会”后楼市推出房贷利率优惠，支持首套刚需购房者购房等定向宽松政策。

房地产开发商推出了应市的产品成为新房成交量回升的主要原因。房地产调控政策对楼市需求进行了重新的排列组合，投资需求继续被挤出，较去年下降 2 个百分点。目前住宅市场的主要购买人群集中在首置和首改购房者，房企对推市产品进行优化，90～120 平方米中等户型成为今年新房市场的热销产品。

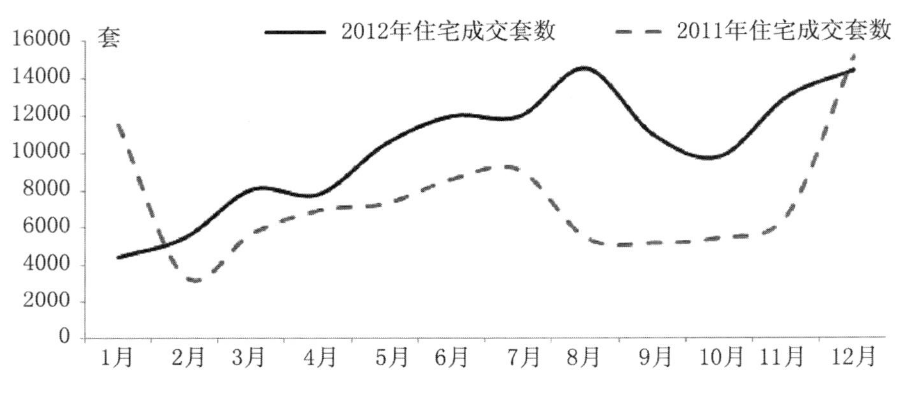

附图 13　北京市新建商品住宅成交量（2011—2012 年）

数据来源：北京中原市场研究部

（二）需求回暖　热销楼盘价格回涨动力大

2012 年北京新建商品住宅成交均价为 20772 元/平方米，同比下降 3.54%，是近 7 年来首度出现年度同比均价下跌。这主要由于新房市场外延发展和低价楼盘热销造成的结构性变化影响。

北京中心六城区域住宅土地资源有限，供应呈现郊区化趋势，住宅供应和成交受此影响逐步外延发展。2012 年 10 个郊县区域成交比重上涨 3 个百分点，8 成以上位于五环外，价格相对较低，带动全市新建住宅成交价格下滑。

低价楼盘成交比重高影响全市新建商品住宅价格，根据北京中原市场研究部对热销住宅楼盘进行整理，热销的 100 个楼盘里，66% 成交均价在 20000 元/平方米以下，成交量占到 75%以上。

低均价、低总价楼盘得到广大刚需购房者青睐，成交量增加也是目前楼市开发商上调价格的必要动力，在这些热销的低价楼盘中年底与年初比大部分项目成交出现一定幅度上涨，

除受销售房源品质差异外,需求回暖也成为重要因素。

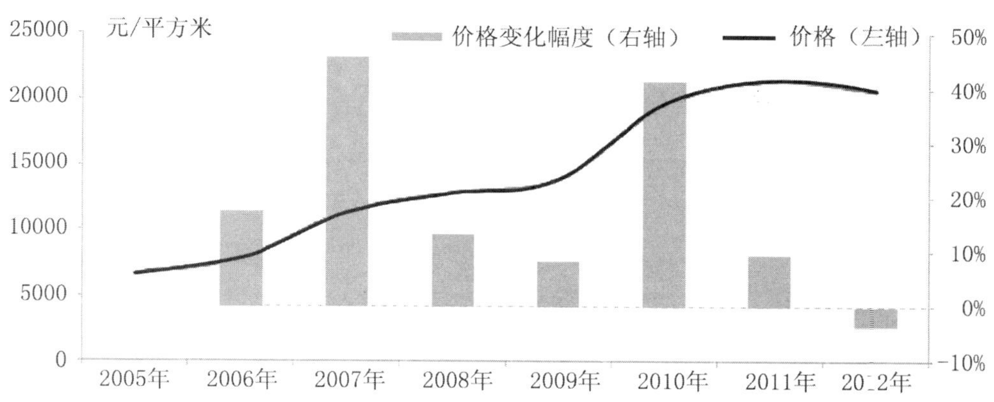

附图 14 北京市新建商品住宅成交价格走势(2005—2012 年)

数据来源:北京中原市场研究部

(三)刚需释放 新房去库存化高涨

2012 年北京新建商品住宅新增供应 9.6 万套,供需比为 1:1.28,北京新房市场进入高去库存化阶段。高去库存一方面受益于购房需求释放,住宅成交回暖,另一方面也促进了房企积极推盘,北京新建商品住宅供应量与上年基本持平。

北京新建商品住宅经过 2012 年高去库存阶段,截至 12 月 31 日,北京新建商品住宅库存量达到 81660 套,与本年 3 月 27 日后北京住建委清除无效库存后的 90556 套比,库存下降近 1 成;而年内最低库存 76877 套,比清除后的库存减少 17.79%。高去库存还表现在全年预售项目平均去化率大幅增加,2012 年达到 65.8%,而上年仅为 40%左右。

备注:供需比指按新增供应与成交之比。

(四)供应外延 城市边缘区成交是主力

根据北京统计局数据显示,截至 2010 年,北京城镇化率达到 86%,农村城镇化综合实现程度达到 84%,农村居民人均消费水平和收入增加,居住等基础消费占人均消费比重更加偏高。在北京城镇化推进过程中,农村土地改革成为关键,房地产市场化发展是重要指标之一,2012 年北京城市边缘区房地产市场表现异常火热。数据统计,北京 2012 年 10 个城市边缘区新建商品住宅成交量同比涨 81.60%,成交均价 15850 元/平方米,同比上涨 13.85%。

北京住宅土地成交市场边缘化,城市边缘区成为房地产交易的主战场。2008-2012 年,城市边缘区住宅土地成交 8473.72 万平方米占到全市的 87.2%,2012 年 1248.47 万平方米,占到全市的 94.01%,达到了北京历史最高。

另外,北京边缘区域房价水平低,适合楼市双限以来逐步释放的刚需购房者。其一,2012 年北京五环外新建商品住宅成交量占全市的 82.75%,在历年同区位占比水平中最高;其二,本年五环外预售项目平均去化率为 67%,高于全市水平。

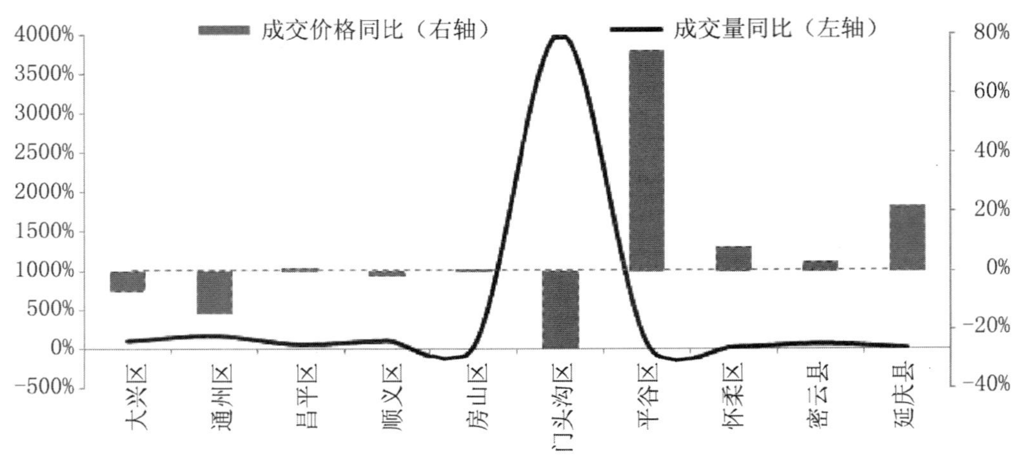

附图 15　北京城市边缘区新建商品住宅成交量和价格同比（2011—2012 年）

数据来源：北京中原市场研究部

（五）优化产品　调整销售策略

楼市调控政策使市场成交增速放缓，对成交结构也产生重大影响。2011 年北京新房市场跌入谷底，将近 116 个项目明显降价，98.8%的在售新盘价格停止上涨，“以价换量”成为项目的主要销售策略。

随着 2012 年楼市出现回暖，房地产开发企业针对市场需求结构的变化，增加自住刚需客户需求的产品。根据 2012 年北京新建商品住宅成交结构看，50～150 平方米的户型占到全市的八成以上，其中 90～150 平方米的中等户型成交占比同比显着上涨，主要是满足改善型客户及部分首置客户所需。

房地产开发企业在注重产品结构和品质提高的同时，房地产开发企业资金状况改善，推盘和拿地积极性明显提高，北京新房市场呈现欣欣向荣的景象。

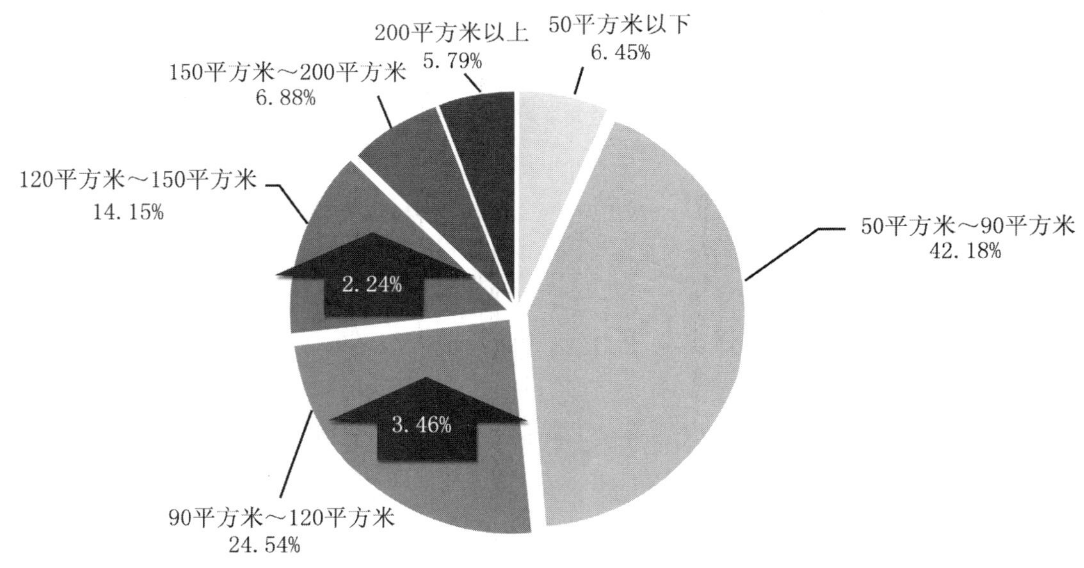

附图 16　北京新建商品住宅成交面积结构（2012 年）

数据来源：北京中原市场研究部

（六）量价稳涨　2013郊区仍为主战场

1．成交回暖　延续反弹趋势

2011 年，北京销售商品住宅面积创造了最近10年来的最低成交记录。2012年限购政策持续，但是购房者对市场的预期出现变化，从3月开始的市场复苏使得2012年成交量明显增加，特别是信贷优惠政策使得下半年成交量明显高于上半年。

2013 年全国层面或将出台新的楼市政策，但对北京房地产市场的平稳运行，应该不会产生大的影响。预计2013年北京新房量价仍可保持平稳的小幅增长。

2．房价上涨　幅度不会过大

2012 年，房价已经出现止跌反弹，市场对政策的关注度提高，恐慌性心理已经出现。购房者担忧再次错过房价低点，屡调屡涨的价格使得购房者对价格下调的期待降低。

预计在2013年，郊区供应量也将大涨，在全市占比份额也将继续达到历史新高，但郊区项目大涨的可能性不大。而五环内房价上涨的幅度可能明显超过郊区。

五、暖二手房——量价筑底　市场复苏渐暖

2012 年二手住宅市场较去年回暖明显，尤其是下半年的二手楼市。如果把2011年市场温度拟定为零度，今年市场的平均温度应该在30度～40度之间。在政策适度定向宽松的前提下，今年二手住宅成交量呈现上涨；房屋均价同比小幅下跌，但年底较年初则平稳增长；“首置刚需”和“首改刚需”成为二手住宅市场的主力军，同时业主信心也在下半年大幅回升。租金价格也是打破季节性规律呈现持续上涨，这均为本年二手楼市持续回暖的特征表现。从年底十八大和中央经济工作会议的基调来看，政策并未有实质性变化，因此这一热度必将延续到明年初。

（一）政策倾斜　成交量上涨

2012 年二手住宅市场受楼市政策影响显着，不论从全年整体变化还是逐月的变化趋势皆表现明显。

首先从整体来看，今年上半年政策基调以适度放松为主，下半年看到市场成交量放大过快，转而多次重申“坚持楼市调控政策不动摇”来控制楼市上升的步速和步幅。全年网签和过户套数分别为14.4万和11.5万套，同比分别上涨18%和16%，成为京城楼市十年来成交量第三的年份。而这一成绩是在“限购”政策背景下取得，足以说明北京楼市自住需求仍处于旺盛时期，抑制过度投机投资仍能够保证北京二手住宅市场有较稳定的成交量。

其次从月度来看，3月、7月和12月表现突出。第一，3月成为全年成交走出低谷的转折月，这是2月下调存款准备金率和央行公布差别化信贷政策利好的影响所致；第二，7月成交攀升至高位，这一高峰的产生，得益于上半年的2次下调存款准备金率和2次下调贷款基准利率；　第三，12月成交创年度记录，这主要是因为自11月“十八大”召开到12月中共政治局和中央经济工作会议这三大具有政策导向风向标意义的会议都未释放将出台更为严厉措施的信号，从而观望群体的需求提前释放，致使年底翘尾现象发生。

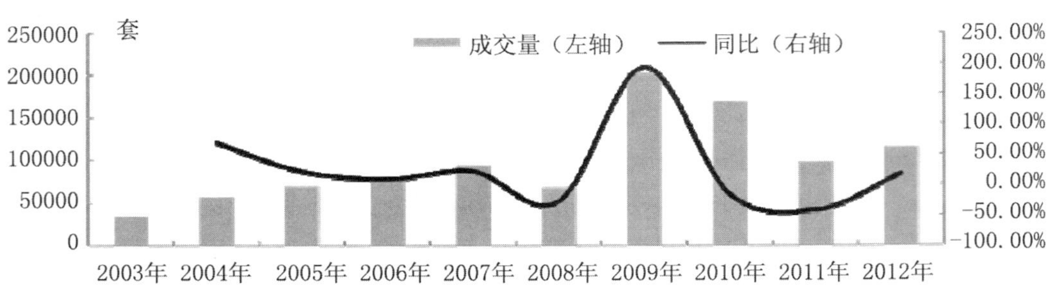

附图 17　北京市二手住宅（过户）成交量对比走势图（2003—2012 年）

数据来源：北京中原市场研究部

（二）刚需支撑　二手均价平稳发展

2012 年二手住宅的价格自二季度开始呈现平稳上涨趋势，仅一季度受上年调控从严和春节影响，价格延续下降走势。全年均价为 23129 元/平方米，较 2011 年下降了 2.6%，同时由于房价持续小幅上涨 9 个月，使得全年累计涨幅（12 月比 1 月）达到 14%。全年房价可以概括为“均价同比微下浮，年内累记涨一成”。由于限购政策并未放松，年内房价月度环比小幅攀升的基础来自于自住群体，而其中又以“首置刚需”和“首改刚需”为主要支撑，购房刚需群体在“定向宽松”的背景下大量释放从而托起二手房价稳步向前。

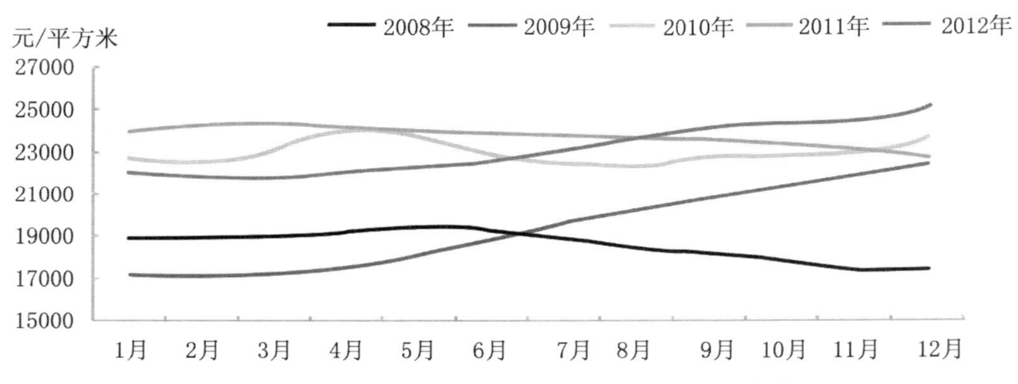

附图 18　北京市 2008—2012 年二手住宅成交价格走势对比图

数据来源：北京中原市场研究部

（三）信心回升　报价指数半年番一翻

2012 年二手住宅报价指数（业主信心指数）较 2011 年有明显提升，全年平均 40%，高于去年 9 个百分点。与此同时上、下半年也形成了鲜明对比，上半年仍延续 2011 年的低迷走势，业主对房价的预期不高，甚至预期房价有持续下降的趋势，而下半年开始，受到上半年适度宽松的货币政策和对刚需给予鼓励等倾斜政策的提振，报价指数明显回升，从上半年的均值 26%涨到了下半年的 55%，数值翻倍。这一指数也预示着 2013 年初房价仍会保持平稳上浮的大趋势。

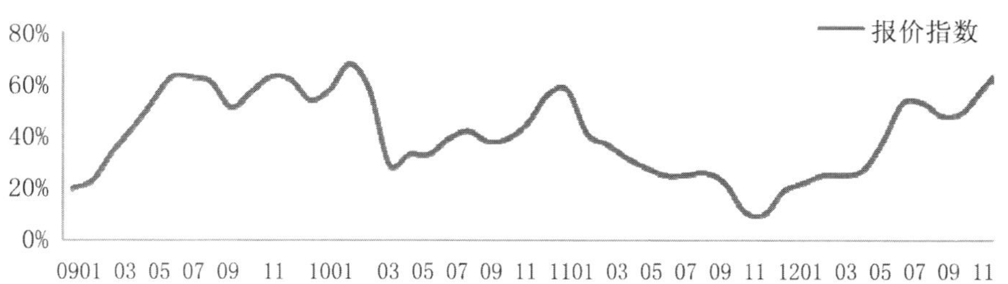

附图 19 北京市 2009—2012 年二手住宅报价指数走势图

数据来源：北京中原市场研究部

（四）限购影响 本市购买比例再上升

受到自 2011 年 2 月开始的限购政策影响，两年来本市居民购买比例逐年上升，俨然成为京城二手住宅市场的主力军。2012 年已达到了 82.6%，较 2011 年扩大近 6 个百分点，而外省市居民、国内企事业以及境外机构和个人的比例分别为 15.2%、1.7%和 0.5%，环比均呈现下降，降幅分别为 4.5%、0.4%和 1%。由于限购政策（鼓励自住，抑制投机投资）已明确明年将继续执行，可以推断未来一年成交客户八成以上仍是本地居民。

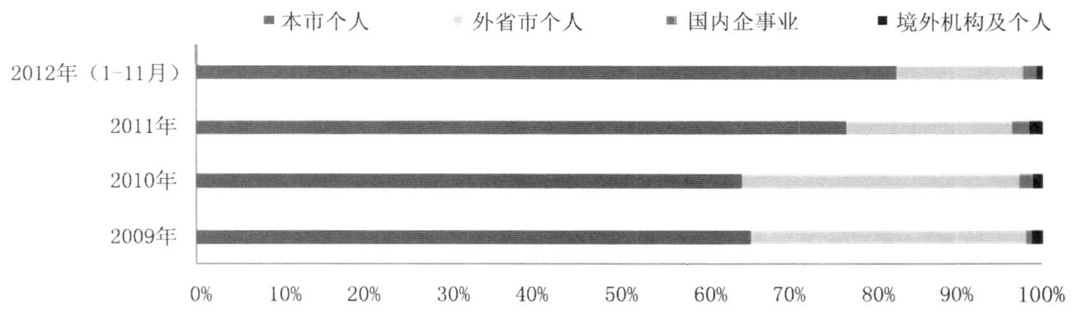

附图 20 北京市 2009 -2012 年二手住宅成交人群结构对比图

数据来源：北京中原市场研究部

（五）热点区域 次中心区、学区、轨道周边成交忙

2012 年次中心区（朝海丰石）成交套数的比重有所增加，从 52.3%上涨到 53.4%，而中心区和城市边缘区的成交量分别受到房价高，投资群体被限购和新房供应集中，分流部分二手房刚需的影响而呈现占比下降的状态。

学区的优势在于稀缺，由于海淀中关村地区（万柳、世纪城等）是北京典型重点学区，因此成交量和价格受市场影响最小，且涨幅居前，为孩子上学购房的群体能固定占到区域全部购房人群的 40%，从而保证了区域的保值增值性。

2012 年底开通的 4 条轨道交通也颇为引人注目，横（6 号线）、纵（9 号线、8 号线），环线（10 号线二期）全涉及，而随着北京家用轿车日渐增多，地上交通负荷越来越大，地铁的优势越来越凸现，轨道周边房产受追捧也就顺理成章。今年 4 条地铁线路沿线热门成交区域有青年路、朝阳门外、田村、六里桥、花乡、大红门等，这些区域在今年普遍受到追捧，或成交量明显高于非热点区域，或价格上涨幅度高于周边。

注：中心区指东城和西城；次中心区指朝阳、海淀、丰台、石景山；城市边缘区指以上区域以外的近远郊区县。

（六）租金上涨　季节性特点被削弱

2012 年北京住宅租金水平继续上升，全年平均租金 54.4 元/（平方米·月），较上年上涨 3.8%。可见租赁市场需求依旧旺盛，拉动租金持续上扬。同时由于限购政策持续实施了 2 年，导致租赁市场在今年出现了以往没有的特点，即季节性波动特点被削弱，按照传统规律租金一般在春节后和 5-9 月大学生毕业季处于高位，其他月份不同程度有所下降。然而今年自春节过后（2 月）租金开始上涨以来，一直持续上升，且仅在上涨幅度上有所差别。

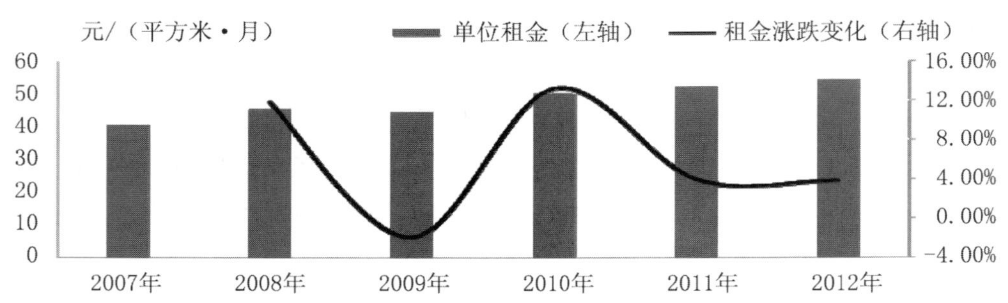

附图 21　北京市 2007—2012 年住宅租金及涨跌幅度变化走势图

数据来源：北京中原市场研究部

（七）投资萎缩　一二手成交差距持续缩小

2012 年一二手成交量均有明显上涨，在两者均呈现上涨的情况下，由于新房上涨幅度要大于二手房，从而导致新房与二手房成交量之间的差距进一步缩小，继去年的 1∶1.7 上升到今年的 1∶1.2。这表明近两年新房成交在住宅市场的比重增大，而二手房则减小，导致这一现象的原因主要是受到"限购"政策打击投机投资所致，市场购房需求集中于刚性需求，2012 年新房市场开发商应市推出大量刚需产品，且近郊区具有一定价格优势，与二手房相比新房明显被消费者看好，促进新房涨幅要大于二手房涨幅，导致一二手房之间比重趋近。

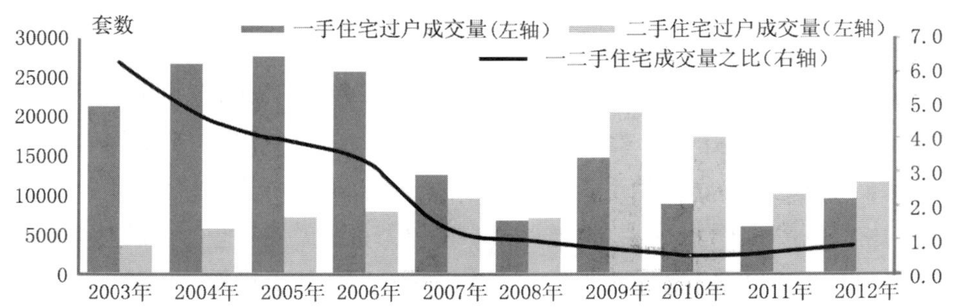

附图 22　北京市 2003—2012 年一、二手住宅过户成交量对比情况走势图

数据来源：北京中原市场研究部

（八）平稳回升 2013刚需改善是支撑

1. 价格缓涨 首置刚需改善仍为主

分区域来看，在新房供应为主的郊区，二手房价格上涨依然缓慢，在新房供应和二手房供应并重的次中心区，二手房价格上涨幅度基本与新房类似；而在城市中心区，新房供应稀少，二手房价格非常坚挺。在市场整体复苏的作用下，二手房成交量持续回升，预计2013年二手房成交量将明显回升，价格缓涨。从成交结构看，市场需求仍将以首置和首改为主，中低价位的普通住宅依然会占据成交量的主体。

2. 租赁回归 涨幅逐渐趋稳

目前来看2010年开始的租金上涨高峰已经过去，进入2012年，北京租赁市场虽然依然上涨，但是涨幅放缓。需要注意的是8—9月的租赁需求上涨，房产投资者对租金收益的看重，租赁市场的短期活跃再次影响租金上涨。

2013年各地目前对租赁市场的调控手段将继续匮乏，公租房等房源的直接供给量并不多。后市如果公租房不加快入市、扩大受益面，租金依然有可能长期上涨。

六、暖写字楼——租售稳涨 投资回报趋合理

2011年在“限购”和“限贷”政策的双重制约下，住宅交易陷入冰点。与之相反的是，写字楼开始活跃发展，主要表现在住宅被限的投资需求，转投商业地产，促使商业市场量稳价涨，供不应求。

2012年调控政策“微调”频现，住宅市场开始回暖，写字楼市场进一步回暖，租售稳涨，无论是入住率还是投资回报率都呈上升态势，市场温度在80度以上。

众所周知，由于写字楼租赁群体主要以企业租赁为主，故写字楼物业发展是否景气，与经济的发展水平高低息息相关。从目前形势来看，我国经济整体处于缓中趋稳的趋势，写字楼租赁需求仍会处于小幅上涨状态，整体租价也将保持稳步上升。

（一）供应平稳 外围化是趋势

北京写字楼市场发展与经济高速发展息息相关，随着北京经济结构的不断优化，第三产业迅速崛起，带动大量写字楼需求。由此也驱动写字楼供应量增加。

自2008年至今，北京写字楼年新增供应面积整体处于平稳增长趋势，2011年供应出现井喷，进入2012年供应同比有所减缓，但是同2010年相比仍处于增长态势。据北京中原市场研究部数据显示：2012年北京写字楼供应面积为253.1万平方米，同比下降20.9%，但同2010年的241.8万平方米相比上涨了4.7%。

另外，从供应区域上看，主要集中于北京非典型商圈区域，如丰台、顺义、大兴及朝阳、海淀的外延区等，土地供应的外围化也为将来写字楼外围化发展奠定基础。

注：供应数据以在建委备案日期为准。

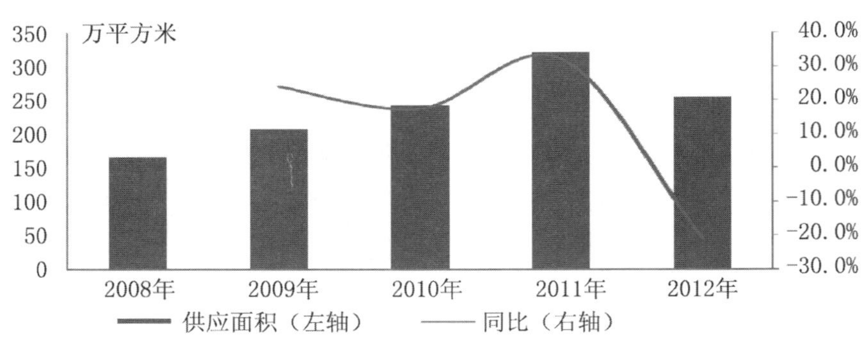

附图 23　北京写字楼供应面积走势（2006—2012 年）

数据来源：北京中原市场研究部

（二）销售回暖　供求基本平衡

2012 年北京经济仍处于快速增长时期，写字楼需求量不断增长，促使成交量增长，另外，2012 年住宅市场仍执行限购政策，挤压出大量投资性需求，转投向不限购的商业地产，促进写字楼成交量增加。据北京中原市场研究部数据显示：2012 年北京写字楼成交面积为 286.9 万平方米，同比增长 30.6%，主要原因是 12 月有几个大单出现导致成交面积涨幅较高。

从供求比上来看，2012 年基本平衡，供求比为 0.88，明显低于 2011 年的 1.46，主要原因是 2011 年供应出现爆涨，凸显供大于求，2012 年供应平稳发展，成交仍处于小幅增长趋势，供求比基本持平。

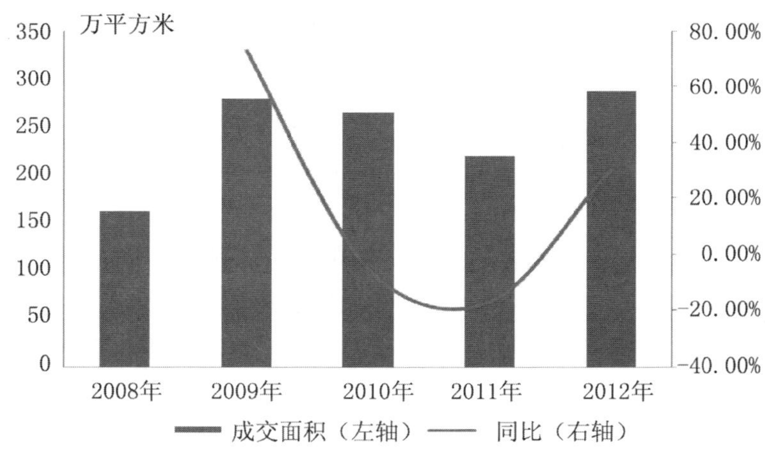

附图 24　北京写字楼成交面积走势（2006—2012 年）

数据来源：北京中原市场研究部

附表 4　北京写字楼新增供应面积与成交面积对比（2008—2012 年）

项目	2008 年	2009 年	2010 年	2011 年	2012 年
供求比	1.03	0.74	0.91	1.46	0.88

数据来源：北京中原市场研究部

（三）售价微跌　郊区成交带动

北京新建写字楼售价自 2006 年至今整体处于上涨态势，主要分为三个阶段，第一阶段 2006-2009 年价格处于平稳上涨阶段，年均涨幅为 9%,其中，2009 年写字楼售价基本持平，同比仅上涨 1.7%；第二阶段 2010-2011 年写字楼售价快速上涨，从 2010 年 22163 元/平方米上涨至 2011 年 26776 元/平方米，涨幅达 21%;第三阶段进入 2012 年后写字楼售价出现缓和下行趋势，2012 年写字楼售价为 25900 元/平方米，同比下降 3.2%。

写字楼售价的涨跌互现主要受三方面原因影响，一是整体宏观形势左右写字楼是否能快速发展，影响到写字楼发展预期;二是写字楼供求关系影响开发商定价策略;三是供应项目区域结构不同，近郊区供应增多，成交增加，进而拉低整体成交价格。

从中心城区、次中心区、边缘区来划分，2012 年边缘区成交占比为 50.8%，比 2011 年上涨 18.04 个百分点，中心城区 2012 年成交占比为 3.33%，比 2011 年下降 14.79 个百分点。主要是供给区域结构趋向边缘城区所致。

在 2011 年和 2012 年北京写字楼按成交套数前十排名中，2012 年由于昌平区成交项目价格偏低，顺义旭辉•空港中心项目成交套数 290 套，成交均价 11347 元/平方米。随着写字楼市场成交热点的不断外扩，城市边缘区的成交比重也在逐步加大。由于城市边缘区写字楼项目成交均价相对较低，促写字楼成交价格同比略有下浮。

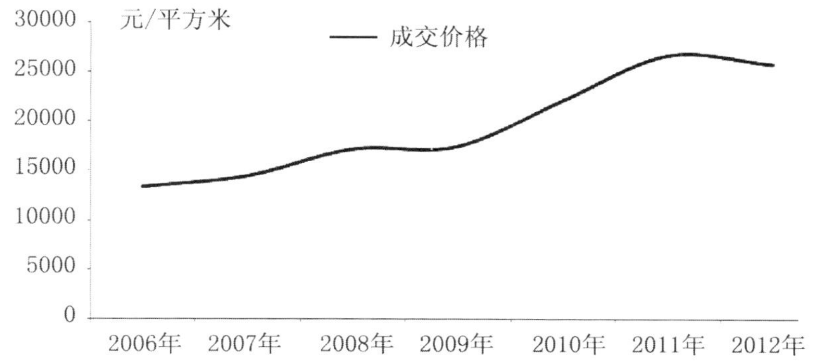

附图 25　京写字楼成交价格走势（2006—2012 年）

数据来源：北京中原市场研究部

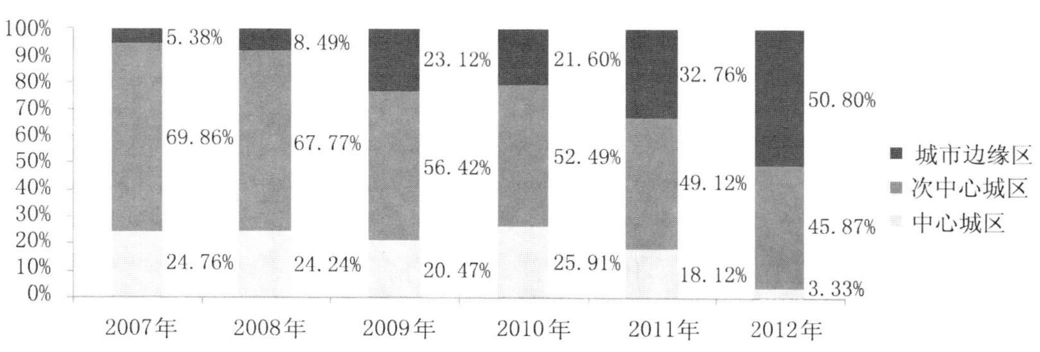

附图 26　北京写字楼成交区域占比走势图（2007—2012 年）

数据来源：北京中原市场研究部

附表 5　2011 年和 2012 年北京写字楼按成交套数的排名

2011 年					2012 年				
名次	项目名称	行政区	套数	均价（元/平方米）	名次	项目名称	行政区	套数	均价（元/平方米）
1	绿地财富中心	大兴区	588	21530	1	国投财富大厦	丰台区	1129	40575
2	东亚 · 中轴国际	丰台区	545	33880	2	CDD 创意港 · 嘉悦广场	大兴区	735	20019
3	望京 SOHO	朝阳区	365	49391	3	诺德中心	丰台区	724	26790
4	金澳国际大厦	海淀区	312	27244	4	望京 SOHO	朝阳区	689	49226
5	VITA 国际	大兴区	311	14926	5	绿地财富中心	大兴区	625	16666
6	丹棱大厦	海淀区	293	33503	6	东亚 ·中轴国际	丰台区	311	35650
7	力宝广场（诗礼庭）	大兴区	202	20028	7	旭辉 ·空港中心	顺义区	290	11347
8	北方中惠国际中心	石景山区	156	18979	8	博雅 CC	昌平区	289	16370
9	一瓶•四和院	朝阳区	133	29620	9	荣华国际	大兴区	213	15889
10	BDA 国际企业大道	大兴区	127	24180	10	力宝广场（诗礼庭）	大兴区	161	18005
合计			3032	27328	合计			5166	25054

数据来源：北京中原市场研究部

（四）租金上涨　典型商圈价值趋合理

据中原监测的七大商圈（国贸、燕莎、建国门、东二环、金融街、中关村、亚奥商圈）楼盘租赁数据，2012 年 1–12 月七大商圈内甲级写字楼平均租金为 399 元/（平方米 • 月），全年累涨（12 月与 1 月相比）18.9%;另据统计 2012 年 1–12 月七大商圈内准甲级写字楼平均租金为 233 元/（平方米•月），全年累涨 16.4%。

首先，经济形势决定写字楼发展前景。写字楼物业发展是否景气，与经济的发展水平高低息息相关，因为写字楼租赁群体主要以企业租赁为主。目前从整体形势来看，我国经济整体处于缓中趋稳，且目前货币政策倾向于扶植小危企业贷款等，未来北京写字楼需求量依然很大。

其次，写字楼租赁具有很强的区域性，典型商圈基本处于满租状态，导致区域内新增加可租面积的业主对租金上涨有强大支撑力。

最后，租赁需求外延，缓解典型商圈租金居高不下问题。年底部分写字楼租赁合同集中到期，无论换租或续租均将面临核心商圈租金价格上涨情况。而随着写字楼租金价格上涨和核心商圈吸纳量有限，租赁需求外迁至非核心商圈和新的商务中心的趋势加强。

2012 年写字楼价格平稳发展，而热点商圈写字楼租赁市场交投却非常活跃，租金涨幅较快，从而吸引了一批投资者入市。据统计，当下如 CBD、金融街、中关村、燕莎等典型区域月度新增可出租面积较少，供应明显小于需求。此外，2012 年典型商圈的写字楼投资回报率达到 5%～8%，普遍优于 2011 年。

写字楼入住率和租金回报率是两个衡量市场健康情况的指标。目前来看，该两项指标比较合理，因此短期写字楼市场仍将保持稳定的上升。但是，长远来看并不乐观。一方面，2010 年和 2011 年均出现了写字楼新开工面积的大幅增加，这些新增供应将在 2012—2013 年之后陆续进入市场；另一方面，写字楼的需求与国民经济的增长速度、第三产业的发展速度息息相关，故未来写字楼市场也存在一定的风险。

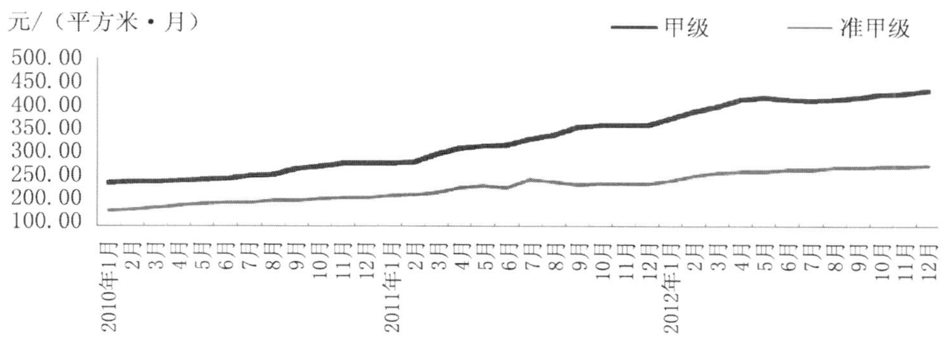

附图 27 北京甲级、准甲级写字楼租金走势图（2010-2012 年）

数据来源：北京中原市场研究部

（五）入住率升 典型商圈趋满租

2011 年北京甲级写字楼空置率不断降低，市场继续呈现供不应求的态势，其中核心区域优质写字楼项目倍受青睐，入住率不断上升。2011 年 12 月，北京甲级写字楼入住率达到 94.35%，全年累涨 5 个百分点。

2012 年市场筑底回暖，经济在企稳中积极寻求各种支撑点，北京写字楼市场热点商圈如 CBD、金融街、中关村等甲级写字楼入住率均达到 96%以上，普遍呈现满租状态。全年甲级写字楼入住率呈现平稳上升的状态。

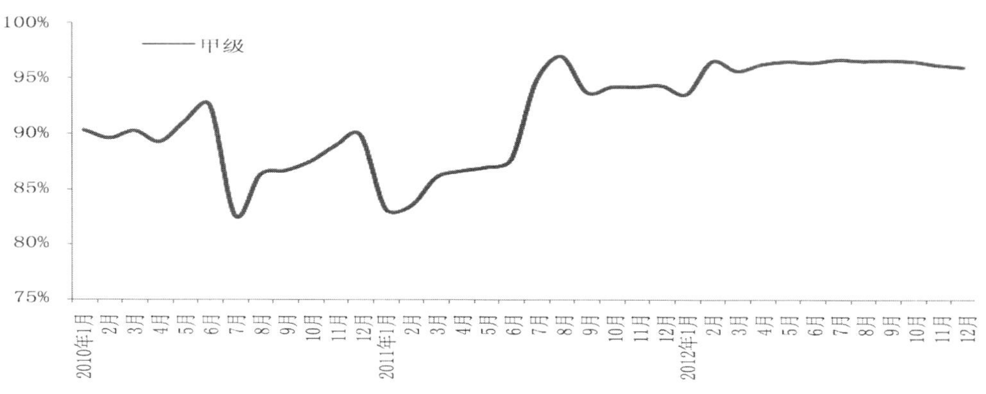

附图 28 甲级写字楼入住率走势图（2010—2012 年）

注：2012 年 11—12 月数值为估值　　数据来源：北京中原市场研究部

（六）租金上涨　2013 写字楼或成投资热点

从目前写字楼供应的区域分布及周边市场情况来看，预计 2013 年北京写字楼的租金和售价将稳步上涨。原因分析：一方面市场需求强劲；另一方面商业地产受调控冲击力度较小。以上两点也将吸引大批投资者的关注，最终促使 2013 年北京写字楼租金、售价继续上涨。

目前来看，中国经济仍未明显起色，写字楼销售市场在未来或将明显改观。一方面，住宅市场和商业地产市场之间的此消彼长在最近几年十分明显。明年限购仍将继续，对住宅购房需求仍有抑制作用，部分资金可能重新关注商业地产市场；另一方面，随着降息、降准、行业振兴政策的陆续实施，资金供应规模逐步上升，而回报要求逐步降低，在传统的投资渠道如住宅投资因限购而承载能力有限的前提下，更多的闲置资金或将转向回报率相对较高的写字楼市场。

商业地产格局从核心商务区向新城组团商务区扩散。过去集中的商务区，随着轨道交通的完善，将逐步向区域商务区扩散。其原因包括租金、售价高企，企业利润增长有限，硬件老化等。北京将形成中关村、金融街、CBD 核心商务区和周边新城组团多个区域商务区的格局，轨道交通的商务区崛起迅速，多元化办公需求向外围扩散。

2012 年北京房地产市场年报

北京链家地产市场研究中心

宏观政策篇

一、宏观经济政策宽松趋势明显

2012 年，宏观经济政策继 2009 年以来首次出现“降准又降息”的双降局面。2012 年累计降准 2 次，降幅 1%，至 20.5%，当期累计释放资金量约 8412 亿元，5 年期以上贷款利息下调 2 次，降幅 0.5%，降至 6.55%，消费者贷款月供（100 万元，20 年期）累计减少约 298 元。“双降”的宏观经济环境，无论是对于开发商还是购房者，都有着不可忽视的利好作用，并且此利好作用仍将在 2013 年持续，并加深。

当前我国宏观经济状况依旧不容乐观，与 2008 年末至 2009 年初相比，在缺乏大量救市资金的情况下，还需考虑整体经济结构转型等复杂问题，政府依托于降准或降息等刺激经济发展的过程将会呈现“频率低、时间长”的特点。因此 2013 年房地产市场参与主体将继续得益于宏观经济政策的宽松，但值得注意的是，当前整体房地产市场受到宏观调控的大环境，在 2013 年很难有明显变化，经济政策的利好并不会明显刺激房地产市场继续回暖。

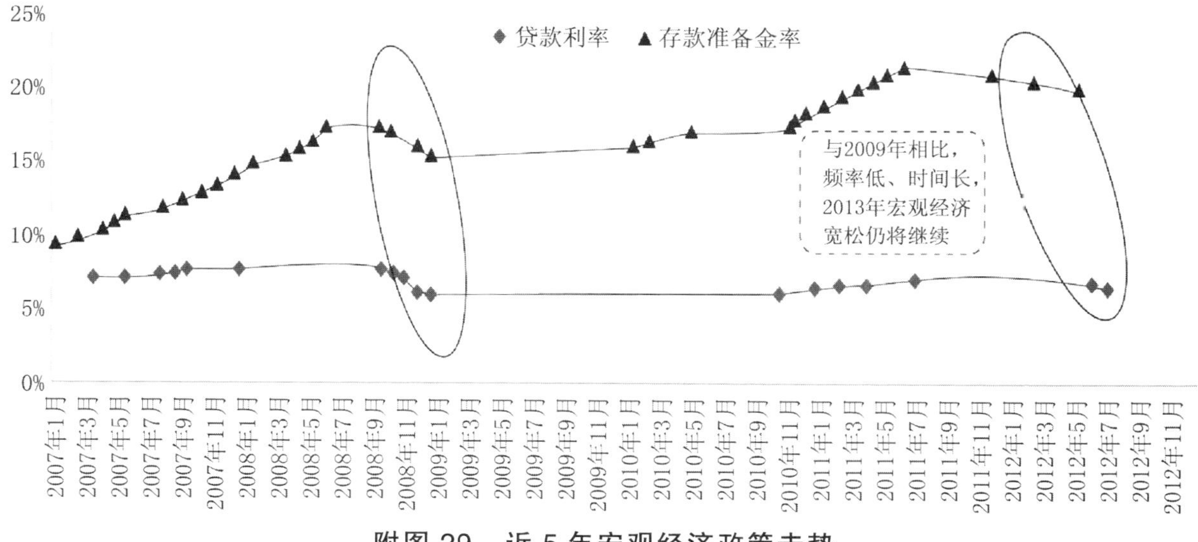

附图 29 近 5 年宏观经济政策走势

来源：中国人民银行

二、房地产宏观调控已趋成熟，博弈微调尚属首次

1．定向微调与研究长效机制成为趋势

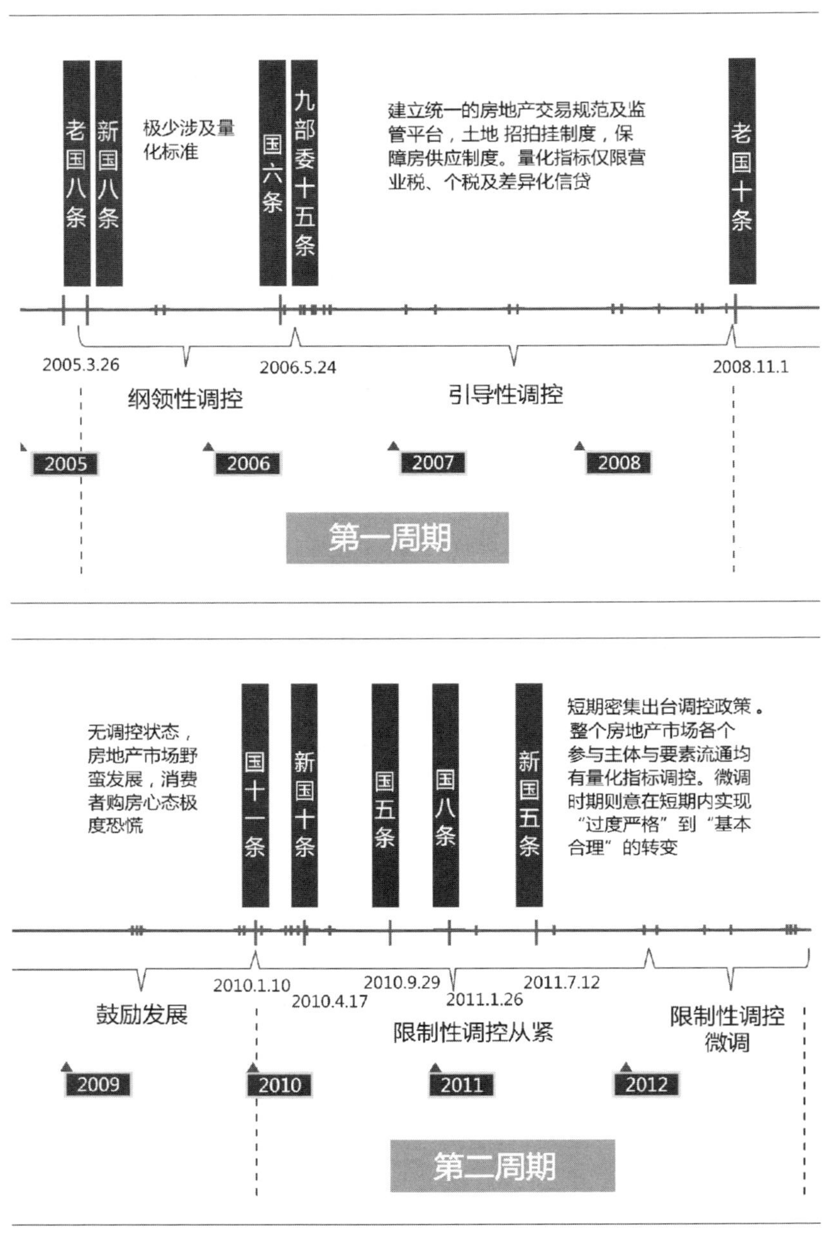

附图 30　历年宏观调控政策走势

从最初的“纲领性调控”到“引导性调控”再到当前的“限制性调控”，7 年的不断发展与进化，使得我国房地产宏观调控政策已经能够基本满足“剔除投机性需求”的需要，调控范围也已经基本覆盖整个房地产市场的各个参与主体与生产要素。进一步从严的空间也可能仅仅限于部分城市政策的落地执行，影响有限。再考虑到存在个别“过度严格”的案例，

因此 2013 年宏观调控政策的趋势仍然是继续进行定向微调。另外，通过建立长效机制削弱房地产投资属性的尝试也将加速，成为 2013 年政策走向的必然议题，值得市场密切关注。

2. 2012 年中央与地方政策博弈一波三折

由于 2011 年宏观调控力度空前，市场需求被明显抑制。楼市成交大幅下挫，土地市场极度冷淡，使得地方政府财政收入在短期内明显减少。2012 年新开年，便有个别城市试水，意图通过政策微调重新提振楼市。全年共有约 49 个省市 66 次政策微调，定向放松的有 40 次，占比约 61%，从紧的有 18 次，占比约 27%，被叫停的有 8 次，占比约 12%。在经过几轮中央与地方政府的博弈之后，政策微调基本进入平稳期。确立了公积金政策微调为主的定向放松，与加强土地管理、限制开发商、一般性政策继续落地的从紧基调。各个地方微调分布与进程，详情见附图 31、附表 6、附表 7。

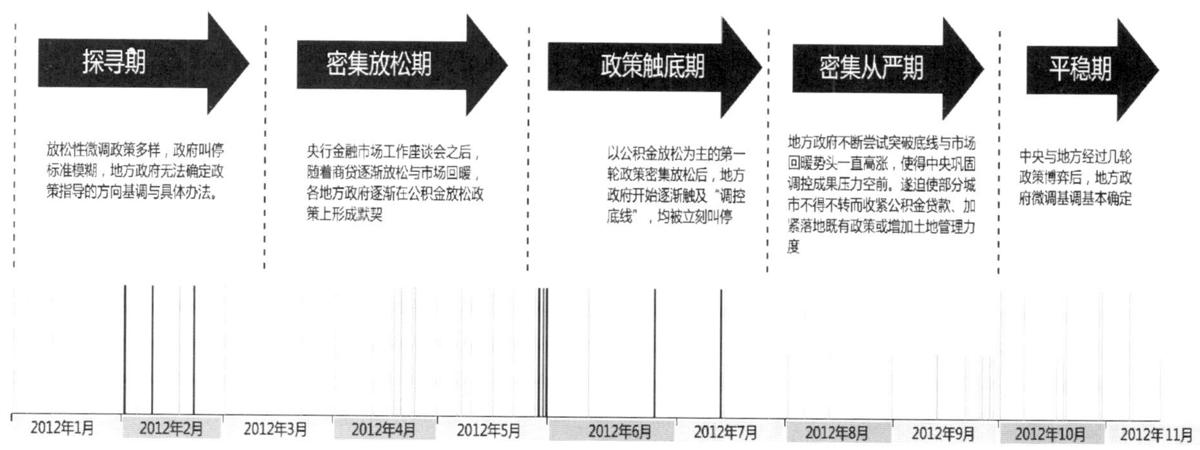

附图 31　2012 年地方政策微调进程

附表 6　按照不同方式进行的地方政策微调分类

政策分类	次数	政策细则	城市
公积金贷款放松	31	提高公积金贷款额度，降低公积金贷款门槛，降低公积金贷款首付等	乐山、连云港、信阳、日照、蚌埠、大连、南昌、克拉玛依、滨州、遂宁、南昌、郑州、武汉、南宁、广州、漳州、呼和浩特、乌鲁木齐、池州、临沂、永州、重庆、西安、常州、宁波、大连、济南、武汉、镇江、江门
鼓励消费	17	放宽普宅标准、定向财政补贴、放松限购或者限贷	无锡、从化、天津、南昌、上海、象山、上海、营口、扬州、沈阳、长沙、石家庄、河南、珠海
一般类政策从严	6	“商改住”叫停，既有差异化信贷严格执行，加强二套房认证程序，加强购房者的资金安全	杭州、上海、济南、武汉、北京、三亚
从紧限制开发商	5	施行预售资金监管、高价项目不审批预售许可、严查捂盘惜售行为	山东、上海、武汉、广州、陕西

续表附表6

政策分类	次数	政策细则	城　市
公积金贷款收紧	3	降低公积金贷款额度、二套首付提高	中山、东莞、济南
稳定土地市场	3	设定土地最高溢价率，加强土地监管，确定限地价竞配建的土地出让方式	杭州、广州、珠海
放松鼓励开发商	1	鼓励组织团购房产，鼓励企业融资或者合并	鄂尔多斯

以上来源：链家地产市场研究部

附表7　按照松紧度进行的地方微调分类表

政策分类	次数	占比	城　市
放松	40	61%	乐山、营口、连云港、扬州、无锡、郑州、从化、武汉、天津、沈阳、上海、鄂尔多斯、南宁、信阳、广州、日照、蚌埠、漳州、大连、呼和浩特、南昌、乌鲁木齐、克拉玛依、池州、滨州、临沂、遂宁、永州、西安、常州、宁波、济南、镇江、江门
从紧	18	27%	南昌、杭州、中山、上海、东莞、山东、济南、武汉、广州、北京、三亚、赏析、珠海
放松且被叫停	8	12%	上海、芜湖、象山、长沙、重庆、石家庄、河南、珠海

附表8　政府对于调控政策集中表态的三个时期

政府表态集中期	次　数
6月5日-6月14日	多部委连续4次对市场传言进行辟谣
6月18日-7月15日	多部委，7次强调将坚持调控不动摇，巩固调控成果
7月25日-10月17日	国家领导人及各部委，18次针对部分问题辟谣或者强调将继续严格执行调控，防止房价反弹

以上来源：链家地产市场研究部

三、行业大周期上升趋势未变，小周期出现触底回升

房地产行业的大周期由人口结构决定，目前人口红利以及城市化率均未达到峰值，行业仍处于上升周期中。不过，由于房地产关系重大，政策经常主导行业的小周期。

2012年是2010年新一轮房地产宏观调控的第三年，经过2011年严厉政策的打压后，市场开始显现小周期见底回升的迹象。2012年四季度房地产开发投资有见底趋势，随着销售及新开工的回升，2013年下半年有望进入上行通道。

1．城市化率突破50%，大城市发展存在机会

城市化进程按照人口流动主导方向分为4个阶段，从农村进入城市、从小城市进入大城市、从城市进入郊区、郊区城市化。按照城

市化进程发展的一般规律，当城市化率超过30%，进入城市化加速阶段。这一阶段以农村人口迁入城市为主导。根据社科院最新数据显示，2011年全国流动人口2.3亿人，其中农村户籍人口占80%。城市化率也突破了50%。接下来几年人口迁移可能会发展为以小城市人口迁入大城市为主，农村人口向城市迁移为辅，而大型的中心城市开始表现为郊区化加速趋势。

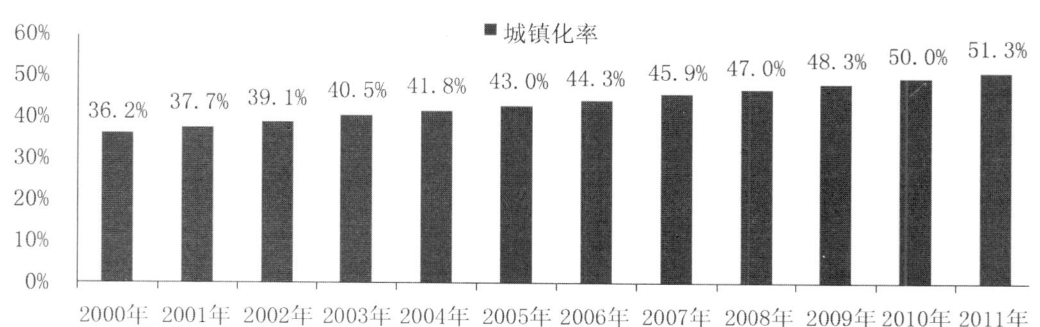

附图32 2000年以来全国城市化进程

来源：国家统计局数据

从城乡就业人口比重看，2010年非农就业人口比重已经达到了63.3%，当前可能已经超过65%。另根据社科院最新数据显示，2011年全国流动人口2.3亿人，其中农村户籍人口占80%。如果考虑到人口红利关闭的时间表，我国已经进入了人口结构调整阶段。长期劳动收入报酬占比上升，从而带动消费。就房地产行业而言，近几年需求规模仍可以保持一定的延续性。相应的一线城市延续稳定态势，部分重点二线城市规模有望增速扩大，三四线可能会存在一定压力。

2. 房地产小周期触底，行业显露回升趋势

（1）新开工面积有望回升：一般而言，销售面积是新开工的领先指数，从年底的趋势看，2013年新开工有望回升。

（2）土地购置面积有所上升。

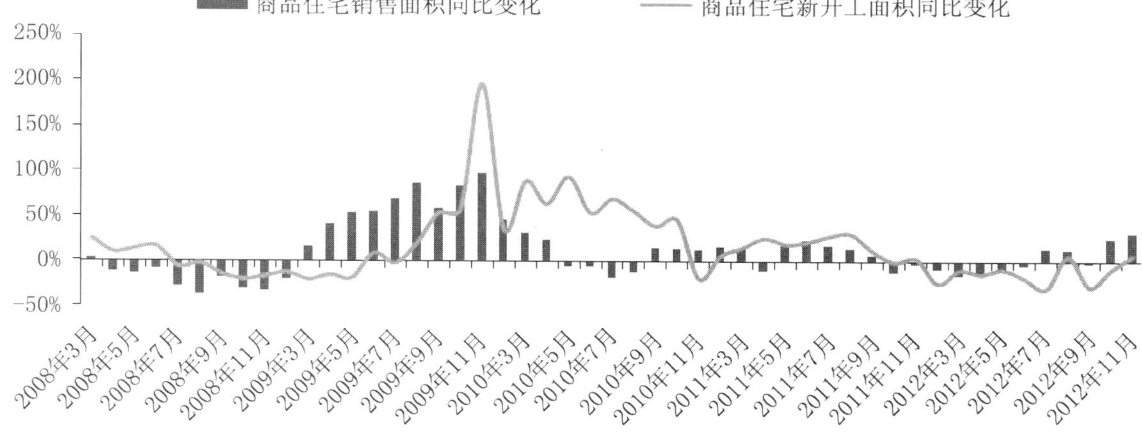

附图33 2008年以来单月全国商品住宅销售及新开工同比变化

来源：国家统计局

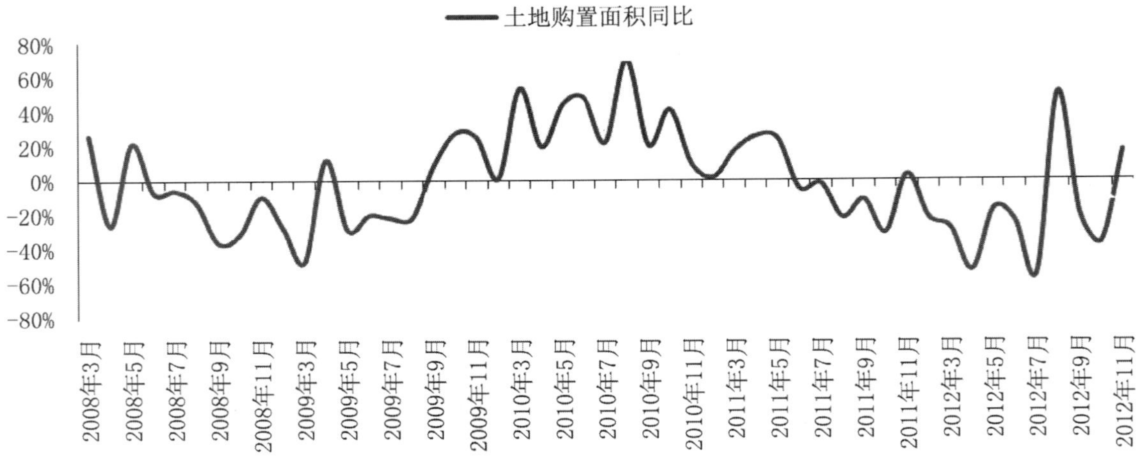

附图 34　2008 年以来各月全国土地购置面积同比

来源：国家统计局

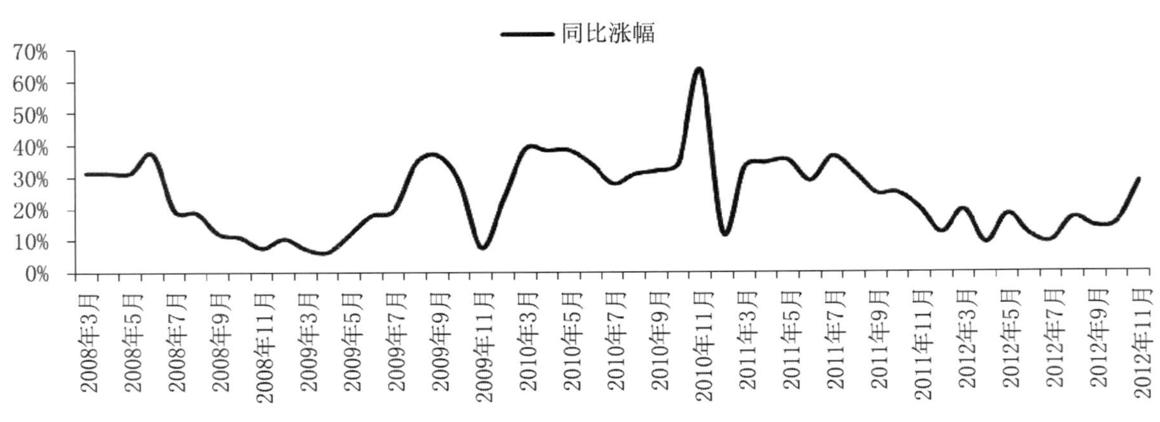

附图 35　2008 年来各月房地产投资额同比变化

来源：国家统计局

（3）房地产开发投资触底回升。2012 年四季度房地产开发投资有见底趋势，随着 2013 年销售、新开工、土地购置面积的回升，2013 年有望进入上行通道。

（4）房地产开发投资/资金来源仍处于高位，开发商资金链有所缓解。

（5）房地产景气指数筑底回升，房企预期逐渐向好。

四、总结及预测

经过 7 年的不断发展与进化，当前我国宏观调控政策已经能够基本满足剔除投机性需求，调控范围也已经基本覆盖整个房地产市场的各个主体与生产要素。进一步从严的空间也可能仅仅限于部分城市政策的落地执行，影响有限。由于 2010 年 1 月至 2012 年 1 月，两年间甚至有部分政策“矫枉过正”，误伤合理需求的情况存在，因此 2013 年宏观调控政策继续进行定向微调仍然是趋势。另外，通过建立长效机制削弱房地产投资属性的尝试也将加速，成为 2013 年政策走向的必然趋势。

同时，2012 年 4 季度，房地产市场出现触底回升趋势，且行业长期仍呈向上趋势，加之政策调控也将更加合理，预计 2013 年房地产行业将继续复苏，稳中求进。

北京住宅市场分析

概述

（1）2012 年北京住宅成交总量 23.4 万套，同比上涨 32.6%。成交量在连续 2 年回落后出现上涨，但仍比 2010 年低 16.2%。商品住宅和二手住宅在 2012 市场回暖后，成交量均出现回补，商品住宅成交量已经超过 2010 年，但二手住宅尚未达到限购前水平。（见附表 9）

（2）2012 年住宅市场回暖，主要表现为市场活跃度增强。二手住宅换手率小幅上涨，但与 2010 年和 2009 年相比差距仍然较大；商品住宅新增供应去化率大幅提高，仅次于 2009 年最高值。整体住宅市场的活跃度仍有提升空间。（见附表 10）

（3）从成交格局看，2012 年二手住宅成交与商品住宅比例为 1.6：1，市场仍以二手住宅为主，但该比例连续两年出现回落。2012 年，二手住宅占全市成交总量的比例比 2011 年下降了 7.5 个百分点。主要原因是二手住宅成交受到商品住宅大量供应的影响失去郊区市场的主导力。而中心城区和外城四区成交格局相对稳定。

（4）从区域结构分析，郊区住宅市场中二手住宅成交占比仅有 46.3%，自 2009 年以来占比最低，也是首次发生扭转，重新回到新房为主的市场格局。一方面，2012 年刚需大量释放，商品住宅成交中刚需比重较高，郊区商品住宅供应量相对充足，促使市场普遍回暖的情况下郊区商品房增量更为显着。另一方面，随着住宅用地供应外移，商品住宅市场郊区化加速，门头沟、密云等远郊成交量也逐渐增大。而郊区二手住宅目前还仍然集中在通州、大兴、昌平、顺义等近郊市场。

（5）2012 年全市二手住宅成交均价高于商品住宅，为 24308 元/平方米，商品住宅成交均价 20938 元/平方米，其主要原因成交结构不同。2012 年，二手住宅郊区成交占比为 35.8%，而商品住宅高达 73%，商品住宅全市成交均价被大幅拉低。

从各区域二手住宅和商品住宅价格情况看，除海淀和石景山外，商品住宅成交均价均高于二手住宅，尤其核心城区更为明显。这从根本上体现的是城市发展过程中，市场对土地价值的二次“评估”，核心地段稀缺性加剧。而郊区市场，价格差异较小，走势基本相同，不同的市场面对相同的刚需客户群，一二手住宅之间的市场竞争、以及房企之间的竞争都决定了郊区一、二手价格走势趋同，上涨温和，并不存在二手价格带动新房上涨的现象。

附表 9　2007—2012 年住宅成交量走势及同比

时间	二手住宅（套）	商品住宅（套）	总成交量（套）	成交总量同比变化
2007	94305	130839	225144	—
2008	69166	64873	134039	-40.5%
2009	266854	146668	413522	208.5%

续表附表 9

时间	二手住宅（套）	商品住宅（套）	总成交量（套）	成交总量同比变化
2010	196547	82914	279461	-32.4%
2011	121515	55173	176688	-36.8%
2012	143630	90675	234305	32.6%

来源：链家地产市场研究部

附表 10　2007—2012 年住宅市场存量住宅以及活跃度

时间	二手住宅		
	存量（万套）	成交量（万套）	换手率
2007	403.4	9.4	2.3%
2008	422	6.9	1.6%
2009	478.5	26.7	5.6%
2010	509	19.7	3.9%
2011	514.8	12.2	2.4%
2012	527.1	14.4	2.7%

来源：链家地产市场研究部

受 2011 年 4 季度市场悲观情绪影响，2012 年一季度市场底部开启，冰点运行。而后商品住宅和二手住宅在多重因素的影响下，成交量和价格均出现上涨。主要原因有以下三点：

第一，2011 年及 2012 年初的量价超跌是市场出现反弹的前提。

2011 年调控效果显着，下半年房价进入下行通道，明显回落。2012 年年初市场达到低谷，并未出现进一步回落。很多购房者正是基于市场底部维稳的趋势，开始进入市场。

第二，信贷政策放松利好楼市，购房者预期转向。

2 月和 5 月，中国人民银行两次下调存款准备金率，市场流动性增加，6 月和 7 月两次下调贷款利率，贷款成本下降。从 3 月开始，首套房贷利率 85 折在京城主流银行全线铺开，信贷政策的放松降低了购房成本，百万贷款的月供明显降低（详见附表 11），直接促进刚需购房者的入市积极性。以二手住宅成交数据为例，2012 年，贷款购房者占比由 2011 年的 37%上涨到 61%。

第三，限购影响有所减弱，外地购房需求占比上升。

随着时间推移，满足购房资格要求的外地居民数量越来越多，限购影响会有所减弱。以二手住宅外地居民购房者占比为例，虽然尚未达到限购前 35%的水平，但 2011 年 2 月限购后累计上涨达 9.3%。可以预见的是，外地居民购房占比还会出现进一步上升空间，2007—2011 年每年新增常住外地人口分别为，59.3 万人、78.4 万人、73.1 万人、90.5 万人、37.5 万人，以此推断，至少到 2015 年，拥有购房资格的外地人口还会呈现加速上升趋势。

综合来看，2012 年出现的量价回升主要是由于调控抑制的需求回补带动价格超跌反弹，而信贷政策放松以及限购政策的冲击减弱则加速了市场恢复。

附表 11 首套房购房者贷款 100 万元在不同时期利率水平下月供情况

调息时点	2010-10-20	2012-12-26	2010-02-09	2011-04-06	2011-07-07	2012-06-08	2012-07-06
折扣/利率	6.14%	6.40%	6.60%	6.80%	7.05%	6.80%	6.55%
1.1 倍	7606	7777	7910	8044	8213	8044	7877
1 倍	7245	7397	7515	7633	7783	7633	7485
9 折	6894	7027	7072	7234	7365	7234	7104
85 折	6721	6845	6941	7038	7160	7038	6917
7 折	6218	6316	6391	6468	6564	6468	6372

来源：链家地产市场研究部

商品住宅篇

概述

北京房地产市场逐渐进入后调控时代，相对 2011 年的长期下行和“蛰伏”状态，2012 年 3 月由刚需集中释放拉起的回暖大幕持续到年底仍未落下。“刚需年”推动库存加速消化，带动房企快速减压，成交量、价格以及市场预期都从年初开始筑底回升。

一、刚需年推动库存消化，2013 年供需压力或逆转

2012 年初，成交量在达到历史谷底后大幅上涨，截至年底，基本呈现连续上涨趋势，主要支撑力为集中释放的刚性需求，并伴随着持续释放的改善性需求叠加形成成交高峰，年内北京纯商品住宅成交量达 9 万套，超上年 64%。

2012 年政策环境相对稳定，限购的持续作用以及刚需占据主体，仍然对整体价格上涨形成一定抑制力。2012 年北京普通商品住宅成交均价同比回落 3%，年内累计涨幅约 8%，多区域价格出现回补，但整体看未达历史高位。

2012 年新增商品住宅供应继续维持低位，供销比降低，库存高位向下盘整，逐渐进入消化阶段。项目去化周期明显缩短，房企快速减压。未来价格上涨压力增大。

1. 供应上游受阻，减量趋势难以逆转

新增供应连续三年同比下降，供应上游受阻

自 2007 年以来，商品住宅新增供应量基本呈现逐年降低的趋势，尤其是近两年降幅明显。数据显示，2012 年北京商品住宅新增供应降到历史最低值，全年纯商品住宅新增供应面积仅为 904.63 万平米，同比下降 1.3%，而 2011 年供应较 2010 年也下降了 11.3%。

2012 年北京商品住宅施工面积同比涨幅与新开工面积都达到 2010 年以来最低，下行趋势明显。住宅土地成交量、新开工量以及住宅土地成交占比的下降是导致商品住宅新增供应量下滑的主要原因。另外，2005 年之后，房地产市场进入较密集的间歇性调控周期，从紧的房地产调控对房企开发和供应节奏产生一定程度影响。

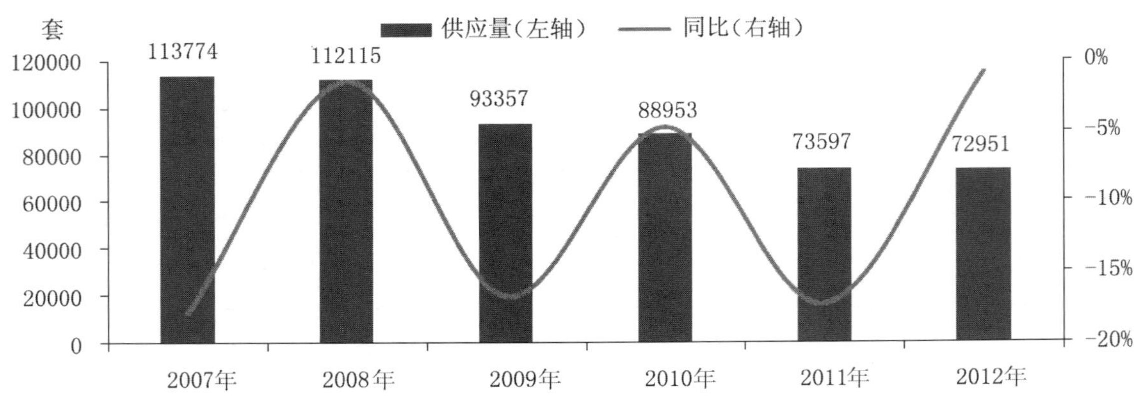

附图 36　2007—2012 年北京商品住宅新增供应量

来源：链家地产市场研究部

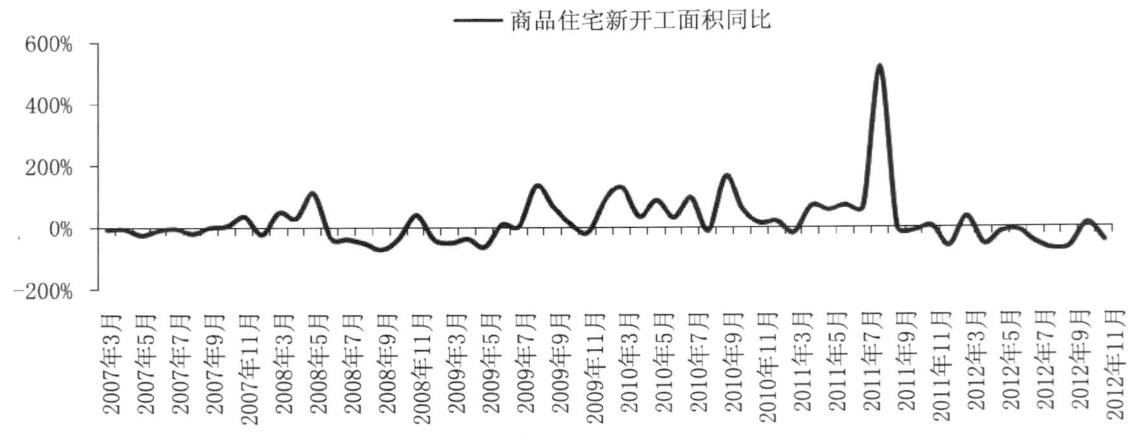

附图 37　2007—2012 年北京商品住宅新开工各月同比

来源：链家地产市场研究部

2．商品住宅库存下行，或触警戒线

市场走出底部明显标志就是快速去库存。2012 年北京商品住宅库存呈现向下的震荡调整走势，至年底，降幅已经超过 20%。全年供销比达到 1∶1.2。预计 2013 年供应难以放量以及需求的延续回暖或推动商品住宅库存触动警戒线。

（1）新增项目年去化率大涨，整体库存压力下降

一般前一年的去化率决定了当年的库存压力。比较 2007 年至 2012 年新增供应的年去化率，2008 年、2011 年是两个低点。相应开发商承受的压力增长也十分明显。而 2012 年去化速度比 2011 年提高近 24 个百分点，已经仅次于 2009 年的最高水平。

从库存日线走势看，2012 年呈现趋势向下的震荡调整走势。进入下半年，持续回落趋势明显，至年末，商品住宅成交量超过新增供应，2012 年库存消化率（库存消化量比年初量）超过两成。

当前商品住宅库存量、消化周期以及去化率明显好于 2008 年、2011 年，市场已经基本脱离底部形态，与年初相比反转向上的趋势明显。局部供应压力或逐渐转化供需紧张。

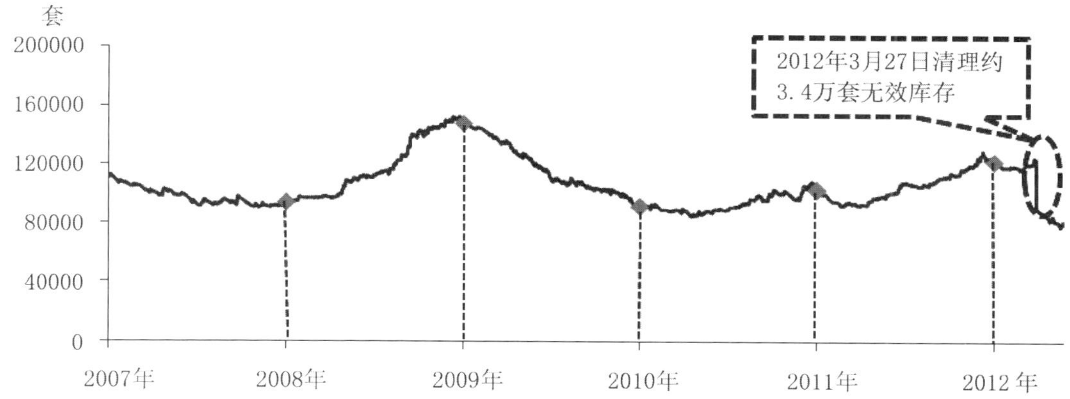

附图 38　2007—2012 年北京商品住宅库存日线走势

来源：北京市住建委

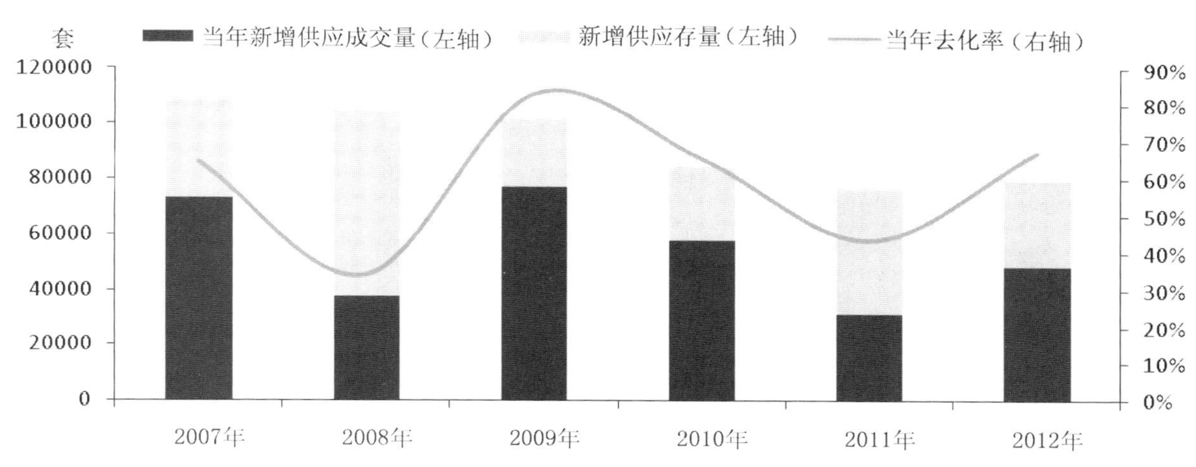

附图 39　2007—2012 年北京商品住宅去化率及库存趋势

来源：链家地产市场研究部

（2）两室、三室库存加速消化，低价小户型供需紧俏

2012 年是典型的“刚需”年。由于宏观调控的原因，刚性需求在 2012 年出现了集中释放，符合刚需特点的两居、小三居户型受青睐。普通住宅中，两居室库存消化周期最短，减少最明显。

数据显示，2012 年主流需求的两居及三居室库存下降程度明显，消化周期分别达到 5.7 个月和 7.3 个月。而从面积分段上面来看，50 平方米～90 平方米的库存同比下降 32.9%，很明显刚性需求爆发加速了低价小户型的消化。

（3）整体库存由升转降，区域分化加剧

从各区域库存的绝对量来看，朝阳区仍然居首，通州区在近郊 5 区中库存量最大。而原东城、西城、崇文和宣武四个核心内城库存量逐年降低。由于内城土地价格过高，导致后市供应向高端集中。近几年随着新房供应逐渐退出核心城区，内城供应稀缺性突显。

此外，近郊区中大兴、通州、房山近三年土地供应规模较大，维持后续供应规模问题不大。其中通州区前期库存积累过多，土地供应量较高，2013 年仍面临去库存压力。而昌平区土地供应、新房存量以及消化周期均为 5 区最低，2013 年区域供需关系紧张程度或加剧。

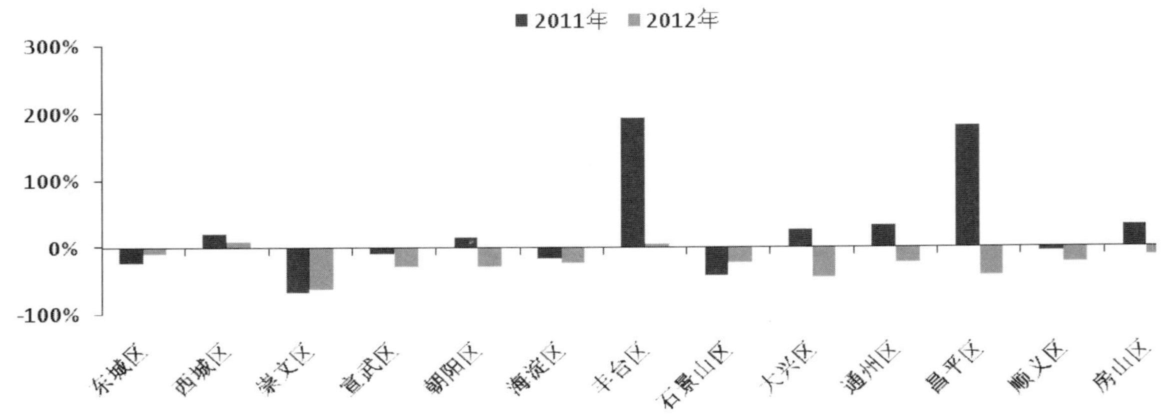

附图 40　2011—2012 年北京商品住宅各区县库存同比

来源：链家地产市场研究部

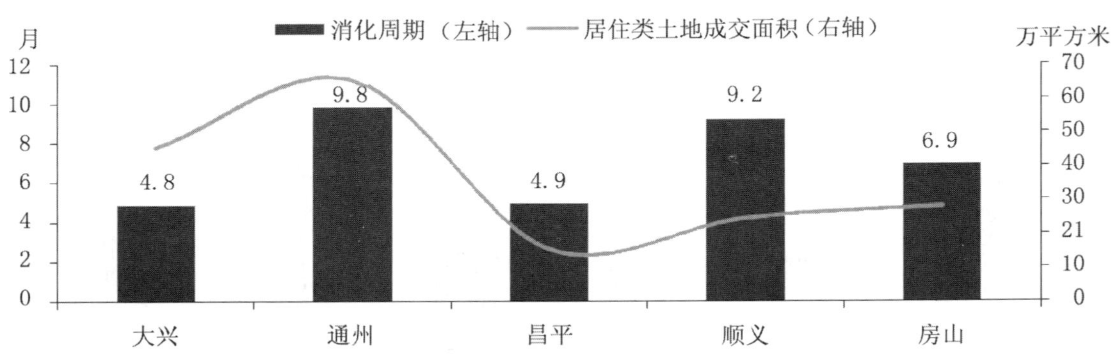

附图 41　2012 年北京五大郊区商品住宅库存消化周期及居住类土地成交面积

来源：链家地产市场研究部

3. 房价触底回升，市场压力转向购房者

（1）库存转入下行通道，涨价压力增大

从库存与价格的关系看，库存与价格成反向相关性。去库存一直以来都是房企降价的动力。而库存下降的另一层含义则是当前市场出现新增供应无法满足大量释放的购房需求，阶段性的“供不应求”往往会带来价格的回补。

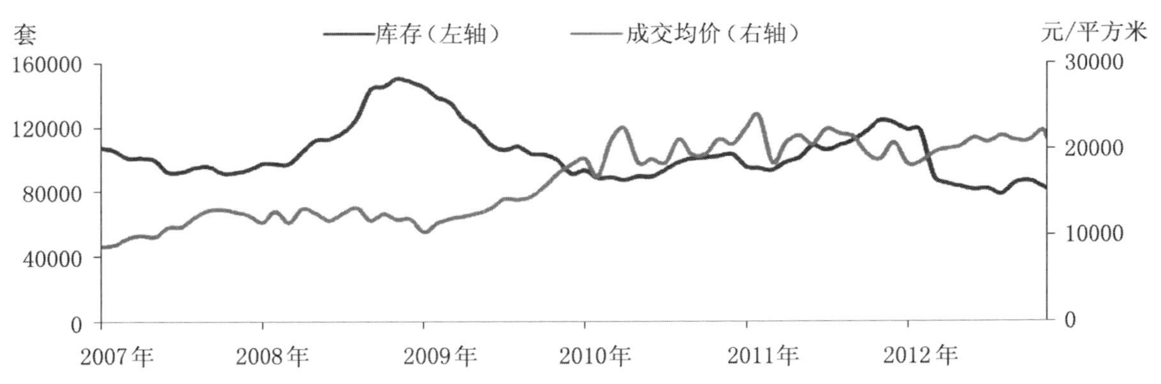

附图 42　2007—2012 年北京商品住宅库存与成交价格走势

来源：链家地产市场研究部

（2）以价换量潮终结，市场压力转移

2012 年近郊市场经历了从个别区域、个别项目开始试探性取消优惠到大部分提价的过程。涨价项目占比逐月提高。虽然当前房价尚没有回归到历史高点，但与价格低点相比，涨幅仍然不小。市场压力已经从开发商向购房者转移。

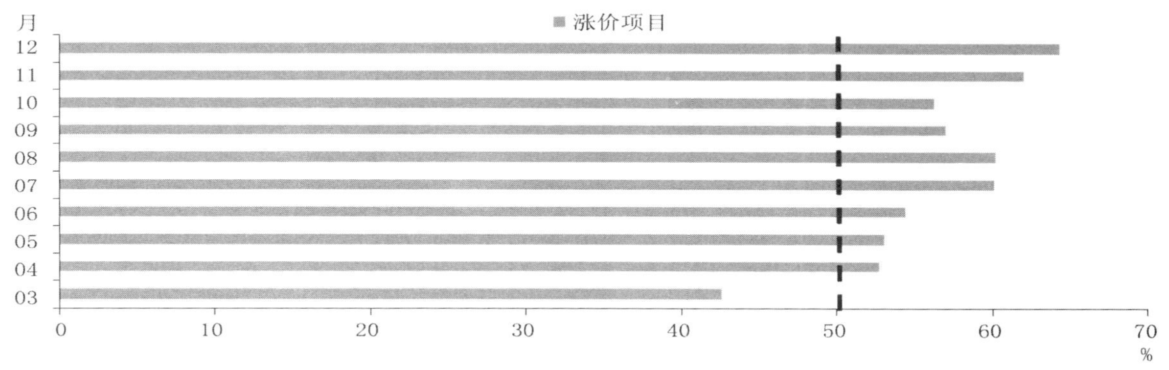

附图 43　2012 年商品住宅各月涨价项目占比

来源：链家地产市场研究部

（3）近郊区年内价格触底回升，2013 年局部回补有望加速

库存、去化率、土地供应是判断区域价格走势的基本指标。调控后，近郊区库存持续上升，去化率走低，此前价格透支明显的区域都出现了不同程度下跌，基本在 2012 年初达到低点。此后，随着市场回暖，刚需入市集中带动郊区成交走高，各区域价格开始出现超跌反弹。

从近两年成交地价走势看，大兴土地价格依旧维持涨势，已经达到历史高点。而其他区域地价也在明显回升中。

郊区价格已经呈现了明显触底回升的趋势。通过对比局部区域、库存规模以及消化周期，通州、顺义价格短期内难出现大幅上涨，库存规模以及消化周期都相对较高。而昌平、大兴价格上涨压力较大，应该可以维持缓慢回升的趋势。房山区的降幅最为明显，不过，2013 年各区域的去化率将决定价格上行趋势。

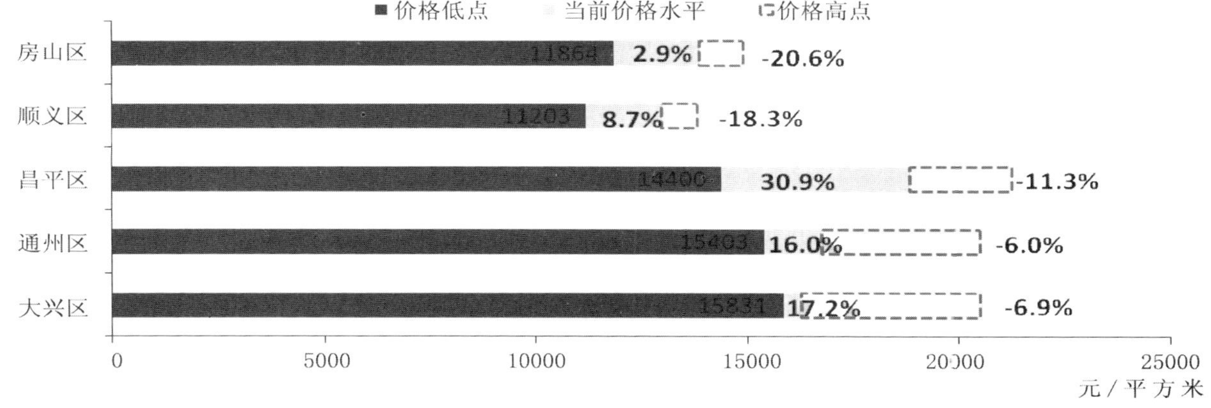

附图 44　2012 年北京部分郊区商品住宅价情况示意图

来源：链家地产市场研究部

二、保障性住房建设情况及影响

1. 我国住房体制变化及保障房建设基本情况

20 世纪 90 年代初，由于人口快速增长，改革开放后城市化进程加快，早期的公房和福利分房制度难以满足大多数城市人口的居住需求。住房体制第一次改革促使商品房市场的形成。近二十年来，房地产业快速发展，成为国民经济重要支柱产业，上下游关联行业众多。然而，住房体制的不健全，使城市化发展进程中，需求膨胀而供给不足的矛盾日益突出。商品房在满足居住的同时，成为国民投资的主要渠道之一。过度的投资、投机充斥，使当前住房体制失去了居住权利公平性，在一定程度上拉大了社会贫富差距。住房保障体系长期缺位是主要原因之一。

2007 年，政府重新强调承担住房保障责任，尝试建立新的住房保障制度。“十二五”期间，保障房建设大提速，计划将新建各类保障性住房 3600 万套。2011 年和 2012 年，计划开工 1700 万套以上，截至 10 月底，两年实际开工 1765 套，完成计划的 49%，竣工 937 万套，预计完成投资额超过 2 万亿元。

从官方发布的数据来看，两年内，保障房开工量已完成近半，2013-2015 年，年均建设规模会有所下降。2012 年年底，住建部宣布 2013 年的保障房计划新开工 600 万套，基本建成 460 万套。其中，在 2011 年大量开工的背景下，保障房建设体系中暴露出大量问题，如，制度体系顶层设计不够完整和长远，现行的实施机制包括筹资、融资、运营、监管以等机制都不能达到完全适用的需求。最为突出的表现是开工量水分大、项目质量问题突出、不合理分配和“暗箱”操作违反保障房制度根本。

附表 12　2008-2012 年全国保障建设情况

时间	土地供应（万公顷）	占住房用地供应比例	计划开工量（万套）	实际开工量（万套）	建成量（万套）	竣工率
2008 年	0.71	12.9%	63	100	—	—
2009 年	0.97	12.7%	387	330	215	65.2%
2010 年	2.4	13.3%	580	590	330	55.9%
2011 年	7.74	35.5%	1000	1043	432	41.4%
2012 年	5.01	29.1%	700+	722	505（计划 500）	69.9%

来源：住建部公开数据

2. 北京保障房建设与落实情况

“十二五”北京保障房计划建设 100 万套，公共租赁住房占比 60%以上。

“十一五”期间，北京累计开工建设、收购各类保障性住房 48.5 万套，其中廉租住房 2.3 万套；经济适用住房 12.9 万套；限价商品住房 16.7 万套；公共租赁住房 2.6 万套；其他首都功能核心区保护性改造、城乡结合部整治、城市和国有矿棚户区改造等各类定向安置住房 14 万套。

“十二五”时期，计划建设、收购各类保障性住房 100 万套，其中公开配租配售 50 万套，首都功能核心区人口疏散、棚户区改造等定向安置住房 50 万套。发放租金补贴家庭 10 万户。竣工各类保障房 70 万套。期间，公共租赁住房占到公开配租配售保障房性住房供应总量的 60%以上。

土地供应方面，“十二五”时期，北京市计划安排住宅供地的 50%以上用于保障性住房建设。商品住宅用地原则上均需配建保障性住房，配建比例不低于 30%。

2007-2012 年北京保障房成交平均占比达 23.8%。

目前，我国的住房保障体系包括廉租房、公共租赁房、经济适用房、限价商品房（或称“两限房”）四种主要类型。其中，经济适用房和限价商品房具备可售产权性质。2007-2012 年，北京经济适用房和限价商品房的成交量平均占比达到 23.8%，2011 年最高接近 3.6 万套。在商品住宅成交量大跌的时间，如 2008 年和 2011 年，经济适用房和限价商品房成交占比超过 30%。

3. 保障房对商品住宅市场影响

从短期角度看，保障房与商品房在住房双轨体制下分属于不同的体系，前者体现的社会保障和政府职能，后者属于市场经济范畴。由于性质和针对需求群体不同，短期，保障房对商品房市场不会产生直接的明显冲击。和商品住宅市场关联性相对较强的可售保障性住房，在“十二五”期间，占比和数量都会大幅降低，在交易市场的间接分流影响也会减弱。

从长期角度看，无论是保障性住房还是商品房，都建立在土地供应、居住需求和总体生产能力基础上。在这些基础资源的分配上，二者必然会产生对冲效应。如近几年来，北京住宅用地供应总规模大幅下降，若按 50%以上用于保障性住房建设，商品住宅用地原则上均需配建保障性住房，配建比例不低于 30%两条规定，所用于商品住宅的土地数量将大幅减少，商品住宅市场供应紧缺，而保障房体系暂时无法辐射到的“夹心层”群体，将首当其冲受到房价上涨的冲击。

由于长时间的住房保障体系缺失，房地产市场双轨制的建立需要较长时间。可售保障性住房会逐渐减少，仅有使用产权的公共租赁及住房增加，并试探性增加货币补贴的保障形式。这其中，会在租赁市场分流出一部分需求。2011-2012 年，预计北京公共租赁住房的供应量在 19 万套左右。到“十二五”末，若供应规模在 60 万套左右，将达到商品住宅市场租赁量的 40%～60%。这一方面会在一定程度上平抑租金价格，另一方面，也有可能催生保障房体系内包括公共服务以及物业管理等后期服务方面的快速发展。

三、总结与预测

2012 年初，由刚需集中释放开始，奠定了商品住宅市场持续回暖的开端。从年底中央经济工作会议以及各部委表态所传达出的信息看，2013 年将继续处在后调控时代和房地产调控政策试探期。但总体来看，会比 2011 年和 2012 年更加有利于刚需和改善性需求的释放。

2013 年商品住宅的表现可能集中于以下几个方面：

1. 需求持续释放 消化加速 全年成交量不低于 2012 年

从需求层面看，具备购房资格群体再次增长；政策稳定，以及价格上涨，购房者预期较好，有利于需求持续释放。2013 年市场热度不减，需求或超过 2012 年，去化率有可能达到 65%~70%左右。由于新增供应量难以上涨，库存消化速度加快。整体来看，2013 年成交量或不低于 2012 年，预计会达 10 万～12 万套左右，但受到供应量的限制，也不会出现大幅上涨。

2. 供应补给不足 库存消化触警戒线

从近几年住宅用地成交、新开工以及施的工总量和走势看，2013 年可进入新建商品住宅市场的实际供应并不会出现明显增长，对比需求释放的趋势，很有可能出现“供不应求”的局面。2013 年可能进入典型的“去库存”时期。按目前较高的去化率水平，2013 年库存即使维持在 8 万套左右水平，库存消化周期也很容易落到 10 个月以下，价格反弹的风险加强。

3. 购房压力增长 区域差异化增强

2013 年，价格稳中有涨将成为主流趋势。而新增供应相对较低，更使购房群体压力增长，刚需群体或再次加快向城市边缘转移。在新建商品住宅成交的主要区域，从历史供需积累以及 2012 年的市场表现看，区域间差异会继续扩大。昌平 2013 年价格涨幅有可能继续处在首位，而一部分库存积累较多、去化速度较慢的区域如通州和顺义，将会缓慢地进行价格回补。

二手住宅篇

概述

2012 年北京市二手住宅成交 14.4 万套，同比增长 18.2%。成交量在连续两年下降后首现增长，被限购压抑的需求在 2012 年开始释放。2011 年以及 2012 年，5 年限购实施期间年均成交量为 13.3 万套，仍明显低于 2010 年的 19.7 万套。表明 2012 年市场成交虽然出现回补，但在宏观大环境没有松动的条件下，市场不合理需求仍被有效抑制。

2012 年北京市二手住宅成交均价为 23074 元/平方米，同比下降 4.7%。但值得注意的是，2012 年 1 月至 2012 年 12 月，年内价格走势持续上涨，累计涨幅 19%，低位反弹特点显着。

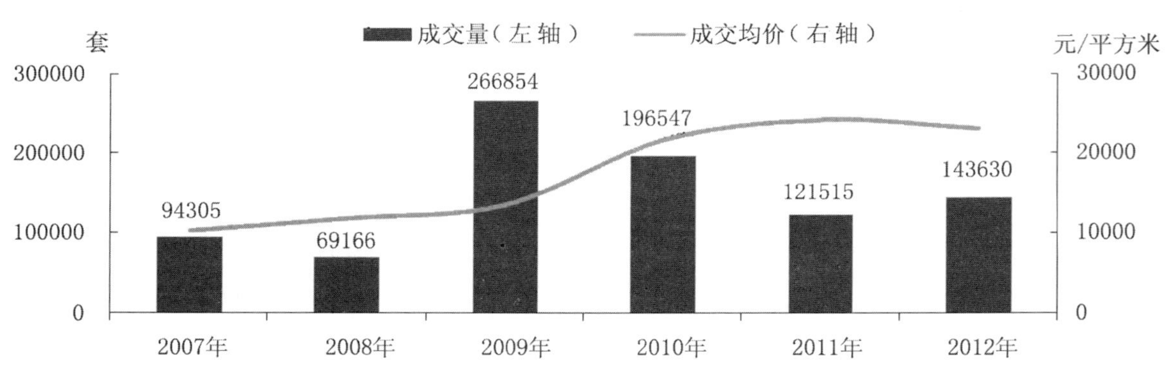

附图 45 2007–2012 年北京市各年二手住宅成交量和成交均价走势图

来源：链家地产市场研究部

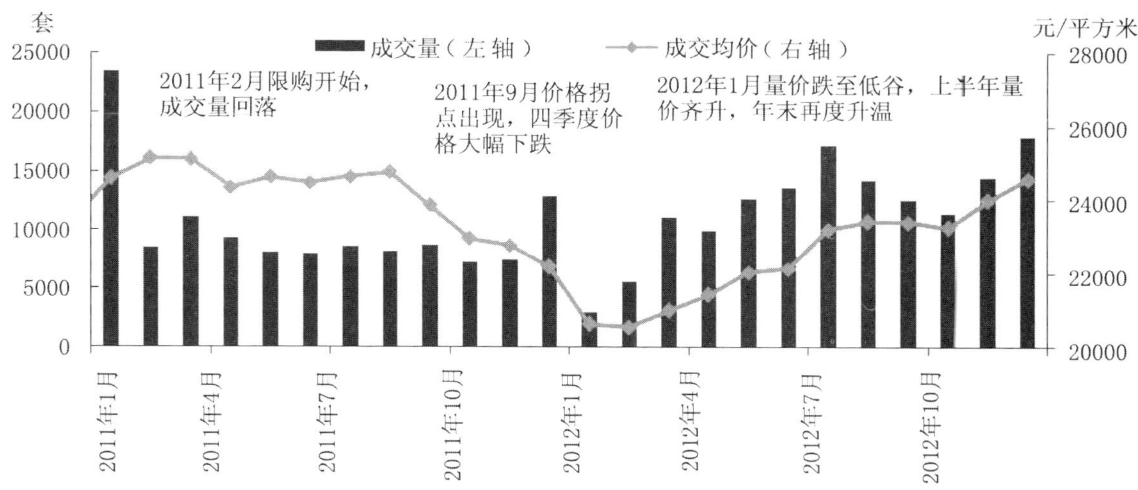

附图 46　2011-2012 年北京市各月二手住宅成交量和成交均价走势图

来源：链家地产市场研究部

一、2012 年二手住宅量价齐涨，限购深层次影响显露

2012 年房地产市场整体筑底回升，供应更加稳定、交易更加多维、自由的二手住宅市场体现更为明显，刚需释放贯穿全年、改善性需求下半年加速进场、价格也快速回升。但同时限购深层次影响显露，一方面，次新房转化率降低，房源难以盘活，直接限制了市场供应规模，导致供需比明显失衡，成为 2012 年房价快速上涨的根源。另一方面，差异化的税收和信贷调控力度加大，房价上涨的同时，税费负担和购房门槛双增。

1. 自住性需求支撑年内市场回暖

2012 年稳定的调控环境以及信贷政策等多种因素利好下，购房需求的增多带动成交量持续上扬，呈现出了较为明显的三个阶段。

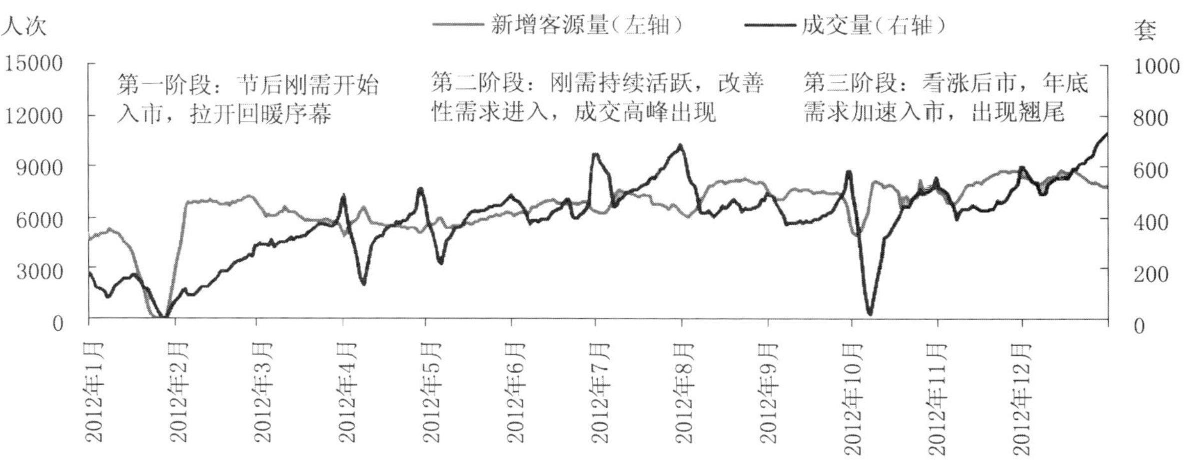

附图 47　2012 年北京市二手住宅新增购房需求及成交量走势图

来源：链家地产市场研究部

（1）刚需有力支撑市场回暖

2012 年二手住宅市场持续回暖，大量刚需积极入市成为市场的成交主体。从成交结构看：

首先，以首套刚需为主的小户型成交增加：2012 年二手住宅成交平均面积为 88.3 平方米/套，与 2011 年相比下降 5.7 平方米。90 平方米以下的房屋成交占比为 65%，同比增长 3 个百分点。

其次，适婚年龄段（26 ~ 30 岁）的购房者占比约 35.7%，比去年增长 2 个百分点。

（2）改善性需求助推楼市持续回暖

下半年来，改善性需求明显增加。90 平方米以上成交占比由年初的 33.1%增长至 36.1%，尤其是 140 平方米以上的大户型成交占比增长较为明显。且年龄 36 岁以上的购房者占比开始增加。这些购房人群大部分都属于改善性需求，在上半年市场出现回暖势头后逐渐活跃，助推楼市量价齐涨。

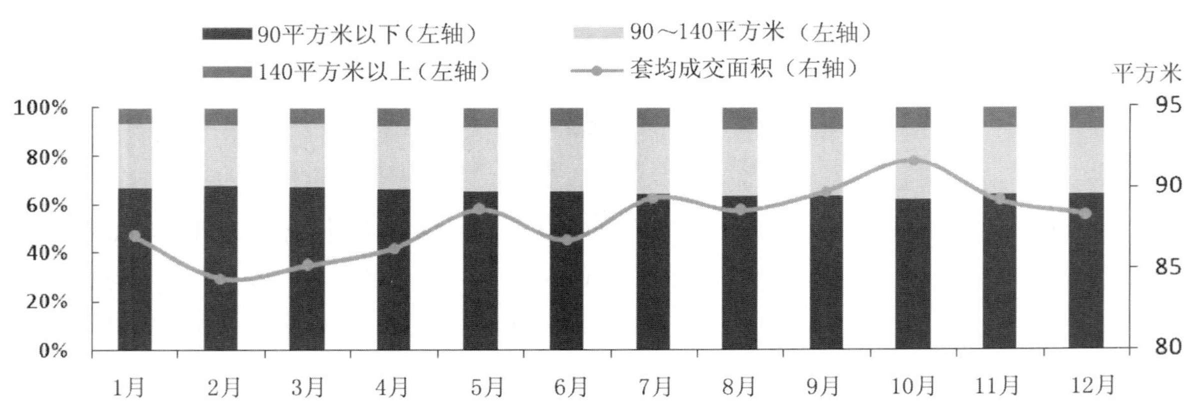

附图 48　2012 年北京市二手住宅成交中各月面积占比及套均面积走势图

来源：链家地产市场研究部

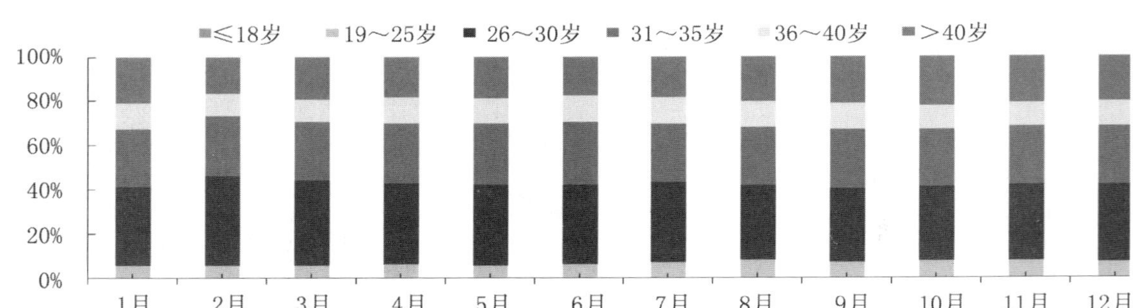

附图 49　2012 年北京市二手住宅成交中各月购房者年龄档位占比走势图

来源：链家地产市场研究部

2．供需失衡推动价格上涨

随着市场不断升温，需求不断进入，业主的出售心态也发生明显变化。

一方面，业主惜售，造成二手住宅市场供需不平衡的现象逐渐加剧。新增房源量自 9 月出现回落，房客源比例由年初的 1：2.8 变为 1：6.7。

另一方面，业主涨价预期强烈，随着供需关系的加剧，业主议价空间收窄、上调挂牌价成为普遍共识，双重因素促使市场价格上涨。

此外，虽然城区和郊区的二手住宅供需情况并没有明显区别，但新增商品住宅基本都集中在郊区县，能够对二手住宅供应起到补充作用。郊区的整体市场供需压力低于城区，也因此，2012 年城区价格累计上涨 20.4%，而郊区价格仅上涨 15.6%。

3．限购环境下供应风险逐渐暴露

2012 年北京二手住宅市场供需失衡的情况更加严重，限购政策在抑制投资性购房需求的同时，对于房源供应层面也产生较大影响。目前同一时点下出售房源大约 10 万套左右，而未来房源增速很有可能放缓，甚至出现萎缩。

（1）二手住宅源流动性减弱，次新房“惜售”显著

2011 年后，房龄不足 5 年的二手住宅出售比例明显走低，其中房龄不足 2 年的住宅下降幅度尤为显著。一方面，房龄 5 年内住房必然会出现面临高税收，出售难度加大。另一方面，限购之后，首套房成交比重明显加大，会直接影响到房源释放的时间和数量。此外，受限购影响，投资性业主的出售意愿也明显下降。

（2）次新房转化率降低

通过 2009 年以来 2 年内次新房成交转化率（商品住宅购买 2 年内出售的成交量占近 2 年商品住宅成交量的比重）的趋势来看，2011 年北京 5 年限购政策实施后，该比值持续下降，2012 年底至 10.7%。2011 年以前，市场火热，短线投资比重较大，导致次新房出售比例也较高。而 2011 年以后，自住性需求占绝对主导，导致短期内出售比例骤然下降。同时，商品房市场作为存量房增量，也是二手住宅市场可售房源的重要补充途径。从未来趋势看，受到土地供应的制约，商品房供应量缩减，成交的绝对量也会有所减少。

附表 13　2009—2012 年 2 年内次新房成交转化率

时间	2009 年	2010 年	2011 年	2012 年
商品住宅供应量（万套）	11.6	11.5	9.9	8.9
商品住宅成交量（万套）	14.3	8.7	5.9	8.31
2 年内次新房成交量（万套）	2.8	2.0	1.1	0.9
2 年内次新房转化率	19.5%	22.8%	18.9%	10.7%

来源：链家地产市场研究部

4．受政策及市场影响，购房负担加重

2011 年调控政策中，加大了税收和信贷政策的差异化调控力度。虽然出发角度值得肯定，但也难免产生“误伤”。在房价上涨的情况下，2012 年购房压力较以往更大。

（1）税费负担加重，购房者实际缴纳税费翻倍

根据当前二手住宅的交易习惯，差异化税收政策实施后，为抑制业主出售行为而增加的税负均转嫁到购房者身上，变相增加了购房成本。从 2008 年以来的税费政策看，除了满 5 年的首套普通住宅税费负担并未加重外，大部分房源的交易税费均出现增长。以不满 5 年的第二套普通住宅为例，目前三种税收比例为房款的 9.5%，而 2009 年税负最轻时期，仅是房款的 2%。

除此之外，2011 年末北京上调最低计税价格，相比 2005 年的计税标准，上调 2 ~ 3 倍，购房者实际缴纳的税费也由此骤增。

（2）贷款政策一刀切，购房门槛提高

从近几年购房贷款的政策趋势看，2011 年持续至今，首套房和二套房的首付比例均为历史最高。且首套房首付比例由 2010 年 9 月的“国五条”以来全部统一，即使是 90 平方

米以下的普通住宅也需首付 30%。对于大部分首套房刚需群体而言，购房门槛要高于以往任何一个时期。

（3）利率回落难言减负，房价上涨成主因

2012 年货币政策略有放松，年内降息 2 次。对于已购房、持续还款的购房者来说，月供压力减少。但对于 2012 年的购房者来说，由于房价上涨，并没有真正享受到降息所带来的实惠。2012 年两次降息后，按照基准利率计算的百万贷款的月供 7485 元，较两次降息前下降 4.8%，远远小于 2012 年房价上涨的幅度。

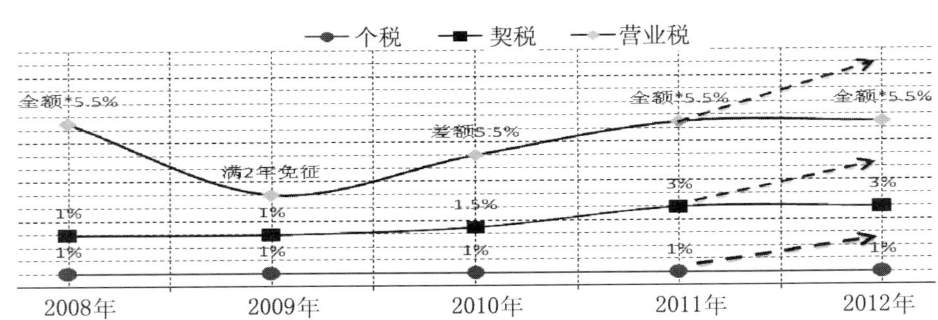

附图 50　以不满 5 年的普通住宅、且为第二套房的普通住宅为例，2012 年税费变化趋势

来源：链家地产市场研究部

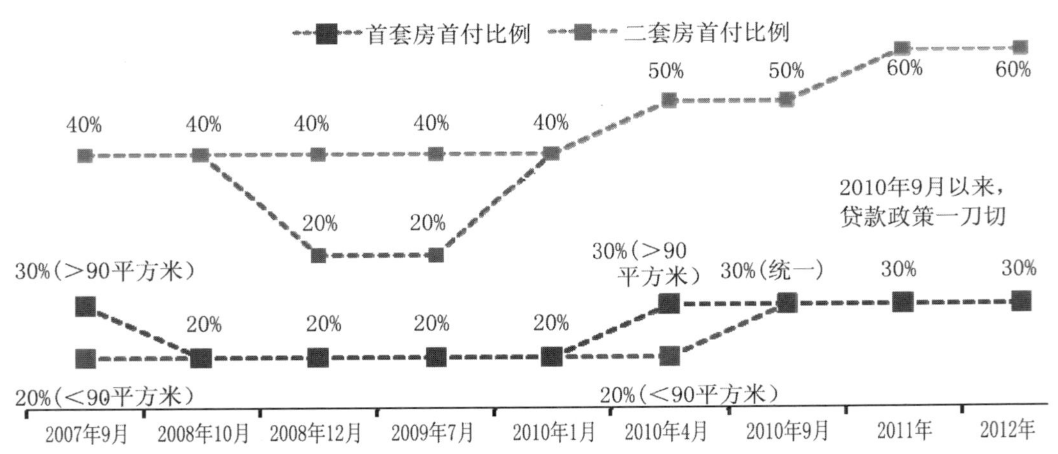

附图 51　2007-2012 年北京市购房贷款首付比例变化趋势图

来源：链家地产市场研究部

当前大环境下，产生以上现象的根本原因有两个方面：①长期严格限购与差异化信贷，使得合理消费的购房者购房成本以及门槛过高。②随着成交量的回升，业主对于后市的预期越发乐观，过于惜售。而若要在鼓励合理消费入场与稳定预期之间得到良好平衡，快速制定出长效管理机制，可能是当前能够看到的唯一出路。

二、中介行业未受市场提振，调控影响依旧深远

1. 全行业北京店面数不足 4500 家，市场回暖难以带动再次繁荣

2011 年 1 月，北京中介门店数量大约有

6000 家，深度调控后至 2011 年 12 月，门店数量缩减至约 4900 家左右，全年减少约 1100 家，而至 2012 年 11 月末，北京中介门店数量却仅仅有约 4400 家左右，全年减少约 500 家。其中 2012 年 1 月至 2012 年 3 月，北京门店数量从 4900 家降至约 4300 家，减少约 600 家，3 个月累计降幅达 12.2%。2012 年 4 月至 2012 年 7 月末，门店数量依旧处于下降通道。2012 年 8 月，北京中介行业店面数量才以每月 1% 左右的涨幅回升，至 2012 年 12 月，店面数量升至约 4400 家。

2012 年，随着市场持续回暖，北京中介行业店面数却依然负增长，行业门槛快速提升是根本原因。此门槛一方面包含人事、门店租金等“硬性门槛”明显上涨，另一方面则包含大型企业在极冷时期，推动行业规范以及服务升级等“软性门槛”明显提高，并且在消费者层面形成普遍认同。不断有新的小型机构被市场淘汰，并且以往退出的小型机构很难再重新进入市场，或者根据市场情况扩大规模。因此在大型房企保持原有规模稳定的同时，整体行业门店数量依旧在低位。

2. 2012 年北京经纪行业二手住宅买卖佣金超 55 亿元，环比增长 20 亿元

2012 年，随着二手住宅市场交易回暖，北京二手住宅买卖交易额大幅回升。由 2011 年的约 1590 亿元增长至约 2250 亿元，增长幅度约 41.5%。与此同时，经纪行业二手住宅买卖佣金规模，由 2011 年的约 35 亿元，增长至 2012 年的约 55 亿元，增长幅度约 57.1%。

2012 年北京经纪行业佣金收入增长幅度超过交易金额增长幅度，不仅仅得益于北京市场对于中介行业的高接纳度，还得益于行业规范性提高、收佣比例比较稳定，市场成交回暖带来的环境红利能更加充分地反馈给经纪行业。预计 2013 年北京经纪行业二手住宅买卖佣金收入规模将继续增长，可能超过 60 亿元。

另外虽然北京佣金规模大幅回升，但绝大部分的佣金增长都将被迅速增高的人事、门店 、服务等成本分摊，难言中介行业彻底迎来春天。不过可以预见的是，行业收入的回升，将使得从业人员对未来信心更足，更容易吸引新鲜血液来满足规模扩张的需求。

三、总结与预测

2012 年成交量同比增长，在政策环境不变的情况下，限购对于需求的抑制会随着时间的延长而效果减弱，成交量出现回补。而市场整体的需求规模不会萎缩。只要 2013 年政策不再加码，这种趋势仍会延续。此外，符合限购资格能进入市场的人群也会越来越多。整体看 2013 年成交量将会稳定增长，自主性需求仍是主要购房群体，预计年成交量将超过 15 万套，但同比增幅不会超过 2012 年。

2012 年是五年限购以来的第二年，政策对于供应的抑制作用已开始显现。但基于 2012 年市场反弹，限购难松，从而房源的供需压力也难以缓解。目前状况是，需求的增量还有较大空间，而房源的释放空间却处于相对要小的多。因此 2013 年房价上涨压力仍会较大。相比 2012 年房价从低位拉高，预计 2013 年的房价涨幅不会超过 15%。

从政策方面看，北京市场的特殊性决定了一旦房价过快上涨，招致调控的可能性也较大。2013 年政府对于楼市调控，以及市场平稳的强调和表态仍然不会变，但若上半年没有新的调控政策出台，则政策上就难出现大的变动。

土地篇

概述

后调控时代市场消化速度放缓，阶段性去库存主导，拿地趋于谨慎，行业整体规模有所收缩。虽然2012年下半年大型房企库存有所好转，开启拿地模式，带动需求见底回升，但大多数中小房企受制自身能力及悲观的预期，甘当看客。鉴于信贷环境很难有大幅的改善，土地市场需求释放仍是缓慢的。而从长期来看，随着地价增速放缓以及政府对于囤地的查处力度增强，高周转的模式会受到越来越多的开发商青睐，逐渐成为主流，这也会导致土地储备逐渐回归合理的可供开发周期，甚至出现部分房企的阶段性减仓。

北京2012年的土地市场与前几年相比比较低迷，土地购置面积及出让金均创新低。但下半年出现了好转趋势，当前一线城市相对风险较小，2013年市场供需或好于2012年，整体土地市场的表现也会好于全国平均水平。

2012年北京土地市场整体先抑后扬，下半年在销售市场回暖以及开发商回归一线城市拿地的带动下，土地市场开始触底回升。不过总体而言，2013年供应规模有限，成交规模难出现大幅上涨。

2012年延续了去年土地购置面积下降的趋势，而2012年的购地规模也是近几年来较5年内平均缺口最大的一年，2013年新开工量将会直接受到影响。

2012年土地价格并没有太大的波动，虽然调控后溢价率明显走低，但地价上涨趋势并没有改变，未来地价走势逐渐步入政府掌控节奏，预计2013年仍将延续缓慢上涨趋势。

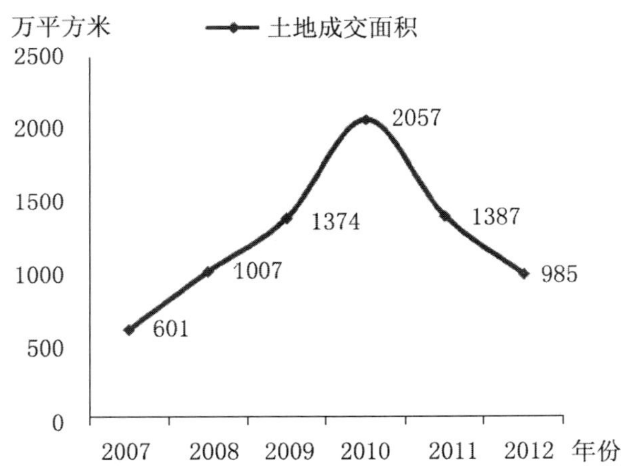

附图52　2007年以来北京土地成交面积

来源：北京土地整理储备中心

一、土地市场缓慢回升，政府主动干预将加强

1. 住宅土地市场见底回升，2013年规模难大涨

（1）住宅土地市场见底回升，供需缓慢回升

2012年北京土地市场整体先抑后扬，下半年在销售市场回暖以及开发商回归一线城市拿地的带动下，土地市场开始触底回升。但

总的来看，成交面积依旧处于低位，回升幅度有限。当前市场需求仍较为理性，市场供应也难大幅放量，供需处于缓慢回升中。

附图 53　2007-2012 年北京住宅土地成交面积

来源：北京土地整理储备中心

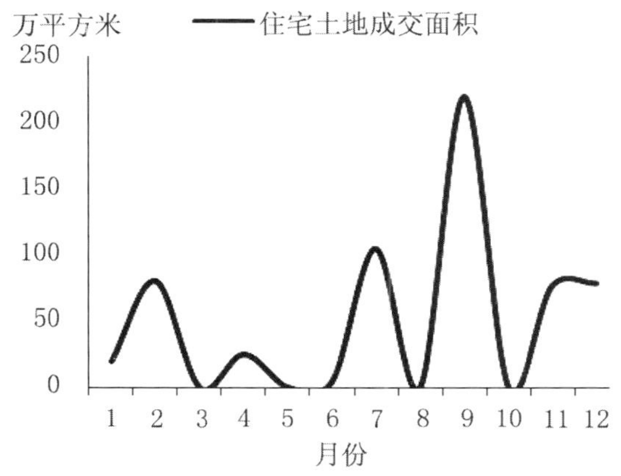

附图 54　2012 年北京市住宅土地各月成交面积

来源：北京土地整理储备中心

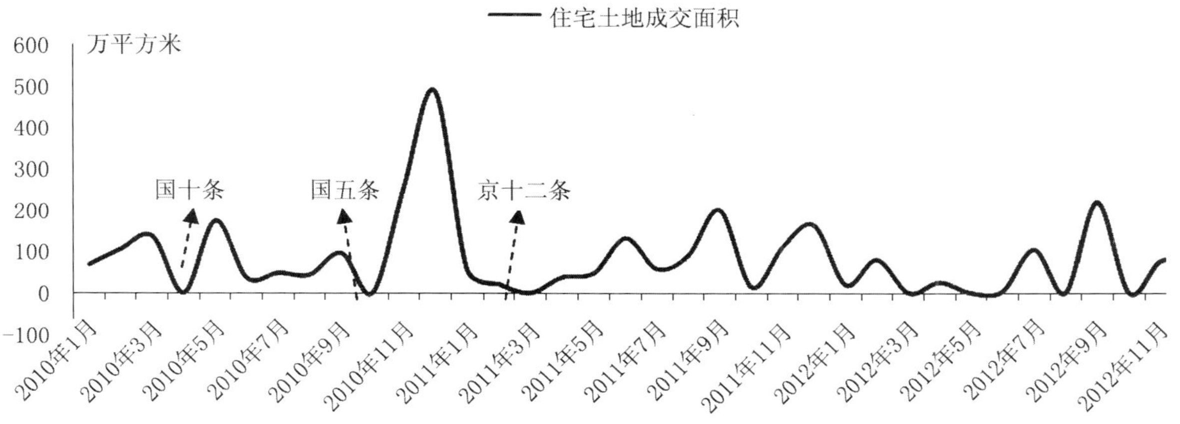

附图 55　2007 年以来北京各月住宅土地成交走势

来源：北京土地整理储备中心

（2）政策影响供地节奏

从近三年北京土地供地节奏看，政策敏感期住宅土地供应也会受到影响。如 2010 年 4 月、2010 年 10 月，2011 年 3 月，而 2012 年 3 月、5 月、8 月、10 月出现了 4 个月的 0 成交，而 2013 年土地市场依旧敏感，政府对于土地市场的干预可能不会亚于这两年。

（3）供地结构待优化，土地制度是根本

当前土地市场供应规模受限，主要面临两大主要问题。一个是工业用地占比过多。2007 年后，工业用地在土地供应中的占比逐渐上升，2012 年占比 35.22%，甚至超过住宅用地。工业用地的增长同时也挤掉了大量的城镇用地，住宅用地近几年一直呈减少趋势，直接影响了未来的住宅供应规模，加剧供需失衡的风险。

另一方面，受土地制度的影响，当前改变土地结构或是出让方式仅能解决表面问题，难以根治当前土地供应不足的问题。目前小产权问题越来越突出，城市郊区化受阻，郊区土地市场如果无法盘活，内城承载力将受到严峻的考验。

2．土地购置面积过低，影响 2013 年新开工规模

2012 年北京土地购置面积与近 5 年平均相比存在较大缺口，1–11 月土地购置面积为 261.5 万平方米，而近 5 年的平均值约为 501 万平方米，下降 47.8%。尤其是纯商品住宅土地的供应面积，仅为 2010 年的 1/3。整体来看，虽然 2012 年下半年土地市场供需及新开工量都有所回升，但总量过低也会影响未来新开工规模。

3．地价难有大幅波动，政府干预将加强

自北京实行土地出让设置竞价上限以来，高溢价已经成为历史。地价开始逐渐趋于缓和，尤其是溢价率，明显降低。而从调控后土地政策的走势上看，保供应、稳地价的土地市场政策在继续从严的背景下，将重点加强对于异动城市的政策指导。一方面是推进商品住房用地供应向双向定价、配建保障房等方式转变。另一方面对于特殊地块的出让方式及准入门槛进行一定的干预。总的来看，土地市场调控加深的可能性较大。

4．溢价率走低，但地价难降

北京住宅地价自 2007 年后开始进入高速上行通道，调控后逐渐回归平稳。其中 2012 年北京住宅平均楼面价虽然较 2010 年的峰值下降约 10%，但与 2007 年相比，涨幅仍然超过 80%。另一方面，北京作为重点城市，2013 年政府控制也会加强。如土地供应双向定价、设定竞价上限配建保障房等。虽然土地出让方式会使得高溢价率有所平抑，但土地价格上升趋势不变，地价走势更多被政府掌控，未来地价将进入缓慢上升的阶段。

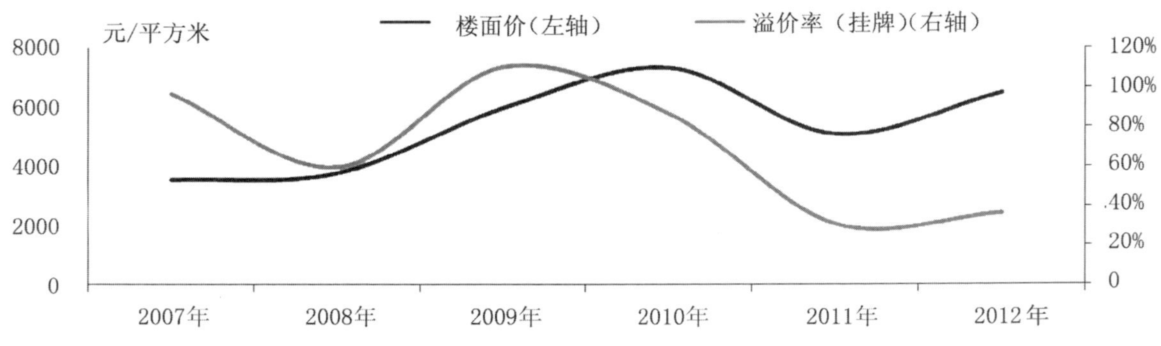

附图 56　2007 年以来北京住宅土地楼面价及溢价率走势

来源：北京土地整理储备中心

四环内土地稀缺，高端化趋势明显：从 2007–2012 年北京土地供应的情况看，四环内土地占比明显走低。近几年北京内城改造缓慢，四环内几乎接近无地可售的境地。一级开发成本的走高以及稀缺特性直接导致了四环内土地价格暴涨，2012 年四环内土地平均楼面价已经突破 2 万元，在售项目均价也已经突破 4 万元。而未来四环内再入市项目将日趋高端化。

二、总结与预测

2012 年全国土地市场整体供需同比下滑，虽然先抑后扬，但仍难掩压力。尤其是供地节奏的变化以及地方政府多次的指导干预，在近几年来看都是比较罕见的。这也从另一方面显示当前调控的敏感性和严峻性。一般而言，土地市场成交趋势除受到供应节奏影响外，很大程度上也取决于市场预期及销售情况。总的来看，2012 年房企加速去库存阶段基本结束，新开工量也在复苏，2013 年拿地节奏基本会与市场趋势相吻合，土地市场缓慢回升趋势不变。

而按照城市化发展一般规律，当前北京已经进入了郊区化发展阶段，但近几年整体发展缓慢。一方面住宅土地供应量不足，城市迁移较慢，而商业地块量极低，郊区配套很难快速发展。另一方面受制于土地制度，郊区大部分土地无法进入市场。当前需要解决的主要问题一方面要加大住宅土地供应，加快郊区化趋势，存量土地的入市。另一方面，落实土地改革，加快盘活郊区土地，这样才能缓解中心城市压力。

从年底国土部会议布署看，2013 年将指导各地采取政策措施减少流标，促进供应，稳定市场预期，预计 2013 年整体供应规模应该会有一定的增长。而政府对于土地市场的控制也不会放松。2013 年北京土地市场预计需求会比较旺盛，局部市场或有差异。整体可能会出现一定的波动。

住宅租赁篇

概况

1. 北京租赁需求超 200 万户，成交规模 100 万 ~ 150 万套之间

根据第六次人口普查数据，2010 年北京常住人口 1961 万、668.1 万户。在被调查的 65.5 万户家庭中，通过“租赁其他住房”的家庭共 21.4 万户，占比为 32.7%。按这一比例估算，相当于全市 668.1 万户家庭中，通过市场行为租房的家庭达到 217.8 万户。考虑到当前合租比例大致在 50%~30%，估算出目前北京租赁成交规模约在 100 万 ~ 150 万套。同时，对比其他城市，北京的租房家庭占比仅次于上海，需求压力居全国第二。

附表 14　部分地区家庭住房来源情况及租赁其他住房所占比例

地区	合计（万户）	租赁廉租住房（万户）	租赁其他住房（万户）	自建住房（万户）	购买商品房（万户）	购买二手住宅（万户）	购买经济适用房（万户）	购买原公有住房（万户）	其他（万户）	“租赁其他住房”占比（万户）
上海	81.0	1.7	30.4	9.8	20.4	4.9	0.3	11.6	2.0	37.5%
北京	65.5	1.0	21.4	10.8	11.9	2.1	3.2	11.5	3.7	32.7%
浙江	190.6	2.6	51.7	94.2	19.8	7.2	1.6	6.3	7.3	27.1%
广东	270.7	12.7	68.2	125.7	35.4	5.3	2.5	10.7	10.1	25.2%
天津	35.6	0.8	7.0	10.7	9.0	1.7	0.6	3.3	2.4	19.7%
福建	107.2	3.6	18.2	62.4	9.7	2.2	1.2	3.5	6.4	17.0%
内蒙古	78.3	1.2	10.5	39.4	11.7	5.3	1.8	6.3	2.1	13.4%
西藏	6.8	0.5	0.9	4.7	0.1	0.0	0.2	0.0	0.4	13.2%
江苏	239.3	2.8	27.4	141.6	35.8	6.2	8.1	12.5	4.9	11.5%
宁夏	18.1	0.2	1.9	9.4	3.3	0.7	0.8	1.3	0.4	10.5%

来源：第六次全国人口普查数据

2．2012 年租赁成交量波动中趋稳，年初成交高峰随春节提前

从 2012 年月度成交走势来看，两个传统租赁成交高峰仍然明显。对比近三年来成交环比看，2012 年春节后的高峰期提前，且涨幅最高，主要原因是春节提前至 1 月，带动部分租赁需求提前释放，在 1 月基数较低的情况下，环比涨幅过高。但整体来看 2012 年需求释放在周期性波动中相对平稳。

3．2012 年租金累计涨幅三年内最低

2012 年北京住宅单位平均租金为 52 元/平方米，租金水平明显上涨，但上涨趋势为近三年来最弱。从年内累计涨幅来看，比值为 11%，低于 2011 年的 13.4%以及 2010 年的 19.3%。从绝对水平来看，全年平均租金同比涨幅 14%，低于 2011 年的 15%和 2010 年的 18%。

4．2012 年北京租金涨幅属于一线城市较高水平

2012 北京租金同比指数较去年回落，与典型一线城市趋势相同，涨幅回落幅度较大，但同比涨幅仍然偏高。对比新增常住人口规模及城市住房存量，作为绝对的输入型大城市，住房压力明显高于其他一线城市，也因此导致租金涨幅居一线城市首位。

附图 57　2009 年以来各月单位租金走势图

来源：链家地产市场研究部

一、租赁市场特点

1．受收入和成交结构影响，租金涨幅回落

（1）郊区低租金结构占比持续加大，结构性平抑全市租金

2012 年，北京近郊 4 个主要租赁区县占全市成交比例为 21%，较去年提高 2 个百分点。若按租赁百万套的水平看，郊区成交增量将至少有 2 万套。价格方面，2012 年郊区单位租金为 31 元/平方米，低租金区域成交比重增加，促使全市租金高涨幅有所回落。

（2）租金涨幅过快，相对于收入增速来看，前期租金上涨透支

2010 年开始北京租金非理性上涨，虽然这种上涨存在历史租金过低、市场沉睡的前提，使得租金相对于房价仍有很大的上涨空间，但就需求端来说，租金承受能力也是决定上涨空间的一个主要原因。在居民收入增速缓慢上涨的情况下，即使近三年租金同比涨幅持续回落，但租金占收入的比重仍在增长，也决定了租金难以持续高增长。

2．租金上涨不均衡，租房压力仍然较大

虽然2012年北京租金涨幅趋缓，但很多租房者仍感觉租房成本上涨幅度较大，这与全市租金上涨的不均衡有很大关系。一方面租金“洼地”租金补涨，另一方面是低成本租房方式也面临夹击。从根本上来说，租金收入比逐渐加大，会促使租赁人群在逐渐向低租金区域转移，以维持在可承受范围内。而需求的转移和增多也会导致原来低租金区域渐渐丧失租金优势。这主要从两个方面体现：

（1）大户型涨幅较大，弱化合租优势

2011年60平方米以下的两个面积档位的租金涨幅超过15%。而2012年90平方米以上户型租金涨幅最高。这种变化会造成合租人群的分摊的租金优势有所减弱。尤其是对于因小户型前期上涨过快而转移到大户型当中合租的人群。

（2）2012年郊区租金出现追涨，郊区租赁需求增多后促租金上扬

2012年近郊4个主要租赁城区租金同比涨幅达到15.6%，而2011年涨幅仅为5.3%。在近三年的租金走势中，2012年上涨最为显着，同时租赁需求也不断集中。

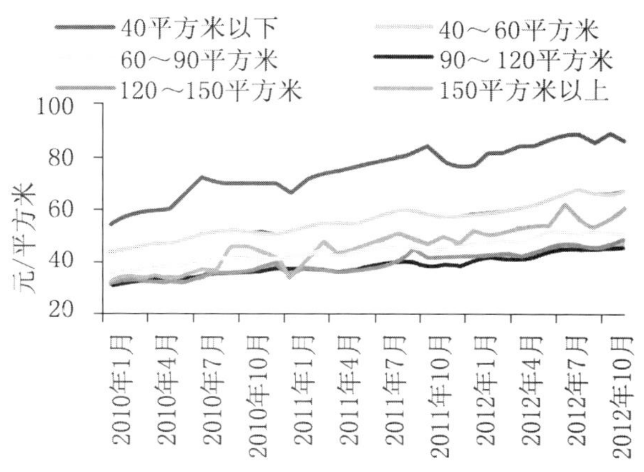

附图58　2011-2012年北京各月各面档位租金走势

来源：链家地产市场研究部

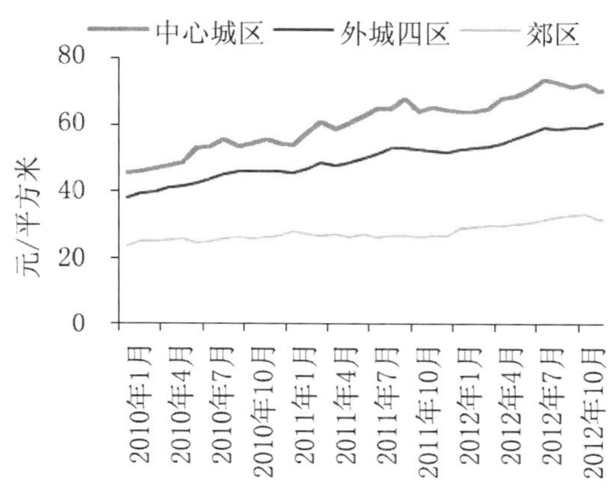

附图59　2011-2012年北京各月区域租金走势

来源：链家地产市场研究部

附表15　北京各面积段及各区域租金水平及涨幅情况

	<40平方米	40～60平方米	60～90平方米	90～120平方米	120～150平方米	中心城区	外城四区	郊区
2011年（元/平方米）	78	57	45	39	40	62.9	50.5	26.8
同比	16.40%	15.20%	13.90%	11.50%	14.60%	20.8%	17.0%	5.3%
2012年（元/平方米）	84.5	63.3	50.2	43.8	45.4	68.7	56.3	31.0
同比	8.7%	11.0%	10.7%	12.7%	13.6%	9.2%	11.5%	15.6%

来源：链家地产市场研究部

3．三大原因影响租金上涨趋势难改

（1）从市场层面来看

首先，租赁市场供需关系呈现出长期不平衡、以及季节性周期变化的特点。决定了租金

水平不断上涨的大趋势，同时，伴随每年固定出现的需求高峰期，租金的波动也出现一定的周期性，春节后的2个月，以及三季度的7-9月，成为每年必然会出现的租金上升期。同时，这种规律也导致业主形成了“一年一签”的出租习惯，导致租赁高峰期、以及市场租金上涨预期很难改变。

其次，租赁市场也受到买卖市场的影响。2012年房价涨幅超过租金，业主以租养贷压力加大，房产升值也导致业主的出租收益相对变小，进而影响到业主出租意愿和挂牌租金。

①房价上涨，业主以租养贷压力大增。以90平米户型为例，租金占月供比重在房价下降的2011年增长，而2012年随着房价的上涨，即使利率下降、85折优惠重启，但该比值仍然回落。业主还贷压力大，成为业主上涨租金的缘由之一。

附表16　以90平方米户型为例，北京不同时间点租金月供比趋势

时间	2011年6月	2011年12月	2012年3月	2012年6月	2012年9月	2012年12月
套租金（元）	4211	4278	4475	4807	4800	4860
套总价（万元）	220.3	199.7	200.0	219.0	227.5	239.0
首付30%月供（元）	11774（基准利率）	10881（基准利率）	10029（基准利率）	10791（85折利率）	11018（85折利率）	11570（85折利率）
租金月供比	35.8%	39.3%	44.6%	44.5%	43.6%	42.0%

来源：链家地产市场研究部

②房价涨幅超过租金，业主追求租金收益最大化。目前北京的租售比和出租收益率均与国际水平由较大差距，但释放出的市场信号会直接影响到单个业主的出租心态和租售行为。从买卖市场中间接考证，也可看出2012年由租转售现象的确增多。在2012年二手住宅成交中，业主由出租状态改为出售的比例为由一季度的26%，上涨至四季度的32%。

附表17　不同时间点出租收益率、租售比变化趋势

	2011年6月	2011年12月	2012年3月	2012年6月	2012年9月	2012年12月
单位租金（元/平方米）	46.8	47.5	49.7	53.4	53.3	54.6
租售比	1∶523	1∶467	1∶447	1∶456	1∶474	1∶486
出租收益率	2.3%	2.6%	2.7%	2.6%	2.5%	2.5%

来源：链家地产市场研究部

（2）从宏观层面来看

当前租赁市场供需长期不平衡，租赁房源的规模直接决定了市场的成交规模，也是决定租金上涨的关键，而从中长期趋势看，存量房源的盘活仍有难度。

首先，限购效应下，新增租赁房源难以增长。北京限购政策从2010年开始实施，2011年限购升级并持续至今，不仅成交量回落，且购房者中首套房置业和换房的成交比例在90%以上，这类人群至少在3—5年后才会衍生再置业需求，更难以释放出租赁房源。

其次，存量房源的盘活仍有难度。目前租赁市场租赁楼盘在4000~5000个规模，但不同楼盘出租率差距较大，一些出租率较高的小区可达到 60%以上，低则不足 10%。租赁房源的盘活仍有空间。而主要取决于空置房业主的出租意愿。一是涉及空置房源能否转化为租赁房源，二是进入到租赁市场能否持久。但就目前的情况看，只有核心地区的老旧小区、以及业主在长期在外地的房源能够保持比较稳定的租赁状态。而对于拥有多套房的投资性业主来说，大部分仍会根据市场行情选择出售。且这种市场行为很难去干扰。

四、租赁市场预测

（1）短期来看，租金上涨压力仍然较大，未来供需关系有可能会进一步趋紧。但同时，随着 2009 年以来租金的快速上涨，租金收入比渐渐接近大部分中低收入家庭支付极限，2012 年租金累计涨幅接近 10%，租金已告别高速增长时代，但仍会维持在 10%左右的水平。在供需不平衡的状态下，租金上涨将成为常态化。

（2）租赁需求继续向城市外围扩散，目前通州、昌平、大兴、顺义为主要的郊区租赁区域，租金也仍持续上涨。租赁市场郊区化的特点，一是将会跟随新房市场郊区化的步伐，逐渐向城市外围扩散。当新建商品房社区逐渐成熟、交通、配套日益完善后，租赁需求也会随之增多，因此未来六环外地区，以及房山区的租赁市场也会逐渐升温。此外，合租比重在房源增量有限、租金上涨的大背景下仍会进一步加大。

（3）供需关系是解决租金上涨的关键，但市场存量房源的盘活仍然具有难度。在租金收益率下降、房价上涨的情况下，依靠市场自行调节很难促进租赁房源的增长，缓和供不应求的状态，因此必须依靠外界力量。而目前来看，政府出台调控措施并不符合实际，且房产税短期内在北京很难实施，因此最可行、最有效的方式仍然是通过公租房来弥补房源缺口，满足低收入家庭的租房需求。2012 年公租房项目实际开展的并不多，外地人申请公租房的首个项目在 2012 年 12 月下旬才开展，且仅配租 150 套。难以产生规模效应。若按照租赁需求中八成以上为外地人来看，公租房仍需要加大对外地人的倾斜力度。

新建商品住宅市场
——量升价稳　渐行渐暖

首佳地产顾问机构研究中心

2012 年，是限购政策出台后持续执行的第三年，北京房地产市场在低迷中稍显起色，成交量及价格抬头趋势明显。尤其是“十八大”和经济工作会议后，“稳增长、稳中求进”的基调似乎看到未来房地产市场向好的曙光。

一、2012 年商品住宅成交情况

1. 年度新建商品住宅活跃度提升，成交上涨明显

从 2007-2012 年北京新建商品住宅供销情况来看，供应方面，自 2010 年后逐年走低。供销比除楼市极度低迷的 2008 和 2011 年高于 1 以外，其他年份均低于 1，2012 年为 0.7，市场仍在以消耗存量为主。成交方面，2012 年，北京新建商品住宅在限购政策影响下成交相对活跃，成交量与 2011 年相比，回升明显。从 2007-2012 年近 6 年的楼市运行情况来看，2012 年新建商品住宅成交量亦是仅次于楼市繁荣的 2007 年和 2009 年，成为限购政策执行以来的高点。具体数据来看，2012 年北京市新建商品住宅成交 93886 套，成交面积为 1124.1 万平方米，与 2011 年全年的 58603 套和 705.6 万平方米，相比分别上涨 60.2%和 59.3%；

由此可见，自 2010 年 4 月提出“限购令”，到后期各项愈收愈紧的政策出台，新建商品住宅的成交在 2011 年跌入谷底，而 2012 年，随着价格的适度回落和政策微调，促活跃度有所提升，成交量亦开始上升。

2. 价格谷底回升　2012 年稳步上扬

从 2011-2012 年各季度新建商品住宅（不含保障房）销售情况（见附图 60）可看出，与 2011 年的成交走势较为平均不同，2012 年各季度成交走势波动起伏，1 季度达到近两年的谷底后开始反弹，2 季度突破 300 万平方米，3 季度继续攀升至 360 万平方米的峰值，4 季度微量回落，成为年内次高，为 332 万平方米。

从价格来看，不同于 2011 年在限购等政策的影响下的波动起伏，2012 年新建商品住宅价格已随着成交量的缓慢爬升而逐步上涨，2012 年 4 季度，北京市新建商品住宅销售单价从 1 季度的 19223 元/平方米上涨至 21180 元/平方米，涨幅为 10.2%，但仍低于 2011 年 22000 元/平方米以上的价格高点。详见附图 61。

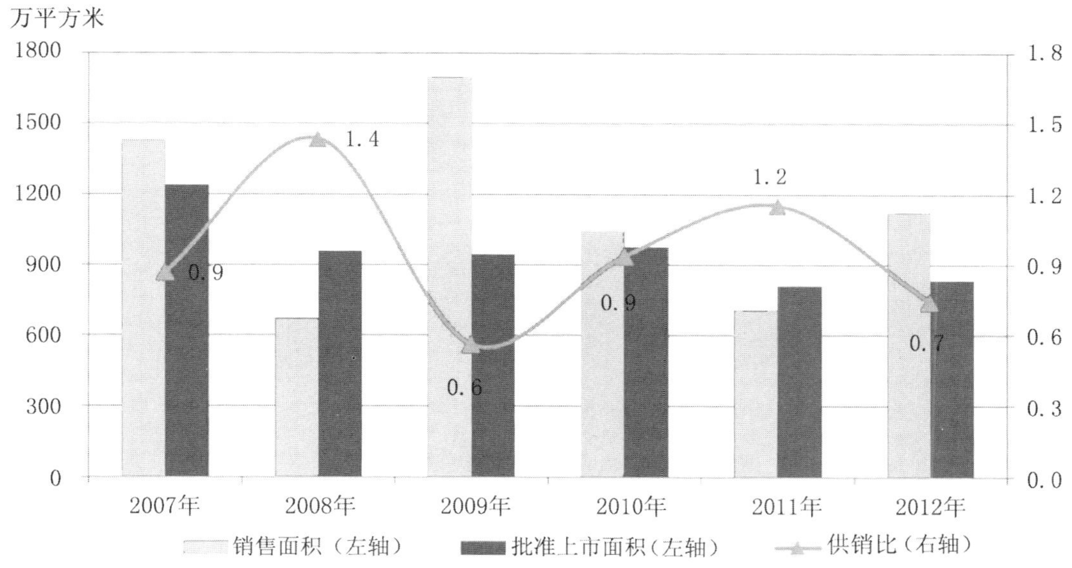

附图 60　2007-2012 年北京市新建商品住宅（不含保障房）供销情况

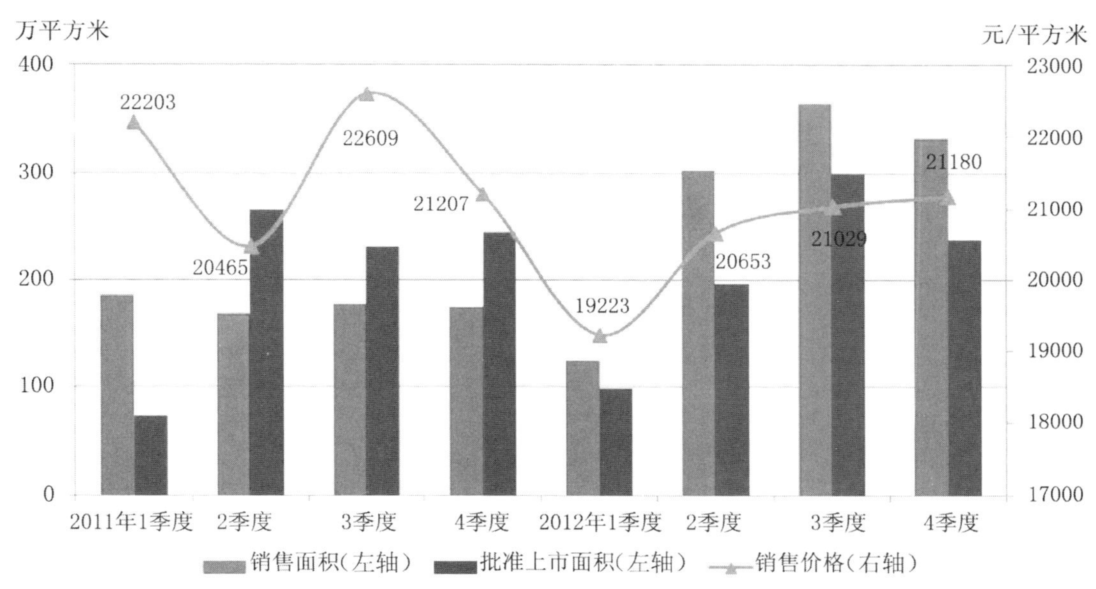

附图 61　2011-2012 年各季度新建商品住宅（不含保障房）销售情况

二、2012 年商品住宅成交特点

1. 本市居民购买占比近 8 成，调控政策影响深远

2012 年北京商品住宅成交人群来看，本市居民购买仍是绝对主力，占比由 2011 年的 75%继续攀升至近 80%，外省个人购买占比 15.1%，与 2011 年相比基本持平，其他购买由 9.5%回落至 5.2%（附图 62）。由此可以看出，在限购政策的打压下，外省及其他购买仅占总成交量的两成，投资投机需求得到一定程度的抑制，但限购毕竟是行政手段，不适宜长期的实行，因此逐渐的弱化行政手段，真正可以依靠市场来调节才是房地产市场长期健康发展的保证。

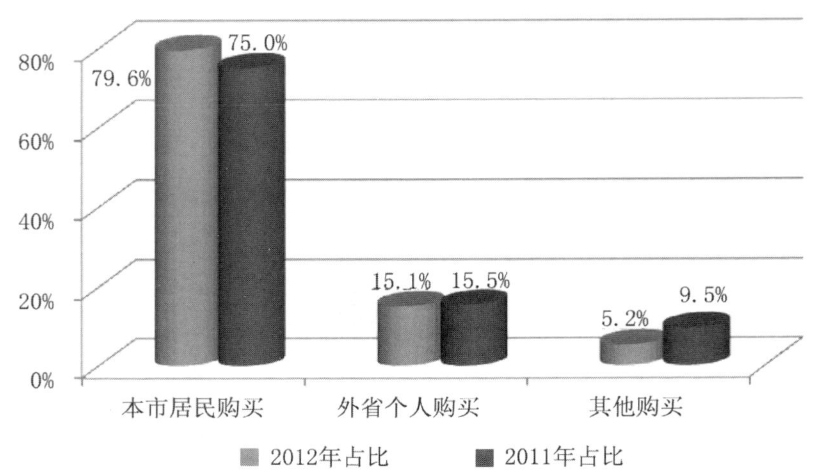

附图 62　2011、2012 年购买人群成交占比对比图

2. 二、三居成交为主，占比超六成

从成交户型来看，二、三居仍为市场成交主力，占比 63.9%，其中三居 34.7%，高于二居 5.6 个百分点。且 2012 年二者各自的占比较 2011 年均表现为上涨，其中二居室成交占比 29.2%，同比增加 3.6 个百分点；三居室成交占比 34.7%，同比增加 1.6 个百分点。四居室及以上的户型成交占比列第三位，占比 15.4%，较 2011 年同期回落 2.6 个百分点（附图 63）。由此可以看出，在限购及限贷等政策影响下，作为过渡的小户型产品成交低迷，在资金能力允许的条件下，购房者会选择户型相对较大的三居室，以满足日后的生活需求。

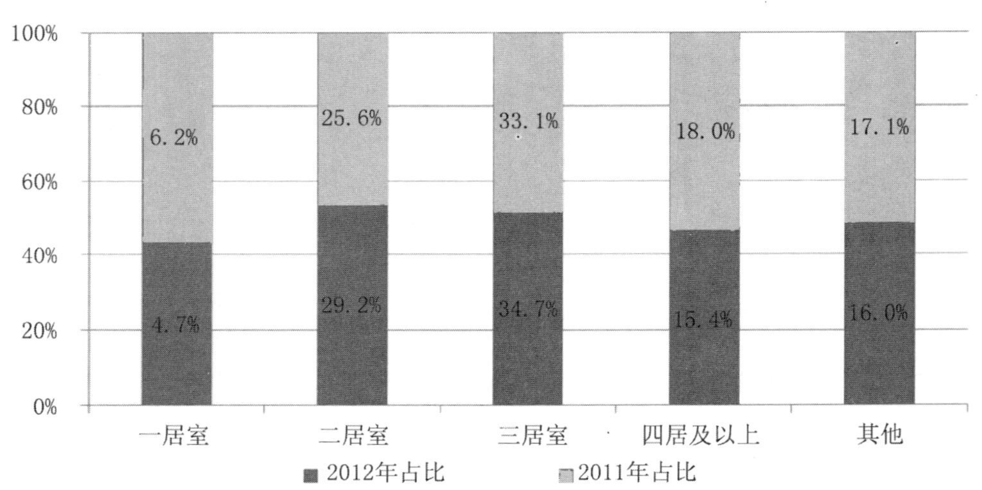

附图 63　2011、2012 年各居室成交占比对比图

3. 郊区县仍是成交主力，占比近七成，价格稳中有升

分布来看，2012 年北京新建商品住宅主力成交仍集中在规划新城，成交占比达到 68.6%，中心城区成交占比仅 31.4%。其中，朝阳区占比最高，达到 16.7%，大兴区、昌平区和通州区紧随其后，占比分别为 14.3%、13.2%和 10.4%。具体各主要成交城区成交占比见附图 64。

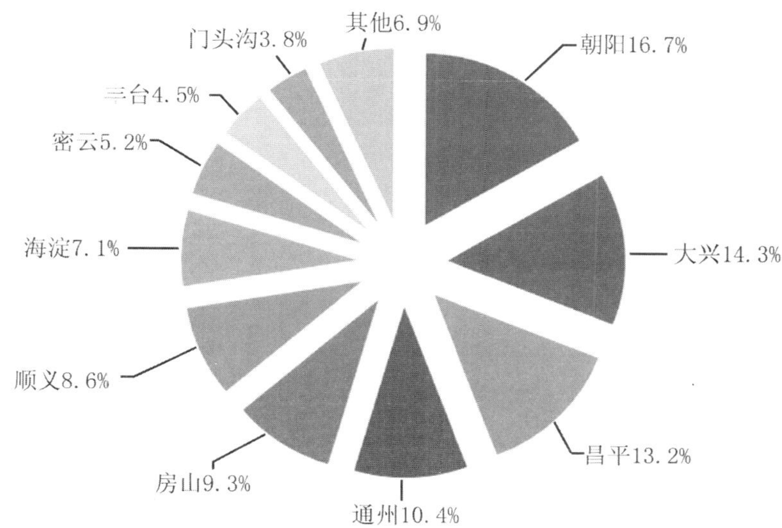

附图 64　2012 年北京新建商品住宅（不含保障房）成交分布

中心城区来看，2012 年中心城区新建商品住宅成交量在 1 季度达到谷底后开始回升，2–4 季度成交面积均超过 100 万平方米，各季度基本持平。成交价格方面，在 1 季度回落至谷底后开始回升，2 季度上涨明显，3–4 季度基本持平在 33000 元/平方米左右。整体来看，在延续 2011 年价格走势平稳的基础上有所回升（详见附图 65）。

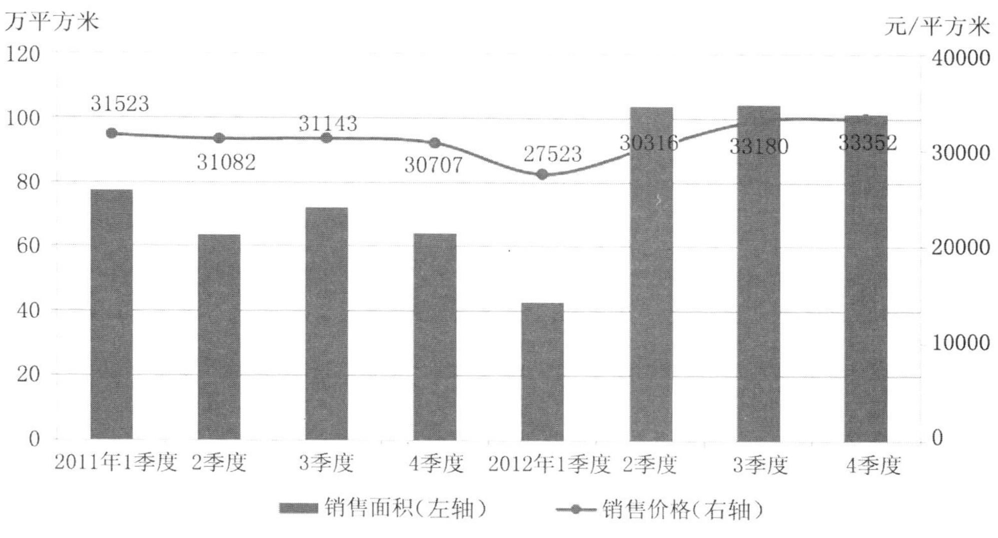

附图 65　2011—2012 年各季度中心城区新建商品住宅销售情况

规划新城市场变化与中心城区走势类似，季度成交量在 1 季度谷底后反弹，2–3 季度成交量均超过 200 万平方米，尤其 3 季度达到近两年 260 万平方米的峰值，随后 4 季度微量回落至 230 万平方米，相较 2011 年各季度成交量较平均的表现，2012 年成交量上涨明显。价格方面来看，2011 年受层出不穷的紧缩政策影响，季度价格波动起伏明显，而进入 2012 年后，走势基本与中心城区相同，2–3 季度价格回升明显，4 季度基本走稳，成交均价维持在 16000 元/平方米左右（详见附图 66）。

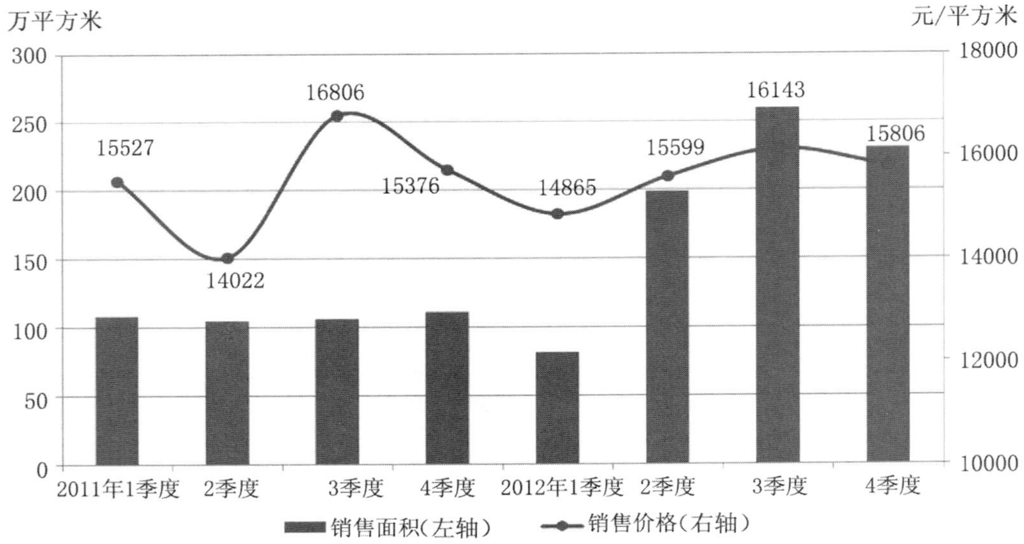
万平方米
元/平方米
300
250
200
150
100
50
0
18000
16000
14000
12000
10000
15527
14022
16806
15376
14865
15599
16143
15806
2011年1季度
2季度
3季度
4季度
2012年1季度
2季度
3季度
4季度
销售面积(左轴)
销售价格(右轴)

附图 66　2011—2012 年各季度规划新城新建商品住宅销售情况

三、2013 北京商品住宅市场预测

历经 2011 年楼市低潮，2012 年北京楼市在价格一定程度回落的前提下，成交量出现较为明显的上扬，进而促价格亦出现微量的回升，但在限购政策影响下，需求有限，因此价格并未大幅反弹。在十八大“稳中求进”精神的前提下，笔者对 2012 年的房产市场预测如下：

（1）2012 年北京新建商品住宅成交量继续回升。2012 年在各方博弈的情况下，价格在一定回落后缓慢回升，而未来楼市预期向好的大环境下，将促使部分有效需求逐渐入市，促交易量进一步回升。

（2）新建商品住宅价格在需求的刺激下继续回升。2012 年，北京城区商品住宅延续保值的优势，2013 年依然如此；郊区县价格在回落后走稳，在成交量上涨的前提下，亦会继续回升。

2012年北京新房市场总结与2013年预测

伟业我爱我家市场研究院

2012年北京新房市场“去库存”名副其实

2012年北京新房市场创3年以来新高、成交价格首次下降

1. 总体特征：年度成交量创3年以来新高、成交价格首次下降

政策作用正逐渐被时间锐化，随着3月以来刚性需求的逐渐释放，伟业我爱我家市场研究院监测数据显示，2012年全市新房（不含保障房）成交量为90687套，同比上涨64.4%；2012年全市新房成交均价20937元/平方米，同比去年下降3.2%。

自从2010年4月本轮调控以来，2012年全年北京新房市场创造近3年成交量的新高；另外，自有统计记录以来，北京全市年度交易均价首次出现负增长。

附表18　2010—2012年北京市年度新房成交量、价变化情况

年份	2010年	2011年	2012年
成交套数（万套）	82914	55174	90687
成交均价（元/平方米）	20346	21627	20937
均价涨幅	42.0%	6.3%	-3.2%

数据来源：伟业我爱我家市场研究院

2. 细分特征：5环外成交量占比高达83.9%，郊区化成为均价下降主要原因

受限于土地供应的郊区化，新房成交郊区化尤其明显。伟业我爱我家市场研究院监测数据显示，2012年全市新房（不含保障房）交易结构中，5环外成交量占比高达83.9%，其中6环外成交量占比达到31.5%，比去年同区域占比提升8.5个百分点。

附表19　2011—2012年北京市各环线新房成交量、价变化情况

	2011年		2012年		同比	
	套数占比	交易均价（元/平方米）	套数占比	交易均价（元/平方米）	占比增加	交易均价（元/平方米）
四环以内	13.8%	34701	8.4%	39189	-5.4%	12.9%
四、五环之间	9.6%	31807	7.7%	33250	-1.9%	4.5%
五、六环之间	53.6%	19830	52.4%	20009	-1.1%	0.9%
六环以外	23.0%	11968	31.5%	13289	8.5%	11.0%

数据来源：伟业我爱我家市场研究院

基于此，伟业我爱我家集团副总裁胡景晖分析认为，郊区化是交易均价下降主要原因，即价格相对较低的郊区成交量所在比重增加，尤其是六环以外比重上涨 8.5 个百分点，结构上拉低了全市的整体成交均价；而市场实情是，与去年相比，不同区域房价出现不同程度的回涨。伟业我爱我家市场研究院监测数据显示，2012 年北京市各环线成交均价出现不同程度上涨，其中四环内涨幅最大，达到 12.9%，五至六环涨幅最小，但也出现 0.9%的上涨。

3．年度总结："去库存"名副其实，首次置业、首次改善类需求支撑全年成交

伟业我爱我家市场研究院监测数据显示，2012 年全市新房（不含保障房）新增供应量 6.8 万套，比去年同比上涨 4.7%；而全年成交量 9.1 万套，这样，净消耗库存量约 2.3 万套。

对此，伟业我爱我家集团副总裁胡景晖分析认为，在最严厉的限购政策以及紧缩的信贷政策的双重作用之下，2011 年市场出现供过于求，库存量一度超过 10 万套，2012 年初北京库存量为 10.7 万套；而如今由于市场成交量的回涨，新房库存量已经不足 8 万套，基本回到 2009—11 年初的平均水平，2012 年楼市"去库存"名副其实。

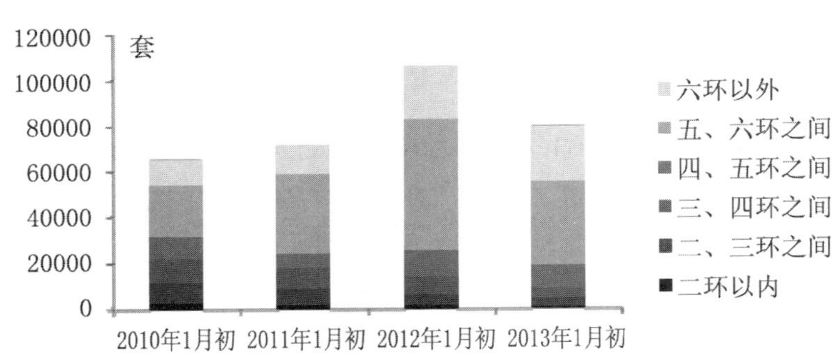

附图 67　2010—2013 年北京新房库存套数变化

同时，伟业我爱我家集团副总裁胡景晖分析认为，近 9.1 万套的新房成交量完全由首次置业、首次改善类需求支撑。一方面，自 3 月起首次置业需求正在逐渐释放，随着税收、利率政策的优惠，购房成本明显下降，使得观望已久的购房者入市意愿依然较强。另一方面，自 5 月起，受到两次降息的影响，多城市购房者重拾市场信心，具备很强经济实力的改善需求（无需贷款，一次性付款）也继续入市。

4．未来展望：2013 年新房供应量、成交量保持稳定，房价将会有序上涨

伟业我爱我家集团副总裁胡景晖分析认为，以首次置业为主的刚性需求是支撑 2012 年楼市成交的主力，在政策主基调不变的前提之下，2013 年此类情形仍将延续，鉴于货币环境具备松动的可能性，预计 2013 年住房交易量价保持稳中有涨态势。当然，倘若管理预期不利，一旦房价迎来报复性反弹，为防止过去三年的调控成果不再付诸东流，更加严厉的行政政策还将继续加码，因此，对未来市场走势保持谨慎乐观态度。

具体来看，伟业我爱我家集团副总裁胡景晖预计，由于近三年北京住宅用地供应量逐渐萎缩，楼市潜在供应量很难上涨，因此，2013 年北京新房成交量将继续保持约 9 万套的水平，成交均价可能回涨至 2011 年 21500 元/平方米的水平。

而从区域上来看，由于近三年 9 成以上住宅用地供应在五环以外，预计 2013 年北京 5 环以外成交量继续占据 80%～85%的市场规模，但 6 环外的比重还将继续增加，而各环线成交价格将延续上涨格局，5 环内可能会有超过 10%的价格涨幅，5 环外维持价格基本稳定，最高涨幅不会超过 5%。

2012 年北京二手住宅成交量上涨 16% 房价上涨 8%

伟业我爱我家市场研究部

伴随年末楼市翘尾，2012 年北京楼市在一片火热中即将落下帷幕，随着今年春节后需求量的回暖，楼市交易量逐步走出 2011 年的市场低谷，房价也随之出现了小幅上涨。

二手住宅“量价齐涨”

根据北京住建委网站公布的网签数据统计显示，截至 12 月 13 日，12 月北京全市二手住宅网签总量为 6565 套，预计 12 月全月的网签量将超过 1.5 万套。由此推算，2012 年全年北京全市二手住宅网签量将超过 14 万套，与 2011 年全年的成交量相比涨幅将超过 16%。

伴随楼市交易量的回暖，房价也出现小幅上涨。根据伟业我爱我家市场研究院的数据统计，2012 年北京二手住宅成交均价为 24594 元/平方米，比上年的房价上涨了 8%，房价创历史新高。

伟业我爱我家集团副总裁胡景晖分析表示，上半年刚性购房需求的集中释放，以及下半年改善型购房需求的接棒，使得今年的购房需求持续旺盛，需求的旺盛也进一步增强了业主出售房源的意愿，由于二手住宅市场整体供不应求，面对需求量的增长，业主纷纷提高报价，推动了二手房价的持续上涨。

附表 20 2008—2012 年北京二手住宅成交量价

年份	2008	2009	2010	2011	2012
成交套数（万套）	7.0	26.7	19.7	12.1	14.0
成交套数涨跌幅	-26%	243%	-22%	-42.0%	16%
成交均价（元/平方米）	12161	13609	21179	22772	24594
均价涨幅	22%	11.9%	55.6%	7.5%	8%

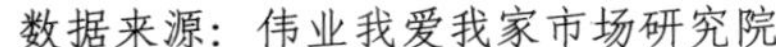
数据来源：伟业我爱我家市场研究院

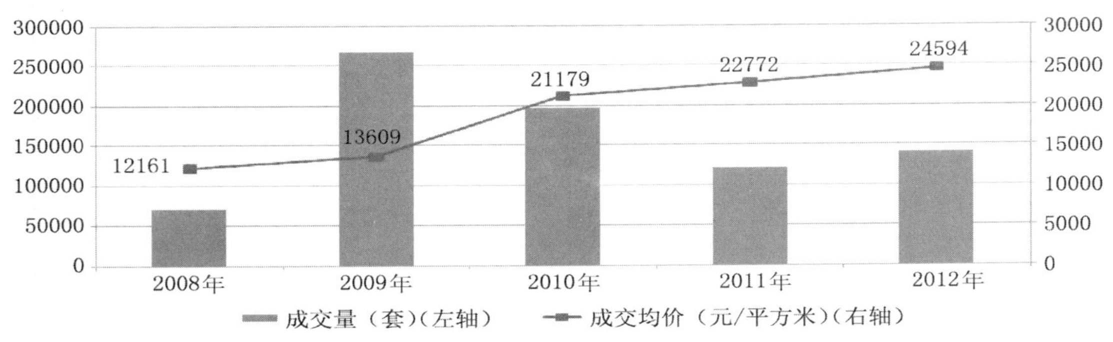

附图 68 北京二手住宅成交量价走势

数据来源：伟业我爱我家市场研究院

7月冲高回落 年末再迎翘尾

伟业我爱我家集团副总裁胡景晖分析表示，上半年刚需的集中释放，下半年改善型购房需求的接棒，使得2012年北京二手房交易量在整体上保持了持续上涨的态势，但是2012年的北京二手住宅市场也可谓“一波三折”。

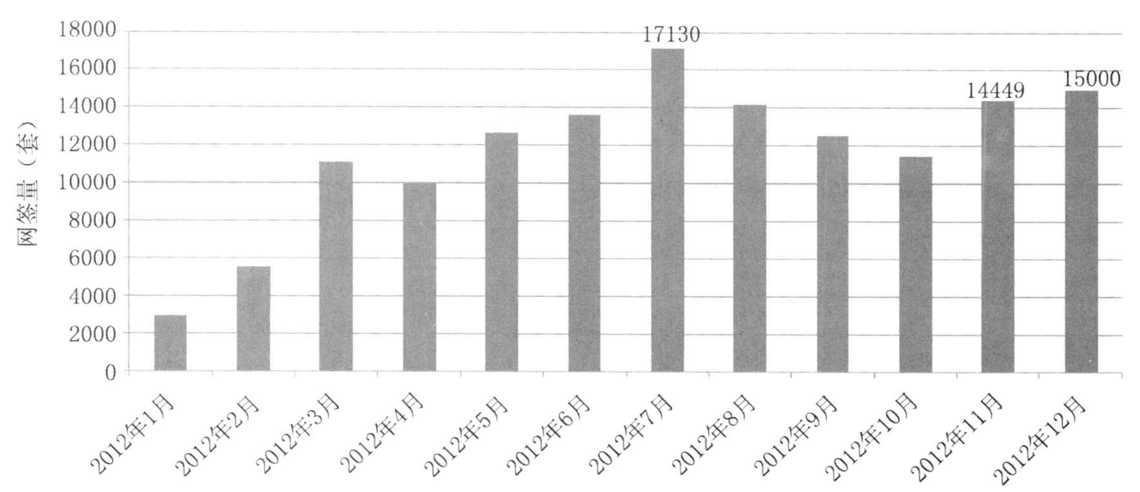

附图69 2012年北京二手住宅网签量

数据来源：伟业我爱我家市场研究部

刚需释放 带动楼市走出阴霾

胡景晖表示，2012年年初的北京楼市并不明朗，依旧笼罩在2011下半年楼市量价齐跌的阴霾中。但是，春节过后，积蓄已久的刚性购房需求开始率先回暖，在首次置业的刚需购房需求支撑下，北京二手房交易量开始稳步回暖，5、6月楼市调控将要放松，房价将要上涨的谣言，又进一步推动了二手房交易量连续三个月上涨，并在7月达到全年的峰值。

多部委密集表态 楼市冲高回落

胡景晖表示，面对楼市交易量的大幅上涨，为了防止楼市的失控，一方面，中央派督察组到各地督查楼市调控执行情况；另一方面，住建部、国家发改委、中国银监会、人民银行等中央多部委相继发布声明否定房地产调控放松的言论，并多次重申将从严楼市调控。受此影响，以及上半年刚需严重透支的影响，北京二手房成交量连续三个月回落，“金九银十”的交易量也大失成色。

改善型需求接棒 年末楼市翘尾

胡景晖表示，7月多部委对楼市的从严调控，并未使房产交易量一路下滑至年底，在经历了“金九银十”的低谷后，11月，次年开春即将结婚的婚房需求，以及年底的改善置业需求，推动了北京二手住宅成交量的年底爆发。此外，胡景晖表示，四季度股市高达逾四千亿元的解禁，数千亿资金流向楼市也成为搅动楼市的重要因素。

2013年成交量保持稳定 房价仍将小幅上涨

伟业我爱我家集团副总裁胡景晖分析表示，目前房价持续上涨的态势仍将在次年持续，如果楼市调控放松，房价仍将面临报复性上涨的风险，所以 2013 年限购限贷的楼市调控政策仍将从严执行。

需求有限　明年成交量将与今年基本持平

胡景晖表示，明年楼市调控放松的可能性不大，首次置业的刚性购房需求，以及改善型置业升级需求仍将是楼市的两大需求，所以在没有跟严厉的政策出台的前提下，成交量将与 2012 年基本相当。

供应量有望增加　房价大涨可能性不大

胡景晖表示，近两年住宅用地成交量的大幅萎缩，将导致明年新房市场的供应量稍显欠缺，部分购房需求将流向二手房市场，二手市场，尤其是城市核心区市场供求矛盾的激化，将给 2013 年二手房价的上涨带来巨大压力。但是，明年在增加楼市供应方面，在加大新增供应量的同时，管理层或将通过相关的制度、政策、税收等手段，促使目前存量房市场中大量的空置、闲置的“黑灯房”供应到市场中来，来缓解目前住宅市场供不应求的市场局面，供应量的增加将缓解房价上涨的压力，虽然 2013 年房价仍将保持小幅上涨，但暴涨的可能性不大。

2012—2013 年北京存量房市场分析

北京中原市场研究部

2012 年北京楼市可以说经历了翻天覆地的变化，从年初的市场冰点到 2 季度复苏，再到下半年的整体升温,可以说 2012 年北京楼市的关键词是：“暖”。

2012 年二手住宅市场较去年回暖明显，如果把 2011 年市场温度假定为零度，2012 年市场的平均温度应该在 30 度 ~ 40 度之间。在信贷政策适度定向宽松的前提下，2012 年二手住宅成交量上涨；二手房均价同比虽小幅下跌，但年底较年初均价则平稳增长；“首置刚需”和“首改刚需”成为二手住宅市场的主力军，同时业主信心也在下半年大幅回升;租金打破季节性规律呈现持续上涨,上述这些均为 2012 年二手楼市持续回暖的特征表现。

一、政策——2012 信贷稳健　市场与保障齐发展

（一）2012 货币环境稳健　差异化信贷支持刚需

2012 年以来央行连续两次下调存款准备金率，并于 6 月 8 日、7 月 6 日相隔不到一个月连续两次降息，相对宽松的货币环境基本形成。

在银行流动性充裕的支撑下，2012 年起首套房贷获批速度提高，利率优惠重启。2012 年全国大部分地区首套房利率已由去年的上浮逐步恢复至基准利率,大部分地区甚至可以获得基准利率 8.5 ~ 9 折的优惠。降息通道的打开配合首套房贷利率优惠的重启,使得居民购房按揭贷款的能力进一步提高,还贷成本明显下降。2012 年末，中国经济呈现缓中趋稳态势，预计后市货币政策保持稳健，但对刚需的支持仍将继续。

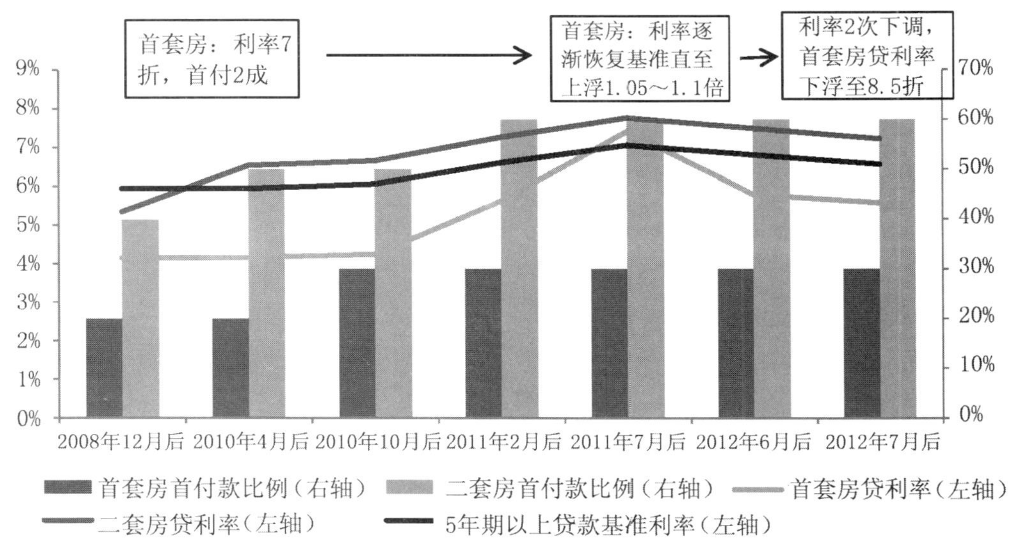

附图 70　首套和二套房首付比例及贷款利率

（二）限购稳固　抑制投资投机

北京作为首都，在2012年北京的限购政策不仅未放松，在资格认证等方面反而有继续加强的举措出台。

根据各地政策微调的经历显示，限购底线不容触碰，任何松绑限购的新政终多中止。为稳定市场预期，在2012年6月开始，多部委重申坚持房地产调控政策不动摇，住建部更明确表示将会同有关部门继续密切关注各地执行调控政策的情况，对于地方出台放松购房政策的，将及时予以制止或纠正。

2012年市场明显过度反弹的可能性很小，但随着符合限购政策下购买人群资格的增加，总体可购房人群的数量是会继续明显增加的。

（三）保障房增　双轨制发展持续

“十二五”计划纲要将保障房建设规模再度扩大，提出在2011年至2015年的五年间将开工3600万套保障性住房的建设目标，并确立了由廉租住房、公共租赁住房、经济适用住房、限价商品房和棚户区改造住房五大类组成的保障性安居工程体系。

2010年，全国开工保障房共590万套，基本建成370万套；2011年，已完成开工1000万套，基本建成432万套；2012年保障房项目建设继续稳步推进，并已于10月底提前完成年度开工目标700万套，基本建成超过500万套，完成投资10800亿元。住建部透露，2013年保障房的开工量将回落到600万套左右，保障性工程建设速度呈放缓趋势，施工重点将转移到保证建设质量以及完善管理机制上来。

多个地方政府如北京、上海、山东、武汉、杭州等地纷纷出台出让土地配建保障房的规定，各地更多的采取配建后无偿移交政府的处理方式。然而，在市场低迷时，这无疑会导致开发商开发意愿下降，从而使一些配建政策遭遇出台后未能执行的窘境。如2011年末杭州“宅地出让需配建10%保障房”的管理条例由于市场遇冷未能真正实行，2012年初北京“商品住宅用地配建保障性住房比例不低于30%”的规定也无疾而终。为加快土地出让，地方政府也相应调低土地出让门槛。随着近期土地市场的回暖，配建方式也有了一定的积极反响，各地正积极推行以期达到缓解政府融资压力的目的。

二、市场——量价筑底　市场复苏渐暖

（一）政策倾斜　成交量上涨

2012年二手住宅市场受楼市政策影响显著，不论从全年整体变化还是逐月的变化趋势皆表现明显。

首先从整体来看，今年上半年信贷政策基调以适度宽松为主，而下半年看到市场成交量放大过快，转而多次重申“坚持楼市调控政策不动摇”来控制楼市上升的步速和步幅。2012年网签和过户套数分别为14.4万和11.5万套，同比分别上涨18%和16%，成为京城楼市十年来成交量第三的年份。而这一成交量是在“限购”政策背景下取得，足以说明北京楼市自住需求仍处于旺盛时期。

其次从月度来看，3月、7月和12月表现突出。第一，3月成为全年成交走出低谷的转折月，这是2月下调存款准备金率和央行公布差别化信贷政策利好的影响所致；第二，7月成交攀升至高位，这一高峰的产生，得益于上半年的2次下调存款准备金率和2次降息；

12月成交创年度记录，这主要是因为自11月的中共“十八大”召开到12月中共政治局和中央经济工作会议这三大具有政策导向风向标意义的会议都未释放出将出台更为严厉措施的信号，从而导致观望群体的需求提前

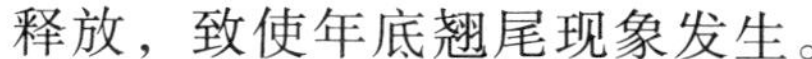

释放，致使年底翘尾现象发生。

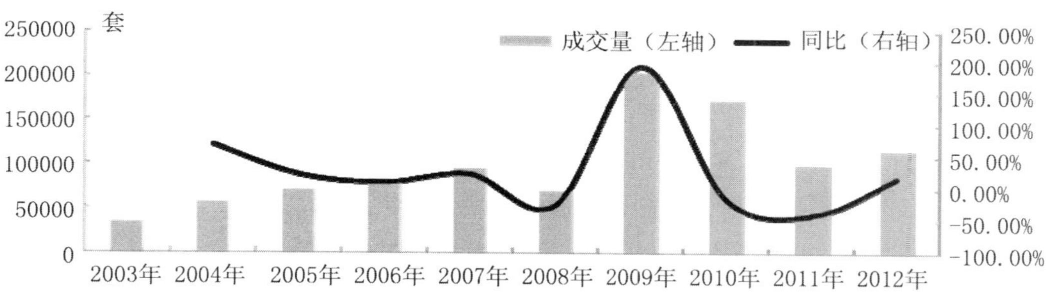

附图 71 北京市二手住宅（过户）成交量对比走势图（2003-2012 年）

数据来源：北京中原市场研究部

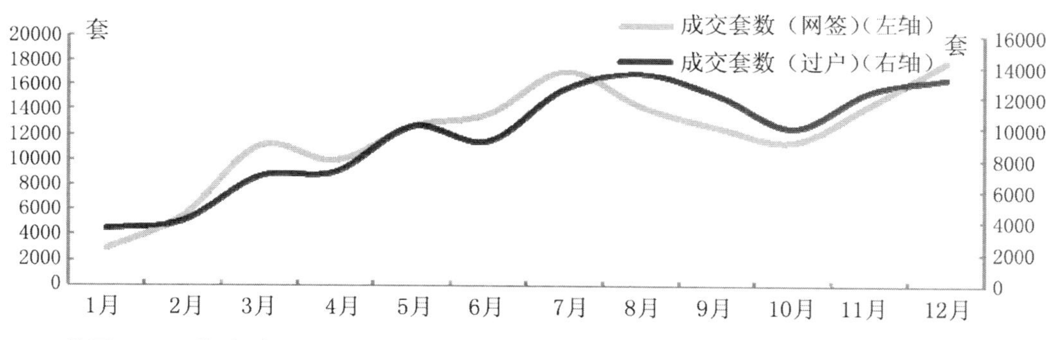

附图 72 北京市二手住宅网签和过户成交量月度走势图（2012 年）

数据来源：北京中原市场研究部

（二）刚需支撑 二手均价平稳发展

2012 年一季度受 2011 年调控从严和春节影响，价格延续下降走势，自二季度开始呈现平稳上涨趋势。2012 年二手住宅均价为 23129 元/平方米，较 2011 年下降了 2.6%，但由于 2012 年年内房价月度环比持续小幅上涨 9 个月，使得全年累计涨幅（12 月比 1 月）达到 14%。全年房价可以概括为“均价同比微下浮，年内累计涨一成”。由于限购政策并未放松，年内房价月度环比小幅攀升的基础来自于自住群体，其中又以“首置刚需”和“首改刚需”为主要支撑，购房刚需群体在信贷政策“定向宽松”的背景下大量释放从而托起二手房价稳步向前。

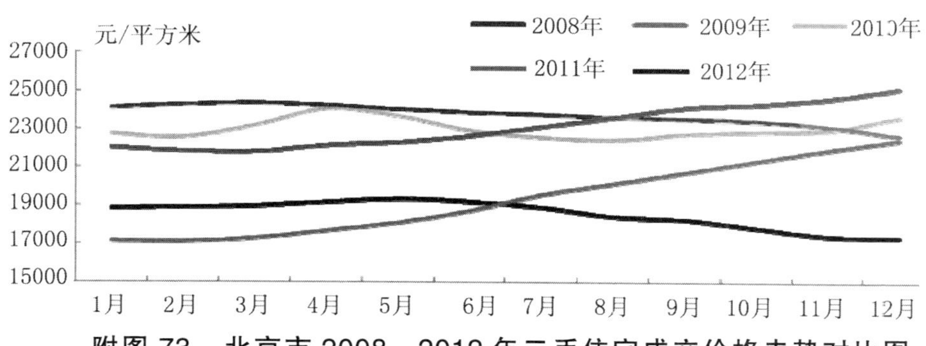

附图 73 北京市 2008—2012 年二手住宅成交价格走势对比图

数据来源：北京中原市场研究部

（三）信心回升　报价指数半年番一翻

2012 年二手住宅报价指数（业主信心指数）较 2011 年有明显提升，全年平均 40%，高于去年 9 个百分点。与此同时上、下半年也形成了鲜明对比，上半年仍延续 2011 年的低迷走势，业主对房价的预期不高，甚至预期房价有持续下降的趋势，而下半年开始，受到上半年适度宽松的信贷政策的提振，报价指数明显回升，从上半年的均值 26%涨到了下半年的 55%，数值翻倍。这一指数也预示着 2013 年初房价仍会保持平稳上浮的大趋势。

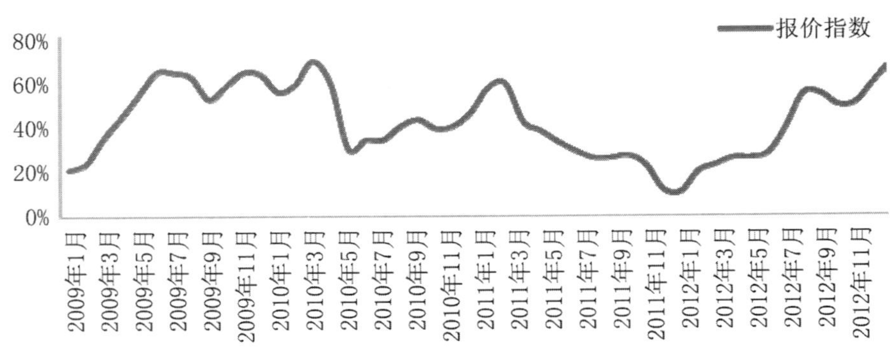

附图 74　北京市 2009—2012 年二手住宅报价指数走势图

数据来源：北京中原市场研究部

（四）限购影响　本市购买比例再上升

受到自 2011 年 2 月开始的限购政策影响，两年来本市居民购买比例逐年上升，俨然成为京城二手住宅市场的主力军。2012 年已达到了 82.6%，较 2011 年扩大近 6 个百分点，而外省市居民、国内企事业以及境外机构和个人的比例分别为 15.2%、1.7%和 0.5%，环比均呈现下降趋势，降幅分别为 4.5%、0.4%和 1%。由于限购政策（鼓励自住，抑制投机投资）已明确 2013 年将继续执行，可以推断未来一年成交客户八成以上仍是本地居民。

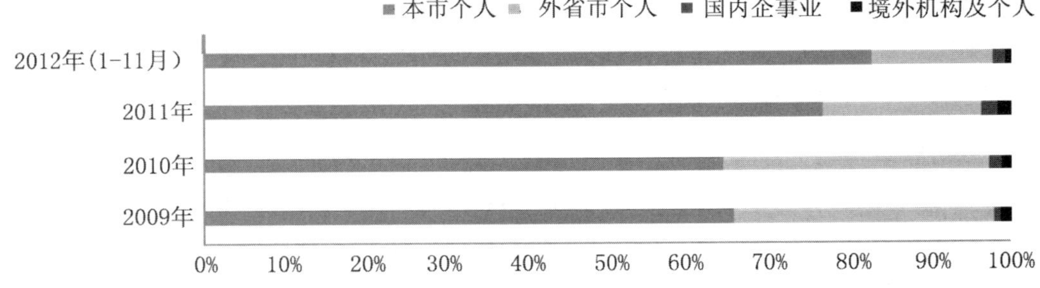

附图 75　北京市 2009—2012 年二手住宅成交人群结构对比图

数据来源：北京中原市场研究部

（五）热点区域　次中心区、学区、轨道周边成交忙

2012 年次中心区（朝海丰石）成交套数的比重有所增加，从 52.3%上涨到 53.4%，而中心区和城市边缘区的成交量分别受到房价高，投资群体被限购和新房供应集中影响，分流部分二手房刚需，呈现占比下降的状态。

学区房的优势在于稀缺，由于海淀中关村

地区（万柳、世纪城等）是北京典型重点学区，因此成交量和价格受市场影响最小，且涨幅居前，为孩子上学购房的群体能固定占到区域全部购房人群的 40%，从而保证了区域房产的保值增值性。

2012 年底开通的 4 条轨道交通线也颇为引人注目，横（6 号线）、纵（9 号线、8 号线），环线（10 号线二期）全涉及，随着北京家用轿车日渐增多，地上交通负荷越来越大，地铁的优势越来越凸显，轨道周边房产受追捧也就顺理成章。2012 年 4 条地铁线沿线热门成交区域有青年路、朝阳门外、田村、六里桥、花乡、大红门等，这些区域在 2012 年普遍受到追捧，或成交量明显高于非热点区域，或价格上涨幅度高于周边。

注：中心区指东城和西城；次中心区指朝阳、海淀、丰台、石景山；城市边缘区指以上区域以外的近远郊区县。

（六）租金上涨　季节性特点被削弱

2012 年北京住宅租金水平继续上升，全年平均租金 54.4 元/（平方米•月），较 2011 年上涨 3.8%，可见租赁市场需求依旧旺盛，拉动租金持续上扬。同时由于限购政策持续实施了 2 年，导致租赁市场在今年出现了以往没有的特点，即季节性波动特点被削弱，按照传统规律租金一般在春节后和 5-9 月大学生毕业季处于高位，其他月份不同程度有所下降。然而今年自春节过后（2 月）租金开始上涨以来，一直持续上升，且仅在上涨幅度上有所差别。

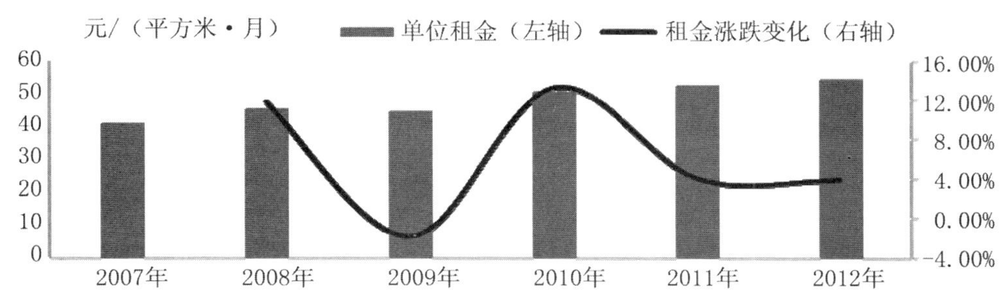

附图 76　北京市 2007—2012 年住宅租金及涨跌幅度变化走势图

数据来源：北京中原市场研究部

（七）投资萎缩　一二手成交差距持续缩小

2012 年一二手成交量均有明显上涨，在两者均呈现上涨的情况下，由于新房上涨幅度要大于二手房，从而导致新房与二手房成交量之间的差距进一步缩小，继去年的 1 : 1.7 上升到今年的 1 : 1.2。导致这一现象的原因主要是受到“限购”政策打击投机投资所致，市场购房需求集中于刚性需求，2012 年新房市场开发商应市推出大量刚需产品，且位于近郊区具有一定价格优势，与二手房相比新房明显被消费者看好，促进新房涨幅要大于二手房涨幅，导致一二手之间比重趋近。

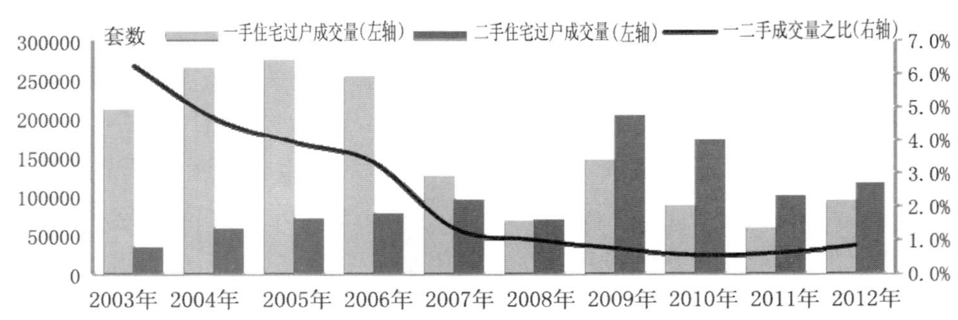

附图 77 北京市 2003—2012 年一、二手住宅过户成交量对比情况走势图

数据来源：北京中原市场研究部

三、2013 年存量房市场展望

（一）调控不松 保障自住抑投资

目前楼市已经逐渐出现了上行的拐点，因为地方对土地财政的过分依赖，加上外围经济恶化，地方希望调控有所放松，但本次调控可以说是最后一个经济转型的机会，一旦放松，房地产很可能面临硬着陆的风险。

调控政策在 2012 年一季度前可以说是上半场，但是还有下半场，预计会持续至少到 2013—2014 年，限购限贷的政策基本不动摇，中央加强宏观调控政策的意图一直并未改变。中央领导强调，当前房地产市场调控已取得一定成效，但仍处于关键时期，要坚持实施遏制房价过快上涨的政策措施，抑制投资和投机性购房，进一步巩固调控成果。

（二）房产税增 试点城市继续扩大

房产税试点扩散在未来增加试点的可能性非常大，但在北京试点的可能不大。房产税等调控存量房的政策，可能是后期全国楼市调控的新方向。限购政策虽然目前来看短期内取消的可能性不大，但是限购政策毕竟是完全的行政手段，强制的抑制了需求。作为房地产试点的重庆房产税征收范围逐渐扩大，可能会影响到所有非自住房产，这可能标志着后限购时代的调控方向。

一旦房产税试点增加，对多套房拥有者的心理影响将非常大，也有可能给市场带来大量的存量供给。预期后市特别是非自住普通住宅市场将可能继续有税费等调控政策出台。

（三）价格缓涨 首置刚需改善仍为主

分区域来看，在新房供应为主的郊区，二手房价格上涨依然缓慢，在新房供应和二手房供应并重的次中心区，二手房价格上涨幅度基本与新房类似；而在城市中心区，新房供应稀少，二手房价格非常坚挺。在市场整体复苏的作用下，二手房成交量持续回升，预计 2013 年二手房成交量将回升，价格缓涨。从成交结构看，市场需求仍将以首置和首改为主，中低价位的普通住宅依然会占据成交量的主体。

（四）租赁回归 涨幅逐渐趋稳

目前来看 2010 年开始的租金上涨高峰已经过去，进入 2012 年，北京租赁市场虽然依旧上涨，但是涨幅放缓。尤其 8—9 月的租赁需求上涨，房产投资者对租金收益的看重，租赁市场的短期活跃再次影响租金上涨。

2013 年各地目前对租赁市场的调控手段将继续匮乏，公租房等房源的直接供给量并不多。后市如果公租房不加快入市、扩大受益面，租金依然有可能长期上涨。

北京零售物业市场回顾与展望

高纬环球研究部

一、零售物业市场回顾

1. 北京消费者信心指数在 2012 年末回升至 14.2

过去一年,欧债危机引发的全球经济低迷仍在蔓延。在外部经济环境不明朗的局面下,中国以其稳定的经济增长成为世界经济发展的重要引擎。而北京作为中国第一阵营城市备受投资商、开发商及零售商的瞩目。此外,政府对贯彻限购政策的坚决态度也使众多住宅开发商跻身商业地产以求长远发展。在经济因素及政策因素的双重作用下,商业地产迅速升温。聚焦北京市场,2012 年 1—12 月,北京市社会消费品零售总额达 7702.8 亿人民币,同比增长 11.6%,同比增长率上升了 0.8 个百分点。同期,居民物价指数稳定在 3.3,消费者信心指数也从第三季度的 7.7 反弹至第四季度的 14.2,同比增长 7.9 个百分点。2013 年,政府将会在抑制通货膨胀、控制住宅市场泡沫的同时实现经济增长由投资拉动向刺激消费方面转移。得益于此,预计今后几年内北京零售市场仍有较大发展空间。

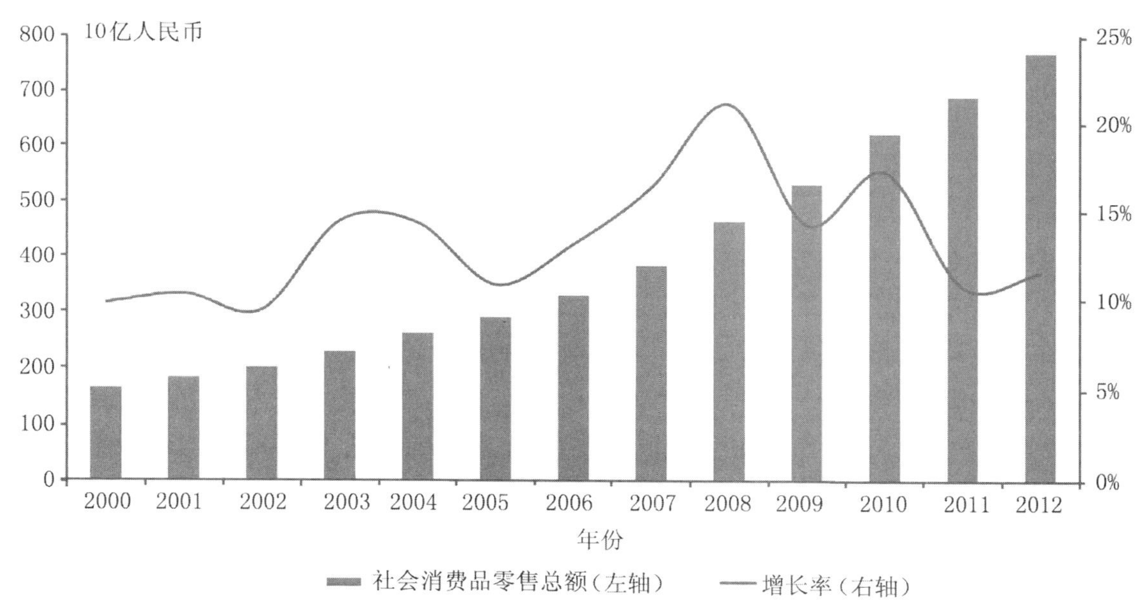

附图 78　北京社会消费品零售总额及增长率

来源:高纬环球研究部

2. 北京零售物业存量位居中国 20 大城市之首

截至 2012 年年末,北京核心零售物业存量达 679 万平方米,位居中国 20 大城市核心零售物业存量榜首。其中，望京商圈的零售物业体量占比最大，为15.0%，中央商务区和亚奥商圈分别以14.2%的占比并列第二，随后是宣武-崇文，占比为12.7%。从零售物业类型来看，购物中心主导北京零售物业市场，体量达391万平方米，占总体量的57.6%；其次是百货商场，体量达164万平方米，占比为24.1%。未来3年，将有300万平方米的新增供应量入市，其中69%的未来供应量分散在非核心商圈。可见，伴随城市化进度及消费习惯的改变，北京零售地产分散化发展趋势已日益成熟。

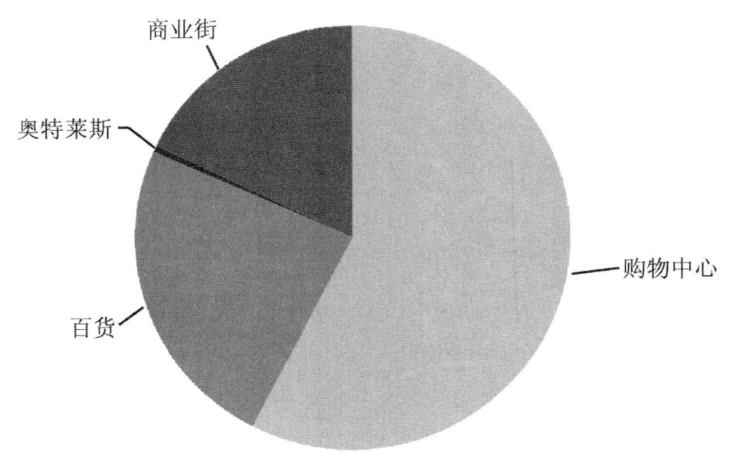

附图79　2012年商业存量各业态占比

来源：高纬环球研究部

3. 活跃的市场需求推动北京零售物业市场租金领跑全国

2012年北京零售物业市场整体租金维持稳定。与2011年相比，核心商圈租金稳中有升。其中，王府井商圈仍以人民币每月每平方米2300元的租金领跑北京零售物业市场并成为全国20大城市最贵的商圈；西单商圈租金为人民币每月每平方米1800元，位列北京核心商圈第二名；中关村则以人民币每月每平方米775元的租金维持在核心商圈中的低位。国际品牌的青睐及供应量趋向饱和是核心商圈租金稳步增长的原动力。借力于零售物业在2012年的升级改造及品牌调整，零售商也在积极扩张。苹果亚洲最大旗舰店及Forever21落户北京APM；时尚品牌QDA取代华润超市的位置入驻东方新天地；PageOne继国贸店和望京店之后，入驻三里屯Village，将打造北京首家24小时营业书店等。国际品牌的积极扩张使核心商圈优质铺位的稀缺性进一步提升，截至2012年，北京核心商圈的平均空置率仅为7%，低于全国20大城市核心商圈的平均空置率。

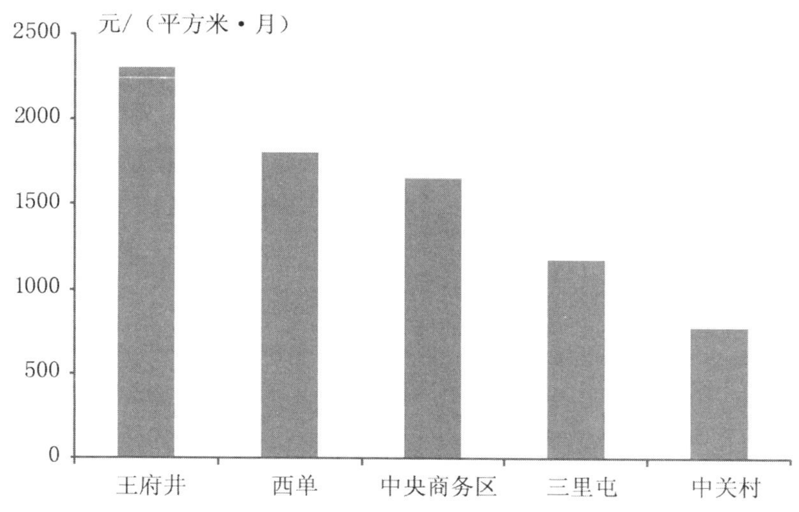

附图 80 北京核心商圈租金报价

来源：高纬环球研究部

4．解读2012年北京零售物业市场表现：

（1）网购迅速发展，对传统百货造成冲击。2012年是网购飞速发展的一年。电商以更高的性价比、丰富的品牌选择、送货上门服务等优势迅速的开疆辟土，气势直逼传统百货。双十一当天电商成绩傲人，易迅网全天订单总数为16.5万单，订单金额超过1.2亿元，相比上年同期实现10倍以上增长；而天猫则达到创纪录的191亿元销售额，使人们再次聚焦电商领域。当然，传统商业凭借消费娱乐一体化服务及实现客户体验式消费两大突出优势仍占领零售业主流地位，但不可否认受电商影响，部分零售行业确实面临缩窄的局面，例如书店、家用电器店等。

（2）餐饮业遇冷，全年销售额低于预期。由于人工成本、原材料成本及租金成本的不断上升，餐饮行业一直面临利润不断下降的压力。2012年底中央提出“八项规定”和“厉行节约、反对浪费”的精神后，中、高端餐饮业的客流量更是急转而下。根据北京市统计局发布的数据，2012年北京餐饮业收入的增长率仅为7.7%，同比下滑了8.2个百分点，是2007年以来首次出现的个位数增长，下滑幅度明显大于市场预期。需求出现下滑，餐饮零售商纷纷调整市场策略，减缓扩张步伐。

（3）奢侈品扩张趋向谨慎。宏观经济放缓及十八大反腐倡廉精神是2012年北京奢侈品市场需求趋向谨慎的两大主因。受到全球经济危机的影响，奢侈品全球市场出现萎缩。中国虽然仍是奢侈品扩张的增长点之一，但将镜头推至北京，情况却并不乐观。2012年奢侈品在北京仍有扩张，例如：GUCCI及Dior的珠宝精品店先后入驻悦生活购物中心等，但这些品牌在店铺位置、其他品牌的人流聚集效应等方面的要求更加苛刻。究其原因，宏观经济放缓使居民更倾向于理性消费，个别奢侈品的利润增长已从过去的两位数降至个位数。特别是十八大提出的反腐倡廉精神，也对奢侈品市场造成一定影响。有最新数据指出，以GUCCI为例，新光天地过去一直是保持全国销售第一的店铺，现在却由武汉店代替，跌至第七位。北京其他GUCCI分店不少也跌出了全国前十。

整体而言，为了增强项目竞争力，零售物

业在2012年密集的升级改造中都在一定程度上增加了餐饮及娱乐的比重以提升或深化其体验式消费模式。快时尚及时尚品牌以活跃的扩张之势成为零售市场需求的主力军。相比之下，受宏观经济放缓影响较重，奢侈品的扩张更趋向谨慎。

二、零售物业市场展望

2013年北京零售物业市场的发展呈现三个主要趋势：

1. 趋势一：2013年市场供应量预计达到过去三年的历史高峰。2013年预计将有超过130万平方米的新增供应量入市，如果所有项目能够如期完工，入市量将达过去3年新增供应量的高峰，全球经济前景的不明朗及中国宏观经济放缓将使整体市场空置率面临上行压力，并加剧项目之间的招商竞争。

2. 趋势二：核心商圈租金仍有上涨空间，非核心商圈则面临较大的招商压力。虽然未来供应量很大，但位于核心商圈的优质物业却极为有限。同时活跃的市场需求，特别是国际品牌对核心商圈的关注将进一步推高核心商圈优质物业的租金。相比之下，在未来供应量中，非核心商圈占比达48%，即近一半的未来供应量分散在非核心商圈，辐射范围有限及众多项目集中入市可能导致项目之间招商竞争的升级。

3. 趋势三：市场需求依旧活跃，平价奢侈品（Affordable Luxury）成为零售市场新生力量。伴随中产人群数量及收入的增加以及人们对品牌的追求从表面认知度提升到个性化及追求享受，Coach、Folli Follie等平价奢侈品以其华而不奢和更高的性价比等优势成为零售市场的新生主力军。特别是在受到经济放缓及十八大反腐倡廉的政策影响下，奢侈品市场出现萎缩，很多奢侈品品牌也纷纷开辟旗下的平民品牌加入平价奢侈品的行列以争取市场份额，相信未来零售市场将呈现百家争鸣的新景象。

北京写字楼市场回顾与展望

高纬环球研究部

北京写字楼市场回顾

2012 年北京经济稳步增长，增速略有放缓。据统计局最新数据显示，2012 年全国 GDP 总值为 519322 亿元，比上年增长 7.8%。北京市 2012 年全市 GDP 增长率仅为 7.7%，涨幅低于全国水平，同时这也是北京从 2000 年以来增长率最低的一年。北京市第三产业增加值为 13592.4 亿元人民币，占比达到 76.4%，并以 7.8%的增速排在三大产业之首，成为北京整体经济增长的主要动力，第三产业的稳步增长推动了房地产市场需求的健康发展。

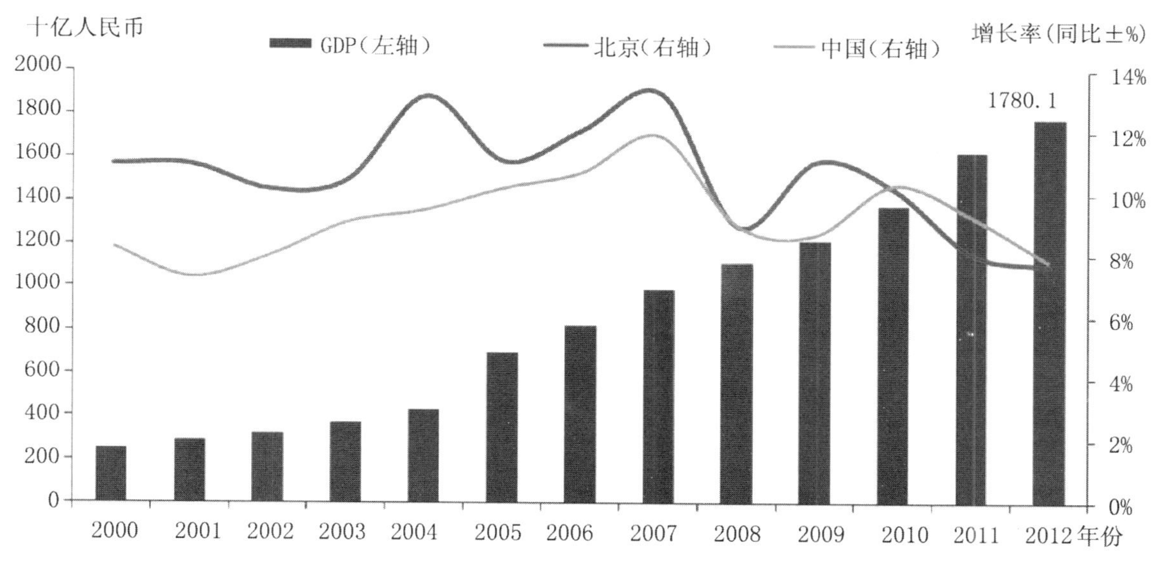

附图 81 GDP 及增长率

北京在中国二十大城市甲级（含顶级）写字楼存量排名榜中位居首位。根据高纬环球写字楼评分系统，将北京写字楼市场分为顶级、甲级和乙级三个级别。截至 2012 年末，中国 20 大城市甲级写字楼存量超过 3000 万平方米。其中北京以 791 万平方米的甲级（含顶级）写字楼存量位居全国首位，占全国 20 大城市总体存量的 25%。目前北京写字楼市场总体存量为 2300 万平方米，其中顶级写字楼存量为 86 万平方米，甲级写字楼存量 705 万平方米，乙级写字楼存量最多，为 1544 万平方米。2012 年北京核心商圈甲级写字楼入市量总计 11.6 万平方米，是近十年来历年新增供应量的历史新低，仅为 2007 年北京新增入市量高峰的十分之一。受边缘化加重的影响，2012 年北京核心商圈甲级写字楼市场净吸纳为负值，主要因为 2008 年金融危机在北京写字楼市场表现出滞后性，一些外资客户的搬离或缩减面积，推高了2009年北京甲级写字楼市场的空置率。而在2008年底中国政府提出了“4万亿计划”，使得大量内资公司对办公面积的需求加大，促使北京写字楼市场需求在2010年出现井喷，其净吸纳量是十年以来的最高值。而由此导致了在2011年北京甲级写字楼市场高租金、低空置的状态，促使一些成本敏感型客户搬离核心商圈，北京写字楼市场边缘化进程加快。

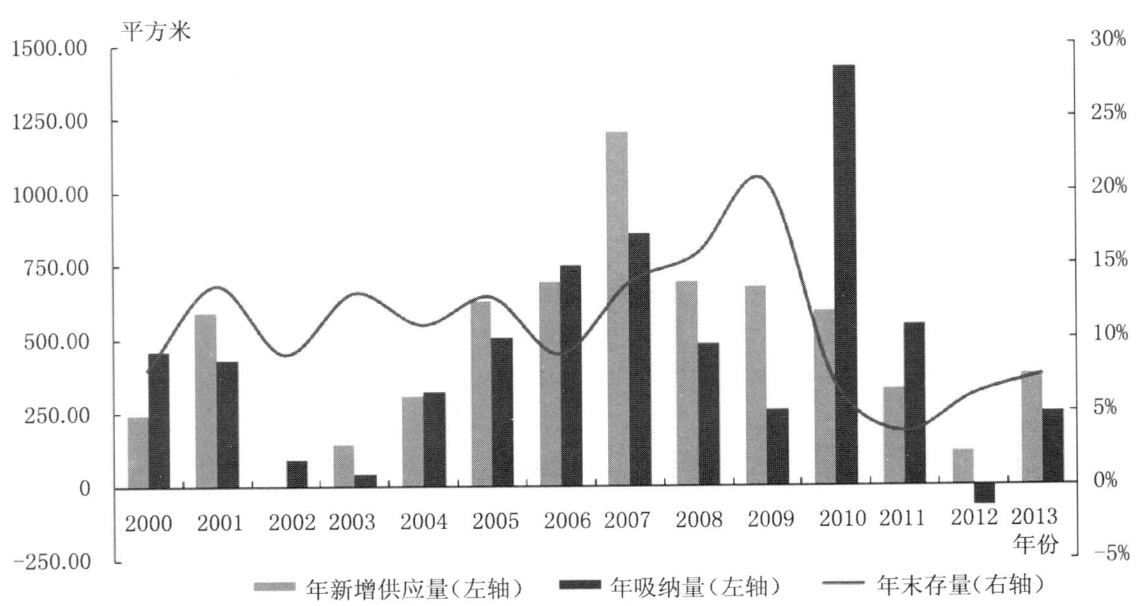

附图82　北京核心商圈甲级写字楼历年新增供应量、净吸纳及年终空置率

来源：高纬环球研究部

北京在2012全球写字楼排行榜中排名下降2位，有利于加强区域竞争力。从顶级写字楼排名来看，根据高纬环球最新发布的全球写字楼排行榜，北京中央商务区商圈顶级写字楼租赁成本在全球63个国家排名第7位，相比上年下滑2位。从排名可以看出北京顶级写字楼市场已经在国际写字楼舞台中展现出强劲的区域竞争力。从甲级写字楼排名来看，在亚太甲级写字楼租金排名中，北京代表中国大陆，排名香港之后，位居第二位。截至2012年末，北京顶级写字楼平均有效净租金达到人民币683元/(平方米·月)，甲级写字楼平均有效净租金则达到人民币523元/(平方米·月)。

北京甲级写字楼租金增长乏力。在北京甲级写字楼租金年度增长方面，2012年北京甲级写字楼市场租金年增长率仅为3.2%，远远低于2011年的73%火箭式增长。除去年增长率降幅较大外，2012年季度性增幅也较2011年明显回落。2012年前三个季度甲级写字楼的租金增长率分别为3.6%，0.6%和0.2%，在第四季度甚至出现了1.1%的下降，这也是北京甲级写字楼市场在连续11个季度租金上涨后，首次出现的租金下滑现象，而在2011年4个季度的租金增长率则始终保持在10%～24%之间，充分表现出2012年北京甲级写字楼市场租金增长乏力。

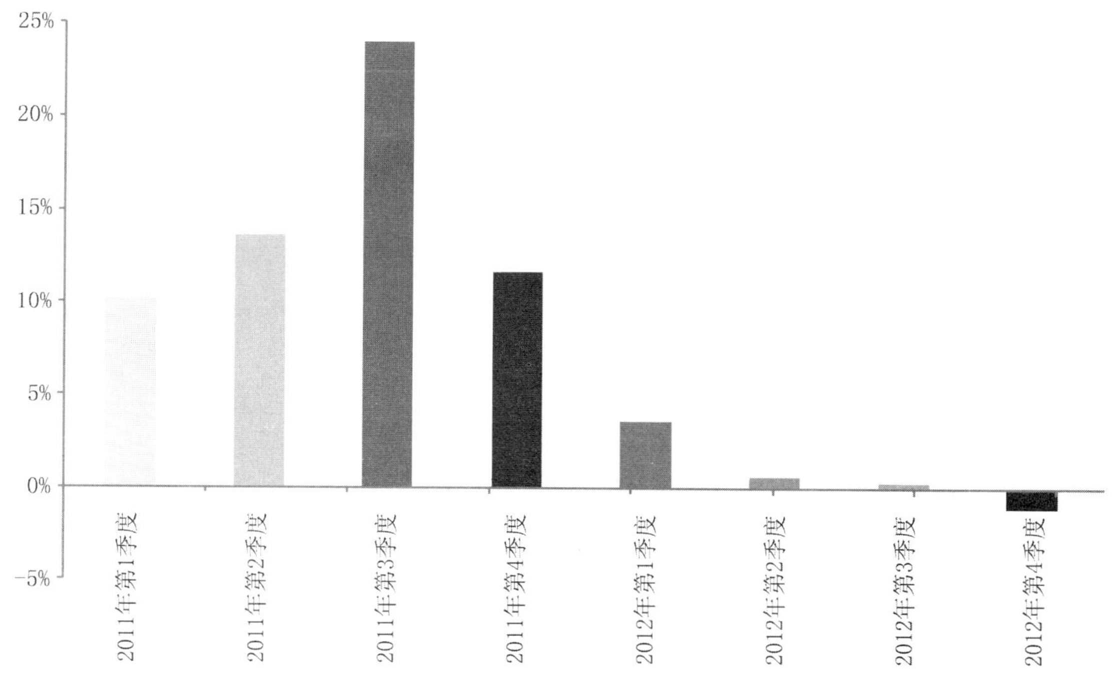

附图 83　北京甲级写字楼 2011-2012 季度租金增长率对比

来源：高纬环球研究部

北京写字楼租赁成交市场核心商圈与新兴商圈平分秋色，边缘化趋势愈加明显。2012 年全年北京非核心商圈成交占比达到 49.6%，望京商圈以 31.9%的成交占比名列各商圈榜首，与上年同期相比，上升了 22 个百分点，中央商务区商圈则以 30.7%的市场份额紧随其后，较去年下降 16.1 个百分点，北京写字楼市场边缘化愈加明显。其实 2012 年并非北京写字楼市场边缘化元年，北京写字楼边缘化从 2001 年就逐渐开始了。例子并不鲜见，如摩托罗拉从 CBD 搬到望京（量身定制）、安捷伦从 CBD 搬到望京（量身定制）、戴姆勒从亮马河搬到望京利星行、IBM 从盈科中心搬到盘古大观等。近两年由于租金上涨过快而使外迁现象显得比较突出。2012 年由于经济走低，给企业造成压力，减少成本成为很多企业选择外迁的主要原因。产业的聚集效应，企业品牌的需要以及自身发展空间的需要都是很重要的原因。核心商圈并不是所有行业的理想选择，很多行业早期入驻核心商圈是由于当时没有合适的选择，而随着非核心商圈高品质写字楼项目入市以及其周边基础设施、商业配套、交通等一系列条件的日趋完善，这些企业就会搬到适合行业特定需求以及利于自身发展的区域。而新地铁线路的开通，也将显著提升非核心商圈可达性，缩减出行时间并节约出行成本。停车、周边环境以及能够满足企业自身需求的量身定制项目都已成为企业选择外迁的主要因素。

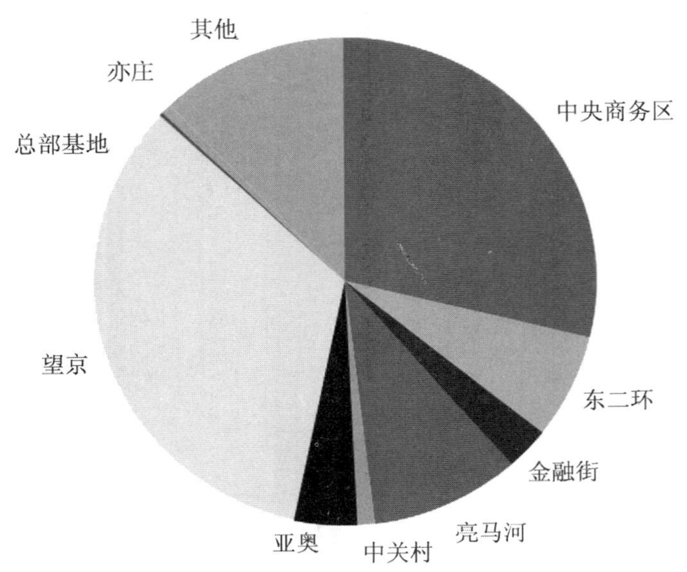

附图 84　2012 年北京写字楼市场租赁成交（按商圈分）

来源：高纬环球研究部

写字楼市场展望

2013 年北京核心商圈甲级写字楼市场新增供应量有限，租金在高位盘整。2013 年北京核心商圈甲级写字楼市场预计将有不足 38 万平方米供应量入市，虽然比 2012 年供应量有小幅上升，但总体新增供应量仍处低位，随着核心商圈一些租户的外迁，预计核心商圈可租赁面积未来有望稀释部分市场需求，高纬环球预计 2013 年北京甲级写字楼市场租金将保持稳定，但在上半年会面临小幅波动。从需求角度来看，由于受到“十二五”规划影响，主要写字楼市场需求将来源于金融、专业服务、高科技、媒体、文化创意及现代制造业。另外，由于住宅市场的调控压力持续，开发商以及个人投资者持续转向商用物业市场，预计未来商用物业市场的开发投资以及买卖成交量将保持增长，或将为写字楼市场带来新的机遇。

2017 年前北京将继续处于业主市场，核心商圈甲级写字楼新增供应量高峰将推迟至 2017 年。经高纬环球研究部统计，未来 4 年，北京写字楼市场总体供应量仅为 300 万平方米，主要集中在新兴商圈，如望京–酒仙桥商圈、上地–软件园商圈以及总部基地商圈。核心商圈在 2016 年前写字楼新增供应量有限，其中甲级（含顶级）写字楼供应量仅有 120 余万平方米。而位于中央商务区中服地块超过 200 万平方米高品质写字楼的入市，将会有效缓解北京核心商圈甲级写字楼市场低供应的压力。但由于其部分项目推迟入市，高纬环球预计，北京核心商圈甲级写字楼市场新增供应量高峰将随之推迟至 2017 年，而在此之前北京核心商圈甲级写字楼市场将继续保持业主市场。

附录二　房地产法律法规目录

一、宏观调控篇

1. 国土资源部 住房和城乡建设部关于进一步严格房地产用地管理巩固房地产市场调控成果的紧急通知（国土资电发［2012］87号）
2. 北京市人民政府关于治理无证无照经营行为维护市场经营秩序的意见（京政发［2012］37号）
3. 北京市人民政府办公厅关于进一步规范房屋租赁市场稳定房屋租金工作的意见（京政办发［2012］20号）
4. 公共租赁住房管理办法（住房和城乡建设部令第11号）

二、房地产税费篇

1. 关于进一步加强住房公积金监管工作的通知（建金［2012］10号）

三、房地产一级市场篇

1. 关于加强房地产开发资质证书管理的通知（京建发［2012］50号）
2. 关于修订北京市房地产开发企业违法违规行为记分标准等有关问题的通知（京建发［2012］364号）

四、房地产二级市场及租赁市场篇

1. 关于进一步加强房屋买卖合同管理的通知（京建法12号）
2. 关于进一步加强《北京市工作居住证》核验工作的通知（京建法［2012］13号）
3. 关于加强出租房屋燃气使用安全管理的意见（京政容发［2012］15号）

五、房屋登记篇

1. 关于规范房屋面积测算工作有关问题的通知（京建法［2012］17号）
2. 关于落实我市住房限购政策进一步做好房屋登记有关问题的通知（京建法［2012］23号）

3. 关于转发国管局房改办、中直管理局房改办《关于中央在京单位已购公房上市出售有关问题的通知》的通知（京建发［2012］128号）

4. 关于贯彻实施《房地产登记技术规程》有关问题的通知（京建发［2012］241号）

5. 关于规范京籍人员在外省市购房查询本市房屋登记信息的通知（京建发［2012］490号）

六、房屋安全篇

1. 北京市人民政府关于印发北京市老旧小区综合整治工作实施意见的通知
（京政发［2012］3号）
2. 关于印发《关于加快简易住宅楼改造的实施意见（试行）》的通知
（京建法［2012］18号）
3. 关于印发《北京市房屋建筑安全管理员管理办法（试行）》的通知
（京建法［2012］21号）
4. 关于房屋建筑抗震节能综合改造工程增加面积部分费用收取有关问题的通知
（京建法［2012］22号）
5. 关于加强我市老旧小区房屋建筑抗震节能综合改造工程质量安全管理工作的意见
（京建发［2012］76号）
6. 关于规范城镇危险房屋解危工作有关问题的指导意见（京建发［2012］216号）
7. 关于印发《北京市房屋建筑安全检查技术导则》的通知（京建发［2012］318号）
8. 关于印发《北京地区既有建筑外套结构抗震加固技术导则》的通知
（京建发［2012］330号）
9. 关于做好非汛期房屋安全工作的通知（京建发［2012］415号）
10. 关于老旧小区抗震节能综合改造市区负担范围有关问题的通知
（京财经二［2012］1022号）
11. 关于印发北京市老旧小区综合整治消防设施改造工作要求的通知
（京公消字［2012］327号）

七、房屋征收篇

1. 关于推进国有土地上房屋征收与补偿信息公开工作的实施意见（建房［2012］84号）

2. 关于国有土地上房屋征收和补偿中有关事项的通知（京建法［2012］19号）

3. 关于转发住房城乡建设部《关于推进国有土地上房屋征收与补偿信息公开工作的实施意见》的通知（京建发［2012］310号）

4. 关于公布北京市可以参与房屋征收评估的房地产价格评估机构名录的通知
（京建发［2012］412号）

5. 最高人民法院关于办理申请人民法院强制执行国有土地上房屋征收补偿决定案件若干问题的规定（法释［2012］4号）

6. 北京市高级人民法院关于印发《关于国有土地上房屋征收与补偿案件审判工作指南（试行）》的通知（京高法发［2012］396号）

八、物业管理篇

1. 关于协助推进北京市光纤宽带普及提速工程的通知（京建发［2012］342号）
2. 关于进一步做好物业服务工作的通知（京建发［2012］466号）
3. 关于进一步加强社区矫正和刑释解教人员就业与社会保障工作的意见（京司发［2012］209号）

九、住房制度改革和住房保障篇

1. 关于鼓励民间资本参与保障性安居工程建设有关问题的通知（建保［2012］91号）
2. 关于做好2012年城镇保障性安居工程工作的通知（建保［2012］38号）
3. 关于印发《住房保障档案管理办法》的通知（建保［2012］158号）
4. 关于加快推进棚户区（危旧房）改造的通知（建保［2012］190号）
5. 关于做好2012年住房保障信息公开工作的通知（建办保［2012］20号）
6. 关于做好保障性安居工程电力供应与服务工作的若干意见（电监供电［2012］48号）
7. 北京市人民政府关于加强保障性住房使用监督管理的意见（试行）（京政发［2012］13号）
8. 北京市人民政府办公厅关于贯彻国务院办公厅保障性安居工程建设和管理指导意见的实施意见（京政办发［2012］2号）
9. 关于明确公共租赁住房租金补贴发放有关问题的通知（京财经二［2012］1937号）
10. 关于公共租赁住房租金补贴申请、审核、发放等有关问题的通知（京建法［2012］10号）
11. 关于公共租赁住房租金补贴对象及租金补贴标准有关问题的通知（京建法［2012］11号）
12. 关于印发《北京市“十二五”时期住房保障规划》的通知（京建发［2012］26号）
13. 关于规范保障性住房资格审核街道（乡镇）初审环节民主评议制度有关工作的通知（京建发［2012］195号）
14. 关于发布《北京市公共租赁住房标准设计图集（试行）》的通知（京建发［2012］331号）
15. 关于在保障性住房建设中推进住宅产业化工作任务的通知（京建发［2012］359号）
16. 关于转发住房城乡建设部《关于印发<住房保障档案管理办法>的通知》的通知（京建发［2012］522号）
17. 关于印发《关于2012年在保障性住房建设中推进住宅产业化工作的实施方案》的通知（京建发［2012］407号）

18. 关于免收公共租赁住房项目行政事业性收费和政府性基金有关事项的通知
（京财综［2012］2451号）

19. 关于进一步健全完善区县住房保障和房屋登记体制机制的通知
（京编办发［2012］22号）

20. 关于印发《北京市利用住房公积金支持保障性住房建设试点项目贷款管理与监督办法》的通知（京房公积金发［2012］35号）

十、其他

1. 住房城乡建设部关于印发全国城镇住房发展规划（2011～2015年）的通知
（建房改［2012］131号）

2. 关于转发住房城乡建设部加强和完善住房城乡建设统计工作指导意见的通知
（京建发［2012］479号）

附录三 房地产调控文件

国土资源部、住房和城乡建设部关于进一步严格房地产用地管理巩固房地产市场调控成果的紧急通知

国土资电发［2012］87号

各省、自治区、直辖市国土资源主管部门，住房城乡建设（房地产、城乡规划）主管部门：

去年以来，各级国土资源主管部门、住房城乡建设（房地产、城乡规划）主管部门按照中央要求，认真贯彻落实国务院有关房地产调控政策，做了大量工作，发挥了应有的作用，促进了房地产和土地市场平稳运行。但今年5月份以来，部分城市商品房销售量明显回升，新建住宅价格出现环比上涨，土地市场也随之出现了一些波动，部分城市再现高价地，引发社会热议。

为更好地落实中央要求，巩固已有调控成果，切实维护好房地产和土地市场的稳定，现就有关工作通知如下：

一、进一步提高认识，坚持房地产市场调控不放松

近期房地产和土地市场出现的一些波动，虽并未改变市场整体格局，但市场运行的复杂性和不稳定性在增加，房地产市场调控仍然处在关键时期，任务还很艰巨。对此，各级国土资源主管部门、住房城乡建设（房地产、城乡规划）主管部门要有清醒认识，要坚持调控不放松，密切配合做好各项工作，不断巩固调控成果，坚决防止房价反弹。

二、加大住房用地供应力度，提高计划完成率

各地要把落实住房用地供应计划作为下半年的重点工作切实抓好，应保尽保保障性安居工程用地，并以提高计划完成率、增加有效供应为首要目标，进一步加大普通商品住房用地的供应力度。省级国土资源主管部门接到本通知后，要根据市县保障性安居工程用地和普通商品住房用地计划的落实情况，分别制订督促措施，按月跟进。从7月开始，国土资源部将对保障性安居工程用地和普通商品住房用地供应实行月度指导，对落实情况较差的将予以公开通报，年底对各省（区、市）进行目标责任考核。

三、继续探索完善土地交易方式，严防高价地扰乱市场预期

地价是衡量房地产状况的重要指标，过高过快的地价变化影响市场预期。下半年，各地要密切跟踪市场形势，切实把握好土地出让节奏、时序和价格，防止出现商服和住宅高价地，扰乱市场预期，破坏市场稳定。市县国土资源主管部门要进一步完善地价专业评估和集体决策程

序，合理确定起始价、底价，在土地出让前还应全面分析、研判市场形势，对可能出现高价地的要及时调整竞价方式，制定出让方案和

现场预案。对预判成交价创历史总价最高，或单价最高，或溢价率超过50%的房地产用地，包括商服、住宅或商住综合，要及时调整出让方案，采用“限房价、竞地价”或配建保障房、公共设施等办法出让土地。省级国土资源主管部门要密切关注市县出让公告，及时掌握拟出让宗地的具体情况，督促市县严格执行异常交易宗地备案制度。市县应在成交确认书签订（中标通知书发出）后2个工作日内，在土地市场动态监测监管系统在线填写《房地产用地交易异常情况一览表》，分别上报国土资源部和省级国土资源主管部门。对不及时上报、错报、漏报或瞒报的，国土资源部将予以通报或约谈。

四、严格执行现有政策，加强监管增加住房有效供给

各地要严格执行房地产市场调控政策，不得擅自调整放松要求。已放松的，要立即纠正。房地产用地出让不能超过面积上限，不得捆绑出让、“毛地”出让。住宅用地容积率不得小于1。各类住房建设项目要在划拨决定书和出让合同中约定土地交付之日起一年内开工建设，自开工之日起三年内竣工。严格实施竞买人资格审查，落实不得使用银行贷款缴交土地出让价款的规定。土地出让竞买保证金不得低于出

让最低价的20%。土地出让成交后，必须在10个工作日内签订出让合同，合同签订后1个月内必须缴纳出让价款50%的首付款，余款要按合同约定及时缴纳，最迟付款时间不得超过一年。土地出让后，任何单位和个人无权擅自更改规划和建设条件。

各级住房城乡建设（房地产、城乡规划）主管部门要建立保障性住房和普通商品住房建设项目审批快速通道，提高行政办事效率，加快此类项目的建设和上市，尽快形成保障性住房和普通商品住房的有效供应。城乡规划主管部门要优先办理建设用地规划许可、建设工程规划许可手续，建设主管部门应当要求施工图审查机构优先进行施工图审查，优先办理施工许可手续，房地产主管部门要优先办理商品房预售

许可手续。要鼓励和引导开发企业将在建的大套型、高档住房依法依规转化为中小套型普通商品住房。

各地要严格落实《闲置土地处置办法》（国土资源部第53号令），及时处理土地市场动态监测监管系统显示的闲置土地预警信息，做到早发现、早制止，促进已供土地及时形成有效供给。接到本通知后，市、县国土资源主管部门要逐宗清理超期1年未开工构成闲置的土地，按照53号令的要求及时调查认定，并在监测监管系统中确认并据实填写闲置原因，进一步加大处置力度，同时在国土资源部门户网站的

中国土地市场网上公开。对用地者欠缴土地出让价款、闲置土地、囤地炒地、土地开发规模超过实际开发能力以及不履行土地使用合同的，市、县国土资源管理部门要禁止其在一定期限内参加土地竞买。

五、强化监测分析和新闻宣传，积极引导市场

各级国土资源主管部门、住房城乡建设（房地产、城乡规划）主管部门要密切关注市场变化，加强部门联动，发挥政策合力。要加强对增量存量土地供应、用地结构、开发利用和价格变化等指标的分析研判，进一步提高敏锐性，密切关注市场动向，及时采取措施应对新情况新问题。要加大主动宣传力度，及时回应人民群众关心关注的热点难点问题，全面客观地向社会公布各类监测信息，努力引导和稳定市场预期。

国土资源部　住房和城乡建设部

二〇一二年七月十九日

北京市人民政府办公厅关于进一步规范房屋租赁市场稳定房屋租金工作的意见

京政办发［2012］20号

各区、县人民政府，市政府各委、办、局，各市属机构：

为进一步规范房屋租赁市场，稳定房屋租金，促进房屋租赁市场健康发展，维护房屋租赁当事人的合法权益，加快形成多层次的住房供应和消费体系，根据《商品房屋租赁管理办法》（住房城乡建设部令第 6 号）、《北京市房屋租赁管理若干规定》（市政府令第 194 号、市政府令第 231 号）等相关规定，经市政府同意，现就进一步规范房屋租赁市场、稳定房屋租金工作提出如下意见：

一、高度重视规范房屋租赁市场稳定房屋租金工作

规范房屋租赁市场、稳定房屋租金，是落实房地产市场宏观调控政策的具体要求，与人民群众利益密切相关，对促进实现住有所居的目标具有重要意义。市有关部门、各区县政府要高度重视，综合运用经济、法律等手段，积极探索创新，多渠道促进租赁房源供应，加强房屋租赁市场的服务和管理，切实稳定房屋租赁关系和租赁价格。

二、鼓励和盘活闲置房源进入房屋租赁市场

各区县政府应组织乡镇政府、街道办事处，以及居民委员会、村民委员会等基层组织，积极引导辖区各类闲置房屋用于出租；各单位对于现有的闲置房屋，可以在符合规划、建设、消防、治安、卫生等相关法律法规要求的前提下，投资改造成低租金青年公寓等方式租赁经营，并鼓励社会投资机构参与投资和经营。

三、加强租赁住房建设

本市中心城区存量居住建设用地应主要用于建设租赁型住房，在地铁沿线、学校周边等房屋租赁需求较集中的区域，可酌情鼓励规划建设租赁住房；鼓励产业园区按照园区用地规划，利用居住用地集中建设租赁住房，面向园区就业人员出租。

四、加快发展公共租赁住房

加大政府建设和收购力度，落实各项支持政策，鼓励社会单位利用存量建设用地建设公共租赁住房，鼓励投资机构和房地产开发企业建设、持有、运营公共租赁住房，增加有效房源供应。公共租赁住房单套建筑面积以 40 平方米小户型为主，满足基本住房需求。

五、积极落实租赁住房各项税收优惠政策

租赁住房符合财政部、国家税务总局《关于支持公共租赁住房建设和运营有关税收优惠政策的通知》（财税［2010］88 号）中公共租赁住房条件的，经住房城乡建设、税务等部门认定后，享受国家规定的公共租赁住房在建设、运营期间的各项税收优惠。

六、加强房地产经纪机构备案管理

房地产经纪机构和分支机构应当自营业执照签发之日起 30 日内，到所在区县住房城乡建设部门备案。市住房城乡建设部门定期将未备案的房地产经纪机构名单抄送市工商管理部门，市工商管理部门在办理工商年检时，督促其尽快办理备案手续。

七、探索房屋租赁经营新模式

鼓励市有关部门、各区县政府成立国有房屋租赁经营机构，接受房屋所有权人或者法律、法规规定的其他权利人的委托，集中开展房屋租赁经营，并对受托租赁经营房屋进行日常维护等服务。支持集体经济组织组建或委托房屋租赁经营机构，筹集本集体经济组织富余住房集中进行租赁经营管理，统一发布招租信息、进行房屋管理，代办合同备案、纳税等有关手续，并优先安排本集体富余劳动力从事租赁住房管理工作。市住房城乡建设部门会同市法制、工商、公安等部门，按照《北京市房屋租赁管理若干规定》（市政府令第 194 号、市政府令第 231 号）相关规定，加快研究制定本市房屋租赁经营具体管理办法。

八、推动建立稳定的房屋租赁关系

出租人和承租人应当依法签订房屋租赁合同。房屋租赁期限内，未经承租人同意，出租人不得擅自缩短租赁期限、增加租金；房屋租赁期限届满后，出租人继续出租的，原承租人在同等条件下有优先承租权。

九、全面落实住房租赁登记备案规定

租赁房屋用于居住的，出租人应当自与承租人订立房屋租赁合同之日起 7 日内，到房屋所

在地的基层管理服务站办理房屋出租登记手续。房地产经纪机构居间、代理成交的，应当书面告知租赁当事人办理房屋出租登记手续，并通过房屋租赁合同网上备案系统填报相关信息。房地产经纪机构不按要求填报房屋租赁备案信息、出租人不按规定办理房屋出租登记、变更、注销手续的，由住房城乡建设、公安等部门依法查处。

十、加强房屋租赁属地管理

区县政府应将房屋租赁管理纳入社区综合管理范围；乡镇政府、街道办事处应当协调和处理辖区内房屋租赁相关事务和纠纷；居民委员会、村民委员会应当协助做好房屋租赁管理工作，督促租赁当事人遵守国家和本市房屋租赁管理有关规定；基层管理服务站应当按照规定做好相关政策法规和房屋使用安全知识宣传、出租房屋登记等各项服务工作，建立巡视制度，加强对房屋租赁情况的日常检查。

十一、加强房屋租赁市场动态监测

住房城乡建设、发展改革、统计等部门要加强房屋租赁价格监测工作，及时发布房屋租赁市场相关信息，引导房屋租赁双方合理确定房屋租赁价格。

十二、强化综合执法检查

住房城乡建设、发展改革、人力社保、工商、公安、城管等部门要加强执法联动，定期开展房地产经纪机构和房屋租赁市场专项整治，对违反国家和本市房屋租赁管理有关规定的房地产经纪机构和人员进行严肃查处。

北京市人民政府办公厅
二〇一二年四月九日

北京市住房和城乡建设委员会
关于进一步加强房屋买卖合同管理的通知

京建法［2012］12号

各区县住房城乡建设委（房管局），东城、西城区住房城市建设委（房管局），经济技术开发区建设局（房地局），各区县地方税务局、各分局，各房地产开发企业，各房地产经纪机构，各金融机构，各有关单位：

为规范房地产交易行为，根据《商品房销售管理办法》（建设部第88号令）和《关于贯彻落实国务院办公厅切实稳定住房价格文件的通知》（京政发［2005］12号）等有关规定，现就本市进一步加强房屋买卖合同管理的有关问题通知如下：

一、严格执行商品房预购人在取得房屋所有权证前不得将所购买的预售商品房再行转让的规定。房地产开发企业和房地产经纪机构不得协助预购人转让未取得房屋所有权证的房屋。

二、严格执行本市住房限购政策。房地产开发企业或房地产经纪机构与购房人签订住房买卖合同或经纪服务合同前，应当告知购房人本市住房限购相关政策，并按《关于落实本市住房限购政策有关问题的通知》（京建发［2011］65 号）文件要求留存购房家庭的资格证明材料的复印件并核查原件。房地产开发企业和房地产经纪机构不得向不符合购房资格的家庭出售住房或提供房地产经纪服务。

三、买卖双方注销存量房网签合同信息后，同一购房人再次购买同一套房屋签约的，住房城乡建设部门将在《存量房买卖合同信息表（纳税）》上记载价格变化情况。纳税申报人持《存量房买卖合同信息表（纳税）》及相关材料到地方税务部门办理纳税手续。地方税务部门综合运用房地产估价等技术加强房屋交易税收征管。

四、金融机构审核贷款申请人存量房网签合同信息后，应在存量房网签系统中对申请贷款的网签合同进行标注，注明贷款审核结果及贷款额度；买卖双方申请注销有贷款标注的网签合同的，金融机构与购房人解除贷款合同后，在系统中做解除标注。网签合同中未约定为贷款支付的，金融机构不得对购房人发放个人住房贷款。

五、房地产开发企业和房地产经纪机构违反本通知规定，违规协助购房人转让预售商品房、未严格执行住房限购政策、未严格核查购房家庭有关材料的，市、区县住房城乡建设委（房管局）依法从严查处，并可暂停其网签资格。

六、本通知自 2012 年 8 月 1 日起施行。

二〇一二年六月二十九日

关于落实我市住房限购政策进一步做好房屋登记有关问题的通知

京建法［2012］23 号

各区县住房城乡建设委（房管局），经济技术开发区房地局：

为落实市住房城乡建设委《关于落实本市住房限购政策有关问题的通知》（京建发［2011］65 号）和《关于落实我市住房限购政策做好房屋登记有关问题的通知》（京建发［2011］140 号）规定，进一步做好房屋产权登记工作，现就有关问题通知如下：

一、房屋登记部门受理产权登记申请时，应当按照京建发［2011］65 号文件和京建发［2011］140 号文件规定，核对购房家庭通过资格核验时申报的全部家庭成员证明材料，包括身份证明、户籍证明、婚姻证明及其他证明材料，其中本市居民身份证应为第二代居民身份证。购房家庭未按规定要求提供资格证明材料或提供材料不齐全的，不予受理。

二、本市户籍家庭申请购房资格核验的，家庭成员中京籍居民的身份证签发机关应当为本市公安机关；属于因户籍迁京后，未及时变更身份证等情形的，应当先向公安部门申请身份证变更，再办理后续手续。通过资格核验后，申请房屋登记时，房屋登记部门需对上述情况进行核对。

三、各区县房屋登记部门应当通过身份证阅读器对第二代居民身份证进行核验，阅读器输出的姓名、身份证号码、签发机关等信息应当与提交证件记载内容和网上申报信息一致。

四、因身份证损坏造成身份证阅读器无法识别或持《临时居民身份证》申请产权登记的，应当告知申请人换领第二代居民身份证后，再申请办理产权登记手续。

五、2011 年 9 月 1 日后，个人所得税完税证明核验已在网上运行，房屋登记部门可不再收存个人所得税完税证明材料。

六、2012 年 5 月 1 日后，持《北京市工作居住证》通过购房资格核验的，购房家庭申请房屋登记时，房屋登记部门应当核对并收取《北京市工作居住证》复印件，可不再登录市人力社保局网站进行核对。

二〇一二年九月二十一日

附录四 附表

附表 21 2012 年发放商品房预售许可证项目

序号	项目名称	销售证号	开发商	地址
1	思创时代中心	京房售证字(2011)287 号	北京嘉厚房地产开发有限公司	平谷区马坊工业园区
2	燕西华府家园	京房售证字(2011)288 号	北京西海龙湖置业有限公司	丰台区王佐镇（怪村村北 C-2 地块）
3	宇达创意中心	京房售证字(2011)289 号	北京宇达房地产开发有限公司	朝阳区豆各庄乡（豆各庄商品交易中心）
4	东亚嘉创中心	京房售证字(2011)290 号	北京东亚信元国际会展中心有限公司	大兴区旧宫镇地铁亦庄线旧宫东站 1 号地多功能项目用地
5	北街家园	京房售证字(2011)291 号	北京罗顿沙河建设发展有限公司	昌平区沙河镇高教园区三期 A 区（规划 D-20 地块）住宅及配套
6	彩虹园小区	京房售证字(2011)292 号	北京顺兴广厦房地产开发有限公司	密云县鼓楼街道车站路西侧
7	大宁山庄	京房售证字(2012)1 号	北京集达房地产开发有限公司	房山区长阳镇大宁村西大宁山庄地块九
8	泊郡大厦	京房售证字(2012)2 号	北京世纪鸿城置业有限公司	朝阳区来广营乡清河营村住宅及配套、商业金融（4 号地）
9	长兴家园	京房售证字(2012)3 号	北京万年基业房地产开发有限公司	丰台区长辛店镇张郭庄村长辛店北部居住区一期（南区）居住项目 B-45 地块
10	首开康乃馨园	京房售证字(2012)4 号	北京首开仁信置业有限公司	大兴区康庄限价商品住房（三期）项目用地
11	博雅资源中心	京房售证字(2012)5 号	北京万顺达房地产开发有限公司	昌平区中关村国际生命医疗园 A-5b 商业用地
12	西堤红山苑	京房售证字(2012)6 号	华润置地（北京）股份有限公司	西城区广安门外大街 305 住宅及配套
13	浅山香逸花园	京房售证字(2012)7 号	北京天正华特房地产开发有限公司	顺义区张镇张各庄村
14	悦港大厦	京房售证字(2012)8 号	北京顺桥房地产开发有限公司	顺义区府前中街南侧
15	汇龙文苑	京房售证字(2012)10 号	北京牛栏山房地产开发有限责任公司	顺义区牛栏山镇半壁店住宅项目
16	万科蓝山苑	京房售证字(2012)9 号	北京万科企业有限公司	朝阳区西大望路 27 号住宅及代建公建项目（综合用地）

续表附表 21

序号	项目名称	销售证号	开 发 商	地址
17	中海九浩苑	京房售证字(2012)11 号	北京中海豪景房地产开发有限公司	丰台区花乡六圈（B 地块、C 地块）
18	学府树家园	京房售证字(2012)12 号	北京华润新镇置业有限责任公司	海淀区清河镇住宅及配套H-22地块
19	香悦四季花园	京房售证字(2012)13 号	北京合景房地产开发有限公司	顺义区马坡镇顺恒大街北合景地产地块 1
20	檀州家园	京房售证字(2012)14 号	北京紫金长宁房地产开发有限责任公司	密云县密云镇兴苑北区
21	翡丽华庭	京房售证字(2012)15 号	北京金隅程远房地产开发有限公司	海淀区西三旗建材城东
22	创业者家园	京房售证字(2012)16 号	北京科技园置地有限公司	海淀区西二旗居住区二期 S1 地块
23	颐景花园	京房售证字(2012)17 号	北京景旭房地产开发有限公司	顺义区后沙峪镇裕华路东侧
24	百合湾嘉园	京房售证字(2012)18 号	北京麦金利房地产开发有限公司	通州区通胡大街 70 号居住、商业项目
25	保利罗兰小区	京房售证字(2012)19 号	北京保利成房地产开发有限公司	昌平区沙河镇南一村居住项目用地
26	保利东郡苑	京房售证字(2012)20 号	北京保利营房地产开发有限公司	朝阳区东风乡高井村
27	理想家园	京房售证字(2012)21 号	北京鸿坤伟业房地产开发有限公司	大兴区西红门镇中心规划区 0801-0402-1 号
28	兴宇名苑	京房售证字(2012)22 号	北京龙湖兴润置业有限公司	大兴区北臧村镇生物医药基地东配套 6 号及 7 号 0505-053、0505-062 号地块住宅混合公建用地项目
29	龙山新新逸墅	京房售证字(2012)23 号	北京万通龙山天地置业有限公司	怀柔区庙城镇居住项目
30	东亚嘉创中心	京房售证字(2012)24 号	北京东亚信元国际会展中心有限公司	大兴区旧宫镇地铁亦庄线旧宫东站 1 号地多功能项目用地
31	延秋园	京房售证字(2012)25 号	北京华世柏利房地产开发有限公司	昌平区沙河镇北沙河
32	龙庆·望都佳园	京房售证字(2012)26 号	北京龙庆房地产开发有限公司	延庆县康庄镇三街村
33	中海九浩苑	京房售证字(2012)27 号	北京中海豪景房地产开发有限公司	丰台区花乡六圈村
34	国翼中心	京房售证字(2012)28 号	北京智地顺达房地产开发有限公司	顺义区李桥镇洼子村机场东路东侧

续表附表 21

序号	项目名称	销售证号	开发商	地址
35	润都大厦	京房售证字(2012)29 号	北京华业通置业有限公司	丰台区成寿寺南方庄 71 号
36	小悦中心	京房售证字(2012)30 号	北京元邑房地产开发有限责任公司	朝阳区青年路北口
37	理想家园	京房售证字(2012)31 号	北京鸿坤伟业房地产开发有限公司	大兴区西红门镇中心规划区 0801-0402-4 号
38	金融街园中园	京房售证字(2012)32 号	金融街（北京）商务园置业有限公司	通州区永顺镇(商务园 B2-5 地块)商业金融项目用地
39	金融街园中园	京房售证字(2012)33 号	金融街（北京）商务园置业有限公司	通州区永顺镇(商务园 B1-6 地块)商业金融项目用地
40	馨然嘉园	京房售证字(2012)34 号	中铁房地产集团北京正达置业有限公司	房山区长阳镇起步区 6 号地
41	嘉益园	京房售证字(2012)35 号	北京嘉云发房地产开发有限责任公司	密云县果园街道果园西路 6 号
42	珑原家园	京房售证字(2012)36 号	招商局嘉铭（北京）房地产开发有限公司	昌平区东小口镇 CY-09 地块
43	枫树家园	京房售证字(2012)37 号	北京枫树置业有限公司	昌平区北七家镇枫树家园（B 区）
44	龙山嘉园	京房售证字(2012)38 号	北京安宝房地产开发有限公司	怀柔区龙山路东侧
45	长滩庭苑	京房售证字(2012)40 号	北京融创基业地产有限公司	昌平区南邵镇
46	远洋山水家园	京房售证字(2012)41 号	远洋地产有限公司	石景山区石槽住宅、商业及配套 E02、03 地块
47	长滩庭苑	京房售证字(2012)39 号	北京融创基业地产有限公司	昌平区南邵镇
48	凤凰传媒中心	京房售证字(2012)42 号	凤凰东方（北京）置业有限公司	朝阳区朝阳公园西南角
49	徜徉嘉园	京房售证字(2012)43 号	北京城建兴泰房地产开发有限公司	房山区长阳镇起步区 4#地 3 号地块
50	阳光绿景嘉园	京房售证字(2012)44 号	恒盛合天和信（北京）房地产开发有限公司	大兴区采育镇西组团 01-0118 居住项目用地
51	姜庄湖家园	京房售证字(2012)45 号	北京姜庄湖园林别墅开发有限公司	朝阳区鼎成路 6 号
52	金茂家园	京房售证字(2012)46 号	中化方兴置业（北京）有限公司	朝阳区广渠路 15 号居住及公共服务设施项目（A4-1 地块）
53	鑫佰鸣中心	京房售证字(2012)47 号	北京佰鸣博泰投资有限公司	顺义区空港物流基地物流园五街北侧
54	颐景润园	京房售证字(2012)48 号	北京顺义新城建设开发有限公司	顺义区马坡镇

续表附表 21

序号	项目名称	销售证号	开 发 商	地址
55	中骏绿洲庄园	京房售证字(2012)50 号	北京中骏房地产开发有限公司	门头沟区永定镇万佛堂村双塔
56	永丰嘉园	京房售证字(2012)49 号	北京德成兴业房地产开发有限公司	海淀区永丰乡永丰产业基地 V-1 号地块永丰嘉园 9 组团住宅
57	嘉悦园	京房售证字(2012)51 号	北京金隅嘉业房地产开发有限公司	朝阳区东坝乡单店西村南原北京光华木材厂项目
58	兴贸中心	京房售证字(2012)52 号	北京绿地京城置业有限公司	大兴区新城北区 19 号地剩余地块多功能项目
59	远洋傲北嘉园	京房售证字(2012)53 号	北京远联置地房地产开发有限公司	昌平区小汤山镇马坊村东南
60	百合湾嘉园	京房售证字(2012)54 号	北京麦金利房地产开发有限公司	通州区通胡大街 70 号居住、商业项目
61	首邑溪谷嘉园	京房售证字(2012)55 号	北京昊坤嘉业房地产开发有限公司	大兴区新城北区 22 号地-2 地块
62	延秋园	京房售证字(2012)56 号	北京华世柏利房地产开发有限公司	昌平区沙河镇北沙河
63	颐景溪园	京房售证字(2012)57 号	北京顺义新城建设开发有限公司	顺义区马坡镇
64	远洋和瑞中心	京房售证字(2012)58 号	北京远豪置业有限公司	朝阳区崔各庄乡大望京村环境整治土地储备项目 1 号地(620 地块)
65	首开常青藤家园	京房售证字(2012)59 号	北京首开天成房地产开发有限公司	朝阳区东坝乡单店住宅二期 B 地块
66	东亚嘉创中心	京房售证字(2012)60 号	北京东亚信元国际会展中心有限公司	大兴区旧宫镇地铁亦庄线旧宫东站 1 号地多功能项目用地
67	天竺新新家园	京房售证字(2012)61 号	北京广厦富城置业有限公司	顺义区天竺镇薛大人庄村
68	首邑溪谷嘉园	京房售证字(2012)62 号	北京昊坤嘉业房地产开发有限公司	大兴区新城北区 22 号地-1 地块
69	首邑溪谷嘉园	京房售证字(2012)63 号	北京昊坤嘉业房地产开发有限公司	大兴区新城北区 22 号地-2 地块
70	华润九里	京房售证字(2012)64 号	华润置地开发（北京）有限公司	大兴区黄村镇卫星城北区 17 号地 A 区
71	理想家园	京房售证字(2012)65 号	北京鸿坤伟业房地产开发有限公司	大兴区西红门镇中心规划区 0801-0902 号地块
72	保利春天雅苑	京房售证字(2012)66 号	北京保利兴房地产开发有限公司	大兴区生物医药基地东配套 12、13、14 号地居住、商业金融项目

续表附表 21

序号	项目名称	销售证号	开发商	地址
73	东方玫瑰家园	京房售证字(2012)67号	北京君合百年房地产开发有限公司	通州区梨园镇小街村(自由小镇北区1号)
74	鑫佰鸣中心	京房售证字(2012)68号	北京佰鸣博泰投资有限公司	顺义区空港物流基地物流园五街北侧
75	运河湾家园	京房售证字(2012)69号	北京新华联伟业房地产有限公司	通州区运河东岸奥体公园南侧
76	格兰山水	京房售证字(2012)70号	北京京北双龙房地产开发有限公司	延庆县三里河路西侧自由街村
77	兴业嘉园	京房售证字(2012)71号	北京新城兴业房地产开发有限公司	大兴区黄村地铁大兴线枣园路站居住（二期）项目
78	冠城四季家园	京房售证字(2012)72号	北京冠城新泰房地产开发有限公司	朝阳区太阳宫乡太阳宫新区C区西部组团（C01地块）
79	冠城四季家园	京房售证字(2012)73号	北京冠城新泰房地产开发有限公司	朝阳区太阳宫乡太阳宫新区C区西部组团（C01地块）
80	倚山庭苑	京房售证字(2012)74号	北京融创恒基地产有限公司	海淀区西北旺新村东南部（Ⅲ期地块）
81	珺悦中心	京房售证字(2012)75号	北京邦达房地产开发有限公司	大兴区生物医药基地综合配套区地块商业金融项目
82	双井福园	京房售证字(2012)76号	北京中加伟业房地产开发有限公司	密云县十里堡镇双井村
83	凯德锦绣名苑	京房售证字(2012)77号	北京恒世同方房地产开发有限公司	朝阳区八里庄京棉集团生活区A1区B地块
84	世华泊郡家园	京房售证字(2012)78号	北京世纪鸿城置业有限公司	朝阳区来广营乡清河营村住宅及配套、商业金融（4号地）
85	欣业大厦	京房售证字(2012)79号	北京正华永嘉房地产开发有限公司	海淀区北蜂窝2号
86	香堤清庭花园	京房售证字(2012)80号	北京龙湖兴顺置业有限公司	顺义区牛栏山镇下坡屯村昌金路北侧
87	金科纳帕庄园	京房售证字(2012)81号	北京金科纳帕置业有限公司	昌平区常兴庄组团北部地区B地块居住项目
88	东方华庭	京房售证字(2012)82号	北京通瑞万华置业有限公司	朝阳区常营乡（A-004地块）
89	兴宇名苑	京房售证字(2012)83号	北京龙湖兴润置业有限公司	大兴区北臧村镇生物医药基地东配套6号及7号0505-053、0505-062号地块
90	石景山区古城西路商业金融项目	京房售证字(2012)84号	北京华怡房地产开发有限公司	石景山区古城西路北侧

续表附表 21

序号	项目名称	销售证号	开 发 商	地址
91	攀云中心	京房售证字(2012)85 号	北京福泉投资有限公司	海淀区温泉镇辛庄村东
92	攀云中心	京房售证字(2012)86 号	北京福泉投资有限公司	海淀区温泉镇辛庄村东
93	绿地花都嘉园	京房售证字(2012)87 号	北京绿地京宏置业有限公司	密云县果园街道新西路东侧、城后街北侧
94	隆华熙园	京房售证字(2012)88 号	北京中加恒业房地产开发有限公司	密云县密云镇农机路 2 号
95	玲珑天地中心	京房售证字(2012)89 号	北京金隅大成开发有限公司	海淀区五棵松路 32 号
96	长兴家园	京房售证字(2012)90 号	北京万年基业房地产开发有限公司	丰台区长辛店镇张郭庄村长辛店北部居住区一期(南区)B-57 块地
97	尚华家园	京房售证字(2012)91 号	北京住总万科房地产开发有限公司	昌平区回龙观村旧村改造 1818-007 号住宅及商业金融用地
98	紫云家园	京房售证字(2012)92 号	北京中粮万科房地产开发有限公司	房山区长阳镇(长阳镇起步区 5 号地)
99	徜徉嘉园	京房售证字(2012)93 号	北京城建兴泰房地产开发有限公司	房山区长阳镇(长阳起步区 4 号地 05、10 地块)
100	首开常青藤家园	京房售证字(2012)94 号	北京首开天成房地产开发有限公司	朝阳区东坝乡单店住宅二期 B 地块
101	龙熙顺景	京房售证字(2012)95 号	北京龙熙顺景房地产开发有限责任公司	大兴区庞各庄镇工业区西侧京南绿色生态社区(D 区)
102	潭墅苑	京房售证字(2012)96 号	北京潭墅苑房地产开发有限公司	门头沟区潭柘寺镇新大街 6 号
103	朗悦嘉园	京房售证字(2012)97 号	北京金地惠达房地产开发有限公司	房山区长阳镇房山线理工大学站 3 号地及 5 号地局部地块
104	紫润花园	京房售证字(2012)98 号	北京金力达房地产开发有限公司	朝阳区奥运村乡安立路西侧居住用地
105	紫润花园	京房售证字(2012)99 号	北京金力达房地产开发有限公司	朝阳区奥运村乡安立路西侧居住用地
106	山语园	京房售证字(2012)100 号	中铁房地产集团北京丰昊置业有限公司	丰台区三佐镇西王佐村住宅项目 X-6 地块
107	风景丽苑家园	京房售证字(2012)101 号	北京新龙房地产开发有限公司	昌平区新城东区一期
108	丽景长安家园	京房售证字(2012)102 号	北京东方双龙时代置业有限公司	门头沟区石龙工业区 18 号
109	珺悦中心	京房售证字(2012)103 号	北京邦达房地产开发有限公司	大兴区生物医药基地综合配套区地块商业金融项目
110	国风美仑家园	京房售证字(2012)104 号	北京首都开发股份有限公司	通州区马驹桥镇南堤村

续表附表21

序号	项目名称	销售证号	开 发 商	地址
111	卓悦大厦	京房售证字(2012)105号	北京驰野房地产开发有限公司	朝阳区太阳宫
112	颐景溪园	京房售证字(2012)106号	北京顺义新城建设开发有限公司	顺义区马坡镇
113	远洋和苑	京房售证字(2012)107号	北京远豪置业有限公司	朝阳区崔各庄乡大望京村环境整治土地储备项目1号地(615地块)
114	兴贸中心	京房售证字(2012)108号	北京绿地京城置业有限公司	大兴区新城北区19号地剩余地块多功能项目
115	理想家园	京房售证字(2012)109号	北京鸿坤伟业房地产开发有限公司	大兴区西红门镇中心规划区0801-0902号地块
116	首开常青藤家园	京房售证字(2012)110号	北京首开天成房地产开发有限公司	朝阳区东坝乡单店住宅二期D地块
117	保利花园小区	京房售证字(2012)111号	保利(北京)房地产开发有限公司	密云县鼓楼街道阳光街北侧、檀西路西侧
118	格兰山水	京房售证字(2012)112号	北京京北双龙房地产开发有限公司	延庆县三里河路西侧自由街村
119	珺悦中心	京房售证字(2012)113号	北京邦达房地产开发有限公司	大兴区生物医药基地综合配套区地块商业金融项目
120	上渡中心	京房售证字(2012)114号	北京旺晟房地产开发有限公司	顺义区赵全营镇(顺义区板桥创意天承产业基地G2-07地块)
121	招商上苑	京房售证字(2012)115号	招商局地产(北京)有限公司	朝阳区东八里庄危改小区住宅、办公、商业及地下车库
122	华远铭悦园	京房售证字(2012)116号	北京新通致远房地产开发有限公司	通州区梨园镇砖厂村居住项目用地
123	春水园	京房售证字(2012)117号	北京森阳房地产开发有限责任公司	房山区西潞街道太平庄村通尚苑二期
124	熙兆嘉园	京房售证字(2012)118号	北京首开荣泰置业有限公司	房山区长阳镇起步区3号地北侧住宅混合公建项目
125	远洋璟湖园	京房售证字(2012)119号	北京东隆房地产开发有限公司	朝阳区孙河乡东隆住宅E区
126	润西山苑	京房售证字(2012)120号	华润置地发展(北京)有限公司	门头沟区永定镇冯村(新城地区一期居住项目)
127	兴宇名苑	京房售证字(2012)121号	北京龙湖兴润置业有限公司	大兴区北臧村镇生物医药基地东配套区6号及7号0505-053、0505-062号地块住宅混合公建用地项目

续表附表 21

序号	项目名称	销售证号	开 发 商	地址
128	白家疃尚水园	京房售证字(2012)122 号	北京世纪正源房地产开发有限公司	海淀区温泉镇中心区 D2 地块住宅、办公项目用地（D21、22 地块）
129	富力金禧家园	京房售证字(2012)123 号	富力（北京）地产开发有限公司	通州区新城南街
130	润景茗苑	京房售证字(2012)124 号	北京春光置地房地产开发有限公司	朝阳区来广营乡清河营村住宅及配套（2 号地 2-1 地块）
131	嘉宏中心	京房售证字(2012)125 号	北京金隅置地房地产开发有限公司	大兴区黄村镇大庄村东侧京开路 48 号商业金融项目
132	滨河丽舍	京房售证字(2012)126 号	北京慧友房地产开发有限责任公司	密云县果园街道城后街北侧
133	兴业嘉园	京房售证字(2012)128 号	北京新城兴业房地产开发有限公司	大兴区黄村地铁大兴线枣园路站居住（二期）项目
134	京贸国际城	京房售证字(2012)129 号	北京天旭运河房地产开发有限责任公司	通州区芙蓉路西侧
135	丽景长安家园	京房售证字(2012)130 号	北京东方双龙时代置业有限公司	门头沟区石龙工业区
136	水岸庄园	京房售证字(2012)127 号	北京润泽庄苑房地产开发有限公司	朝阳区来广营乡清河营村润泽庄苑住宅小区 B6、B7 地块
137	北京新景家园	京房售证字(2012)131 号	北京崇文. 新世界房地产发展有限公司	崇文区崇外大街五号地危改区新景家园四区 4#、5#、8#、9#、一区 2#楼、独立车库
138	兴运嘉园	京房售证字(2012)132 号	北京中北长城房地产开发有限公司	延庆县京张路口东
139	联港嘉园	京房售证字(2012)133 号	北京联港置业有限公司	大兴区北臧村镇居住及配套用地项目
140	嘉悦中心	京房售证字(2012)134 号	北京盛玺置业有限公司	大兴区西红门镇
141	世华泊郡家园	京房售证字(2012)135 号	北京世纪鸿城置业有限公司	朝阳区来广营乡清河营村住宅及配套、商业金融（4 号地）
142	兴涛园	京房售证字(2012)136 号	北京银海房地产开发有限公司	大兴区黄村镇小营村
143	朗悦嘉园	京房售证字(2012)137 号	北京金地惠达房地产开发有限公司	房山区长阳镇房山线理工大学站 3 号地及 5 号地局部地块
144	蓝岸丽舍	京房售证字(2012)138 号	北京银座合智房地产开发有限公司	顺义区南彩镇九王庄村
145	上渡中心	京房售证字(2012)139 号	北京旺晟房地产开发有限公司	顺义区赵全营镇（顺义区板桥创意天承产业基地 G2-05 地块）

续表附表21

序号	项目名称	销售证号	开 发 商	地址
146	上渡中心	京房售证字(2012)140号	北京旺晟房地产开发有限公司	顺义区板桥创意天承产业基地
147	上渡中心	京房售证字(2012)141号	北京旺晟房地产开发有限公司	顺义区板桥创意天承产业基地
148	上渡中心	京房售证字(2012)142号	北京旺晟房地产开发有限公司	顺义区赵全营镇（顺义区板桥创意天承产业基地G2-04地块）
149	上渡中心	京房售证字(2012)143号	北京旺晟房地产开发有限公司	顺义区板桥创意天承产业基地
150	保利春天雅苑	京房售证字(2012)144号	北京保利兴房地产开发有限公司	大兴区生物医药基地东配套12、13、14号地居住、商业金融项目
151	千章墅嘉园	京房售证字(2012)145号	北京融科阳光房地产开发有限公司	通州区宋庄镇居住及托幼项目用地
152	中海油大厦	京房售证字(2012)146号	北京信远筑诚房地产开发有限公司	朝阳区太阳宫乡北四环东路南侧芍药居东区住宅及配套公建项目用地2组团3#地块
153	远洋东方嘉园	京房售证字(2012)147号	北京远河房地产开发有限公司	通州区玉桥西里住宅小区（二期）
154	建邦嘉园	京房售证字(2012)148号	北京建工长阳房地产开发有限公司	房山区房山线长阳站8号地西侧
155	美唐家园	京房售证字(2012)149号	北京城市开发集团有限责任公司	昌平区回龙观镇F05住宅项目（北区）
156	梧桐嘉苑	京房售证字(2012)150号	中铁房地产集团北京顺捷金海置业有限公司	门头沟区永定镇东辛秤村北（MC20-044地块）
157	梧桐嘉苑	京房售证字(2012)151号	中铁房地产集团北京顺捷金海置业有限公司	门头沟区永定镇东辛秤村北（MC20-045地块）
158	梧桐嘉苑	京房售证字(2012)152号	中铁房地产集团北京顺捷金海置业有限公司	门头沟区永定镇东辛秤村北(MC20-037地块)
159	大万购物中心	京房售证字(2012)153号	北京大万房地产开发有限责任公司	丰台区角门路18号
160	云湾家园	京房售证字(2012)154号	北京中粮万科置业有限公司	房山区长阳镇起步区3号地南侧
161	润泉家苑	京房售证字(2012)155号	北京金第万科房地产开发有限公司	大兴区旧宫3号地C-11、C-14地块公建混合住宅、二类居住用地项目
162	新里程家园	京房售证字(2012)157号	北京京投万科房地产开发有限公司	房山区拱辰街道水碾屯村改造一期10-03-15居住项目

续表附表 21

序号	项目名称	销售证号	开 发 商	地址
163	水岸庄园	京房售证字（2012）158 号	北京润泽庄苑房地产开发有限公司	朝阳区来广营乡清河营村润泽庄苑住宅小区 B6、B7 地块
164	金隅嘉铂苑	京房售证字（2012）156 号	北京金隅嘉业房地产开发有限公司	通州区梨园镇砖厂村北京市玻璃钢制品厂二期居住项目
165	如缘居南里	京房售证字（2012）159 号	北京五矿万科置业有限公司	海淀区西北旺镇
166	太阳御园	京房售证字（2012）160 号	北京信远筑诚房地产开发有限公司	朝阳区太阳宫乡北四环东路南侧芍药居东区住宅及配套、公建项目用地 2 组团 2#-B 地块
167	富力华庭苑	京房售证字（2012）161 号	北京富源盛达房地产开发有限公司	大兴区庞各庄镇镇区改造 3 号地 PGZ02-25 地块
168	香悦四季花园	京房售证字（2012）162 号	北京合景房地产开发有限公司	顺义区马坡镇顺恒大街北合景地产地块 1
169	格兰山水	京房售证字（2012）163 号	北京京北双龙房地产开发有限公司	延庆县三里河路西侧 自由街村
170	悦港大厦	京房售证字（2012）164 号	北京顺桥房地产开发有限公司	顺义区府前中街南侧
171	东海仪园	京房售证字（2012）165 号	北京东海民德房地产开发有限公司	丰台区张仪新村一期 8#、9#、12#楼
172	中信禧园	京房售证字（2012）166 号	北京中信房地产有限公司	西城区菜市口东南角大吉片危改小区 3 号地（北区）
173	华远铭悦园	京房售证字（2012）167 号	北京新通致远房地产开发有限公司	通州区梨园镇砖厂村居住项目用地
174	云凤庄园	京房售证字（2012）168 号	北京新博城房地产开发有限公司	密云县溪翁庄镇东智东村南
175	云凤庄园	京房售证字（2012）169 号	北京新博城房地产开发有限公司	密云县溪翁庄镇东智东村南
176	金茂家园	京房售证字（2012）170 号	中化方兴置业（北京）有限公司	朝阳区广渠路 15 号居住及公共服务设施项目（A4-1 地块）
177	徜徉嘉园	京房售证字（2012）171 号	北京城建兴泰房地产开发有限公司	房山区长阳镇（长阳起步区 4 号地 05、10 地块）
178	凌云名苑	京房售证字（2012）172 号	北京市凌云宇阳房地产开发有限公司	朝阳区华严北里 46 号
179	祥云东方苑	京房售证字（2012）173 号	中粮地产投资（北京）有限公司	顺义区空港工业区 B 区安祥大街南侧
180	乐想大厦	京房售证字（2012）174 号	北京第六大洲房地产开发有限公司	朝阳区来广营乡清河营村（1 号地）1-1 地块
181	金隅花石苑	京房售证字（2012）175 号	北京金隅嘉业房地产开发有限公司	通州区梨园镇砖厂村北京市玻璃钢制品厂二期居住项目

续表附表 21

序号	项目名称	销售证号	开发商	地址
182	融景家园	京房售证字(2012)176号	北京天石基业房地产开发有限公司	石景山区衙门口居住公建项目用地B地块
183	兴业嘉园	京房售证字(2012)177号	北京新城兴业房地产开发有限公司	大兴区黄村地铁大兴线枣园路站居住（二期）项目
184	远洋和苑	京房售证字(2012)178号	北京远豪置业有限公司	朝阳区崔各庄乡大望京村环境整治土地储备项目1号地(613地块)
185	嘉悦园	京房售证字(2012)179号	北京金隅嘉业房地产开发有限公司	朝阳区东坝乡单店西村南原北京光华木材厂项目
186	清水湾嘉园	京房售证字(2012)180号	北京古城房地产开发有限公司	通州区永顺镇王家场村（“运通人和良园”住宅项目B区）
187	嘉宏中心	京房售证字(2012)181号	北京金隅置地房地产开发有限公司	大兴区黄村镇大庄村东侧京开路48号商业金融项目
188	滨河馨园	京房售证字(2012)182号	北京金隅嘉业房地产开发有限公司	石景山区燕山水泥厂限价商品住房项目A1、B1地块
189	都汇大厦	京房售证字(2012)183号	北京冠城新纪房地产开发有限公司	朝阳区太阳官乡太阳官新区A区（A02地块）
190	华欣园	京房售证字(2012)184号	北京东亚信中国际会展中心有限公司	怀柔区庙城镇政府北侧
191	中海九浩苑	京房售证字(2012)185号	北京中海豪景房地产开发有限公司	丰台区花乡六圈（C地块、D地块）
192	玺源台小区	京房售证字(2012)186号	北京泰乐房地产开发有限公司	西城区广安门外大街305号泰乐家园
193	隆华熙园	京房售证字(2012)187号	北京中加恒业房地产开发有限公司	密云县密云镇农机路2号
194	合生华景家园	京房售证字(2012)188号	北京合生绿洲房地产开发有限公司	通州区永顺镇乔庄村
195	乐汇家园	京房售证字(2012)189号	北京田家园新城房地产开发有限公司	房山区窦店镇03-0013等地块
196	天竺新新家园	京房售证字(2012)190号	北京广厦富城置业有限公司	顺义区天竺镇薛大人庄村
197	富北嘉园	京房售证字(2012)191号	北京富利房地产开发有限责任公司	朝阳区高杨树门窗公司住宅小区17号，18号楼
198	时代商务中心	京房售证字(2012)192号	北京佰嘉置业集团有限公司	昌平区回龙观镇回龙观村
199	百合湾嘉园	京房售证字(2012)193号	北京麦金利房地产开发有限公司	通州区通胡大街70号居住、商业项目
200	珠光逸景家园	京房售证字(2012)194号	北京珠光御景房地产开发有限公司	丰台区长辛店新区（生活区）二期10-1

续表附表 21

序号	项目名称	销售证号	开 发 商	地址
201	景湖园	京房售证字(2012)195号	北京市大龙房地产开发有限公司	顺义区西辛北区(西);西辛北区(东);
202	朗悦嘉园	京房售证字(2012)196号	北京金地惠达房地产开发有限公司	房山区长阳镇房山线理工大学站3号地及5号地局部地块
203	正华大厦	京房售证字(2012)197号	北京正华永旺房地产开发有限公司	丰台区贾家花园15号
204	瑞丰花园	京房售证字(2012)198号	北京雨硕房地产开发有限公司	平谷区王辛庄镇居住项目
205	润景茗苑	京房售证字(2012)199号	北京春光置地房地产开发有限公司	朝阳区来广营乡清河营村住宅及配套(2号地2-1地块)
206	尚华家园	京房售证字(2012)200号	北京住总万科房地产开发有限公司	昌平区回龙观村旧村改造1818-007号住宅及商业金融用地
207	理想家园	京房售证字(2012)201号	北京鸿坤伟业房地产开发有限公司	大兴区西红门镇中心规划区0801-0902号地块
208	金域缇香家园	京房售证字(2012)202号	北京万筑房地产开发有限责任公司	房山区长阳镇02-2-04地块
209	花溪茗苑	京房售证字(2012)203号	北京中铁润丰房地产开发有限公司	顺义区马坡镇(顺丰大街南侧)
210	朱雀门家苑	京房售证字(2012)204号	北京中集宏达房地产开发有限公司	西城区太平街8号北京燕京汽车厂住宅小区北区
211	泇河嘉园	京房售证字(2012)205号	北京天润福源房地产开发有限公司	平谷区平谷镇(平谷1号地)居住项目
212	水岸庄园	京房售证字(2012)206号	北京润泽庄苑房地产开发有限公司	朝阳区来广营乡清河营村润泽庄苑住宅小区B6、B7地块
213	嘉悦中心	京房售证字(2012)207号	北京盛玺置业有限公司	大兴区西红门镇
214	百合湾嘉园	京房售证字(2012)208号	北京麦金利房地产开发有限公司	通州区通胡大街70号居住、商业项目
215	乐活家园	京房售证字(2012)209号	北京天恒乐活城置业有限公司	房山区阎村镇南梨园村乐活家园二期
216	枫树家园	京房售证字(2012)210号	北京枫树置业有限公司	昌平区北七家镇枫树家园(B区)
217	水岸庄园	京房售证字(2012)211号	北京润泽庄苑房地产开发有限公司	朝阳区来广营乡清河营村润泽庄苑住宅小区B6、B7地块
218	畅茜园雪芳里	京房售证字(2012)212号	北京市龙鼎华源房地产开发有限责任公司	海淀区田村畅茜园四期雪芳园3#、5#、6#、7#、8#、9#、10#楼

续表附表 21

序号	项目名称	销售证号	开 发 商	地址
219	熙景嘉园	京房售证字(2012)213 号	北京首都开发股份有限公司	房山区长阳镇房山线长阳站 8 号地东侧
220	禾香雅园	京房售证字(2012)214 号	北京玉亭房地产开发有限公司	房山区长阳镇稻田村村南广阳新城居住项目
221	金成中心	京房售证字(2012)215 号	北京金隅大成开发有限公司	通州区梨园镇九棵树村居住项目用地地块
222	观山悦家园	京房售证字(2012)216 号	北京瑞坤置业有限责任公司	昌平区朝凤庵村北侧
223	金色漫香苑	京房售证字(2012)217 号	金融街控股股份有限公司	昌平区北七家镇八仙庄村北七家工业区配套住宅项目
224	沄沄国际家园	京房售证字(2012)218 号	北京龙洋房地产开发有限责任公司	海淀区吴家场村
225	天宫融汇佳苑	京房售证字(2012)219 号	北京金融街奕兴天宫置业有限公司	大兴区生物医药基地东配套11号地居住项目
226	龙山锦园小区	京房售证字(2012)220 号	北京正宏置业集团有限公司	昌平区城南街道办事处山峡村
227	碧桂园	京房售证字(2012)221 号	北京市碧桂园房地产开发有限公司	房山区长阳镇碧桂园温泉小区一期
228	华贸奥苑	京房售证字(2012)222 号	北京华贸奥苑房地产开发有限公司	朝阳区来广营乡清河营村(3-1 号地)
229	东方华庭	京房售证字(2012)223 号	北京通瑞万华置业有限公司	朝阳区常营乡(A-001 地块)
230	翠林湾嘉园	京房售证字(2012)224 号	北京鸿润成业房地产开发有限责任公司	房山区拱辰街道黄辛庄村北(圣水路小区)
231	京禧阁	京房售证字(2012)225 号	北京国瑞兴业地产股份有限公司	崇文区广渠门外忠实里危改小区一区 3 号住宅楼及地下车库
232	倚山庭苑	京房售证字(2012)226 号	北京融创恒基地产有限公司	海淀区西北旺新村东南部(Ⅲ期地块)
233	倚山庭苑	京房售证字(2012)227 号	北京融创恒基地产有限公司	海淀区西北旺新村东南部(Ⅲ期地块)
234	润西山苑	京房售证字(2012)228 号	华润置地发展(北京)有限公司	门头沟区永定镇冯村(新城地区一期居住项目)
235	长兴家园	京房售证字(2012)229 号	北京万年基业房地产开发有限公司	丰台区长辛店镇张郭庄村长辛店北部居住区一期(南区)B-53、54 地块
236	合生华景家园	京房售证字(2012)230 号	北京合生绿洲房地产开发有限公司	通州区永顺镇乔庄村
237	丽来花园	京房售证字(2012)231 号	北京宝苑房地产开发有限公司	顺义区天竺镇薛大人庄村
238	大宁山庄	京房售证字(2012)232 号	北京集达房地产开发有限公司	房山区长阳镇大宁山庄 B 区

续表附表 21

序号	项目名称	销售证号	开 发 商	地址
239	长兴家园	京房售证字(2012)233 号	北京万年基业房地产开发有限公司	丰台区长辛店镇张郭庄村长辛店北部居住区一期（南区）居住项目 B-45 地块
240	溪水花园	京房售证字(2012)234 号	北京市潮云房地产开发有限公司	密云县溪翁庄镇溪翁庄村中心区
241	纳帕澜郡小区	京房售证字(2012)235 号	纳帕地产开发集团有限公司	昌平区小汤山镇居住、多功能用地（配建公共租赁住房）
242	永丰嘉园	京房售证字(2012)236 号	北京德成兴业房地产开发有限公司	海淀区永丰乡永丰产业基地 V-1 号地块永丰嘉园 3、4、5、6 组团住宅及配套
243	梦想家园	京房售证字(2012)237 号	北京金第房地产开发有限责任公司	怀柔区杨宋镇居住文化娱乐、商业金融及居住用地项目（配建租赁房）
244	思创时代中心	京房售证字(2012)238 号	北京嘉厚房地产开发有限公司	平谷区马坊工业园区
245	云立方嘉苑	京房售证字(2012)239 号	北京海赋兴业房地产开发有限公司	大兴区生物医药基地东配套 10 号地二类居住用地项目
246	彩虹嘉园南里	京房售证字(2012)240 号	和泓置地集团有限公司	丰台区大井西路
247	海怡庄园	京房售证字(2012)241 号	北京海意联房地产开发有限公司	密云县十里堡镇双井村
248	金茂家园	京房售证字(2012)242 号	中化方兴置业（北京）有限公司	朝阳区广渠路 15 号居住及公共服务设施项目（A4-10 地块）
249	朗悦嘉园	京房售证字(2012)243 号	北京金地惠达房地产开发有限公司	房山区长阳镇房山线理工大学站 3 号地及 5 号地局部地块
250	文龙家园	京房售证字(2012)244 号	北京城建兴华地产有限公司	海淀区小营（D1 地块）
251	亚奥悦家园	京房售证字(2012)245 号	北京方兴融创房地产开发有限公司	朝阳区来广营乡土地储备项目 B2 地块(居住用地)
252	润泉家苑	京房售证字(2012)246 号	北京金第万科房地产开发有限公司	大兴区旧宫 3 号地 C-11、C-14 地块公建混合住宅、二类居住用地项目
253	诺德大厦	京房售证字(2012)247 号	北京中铁华升置业有限公司	丰台区花乡四合庄 1516-18 地块
254	创智中心	京房售证字(2012)248 号	北京旭辉顺欣置业有限公司	顺义区南法信镇南法信村
255	汇景嘉园	京房售证字(2012)249 号	北京城建和泰房地产开发有限责任公司	房山区窦店镇(沁园春景二期)（配建回迁安置房）居住项目用地
256	首信祥和苑	京房售证字(2012)250 号	北京首开亿信置业股份有限公司	大兴区榆垡镇

续表附表21

序号	项目名称	销售证号	开 发 商	地址
257	圣水嘉苑	京房售证字(2012)251号	中铁嘉业（北京）投资有限公司	房山区城关街道圣水嘉名小区
258	远洋天著景园	京房售证字(2012)252号	北京远盛置业有限公司	大兴区亦庄新城Ⅲ-1街区F地块
259	航城信远中心	京房售证字(2012)253号	北京宏远航城房地产开发有限公司	顺义区南法信镇十里堡村北
260	如缘居南里	京房售证字(2012)254号	北京五矿万科置业有限公司	海淀区西北旺镇
261	博雅资源中心	京房售证字(2012)255号	北京万顺达房地产开发有限公司	昌平区中关村国际生命医疗园A-5b商业用地
262	龙祥誉景花园	京房售证字(2012)256号	北京中投创展置业有限公司	顺义区天竺空港商务区
263	长兴大厦	京房售证字(2012)257号	北京万年基业房地产开发有限公司	丰台区长辛店镇张郭庄村长辛店北部居住区一期（南区）B-53、54
264	山语园	京房售证字(2012)258号	中铁房地产集团北京丰昊置业有限公司	丰台区王佐镇西王佐村住宅项目X-6地块
265	观山悦家园	京房售证字(2012)259号	北京瑞坤置业有限责任公司	昌平区朝凤庵村北侧
266	香堤清庭花园	京房售证字(2012)260号	北京龙湖兴顺置业有限公司	顺义区牛栏山镇下坡屯村昌金路北侧
267	滨河嘉园	京房售证字(2012)261号	北京金隅嘉业房地产开发有限公司	石景山区京原路68号北京市燕山水泥厂经济适用住房项目E地块配套用地
268	睿府嘉园	京房售证字(2012)262号	北京首都开发股份有限公司	房山区拱辰街道高教园区中央设施区西北侧
269	东方玫瑰家园	京房售证字(2012)263号	北京君合百年房地产开发有限公司	通州区梨园镇小街村（自由小镇北区1号）
270	龙山嘉园	京房售证字(2012)264号	北京安宝房地产开发有限公司	怀柔区龙山路东侧（多功能项目用地F3地块）
271	紫芳园五区	京房售证字(2012)265号	北京首开亿信置业股份有限公司	丰台区方庄紫芳园五区
272	华欣园	京房售证字(2012)266号	北京东亚信中国际会展中心有限公司	怀柔区庙城镇政府北侧（时尚岛一期）公共设施项目
273	亚奥悦家园	京房售证字(2012)267号	北京方兴融创房地产开发有限公司	朝阳区来广营乡土地储备项目B2地块(居住用地)
274	天恒别墅山小区	京房售证字(2012)268号	北京山天置业有限公司	怀柔区红螺镇村南
275	东亚怡园	京房售证字(2012)269号	北京硕日新宇投资有限公司	通州区台湖镇居住用地、托幼用地及公建混合用地(配建“公共租赁住房”）项目

续表附表 21

序号	项目名称	销售证号	开 发 商	地址
276	嘉宏中心	京房售证字(2012)270 号	北京金隅置地房地产开发有限公司	大兴区黄村镇大庄村东侧京开路 48 号商业金融项目
277	天宫融汇佳苑	京房售证字(2012)271 号	北京金融街奕兴天宫置业有限公司	大兴区生物医药基地东配套 11 号地居住项目
278	悦都新苑	京房售证字(2012)272 号	北京兴泰吉成置业有限公司	房山区长阳镇长阳西站 4 号地
279	新里程家园	京房售证字(2012)273 号	北京京投万科房地产开发有限公司	房山区拱辰街道水碾屯村改造一期 10-03-15 居住项目
280	文合苑	京房售证字(2012)274 号	北京第六大洲房地产开发有限公司	朝阳区来广营乡清河营村
281	林奥嘉园	京房售证字(2012)275 号	北京运达通汇文化产业有限公司	朝阳区立水桥（奥运村地区办事处 5 号地）
282	胜古誉园	京房售证字(2012)276 号	北京盛达兴业房地产开发有限公司	朝阳区胜古北路
283	路劲家园	京房售证字(2012)277 号	北京路劲隽御房地产开发有限公司	昌平区南邵镇
284	紫金新干线家园	京房售证字(2012)278 号	北京新领域房地产开发有限公司	昌平区东小口镇霍营村新干线住宅小区 E9#-E23#楼及 E-1 地下车库
285	紫云家园	京房售证字(2012)279 号	北京中粮万科房地产开发有限公司	房山区长阳镇（长阳镇起步区 5 号地）
286	常楹悦园	京房售证字(2012)280 号	北京信远置业有限公司	朝阳区管庄北二里（A 地块）
287	望京茂家园	京房售证字(2012)281 号	北京方兴融创房地产开发有限公司	朝阳区来广营乡土地储备项目 B3 地块（二类居住用地、商业金融用地）
288	金域缇香家园	京房售证字(2012)282 号	北京万筑房地产开发有限责任公司	房山区长阳镇 02-2-04 地块
289	兴宇名苑	京房售证字(2012)283 号	北京龙湖兴润置业有限公司	大兴区北臧村镇生物医药基地东配套区 6 号及 7 号 0505-053、0505-062 号地块住宅混合公建用地项目
290	嘉悦中心	京房售证字(2012)284 号	北京盛玺置业有限公司	大兴区西红门镇
291	云立方嘉苑	京房售证字(2012)285 号	北京海赋兴业房地产开发有限公司	大兴区生物医药基地东配套 10 号地二类居住用地项目
292	东方华庭	京房售证字(2012)286 号	北京通瑞万华置业有限公司	朝阳区常营乡（A-001 地块）
293	首航中心	京房售证字(2012)287 号	北京东亚信安国际会展中心有限公司	顺义区后沙峪镇安平街北侧
294	富力华庭苑	京房售证字(2012)288 号	北京富源盛达房地产开发有限公司	大兴区庞各庄镇镇区改造 3 号地 PGZ02-19、27 地块

续表附表 21

序号	项目名称	销售证号	开 发 商	地址
295	榆滨芳苑	京房售证字(2012)289 号	北京海港房地产开发有限公司	通州区宋庄镇(东海花园一期)
296	玉兰湾嘉园	京房售证字(2012)290 号	北京祈连房地产开发有限公司	通州区九棵树大街居住项目地块
297	远洋和苑	京房售证字(2012)291 号	北京远豪置业有限公司	朝阳区崔各庄乡大望京村环境整治土地储备项目 1 号地(615 地块)
298	汇景嘉园	京房售证字(2012)292 号	北京城建和泰房地产开发有限责任公司	房山区窦店镇(沁园春景二期)(配建回迁安置房)居住项目用地
299	腾飞园	京房售证字(2012)293 号	北京龙腾投资开发有限责任公司	平谷区马坊工业区内
300	京贸国际城	京房售证字(2012)294 号	北京天旭运河房地产开发有限责任公司	通州区芙蓉路西侧
301	太阳官火星园	京房售证字(2012)295 号	北京冠城正业房地产开发有限公司	朝阳区太阳宫新区 B 区(B05、B06、B07 地块)
302	颐景溪园	京房售证字(2012)296 号	北京顺义新城建设开发有限公司	顺义区马坡镇
303	懿品府小区	京房售证字(2012)297 号	北京密狮房地产开发有限责任公司	密云县果园街道西大桥路 38 号(北院)
304	旭辉臻园	京房售证字(2012)298 号	北京旭辉阳光置业有限公司	通州区宋庄镇二类居住及商业金融用地
305	龙熙商业中心	京房售证字(2012)299 号	北京龙熙丽景房地产开发有限公司	大兴区庞各庄镇 PGZ01-12 地块商业金融用地项目
306	新悦家园	京房售证字(2012)300 号	北京鸿安兴业房地产开发有限公司	昌平区南关
307	荣京道	京房售证字(2012)开 1 号	北京经开工大投资管理有限公司	开发区 32 号街区
308	长景新园	京房售证字(2012)经 1 号	北京天庆房地产开发有限公司	房山区长阳镇北部组团
309	长景新园	京房售证字(2012)经 5 号	北京天庆房地产开发有限公司	房山区长阳镇北部组团
310	康泽佳苑	京房售证字(2012)经 7 号	北京天恒康都房地产开发有限责任公司	房山区长阳镇长阳站 7 号地
311	理想家园	京房售证字(2012)经 23 号	北京鸿坤伟业房地产开发有限公司	大兴区西红门镇
312	珠光逸景家园	京房售证字(2012)限 2 号	北京珠光御景房地产开发有限公司	丰台区长辛店新区(生活区)二期 9-4、长辛店新区(生活区)二期 10-1

续表附表 21

序号	项目名称	销售证号	开 发 商	地址
313	中海九浩苑	京房售证字(2012)限 3 号	北京中海豪景房地产开发有限公司	丰台区花乡六圈(A 地块、C 地块)
314	上庄馨瑞嘉园	京房售证字(2012)限 4 号	北京三元嘉业房地产开发有限公司	海淀区上庄镇中心区 C14 地块
315	嘉泰园	京房售证字(2012)限 6 号	北京金隅嘉业房地产开发有限公司	朝阳区星牌建材厂 B07 地块限价商品住房项目
316	联港嘉园	京房售证字(2012)限 8 号	北京联港置业有限公司	大兴区北臧村镇居住及配套用地项目
317	嘉泰园	京房售证字(2012)限 9 号	北京金隅嘉业房地产开发有限公司	朝阳区星牌建材厂 B07 地块限价商品住房项目
318	山语园	京房售证字(2012)限 10 号	中铁房地产集团北京丰昊置业有限公司	丰台区王佐镇西王佐村住宅项目 X-4 地块、王佐镇西王佐村住宅项目 X-9、X-10 地块
319	清水湾嘉园	京房售证字(2012)限 11 号	北京古城房地产开发有限公司	通州区永顺镇王家场村(“运通人和良园”住宅项目 B 区)
320	双合家园	京房售证字(2012)限 12 号	北京建工集团有限责任公司	朝阳区王四营乡(A 地块)
321	金泰丽富馨园	京房售证字(2012)限 13 号	北京金泰兴业房地产开发有限责任公司	怀柔区北房镇驸马庄村
322	格兰山水	京房售证字(2012)限 14 号	北京京北双龙房地产开发有限公司	延庆县三里河路西侧自由街村
323	福润四季家园	京房售证字(2012)限 15 号	北京城建房地产开发有限公司	朝阳区东坝乡东坝南二街限价商品房项目用地(东地块);东坝乡东坝南二街限价商品房项目用地(西地块)
324	温泉凯盛家园	京房售证字(2012)限 16 号	北京宝晟住房股份有限公司	海淀区温泉镇 C-07 地块
325	联港嘉园	京房售证字(2012)限 17 号	北京联港置业有限公司	大兴区北臧村镇居住及配套用地项目
326	燕西华府家园	京房售证字(2012)限 18 号	北京西海龙湖置业有限公司	丰台区王佐镇(怪村村北 D 地块)
327	温泉凯盛家园	京房售证字(2012)限 19 号	北京宝晟住房股份有限公司	海淀区温泉镇 C-08 地块
328	福海棠华苑	京房售证字(2012)限 20 号	北京翰达金晟置业有限公司	丰台区南苑乡大红门村居住项目 A 地块
329	顺悦家园	京房售证字(2012)限 21 号	北京城建兴华地产有限公司	顺义区马坡镇顺丰大街南侧
330	金域缇香家园	京房售证字(2012)限 22 号	北京万筑房地产开发有限责任公司	房山区长阳镇 02-2-07 地块

续表附表 21

序号	项目名称	销售证号	开 发 商	地址
331	首开同馨家园	京房售证字(2012)限24号	北京首开晟馨房地产开发有限责任公司	丰台区卢沟桥乡小屯村小屯馨城（9号地）
332	路劲家园	京房售证字(2012)限25号	北京路劲隽御房地产开发有限公司	昌平区南邵镇
333	顺悦家园	京房售证字(2012)限26号	北京城建兴华地产有限公司	顺义区马坡镇顺丰大街南侧

附表 22　2012 年新建商品住房成交均价（分区域，分季度）

单位：元/平方米

监测区域	1 季度	2 季度	3 季度	4 季度
八达岭高速三四环沿线	44029	42492	46730	52214
北苑	23152	28533	29124	29518
昌平城区	14056	16065	19539	18426
昌平城区南侧	17200	13486	14607	16812
城铁十三号线周边	21471	26180	24340	24083
椿树、广内	34645	36703	47839	39955
崔各庄、孙河	67631	58121	49409	50569
大兴城区	17883	19493	19692	18354
大兴东部	8196	8983	7946	7684
大兴南部	11614	12791	13942	14692
定福庄、管庄	18647	18587	19966	21856
定慧寺	35263	36581	37050	
东八里庄、青年路	32304	37916	41922	44225
东坝	22666	20056	24687	27251
东北二环内	91523	93198		93899
东南三至四环	31337	37161	39706	40631
东外、朝外	52479	25054	58351	
房山南部	8855	8948	8459	9058
丰台镇	28553	28580	30024	35248
怀柔城区	15239	13270	14587	14418
怀柔城区周边	10991	12485	11446	14709
机场地区	18005	16955	14928	20697
旧宫亦庄地区	21324	20441	22926	24271
良乡	14906	13533	14857	13804
柳芳、左家庄	38770	41395	39932	40000
六里桥	32357	32478		
鲁谷、八宝山、老山	25714	22361		
门头沟城区周边	25405	21579	15275	19440
密云城区	9454	8793	9045	9168
密云城区周边	15923	14503	14070	13899
苹果园、八角、金顶街	15813	13966	17882	17374
清河	29206	33173	29056	31817

续表附表 22

监测区域	1 季度	2 季度	3 季度	4 季度
双井	49941	52017	53985	50148
顺义城区	11946	13826	15445	13854
顺义东北部	8174	8572	8967	9413
顺义东南部	12789	12040		
顺义西北部	13311	12054	13974	14714
四惠、甘露园	20812	21176	20995	19094
太阳宫	61589	48073	49154	52392
陶然亭、白纸坊	32707	34848	41323	46817
通州城区	15988	15686	16679	17127
通州东北部	24922	24934	19915	30270
通州西南部	14483	14345	15237	15066
望京、酒仙桥	38524	35559	32275	37954
温榆河周边	17541	18724	17895	19211
五里坨等其他地区	18537	18709	20372	20458
西北旺	35992	37143	31861	35653
西三旗	26221	26794	26057	26356
新发地	36225	33024	34226	34740
学院路	45069	41074		
延庆城区	5284	9849	10621	9716
燕山地区	10205		10860	10543
姚家园	47839	46452	41403	33917
亦庄	22901	22068	22210	26050
永外、方庄	38235	35666	32831	34858
长辛店	13576	15382	17017	18255
长阳	14233	14325	14952	15375
奥运场馆周边		52360	53454	63693
菜户营、西罗园		30064	20182	
东南四至五环		26569		
京石高速三四环沿线		31437	31068	
平谷城区		10140	7657	12882
广外			37287	38807
花市、前门			41938	43299
梅市口路			17999	17788
京周路周边				23698
杏石口路				35234

续表附表 22

监测区域	1 季度	2 季度	3 季度	4 季度
亚运村				45942
羊坊店、五棵松				36278
亦庄镇				23251

附表 23　2012 年二手房销售均价（分区域，分季度）

单位：元/平方米

序号		2012 年 1 季度	2012 年 2 季度	2012 年 3 季度	2012 年 4 季度
1	昌平				
2	回龙观镇	16483	17723	19137	19882
3	东小口镇	15243	15958	16894	17476
4	温榆河周边地区	14351	14960	15796	16597
5	朝阳				
6	来广营、清河营	27237	27,417	27547	27377
7	机场高速五环外沿线	14869	15444	16503	18500
8	北苑	21138	22212	24108	25624
9	奥运场馆周边	25740	27286	28838	31453
10	亚运村	26320	28509	29959	33276
11	望京、酒仙桥	23579	24930	27365	29050
12	太阳宫	31150	33465	33705	36946
13	柳芳、左家庄	30669	32726	33977	33447
14	CBD	29716	31629	34039	35671
15	朝阳公园	26839	27501	30428	32369
16	东八里庄、青年路	22580	24379	26856	27697
17	四惠、甘露园	21875	23915	26533	27200
18	东坝	17855	19642	21233	22683
19	定福庄、管庄	16513	18031	19934	21230
20	双桥农场	16558	17836	17840	18046
21	双井	29305	32575	34495	35582
22	劲松	22134	24310	26006	28310
23	东南三至四环	24952	26271	27763	25085
24	松榆、磨房	24556	27235	27640	30427
25	东南四至五环沿线	22328	23343	24384	25862
26	豆各庄、黑庄户	17613	18440	19735	20274
27	大兴				
28	西红门	14172	15270	16803	17705
29	旧宫	15020	16035	17551	19054
30	大兴城区	13778	14171	15815	16809

续表附表23

序号		2012年1季度	2012年2季度	2012年3季度	2012年4季度
31	东城				
32	安定门外	32354	33197	35570	39753
33	东直门外	30361	32234	34108	36862
34	东北二环内	34641	37329	41723	44734
35	花市、前门	31251	34789	35137	36412
36	天坛、龙潭、体育馆路	28223	31194	33176	36440
37	永外	24195	25100	26824	29397
38	丰台				
39	方庄	23708	24948	27149	28706
40	菜户营、西罗园	22735	23679	25677	28075
41	六里桥	24052	26622	29645	29700
42	京石高速三四环沿线	24502	25153	25837	27632
43	梅市口路	21904	24147	25460	27756
44	丰台镇	20533	21584	23483	25265
45	马家堡、西马场	22111	23140	24870	26950
46	刘家窑、大红门	20447	22378	24018	25620
47	南苑	16554	17642	19747	20365
48	新发地	16884	18315	19493	20253
49	世界公园、宛平	16965	17599	18990	20435
50	海淀				
51	西三旗	20604	22303	25111	26623
52	清河	21547	23269	26142	27137
53	上地	29615	29777	31207	31667
54	马连洼	29141	29361	30599	34491
55	西北旺	27369	30038	30097	30521
56	圆明园、颐和园	29283	30613	32557	33082
57	杏石口路	28115	31167	33009	33826
58	学清路	28100	30150	30517	33962
59	学院路	30729	33286	37795	39805
60	万柳	38114	40499	40960	45525
61	中关村	35651	34931	36340	41676
62	北太平庄	31216	34655	36333	40416
63	紫竹院、甘家口	35218	37168	37491	42082
64	羊坊店、五棵松	29535	31448	34289	35615
65	定慧寺	29134	30701	31630	35495

续表附表 23

序号		2012 年 1 季度	2012 年 2 季度	2012 年 3 季度	2012 年 4 季度
66	永定路	24537	26511	30139	31829
67	开发区				
68	亦庄	16971	17968	18345	19368
71	石景山				
72	鲁谷、八宝山、老山	22842	23738	26341	28259
73	苹果园、八角、金顶街	19355	20712	22006	23345
74	顺义				
75	胜利、光明、石园	12136	12384	13722	14826
76	后沙峪、天竺	16535	16662	16681	16812
77	马坡、牛栏山、高丽营	11381	12010	12393	13053
78	顺义东南部	11148	11735	12380	12585
79	通州				
80	新华、中仓、永顺	12665	13693	14773	15382
81	通州北苑、玉桥、梨园	14228	14789	15917	16723
82	马驹桥、台湖	11854	12316	13064	13868
84	西城				
85	新街口、什刹海	36785	39986	41327	44473
86	金融街	45500	47710	49526	51861
87	德胜门外	34534	36439	41339	46593
88	展览路、月坛	35978	38743	41038	45896
89	大栅栏、广内	32818	33942	34802	36856
90	陶然亭、白纸坊	27561	29067	30738	35509
91	广外	25514	27871	28242	32349

附表24　2012年住房租赁成交价格（分区域，分季度）

单位：元/（平方米·月）

序号		2012年1季度	2012年2季度	2012年3季度	2012年4季度
1	昌平				
2	回龙观镇	32	35	38	38
3	东小口镇	32	35	38	37
4	温榆河周边地区	27	28	31	30
5	朝阳				
7	来广营、清河营	45	49	53	52
8	机场高速五环外沿线	35	37	39	40
9	北苑	47	50	52	51
10	奥运场馆周边	56	60	62	63
11	亚运村	56	61	65	64
12	望京、酒仙桥	55	59	62	60
13	太阳宫	65	69	72	71
14	柳芳、左家庄	58	64	69	66
15	CBD	64	70	72	69
16	朝阳公园	61	64	67	66
17	东八里庄、青年路	52	54	56	55
18	四惠、甘露园	52	57	59	59
19	东坝	32	33	36	35
20	定福庄、管庄	37	38	40	40
22	双井	64	70	72	73
24	东南三至四环	51	51	53	53
23	劲松	52	55	57	55
25	松榆、磨房	52	56	57	57
26	东南四至五环沿线	42	42	44	44
21	双桥农场	28	30	32	31
27	豆各庄、黑庄户	28	30	33	33
28	大兴				
29	西红门	28	30	32	33
30	旧宫	30	32	34	33
31	大兴城区	30	32	33	35

续表附表 24

序号		2012 年 1 季度	2012 年 2 季度	2012 年 3 季度	2012 年 4 季度
32	东城				
33	安定门外	61	65	68	68
34	东直门外	65	71	74	73
35	东北二环内	65	71	74	73
36	花市、前门	59	64	69	68
37	天坛、龙潭、体育馆路	55	60	65	63
38	永外	49	51	52	49
39	丰台				
40	方庄	49	53	56	55
41	菜户营、西罗园	45	49	51	51
42	六里桥	45	49	52	51
43	京石高速三四环沿线	40	44	46	45
44	梅市口路	40	44	46	45
45	丰台镇	36	39	43	43
50	世界公园、宛平	36	39	39	38
46	马家堡、西马场	46	47	50	49
47	刘家窑、大红门	46	47	51	50
48	南苑	37	39	40	41
49	新发地	37	38	39	41
51	海淀				
52	西三旗	40	44	46	45
53	清河	40	44	48	47
54	上地	50	54	58	60
55	马连洼	50	54	59	54
56	西北旺	38	41	44	44
57	圆明园、颐和园				
58	杏石口路	45	49	51	50
59	学清路	51	56	62	61
60	学院路	60	65	67	67
61	万柳	66	72	72	73
62	中关村	66	72	76	75
63	北太平庄	60	66	67	66
64	紫竹院、甘家口	60	66	69	69
65	羊坊店、五棵松	55	59	63	61
66	定慧寺	55	58	62	63

续表附表 24

序号		2012 年 1 季度	2012 年 2 季度	2012 年 3 季度	2012 年 4 季度
67	永定路	46	49	53	53
68	**开发区**				
69	亦庄	35	38	40	39
70	**门头沟**				
71	大峪、龙泉、城子	30	32	33	33
72	**石景山**				
73	鲁谷、八宝山、老山	45	48	52	49
74	苹果园、八角、金顶街	40	43	44	43
75	**顺义**				
76	胜利、光明、石园	23	25	26	27
77	后沙峪、天竺	30	31	34	34
78	**通州**				
79	新华、中仓、永顺	27	29	29	26
80	通州北苑、玉桥、梨园	27	29	31	31
81	马驹桥、台湖	25	27	27	27
82	宋庄、潞城	23	23	25	24
83	**西城**				
84	新街口、什刹海	69	75	75	74
85	金融街	78	85	85	85
86	德胜门外	61	67	70	70
87	展览路、月坛	66	71	75	74
88	大栅栏、广内	60	65	65	65
89	陶然亭、白纸坊	53	57	60	59
90	广外	54	54	57	55

附表25　2012年房地产开发企业名录（三级以上）

资质证书编号	企业名称	批准从业时间	注册资金	币种单位	资质等级
1. 东城区					
建开企[2000]011号	北京首都开发股份有限公司	1993-8-31	114975	万元	一级
建开企[2010]977号	北京国瑞兴业地产股份有限公司	2002-3-12	121800	万元	一级
京建开[2005]515号	北京天鸿房地产开发有限责任公司	2003-5-16	16587	万元	一级
建开企[2002]312号	华纺房地产开发公司	1993-5-6	6000	万元	一级
建开企[2001]187号	北京正阳恒瑞置业公司	1985-12-24	6580	万元	一级
建开企[2009]892号	泛海建设集团股份有限公司	1989-5-9	455731	万元	一级
建开企[2007]614号	中冶置业集团有限公司	2001-9-5	214080	万元	一级
DC-A-0550	北京崇文新世界房地产发展有限公司	1993-8-1	22540	万元	二级
DC-B-0149	北京凯恒房地产有限公司	1995-6-30	1200	万美元	二级
DC-A-5056	中色发展投资有限公司	2006-9-14	10000	万元	二级
DC-A-7401	北京金隅股份有限公司	2009-9-17	428374	万元	二级
DC-A-0054	北京京铁房地产开发公司	1992-12-1	11473	万元	二级
DC-A-X0015	北京天街控股集团有限公司	2004-10-1	79412	万元	三级
DC-A-0033	北京东方康泰房地产开发经营有限责任公司	1995-1-10	13780	万元	三级
CW-A-7209	北京和达创建置业有限公司	2002-7-29	5000	万元	三级
2. 西城区					
建开企[2001]165号	北京城市开发集团有限责任公司	1980-9-28	300000	万元	一级
建开企[2010]929号	北京兆泰置地(集团)股份有限公司	1992-1-1	70000	万元	一级
建开企[2001]186号	北京广安置业投资公司	1981-4-30	140000	万元	一级
建开企[2001]185号	华润置地(北京)股份有限公司	1994-12-16	130000	万元	一级
建开企[2001]178号	北京金隅大成开发有限公司	2000-10-19	150000	万元	一级
建开企[2001]184号	北京天恒房地产股份有限公司	2001-8-16	13000	万元	一级
建开企[2001]176号	北京城建房地产开发有限公司	1985-3-4	30000	万元	一级
建开企[2011]1069号	中国新型房屋总公司	2011-6-10	5509	万元	一级
建开企[2005]483号	金融街控股股份有限公司	2000-12-15	302708	万元	一级
建开企[2009]870号	北京市华远置业有限公司	2002-5-1	100000	万元	一级
建开企[2009]871号	京能置业股份有限公司	2002-7-15	45288	万元	一级
建开企[2001]177号	北京建工集团有限责任公司	1999-9-28	79407	万元	一级
建开企[2008]739号	茂华控股集团有限公司	1997-3-12	10000	万元	一级
XC-A-0432	北京裕昌置业股份有限公司	2001-9-17	5825	万元	二级
XW-A-5306	北京中信房地产有限公司	2002-12-1	5000	万元	二级

续表附表 25

资质证书编号	企业名称	批准从业时间	注册资金	币种单位	资质等级
XC-A-X0034	金融街(北京)置业有限公司	2006-5-17	45000	万元	二级
XC-A-0231	北京德胜投资有限责任公司	2000-7-1	5000	万元	二级
XC-A-6142	北京中建恒基建设投资有限公司	2002-12-1	3000	万元	二级
XC-A-X0116	北京国际建设集团有限公司	1993-1-20	6000	万元	二级
XC-A-0371	新华房地产开发公司	1992-12-16	5000	万元	二级
XC-A-6167	北京金隅置业有限公司	2009-3-20	5000	万元	二级
XC-A-0413	北京世纪鸿房地产开发有限责任公司	2000-8-18	18958	万元	二级
XC-A-0409	北京永同昌房地产开发有限公司	2003-2-20	30000	万元	二级
XW-A-0418	北京中实恒业房地产开发有限责任公司	1996-3-1	20000	万元	二级
XW-A-5304	恒迅科创(北京)置业有限公司	2002-7-1	5000	万元	二级
XW-A-0468	壹瓶房地产开发(北京)有限公司	1999-10-1	6000	万元	二级
XC-A-0304	北京安福房地产开发有限公司	2004-12-7	40000	万元	三级
XC-A-0233	北京西环置业有限公司	1992-12-1	45000	万元	三级
XW-A-0492	北京盛邦基业房地产开发有限公司	2003-11-1	5500	万元	三级
XC-A-0297	北京天创世缘房地产开发有限公司	2001-9-1	6000	万元	三级
XC-A-0241	北京荟宏房地产开发有限责任公司	1997-1-1	6000	万元	三级
XC-A-0230	北京市兴地房地产经营开发公司	1993-2-25	2000	万元	三级
XW-A-0416	北京市天叶房地产开发公司	2001-1-1	2000	万元	三级
XW-A-0443	北京军华房地产开发有限公司	2001-4-1	9167	万元	三级
XW-A-0474	北京房开置业股份有限公司	1992-12-16	5000	万元	三级
XW-A-0438	北京科林房地产开发有限公司	2000-12-1	3000	万元	三级
XW-A-5343	北京轻工房地产开发有限公司	2002-8-20	10000	万元	三级
XW-A-0411	北京中融物产有限责任公司	1995-1-1	6000	万元	三级
3. 海淀区					
建开企[2001]173 号	中国城乡建设发展总公司	1994-5-8	5179	万元	一级
建开企[2007]645 号	北京宝晟住房股份有限公司	1995-11-1	93677	万元	一级
建开企[2007]648 号	北京城建投资发展股份有限公司	1998-12-30	88920	万元	一级
建开企[2007]651 号	中国水电建设集团房地产有限公司	1999-7-8	100000	万元	一级
建开企[2007]685 号	北京金源鸿大房地产有限公司	1999-9-1	5000	万元	一级
建开企[2001]180 号	北京高校房地产开发总公司	1993-1-30	10000	万元	一级
建开企[2005]457 号	北京威凯建设发展有限责任公司	1993-1-8	50000	万元	一级
建开企[2002]346 号	北京城建兴华地产有限公司	1991-6-29	65000	万元	一级
建开企[2008]770 号	北京科技园建设(集团)股份有限公司	1999-11-18	130000	万元	一级
建开企[2005]505 号	北京万通地产股份有限公司	1998-12-30	121680	万元	一级

续表附表 25

资质证书编号	企业名称	批准从业时间	注册资金	币种单位	资质等级
建开企[2001]283 号	华通置业有限公司	1997-8-18	5000	万元	一级
建开企[2012]1178 号	北京亿城山水房地产开发有限公司	2006-3-22	10000	万元	一级
HD-A-5472	中国新兴置业公司	1993-12-1	10888	万元	二级
HD-A-0992	北京海开房地产集团有限责任公司	1989-7-1	40000	万元	二级
HD-A-7702	北京市云建房地产开发有限责任公司	2002-2-6	6000	万元	二级
HD-A-1073	北京中关村科学城建设股份有限公司	2002-5-1	128000	万元	二级
HD-A-5417	北京融创恒基地产有限公司	2005-6-23	10000	万元	二级
HD-A-6508	北京科技园置地有限公司	2000-11-10	10000	万元	二级
HD-A-1032	北京实创房地产开发公司	2000-12-1	9180	万元	二级
HD-A-1001	融科智地房地产股份有限公司	2001-8-1	27000	万元	二级
HD-A-3825	北京中坤长业房地产开发有限公司	2003-3-1	10000	万元	二级
HD-A-5436	北京三元嘉业房地产开发有限公司	2005-9-2	5000	万元	二级
HD-A-7735	北京理想产业发展有限公司	2011-1-31	3210	万元	二级
HD-A-6562	北京中凯置业有限公司	2010-2-11	10000	万元	二级
HD-A-1000	北京德成兴业房地产开发有限公司	2004-10-21	20000	万元	二级
HD-A-7744	北京市保障性住房建设投资中心	2012-7-16	1000000	万元	二级
HD-A-0980	北京德成置地房地产开发有限公司	2004-10-1	10000	万元	二级
HD-B-0957	中海宏洋地产集团有限公司	2002-11-1	13300	万元	二级
HD-A-5498	中铁六局集团北京置业有限公司	2006-7-12	3000	万元	三级
HD-A-6569	北京绿宸房地产开发有限公司	2008-12-15	5199	万元	三级
HD-A-6521	北京西山产业投资有限公司	2007-1-19	5000	万元	三级
HD-B-1098	北京海天房地产开发有限公司	2002-12-1	48265	万元	三级
HD-A-0932	北京锦绣大地房地产开发有限公司	1999-8-1	8000	万元	三级
HD-A-1074	北京科技园置业股份有限公司	2002-7-1	20000	万元	三级
HD-A-6526	北京中基宏源房地产开发有限公司	2007-3-27	6000	万元	三级
HD-A-0923	北京中物信和房地产开发有限公司	1992-12-1	2000	万元	三级
HD-A-3856	北京中冠房地产开发有限公司	2000-4-1	15000	万元	三级
HD-A-0925	北京安地房地产开发有限责任公司	1995-3-28	5000	万元	三级
HD-A-1045	北京京师大房地产开发有限责任公司	2001-10-1	3000	万元	三级
HD-A-3876	北京五棵松文化体育中心有限公司	2004-9-6	60000	万元	三级
HD-A-0954	北京市安达房地产开发公司	1993-5-24	2200	万元	三级
HD-A-0905	北京同方房地产开发有限公司	1999-9-1	5000	万元	三级
HD-A-5437	北京嘉润鸿达置业有限公司	2005-8-1	6800	万元	三级
HD-A-5427	北京实创环保发展有限公司	2010-7-28	10000	万元	三级

续表附表 25

资质证书编号	企业名称	批准从业时间	注册资金	币种单位	资质等级
HD-A-3830	北京象地房地产开发有限公司	2003-10-1	26000	万元	三级
HD-A-6536	中矿宏业(北京)房地产开发有限公司	2007-8-8	10000	万元	三级
HD-A-6559	北京新城时代房地产开发有限公司	2008-6-2	3000	万元	三级
4.朝阳区					
建开企[2003]381 号	北京北辰实业股份有限公司	1998-10-9	336702	万元	一级
建开企[2010]915 号	北京嘉源置业投资有限公司	2003-2-20	7000	万元	一级
建开企[2010]931 号	国奥投资发展有限公司	2005-4-13	140000	万元	一级
建开企[2010]953 号	北京奥林匹克置业投资有限公司	2004-9-1	20000	万元	一级
建开企[2010]955 号	中建国际发展股份有限公司	2005-7-4	30000	万元	一级
建开企[2007]676 号	北京万方源房地产开发有限公司	2000-11-16	25000	万元	一级
建开企[2007]675 号	北京富力城房地产开发有限公司	2002-4-24	139478	万元	一级
建开企[2011]1141 号	北京冠城正业房地产开发有限公司	2002-12-1	20000	万元	一级
建开企[2004]452 号	北京金隅嘉业房地产开发有限公司	1996-4-5	200000	万元	一级
建开企[2007]730 号	中信房地产股份有限公司	1986-9-25	679000	万元	一级
建开企[2001]175 号	北京住总房地产开发有限责任公司	2004-12-31	37979	万元	一级
建开企[2011]1068 号	北京嘉益德房地产开发有限公司	2002-2-1	5000	万元	一级
建开企[2011]1098 号	北京金远房地产开发集团有限公司	2005-6-28	5000	万元	一级
建开企[2011]1142 号	北京润泽庄苑房地产开发有限公司	2001-3-1	33000	万元	一级
建开企[2002]360 号	亚太房地产开发集团股份有限公司	1998-5-25	12000	万元	一级
建开企[2006]537 号	华瀚投资集团有限公司	2000-7-10	9000	万元	一级
建开企[2001]167 号	远洋地产有限公司	1993-6-12	636824	万元	一级
CY-A-0811	北京京通天泰房地产开发有限公司	2000-8-1	5000	万元	二级
CY-A-0844	北京大洋房地产开发有限公司	2000-9-1	3000	万元	二级
CY-B-0722	北京香江兴利房地产开发有限公司	2001-3-20	24000	万元	二级
CY-A-0717	北京新天朝来房地产开发有限公司	2002-1-1	40000	万元	二级
CY-A-3760	北京硕和房地产开发有限公司	2005-6-17	10000	万元	二级
CY-A-0795	北京世纪华侨城实业有限公司	2002-7-1	18093	万元	二级
CY-A-X0084	北京信远置业有限公司	2002-8-1	10000	万元	二级
CY-A-0856	北京博成房地产有限公司	2002-10-1	10000	万元	二级
CY-B-0701	棕榈泉置业有限公司	2000-8-1	1200	万美元	二级
CY-A-7079	北京房地集团有限公司	2008-9-23	20000	万元	二级
CY-B-3780	北京东环望京房地产有限公司	2004-9-21	1200	万美元	二级
CY-A-3782	北京世博宏业房地产开发有限公司	2005-8-19	5000	万元	二级

续表附表 25

资质证书编号	企业名称	批准从业时间	注册资金	币种单位	资质等级
CY-A-3622	北京天运房地产综合开发经营有限责任公司	2003-8-1	3000	万元	二级
CY-A-6006	北京首城置业有限公司	2007-4-1	10000	万元	二级
CY-B-0863	北京合生北方房地产开发有限公司	2002-6-25	22058	万元	二级
CY-A-5928	北京新安能置业有限公司	2006-3-1	8000	万元	二级
CY-A-X0603	北京东方信远房地产开发有限公司	2008-4-22	17280	万元	二级
CY-A-6075	北京天鸿置业有限公司	2008-3-24	119080	万元	二级
CY-A-5941	北京国际商务中心区开发建设有限公司	2006-6-29	20000	万元	二级
CY-A-3642	北京中联置地房地产开发有限公司	2003-11-1	56000	万元	二级
CY-A-7036	北京房地置业发展有限公司	2008-10-27	5000	万元	二级
CY-A-3635	北京冠城新泰房地产开发有限公司	2003-9-1	30000	万元	二级
CY-A-5971	北京首开天成房地产开发有限公司	2006-10-30	10000	万元	二级
CY-A-7016	北京财富时代置业有限公司	2005-6-20	101000	万元	二级
CY-A-0703	北京电子城有限责任公司	1994-10-1	11000	万元	二级
CY-A-0739	北京市朝阳城市建设综合开发公司	2004-12-31	30000	万元	二级
CY-A-3796	北京新奥集团有限公司	2005-10-25	50000	万元	二级
CY-A-5914	北京京茂房地产开发有限公司	2008-12-8	8000	万元	二级
CY-A-7043	北京市基础设施投资有限公司（原北京地铁集团有限责任公司）	2006-8-30	6280867	万元	二级
CY-A-3740	北京江南投资集团有限公司	2005-3-1	50000	万元	二级
CY-A-5949	北京住总集团有限责任公司	2006-8-30	100000	万元	二级
CY-A-0624	北京华恩房地产开发有限公司	2000-10-1	3000	万元	三级
CY-A-5933	北京山水居房地产开发有限公司	2004-7-1	5000	万元	三级
CY-A-0716	北京柏宏房地产开发有限公司	2007-1-24	3000	万元	三级
CY-A-0790	北京天翌房地产开发有限责任公司	2007-6-8	5000	万元	三级
CY-A-0614	北京新华联恒业房地产开发有限公司	2006-12-22	6000	万元	三级
CY-A-0850	北京麒麟房地产开发有限责任公司	2002-9-9	10000	万元	三级
CY-A-0899	北京中关村电子城建设有限公司	2003-4-1	84000	万元	三级
CY-A-3694	北京特尔特置业有限公司	1995-1-1	15320	万元	三级
CY-B-0862	北京合生愉景房地产开发有限公司	2002-11-1	16576	万元	三级
CY-A-7015	富力（北京）地产开发有限公司	2004-1-1	10000	万元	三级
CY-A-6041	北京华松房地产开发有限责任公司	2000-9-1	6050	万元	三级
CY-A-0663	北京优孚房地产开发有限公司	2001-8-1	5000	万元	三级
CY-A-0623	北京朝来绿色家园房地产开发有限公司	2001-4-1	5000	万元	三级

续表附表25

资质证书编号	企业名称	批准从业时间	注册资金	币种单位	资质等级
CY-B-0829	北京合生绿洲房地产开发有限公司	2002-8-1	46337	万元	三级
CY-A-0870	北京方晟房地产开发有限责任公司	2002-12-9	4000	万元	三级
CY-A-5945	北京高盛华房地产开发有限公司	2007-9-24	33000	万元	三级
CY-A-3710	北京浙金都房地产开发有限公司	2004-9-1	6500	万元	三级
CY-A-5909	北京翔鸣房地产开发有限公司	2001-8-1	2000	万元	三级
CY-B-0780	北京太平洋城房地产开发有限公司	2002-7-1	1200	万美元	三级
CY-B-5921	北京京汇房地产开发有限公司	2004-9-14	10000	万元	三级
CY-A-0719	北京市绿化隔离地区基础设施开发建设有限公司	2002-8-1	39000	万元	三级
CY-B-5943	北京新松房地产开发有限公司	2004-9-6	19000	万元	三级
CY-A-6039	北京市双建房地产开发有限公司	2004-9-1	4500	万元	三级
CY-A-0810	北京柏基置业有限公司	2002-11-1	5000	万元	三级
CY-A-3617	北京太阳宫房地产开发有限公司	2001-8-8	6000	万元	三级
CY-A-6055	北京华贸奥苑房地产开发有限公司	2008-1-29	35000	万元	三级
CY-A-0601	首创朝阳房地产发展有限公司	2001-3-1	64000	万元	三级
CY-A-5927	北京市朝阳万科房地产开发有限公司	2006-5-11	20000	万元	三级
CY-A-6040	北京国隆置业有限公司	2004-3-1	10000	万元	三级
CY-A-5924	北京东方瑞平房地产开发有限公司	2008-8-1	5000	万元	三级
CY-A-0643	北京旭日房地产开发有限责任公司	1995-11-1	3000	万元	三级
CY-A-7020	北京鑫丰物业发展有限公司	1994-12-1	64660	万元	三级
CY-A-0854	北京兆通置地房地产股份有限公司	2002-12-1	10000	万元	三级
CY-A-5937	北京天伦房地产有限公司	1994-3-1	18000	万元	三级
CY-A-X0511	北京利星房地产开发有限公司	2006-8-4	21641	万元	三级
CY-A-6093	北京建工置地有限责任公司	2008-12-5	10000	万元	三级
CY-A-0669	北京昆泰房地产开发集团有限公司	2008-12-5	10080	万元	三级
CY-A-0853	山水文园凯亚房地产开发有限公司	2001-3-1	7000	万元	三级
CY-A-3774	北京丽富房地产开发有限公司	2005-7-22	10000	万元	三级
CY-A-6070	北京春光置地房地产开发有限公司	2008-3-10	6000	万元	三级
CY-A-5979	北京政泉控股有限公司	2002-2-1	40000	万元	三级
CY-A-0857	民福置业集团有限公司	2007-2-14	7800	万元	三级
CY-A-7019	北京建工四建房地产开发有限公司	2009-1-9	6000	万元	三级
5. 丰台区					
建开企[2010]914号	北京玺萌置业有限公司	2001-11-1	30000	万元	一级
建开企[2007]653号	北京懋源房屋开发有限公司	2000-9-12	6000	万元	一级

续表附表 25

资质证书编号	企业名称	批准从业时间	注册资金	币种单位	资质等级
建开企[2007]654 号	北京金泰房地产开发有限责任公司	1998-12-2	100000	万元	一级
建开企[2007]687 号	中铁置业集团有限公司	2007-2-14	210000	万元	一级
建开企[2007]686 号	北京万年花城房地产开发有限责任公司	2003-3-13	17500	万元	一级
建开企[2001]190 号	北京市丰台区城市建设综合开发公司	1987-10-5	5000	万元	一级
建开企[2008]809 号	北京中筑置业有限公司	2002-3-1	5000	万元	一级
FT-A-4033	北京新鸿基盛城置业集团有限公司	2004-1-1	28000	万元	二级
FT-B-4010	北京中关村丰台园道丰科技商务园建设发展有限公司	2003-5-1	855	万美元	二级
FT-A-4016	中铁华丰(北京)房地产开发有限公司	2003-7-1	10000	万元	二级
FT-A-4035	泛华建设集团有限公司	2000-4-1	30000	万元	二级
FT-A-6225	北京富通基业房地产有限责任公司	1995-3-1	3000	万元	二级
FT-A-4095	北京恒政通房地产开发管理有限责任公司	2005-12-27	5000	万元	二级
FT-A-4083	北京国美商都建设开发有限公司	2005-7-20	5000	万元	二级
FT-A-1110	北京润通房地产开发有限责任公司	2001-4-1	3000	万元	二级
FT-A-1123	北京市丰台区鸿华房地产开发经营公司	1993-5-1	3000	万元	二级
FT-A-1130	北京市永联房地产开发有限责任公司	1996-4-1	3060	万元	二级
FT-A-1131	华凯投资集团有限公司	1996-5-1	19000	万元	二级
FT-A-6206	北京首开亿信置业股份有限公司	1999-12-28	32000	万元	二级
FT-A-4062	北京鹏睿房地产开发有限公司	2004-12-1	5000	万元	二级
FT-A-1183	北京南官恒业房地产开发有限公司	2001-3-1	3000	万元	二级
FT-A-4094	北京金鹏苑房地产开发有限公司	2005-12-27	10000	万元	二级
FT-A-4072	北京金兰甫房地产开发有限公司	2001-5-1	10000	万元	三级
FT-A-4027	北京京大昆仑房地产开发有限公司	2001-9-1	5950	万元	三级
FT-A-1178	北京恒旭房地产开发有限公司	2000-11-1	5000	万元	三级
FT-A-6254	北京中建地产有限责任公司	2008-1-3	5000	万元	三级
FT-A-4069	北京永翌置业有限公司	2005-3-1	2000	万元	三级
FT-A-1113	北京世纪景房地产开发有限公司	2003-2-20	3000	万元	三级
FT-A-1122	中建一局集团房地产开发有限公司	1993-6-1	10000	万元	三级
FT-A-4005	北京丰泰新房地产开发有限责任公司	1999-12-1	2100	万元	三级
FT-A-4023	北京匠心置业有限公司	2003-10-1	4450	万元	三级
FT-A-1173	北京绿洲园房地产开发有限责任公司	2000-9-1	4000	万元	三级
FT-A-1106	北京丰台科技园建设发展有限公司	2001-3-1	50000	万元	三级
FT-A-1117	北京市新时特房地产开发有限公司	1995-9-5	3000	万元	三级
FT-A-4063	北京寅丰房地产开发有限责任公司	2006-5-19	10000	万元	三级

续表附表25

资质证书编号	企业名称	批准从业时间	注册资金	币种单位	资质等级
FT-A-1119	北京创世愿景房地产开发有限公司	2002-10-1	5000	万元	三级
6.石景山区					
建开企[2007]694号	北京首钢房地产开发有限公司	1998-9-28	60000	万元	一级
建开企[2007]729号	中国铁建房地产集团有限公司	2007-4-20	700000	万元	一级
建开企[2001]191号	北京石开房地产开发有限公司	1987-11-3	40000	万元	一级
建开企[2007]808号	京汉置业集团股份有限公司	2000-12-1	35000	万元	一级
SJ-A-1207	北京八大处房地产开发有限公司	2000-8-1	4900	万元	二级
SJ-A-6346	北京京奥港房地产开发有限责任公司	2003-6-18	39800	万元	二级
SJ-A-1202	北京实兴腾飞置业发展公司	2000-8-1	6000	万元	二级
SJ-A-1227	中昂地产(集团)有限公司	2004-1-12	58200	万元	二级
SJ-A-1217	北京物美置地房地产开发有限公司	2002-4-23	26000	万元	三级
SJ-A-6343	北方万坤置业有限公司	2005-6-20	46000	万元	三级
7.昌平区					
建开企[2007]615号	北京新龙房地产开发有限公司	2007-1-17	8555	万元	一级
建开企[2002]305号	顺天通房地产开发集团有限公司	2002-2-6	23000	万元	一级
建开企[2007]693号	北京中联亚房地产开发有限公司	2001-11-26	5000	万元	一级
建开企[2010]978号	北京罗顿沙河建设发展有限公司	2001-12-1	30000	万元	一级
建开企[2012]1179号	北京佰嘉置业集团有限公司	2002-11-1	10000	万元	一级
CP-A-2149	北京时光房地产开发有限公司	2003-12-5	5500	万元	二级
CP-A-2132	北京铭嘉房地产开发有限公司	2003-6-1	5000	万元	二级
CP-A-2057	纳帕地产开发集团有限公司	2001-8-1	10000	万元	二级
CP-A-2107	北京新领域房地产开发有限公司	2001-8-1	10000	万元	二级
CP-A-2002	北京市昌平房地产开发总公司	1987-3-1	3016	万元	二级
CP-A-2232	招商局嘉铭(北京)房地产开发有限公司	2008-5-7	35000	万元	二级
CP-A-2059	北京正宏置业集团有限公司	2008-1-22	26999	万元	二级
CP-A-2097	北京百环房地产实业有限公司	1998-11-17	11000	万元	二级
CP-A-2076	北京昌信回龙园别墅有限公司	2002-3-1	10440	万元	二级
CP-A-2022	北京兆恒房地产开发有限公司	2000-7-1	5600	万元	三级
CP-A-2204	北京兴昌高科技发展总公司	2000-5-23	55000	万元	三级
CP-A-2101	北京鸿安兴业房地产开发有限公司	2002-9-1	2500	万元	三级
CP-A-6719	北京未来科技城开发建设有限公司	2010-11-23	379750	万元	三级
CP-A-2025	北京中关村国际商城发展有限公司	2001-12-12	20500	万元	三级
CP-A-2008	北京市八仙房地产开发有限责任公司	2000-6-1	12000	万元	三级
CP-A-2005	北京法政实业集团有限公司	1999-9-1	20000	万元	三级

续表附表 25

资质证书编号	企业名称	批准从业时间	注册资金	币种单位	资质等级
CP-A-2245	北京城建三房地产开发有限公司	2007-6-18	10000	万元	三级
CP-A-2068	北京天元广建房地产开发有限公司	2001-12-1	2980	万元	三级
8. 顺义区					
建开企[2007]629 号	北京甄氏房地产开发集团有限公司	2000-1-12	7000	万元	一级
建开企[2010]979 号	北京东方太阳城房地产开发有限责任公司	2000-4-20	10000	万元	一级
建开企[2007]725 号	北京仁和日升房地产有限公司	2003-12-31	5000	万元	一级
建开企[2001]194 号	北京市大龙房地产开发有限公司	2005-2-25	80000	万元	一级
建开企[2008]750 号	北京泰福恒投资发展有限公司	2000-12-22	6000	万元	一级
建开企[2011]1030 号	北京顺鑫佳宇房地产开发有限公司	2002-7-1	10000	万元	一级
建开企[2011]1067 号	北京顺义新城建设开发有限公司	2002-9-11	70000	万元	一级
建开企[2006]527 号	北京万科企业有限公司	1994-11-3	200000	万元	一级
建开企[2006]566 号	北京建升房地产开发有限公司	2000-12-19	5000	万元	一级
SY-A-2481	北京空港天恒房地产开发有限公司	2002-9-1	3000	万元	二级
SY-A-2483	北京龙湖置业有限公司	2003-1-1	100000	万元	二级
SY-A-2403	北京天源房地产开发有限公司	2007-4-2	11970	万元	二级
SY-A-4685	北京首都机场房地产有限公司	2001-12-1	9000	万元	二级
SY-A-6412	北京实力房地产开发有限公司	2007-9-13	3000	万元	二级
SY-A-2466	北京宏顺兴房地产开发有限公司	2001-6-1	8000	万元	二级
SY-A-2402	北京市天竺房地产开发公司	1992-12-1	3000	万元	二级
SY-A-6420	首都机场地产集团有限公司		100000	万元	二级
SY-A-6445	北辰正方建设集团有限公司	2007-12-18	15441	万元	二级
SY-A-2410	北京英才房地产开发有限公司	2001-4-1	6999	万元	二级
SY-A-6426	北京龙湖庆华置业有限公司	2007-1-22	50000	万元	三级
SY-A-X0028	北京碧水源房地产开发有限公司	2001-4-1	10000	万元	三级
SY-A-2490	北京大地林肯房地产开发有限公司	2007-1-10	12000	万元	三级
SY-A-4615	北京金房房地产开发有限公司	1999-7-19	3000	万元	三级
SY-A-4618	北京京泰鸿地产开发有限公司	2007-4-11	16000	万元	三级
SY-B-4619	北京丽来房地产开发有限公司	2003-12-1	2990	万美元	三级
SY-A-2475	北京英诚房地产开发有限公司	2003-3-20	5880	万元	三级
SY-A-2498	中国航空集团建设开发有限公司	2003-7-7	46000	万元	三级
SY-A-2404	北京隆华广厦房地产开发有限公司	2000-7-20	5000	万元	三级
SY-A-7915	北京银座合智房地产开发有限公司	2008-8-20	2000	万元	三级
SY-A-4630	华龙置业房地产开发有限公司	2004-2-1	5000	万元	三级
SY-A-4686	北京东君房地产开发有限公司	2003-11-1	56900	万元	三级

续表附表 25

资质证书编号	企业名称	批准从业时间	注册资金	币种单位	资质等级
SY-A-2454	北京新城房地产开发有限公司	1993-2-3	3000	万元	三级
SY-A-2428	北京市裕鑫房地产开发有限公司	2001-5-1	10000	万元	三级
SY-A-4622	北京空港天瑞置业投资有限公司	2005-9-20	2900	万元	三级
SY-A-2424	北京宏城房地产开发有限公司	2003-2-20	3000	万元	三级
SY-A-2463	北京京辰房地产开发有限公司	2000-11-1	3000	万元	三级
9. 怀柔区					
HR-B-4208	首创置业股份有限公司	2002-12-1	202796	万元	二级
HR-A-4209	北京玉泉新城房地产开发有限公司	2003-6-1	18000	万元	二级
HR-A-2937	北京金地兴业房地产有限公司	2001-5-1	18000	万元	三级
HR-A-2818	北京京北鑫民房地产开发有限公司	2006-9-28	2980	万元	三级
HR-A-4207	北京市凯龙房地产开发有限公司	2007-9-24	2050	万元	三级
HR-A-2850	北京山天置业有限公司	2002-9-1	15000	万元	三级
HR-A-4274	北京国融置业有限公司	2003-6-1	6111	万元	三级
HR-B-2985	北京京伯房地产开发有限公司	2000-8-1	800	万美元	三级
HR-A-2803	北京慧友房地产开发有限责任公司	1995-4-1	5000	万元	三级
HR-A-2903	北京远坤房地产开发有限公司	2004-10-9	50000	万元	三级
HR-A-2876	北京银科房地产开发有限公司	2000-9-1	5000	万元	三级
HR-A-4279	北京中鸿房地产开发有限公司	1994-9-11	13000	万元	三级
10. 门头沟区					
MT-A-1626	北京昊泰房地产开发有限公司	2007-4-2	25000	万元	二级
MT-A-1620	北京新兴建业房地产开发有限公司	1999-12-22	6000	万元	二级
MT-A-5265	北京中鑫源房地产开发集团有限公司	2000-5-1	5160	万元	二级
MT-A-1552	北京颐德房地产开发有限公司	2003-2-20	3000	万元	二级
MT-A-1601	北京天平房地产开发经营有限责任公司	2006-12-27	10000	万元	三级
MT-A-5223	华岳原林投资(北京)有限公司	2007-4-2	5000	万元	三级
MT-A-1671	北京市祺洋房地产开发有限责任公司	1995-9-1	2000	万元	三级
MT-A-1559	北京石龙经济开发区投资开发有限公司	2004-6-14	6033	万元	三级
MT-A-5239	北京星宝宏房地产开发有限公司	2008-7-1	10000	万元	三级
11. 通州区					
建开企[2001]192号	北京通州房地产开发有限责任公司	1986-11-19	5000	万元	一级
建开企[2011]1070号	北京新华联置地有限公司	2005-9-29	36346	万元	一级
建开企[2011]1099号	北京珠江房地产开发有限公司	2000-2-1	55000	万元	一级
TZ-A-6907	北京融科卓越房地产开发有限公司	2008-1-31	20000	万元	二级
TZ-A-5727	北京联东金桥置业有限责任公司	2010-3-23	30000	万元	二级

续表附表 25

资质证书编号	企业名称	批准从业时间	注册资金	币种单位	资质等级
TZ-A-4110	北京华成通房地产有限公司	2003-3-1	3100	万元	二级
TZ-B-2298	北京武夷房地产开发有限公司	1993-11-1	500	万美元	二级
TZ-A-2351	北京瑞景房地产开发有限公司	2007-8-28	5000	万元	二级
TZ-A-6904	北京京投置地房地产有限公司	2004-5-12	28000	万元	二级
TZ-A-2328	北京亚通房地产开发有限责任公司	2002-4-1	10000	万元	二级
TZ-A-2363	北京天旭运河房地产开发有限责任公司	1993-1-18	14800	万元	二级
TZ-A-2266	北京新华联伟业房地产有限公司	2008-9-4	14538	万元	二级
TZ-A-6909	北京龙湖时代置业有限公司	2008-2-14	140000	万元	二级
TZ-A-4193	曼城置业(北京)有限公司	2005-3-1	7500	万元	二级
TZ-A-5785	北京东亚新华投资有限公司	2007-9-29	8000	万元	二级
TZ-A-2350	北京顺华房地产开发有限公司	2001-8-1	20000	万元	二级
TZ-A-2356	昊宇房地产开发有限公司	2001-4-19	5000	万元	三级
TZ-A-5726	北京恒盛阳光房地产开发有限公司	2006-1-23	25000	万元	三级
TZ-A-6939	北京紫峰房地产开发有限公司	2000-2-1	10000	万元	三级
TZ-A-5796	北京龙湖中佰置业有限公司	2007-12-19	150000	万元	三级
TZ-A-2290	北京豪光房地产开发有限公司	2001-4-1	4080	万元	三级
TZ-A-2252	北京市民望房地产开发有限责任公司	1995-6-12	5000	万元	三级
TZ-A-2299	北京蓝蔚恒房地产开发有限公司	2002-5-1	2000	万元	三级
TZ-A-2314	北京东安恒新房地产开发有限公司	1999-9-1	5000	万元	三级
TZ-B-5776	北京恒帝隆房地产开发有限公司	2001-4-1	27800	万元	三级
TZ-B-4142	北京卓越房地产开发有限公司	2003-12-1	3000	万元	三级
TZ-A-2359	北京富利华房地产开发有限公司	1999-3-24	3000	万元	三级
TZ-B-5783	北京海港房地产开发有限公司	1994-12-6	110080	万元	三级
TZ-A-2353	北京东杰房地产开发有限公司	2002-7-1	3000	万元	三级
TZ-B-4200	北京泰禾房地产开发有限公司	2003-5-1	5297	万元	三级
TZ-A-2305	北京潞河房地产开发有限公司	1997-4-17	6000	万元	三级
TZ-A-2362	北京盛达兴业房地产开发有限公司	2002-7-1	22880	万元	三级
TZ-A-2254	北京市开原房地产开发有限责任公司	1994-12-6	2000	万元	三级
TZ-A-2325	北京北亚华欣置业有限公司	2001-10-1	39000	万元	三级
TZ-A-2273	北京景欣世纪房地产开发有限公司	2001-6-1	2000	万元	三级
TZ-A-2373	北京古城房地产开发有限公司	2002-7-1	10000	万元	三级
		12. 大兴区			
建开企[2007]660号	北京华润曙光房地产开发有限公司	2000-8-17	18000	万元	一级
建开企[2007]724号	北京春光房地产开发有限公司	2000-12-27	10000	万元	一级

续表附表25

资质证书编号	企业名称	批准从业时间	注册资金	币种单位	资质等级
建开企[2001]193号	北京市大兴城镇建设综合开发集团公司	2004-12-31	6700	万元	一级
建开企[2011]1097号	北京鸿坤伟业房地产开发有限公司	2002-10-1	5000	万元	一级
建开企[2006]589号	和泓置地集团有限公司	2001-3-28	15000	万元	一级
DX-A-1772	北京艺苑房地产开发有限责任公司	2000-1-1	14000	万元	二级
DX-A-1950	北京顺驰置地达兴房地产开发有限公司	2004-1-1	9000	万元	二级
DX-A-5844	北京金融街奕兴置业有限公司	2007-3-19	14000	万元	二级
DX-A-5829	北京合润泰房地产开发有限公司	2006-11-14	3000	万元	二级
DX-A-5815	北京金色时枫房地产开发有限公司	2006-4-21	32000	万元	二级
DX-A-1855	北京军建利司达房地产开发有限公司	2000-1-3	5000	万元	二级
DX-A-7142	北京诚通圣邦房地产开发有限公司	2009-8-17	15000	万元	二级
DX-A-1854	北京银信兴业房地产开发有限公司	2000-6-1	10000	万元	三级
DX-A-1777	北京美晟房地产开发有限责任公司	2005-1-17	10000	万元	三级
DX-A-1984	恒盛合天和信(北京)房地产开发有限公司	2002-2-1	13000	万元	三级
DX-A-1973	北京兴基伟业置业有限公司	2004-9-1	5000	万元	三级
DX-A-1840	北京龙熙房地产开发有限责任公司	1999-11-1	10000	万元	三级
DX-A-1771	北京兴创房地产开发有限公司	2001-4-1	3600	万元	三级
DX-A-1761	北京兴集房地产开发有限公司	1992-8-1	5000	万元	三级
DX-A-1752	北京京南住房开发有限责任公司	2008-8-7	10000	万元	三级
DX-A-1802	北京爱达星房地产开发有限公司	1999-10-1	6000	万元	三级
DX-A-1792	北京鑫起达房地产开发有限责任公司	2001-5-1	5030	万元	三级
DX-A-1879	北京银海房地产开发有限公司	2002-8-1	3000	万元	三级
DX-A-1898	北京中坤锦绣房地产开发有限公司	2001-5-28	3100	万元	三级
DX-A-5811	北京力迅房地产开发有限公司	2007-4-11	5000	万元	三级
DX-A-1845	北京育龙房地产开发有限责任公司	2001-4-1	2000	万元	三级
DX-A-1751	北京兴广厦房地产开发有限责任公司	2000-4-1	3000	万元	三级
13. 延庆县					
YQ-A-3296	北京光辉伟业房地产开发有限公司	2004-3-1	12520	万元	二级
YQ-A-3208	北京京西北房地产开发集团有限公司	2000-4-1	6000	万元	二级
YQ-A-3252	北京龙庆房地产开发有限公司	2002-12-1	4208	万元	二级
YQ-A-3204	北京市广厦房地产开发公司	1998-11-13	3000	万元	二级
YQ-A-3285	北京正华致远房地产投资有限公司	2004-9-28	5000	万元	三级
YQ-A-3255	北京正鹏房地产开发有限公司	2002-5-13	3000	万元	三级
YQ-A-3292	北京宝业恒基投资有限公司	2005-3-29	2000	万元	三级

续表附表 25

资质证书编号	企业名称	批准从业时间	注册资金	币种单位	资质等级
14. 平谷区					
建开企[2003]361 号	北京嘉铭房地产开发有限责任公司	1987-4-1	10000	万元	一级
建开企[2007]683 号	北京金都房地产实业股份有限公司	1996-12-11	6000	万元	一级
建开企[2005]504 号	北京城乡房屋建设开发有限责任公司	1990-12-20	6200	万元	一级
建开企[2008]806 号	北京金第房地产开发有限责任公司	1995-2-1	10000	万元	一级
建开企[2008]805 号	北京嘉轩房地产开发有限公司	2008-11-7	10000	万元	一级
建开企[2008]807 号	北京天润置地房地产开发(集团)有限公司	2000-5-11	30000	万元	一级
建开企[2009]854 号	北京润丰房地产开发有限公司	2001-7-1	30000	万元	一级
PG-A-2616	北京市裕发房地产开集团	1995-2-9	8000	万元	二级
PG-A-2546	北京志远伟业房地产开发有限公司	2001-12-1	3000	万元	二级
PG-A-2629	北京乾元房地产开发有限公司	2002-5-1	3000	万元	二级
PG-A-2554	北京东方依水源房地产开发有限公司	2002-5-1	3000	万元	二级
PG-A-2506	北京强佑房地产开发有限公司	2000-3-1	6000	万元	二级
PG-A-2728	四海捷高(北京)置业有限公司	2001-7-1	5500	万元	二级
PG-A-2540	北京景旭房地产开发有限公司	2002-6-3	5022	万元	二级
PG-A-3406	北京海欣方舟房地产开发有限公司	2004-9-1	3100	万元	二级
PG-A-3401	北京住总正华开发建设集团有限公司	2001-4-1	16000	万元	二级
PG-A-3476	北京庄子天运房地产开发有限公司	2002-9-5	3119	万元	二级
PG-A-3572	北京中弘投资有限公司	2004-7-1	55040	万元	二级
PG-A-3538	北京达义兴业房地产开发有限公司	2003-5-1	5000	万元	二级
PG-A-3554	北京华油房地产开发有限公司	2001-9-1	10000	万元	二级
PG-A-2753	北京林河兴业房地产开发有限公司	2002-6-1	3008	万元	二级
PG-A-2510	北京融利达房地产开发有限公司	2000-8-1	5060	万元	三级
PG-A-2555	北京城建正裕达房地产开发有限公司	2002-2-1	8000	万元	三级
PG-A-5151	北京中弘兴业房地产开发有限公司	2002-12-16	20000	万元	三级
PG-A-2614	融合置地有限公司	2004-9-1	10000	万元	三级
PG-A-2588	北京泰格经济开发公司	1999-4-1	5800	万元	三级
PG-A-2773	北京龙洋房地产开发有限责任公司	2000-4-1	22000	万元	三级
PG-A-5178	北京市东湖房地产有限公司	1994-4-1	6000	万元	三级
PG-A-2702	北京福环房地产开发有限公司	2000-6-6	5800	万元	三级
PG-A-5191	北京倚基土地开发有限公司	2002-6-20	5598	万元	三级
PG-A-5194	中赫置地投资控股有限公司	2006-10-11	5000	万元	三级
15. 房山区					
建开企[2007]628 号	北京集达房地产开发有限公司	1992-6-23	10000	万元	一级

续表附表 25

资质证书编号	企业名称	批准从业时间	注册资金	币种单位	资质等级
建开企[2010]954 号	北京福洲房地产开发有限公司	2000-9-15	5000	万元	一级
建开企[2010]976 号	北京华风腾龙房地产开发有限公司	2001-5-23	15000	万元	一级
建开企[2001]195 号	北京昊远隆基房地产开发总公司	1984-8-24	38000	万元	一级
FS-A-1409	北京中铁华升房地产开发有限责任公司	2002-12-1	100000	万元	二级
FS-A-1508	北京玉亭房地产开发有限公司	2007-4-5	5000	万元	二级
FS-A-1533	北京瑞雪春堂房地产有限公司	2007-3-29	3300	万元	二级
FS-A-1309	北京盛荣房地产开发有限公司	1999-11-1	7600	万元	二级
FS-A-1363	北京森阳房地产开发有限责任公司	2002-1-1	8750	万元	二级
FS-A-1365	北京高盛房地产开发有限公司	2002-1-1	46680	万元	二级
FS-A-1322	北京韩建房地产开发有限公司	1998-1-1	5000	万元	二级
FS-A-1385	北京汇金房地产开发有限公司	2002-1-1	20000	万元	二级
FS-B-1384	北京日兴房地产发展有限公司	2002-6-1	1450	万美元	二级
FS-A-1378	北京市泰华房地产开发集团有限公司	2000-4-27	10000	万元	二级
FS-B-1450	北京锦绣花园投资发展有限公司	2006-12-5	1520	万美元	三级
FS-A-1326	北京永兴达房地产开发有限公司	2000-10-1	5000	万元	三级
FS-B-1406	北京荣丰房地产开发有限公司	2002-11-1	1120	万美元	三级
FS-A-1324	北京市鸿翔房地产开发有限责任公司	2000-9-1	2000	万元	三级
FS-A-1364	北京田家园房地产开发有限公司	2001-8-1	3000	万元	三级
FS-A-6817	中铁嘉业(北京)投资有限公司	2008-3-24	2000	万元	三级
FS-A-1388	北京紫都置业发展集团有限公司	2001-3-1	6180	万元	三级
FS-A-1351	汇豪实业投资有限公司	2001-5-1	6688	万元	三级
16. 密云县					
建开企[2007]727 号	凤凰城房地产开发集团有限公司	1996-6-17	20000	万元	一级
MY-A-4576	北京慧诚房地产开发有限公司	2005-7-1	8000	万元	二级
MY-A-X0076	北京兴源房地产开发有限公司	2001-2-1	5000	万元	二级
MY-A-4561	北京中恒房地产开发有限公司	2004-9-1	5000	万元	二级
MY-A-4315	通用地产有限公司	2004-10-26	20000	万元	二级
MY-A-X0138	北京泰益德置业集团有限公司	2003-8-1	20000	万元	二级
MY-A-4386	北京方恒置业股份有限公司	2000-10-30	63078	万元	二级
MY-A-4517	北京市一正房地产开发有限公司	2003-11-1	2000	万元	三级
MY-A-4575	北京振兴华房地产开发有限公司	2002-11-1	2000	万元	三级
MY-A-3177	北京中加伟业房地产开发有限公司	2001-12-1	3000	万元	三级
MY-A-3169	北京中海宏洋地产有限公司	2002-2-1	2800	万元	三级
MY-A-3007	北京海城房地产开发集团有限公司	2000-7-1	5000	万元	三级

续表附表 25

资质证书编号	企业名称	批准从业时间	注册资金	币种单位	资质等级
MY-B-3120	北京美迪亚置业有限公司	2002-2-1	11967	万元	三级
MY-A-3006	北京烨庆房地产开发有限公司	2000-10-30	2000	万元	三级
MY-A-4397	北京世博元房地产开发有限公司	2002-12-1	2800	万元	三级
MY-A-3094	北京晨枫房地产开发有限公司	2002-4-1	5000	万元	三级
MY-A-3072	北京豪景苑房地产有限公司	2003-3-10	6000	万元	三级
MY-A-6677	北京鸿坤基业房地产开发有限公司	2004-12-3	2000	万元	三级
MY-B-3137	北京三九建业房地产开发有限公司	2001-10-1	1180	万美元	三级
MY-A-4521	北京三义房地产开发有限公司	2000-8-1	8300	万元	三级
MY-A-X0001	中房京贸房地产开发有限公司	2005-10-10	5000	万元	三级
MY-A-3136	北京亿城房地产开发有限公司	2002-11-1	10000	万元	三级
MY-A-3053	北京双全房地产开发有限公司	2002-3-1	5000	万元	三级
17. 经济技术开发区					
建开企[2010]930 号	北京经济技术投资开发总公司	1992-3-21	227600	万元	一级
建开企[2008]726 号	北京国锐房地产开发有限公司	2001-8-1	20000	万元	一级
JK-A-3319	北京经开投资开发股份有限公司	2007-6-4	50000	万元	二级
JK-A-3341	北京丰裕房地产开发有限公司	2007-4-5	5010	万元	二级
JK-A-3302	北京朝林置业有限公司	2000-9-1	3000	万元	二级
JK-A-3334	北京和裕房地产开发有限公司	2006-1-12	10000	万元	二级
JK-A-3326	北京博大兴房地产开发有限公司	2003-6-1	3922	万元	二级
JK-A-3350	北京博大新元房地产开发有限公司	2008-3-17	11000	万元	二级
JK-A-3343	中冀乐业(北京)房地产开发有限公司	2007-2-1	5000	万元	三级
JK-A-3347	北京运通博远房地产开发有限公司	2007-6-19	5000	万元	三级
JK-A-3340	北京金地科创置业有限公司	2006-8-18	10000	万元	三级
JK-A-3345	北京禾祥置业发展有限公司	2006-12-26	2166	万元	三级
JK-A-3352	北京经开工大投资管理有限公司	2008-6-12	30000	万元	三级
JK-A-3360	锋创科技发展(北京)有限公司	2009-8-10	2000	万元	三级